目　录

论文

书评

专题：海峡来风

和解合同之错误

陈自强*

【编者按】我国台湾著名民法学家陈自强教授对和解合同错误的研究由来已久并富有盛誉。本评论特约陈教授结合中国大陆民事立法谈论和解合同错误,论文完成提交时大陆《民法总则》尚未出台,文章未及参考,容留遗憾。2017年3月大陆通过的《民法总则》(第147条)在错误问题上仍大体沿袭了《民法通则》(第59条第1项)和最高人民法院《关于贯彻执行〈中华人民共和国民法通则〉若干问题的意见(试行)》第71条的规定,仅将错误限定于内容错误。文中提及的有关条件的规定,除《民法通则》第62条和《合同法》第45条第1款以外,尚可参考《民法总则》第158条。因本文主要针对合同分则的和解合同,大陆《民法总则》条文的更新并不影响本文所做结论,文章对大陆民法合同分则的编纂仍有重要参考价值。

【摘　要】争执对象错误不得撤销系基于和解合同之效力,乃解释和解合同典型效力的合同解释的结果,即使无类似我国台湾地区“民法”第737条:“不得以错误为理由撤销之”的明文规定,亦应为相同的解释。反之,和解基础错误应在什么条件下予以什么救济,并非和解合同拘束力的问题,而系于立法者利益衡量与价值判断,立法者尚未明示前,不妨通过个案和解合同解释,判断当事人是否有以一定和解基础之存在或不存在为条件之意思。足以影响和解合同效力的和解基础事实,应具有重大性,亦即基础事实之共通错误与和解之成立须在客观上及主观上有因果关系。

【关键词】和解之效力　和解之确定效　和解基础错误　重要争点错误　双方共通动机错误　法律行为基础

---

* 陈自强,台湾大学法律系教授,德国慕尼黑大学法学博士。

一、台湾地区“民法”和解及错误之规定

民法上和解,各国规定繁简程度不一:《法国民法典》最多,有15条;《奥地利普通民法典》有12条,紧追其后;《日本民法典》成双成对(第695、696条);《德国民法典》形单影只(第779条);瑞士付之阙如。台湾地区“民法”和解规定于“民法”债编第二章“各种之债”第二十三节中,介于终身定期金与保证之间,共计3条,其规定之详略,可谓比上不足,比下有余。第736条和解定义性规定:“称和解者,谓当事人约定,互相让步,以终止争执或防止争执发生之契约。”及第737条和解之效力之规定:“和解有使当事人所抛弃之权利消灭及使当事人取得和解契约所订明权利之效力。”此条乃和解契约所固有的问题。第738条规定:“和解不得以错误为理由撤销之。但有左列事项之一者,不在此限:一、和解所依据之文件,事后发见为伪造或变造,而和解当事人若知其为伪造或变造,即不为和解者。二、和解事件,经法院确定判决,而为当事人双方或一方于和解当时所不知者。三、当事人之一方,对于他方当事人之资格或对于重要之争点有错误,而为和解者。”此条涉及和解与错误之关系。

大陆《合同法》第128条规定:“当事人可以通过和解或者调解解决合同争议。当事人不愿和解、调解或者和解、调解不成的,可以根据仲裁协议向仲裁机构申请仲裁……”由此可知,大陆将和解作为纷争解决的方法,学者认为和解为特殊的有名合同。[1] 和解是否为有名合同,系于对”有名合同”概念的理解。无论如何,大陆《合同法》并未如德国、日本及我国台湾地区“民法”,就和解所生之权利义务关系有所规范。大陆《民事诉讼法》第50条规定:“双方当事人可以自行和解。”并未提及诉讼上和解之效力,[2] 同法第230条规定:“在执行中,双方当事人自行和解达成协议的,执行员应当将协议内容记入笔录,由双方当事人签名或者盖章。申请执行人因受欺诈、胁迫与被执行人达成和解协议,或者当事人不履行和解协议的,人民法院可以根据当事人的申请,恢复对原生效法律文书的执行。”所谓“执行和解”的规定,也未规定和解之实体法效力。最高人民法院《关于人民法院民事调解工作若干问题的规定》第13条规定:“根据民事诉讼法第九十条第一款第(四)项规定,当事人各方同意在调解协议上签名或者盖章后生效,经人民法院审查确认后,应当记入笔录或者将协议附卷,并由当事人、审判人员、书记员签名或盖章后即具有法律效力。当事人请求制作调解

---

[1] 王利明:《论和解协议》,载《政治与法律》2014年第1期。

[2] 依台湾地区“民事诉讼法”第380条第1项及第2项:“和解成立者,与确定判决有同一之效力。和解有无效或得撤销之原因者,当事人得请求继续审判”,诉讼上和解有诉讼法上效果。关此,参见沈冠伶:《诉讼上和解与裁判外纷争处理》,载《苏州大学学报》(法学版)2015年第4期。

书的,人民法院应当制作调解书送交当事人。当事人拒收调解书的,不影响调解协议的效力。一方不履行调解协议的,另一方可以持调解书向人民法院申请执行。"虽规定了调解书在执行上的效力,但并没有对和解定义、和解效力进行规定,[3] 也没有对和解错误的特别规定。

大陆《民法通则》第 59 条第 1 款第 1 项规定,行为人对行为内容有重大误解的,有权请求人民法院或者仲裁机关对该民事行为予以变更或者撤销。《合同法》第 54 条规定,因重大误解订立的合同,当事人一方有权请求人民法院或者仲裁机构变更或者撤销,当事人请求变更的,人民法院或者仲裁机构不得撤销。此两条分别规定了法律行为及合同错误,前者似乎能适用在所有民事行为,后者仅能适用在合同,和解错误是否仅能适用《民法通则》或应优先适用《合同法》错误之规定,似乎取决于和解的法律性质。

王利明教授认为,"在学理上,一般都认为和解在本质上不同于一般的民事合同,其不是双方当事人相互对立的意思表示一致的产物,而是一种具有共同指向性的合意,因此,和解协议在性质上是一种共同法律行为。在和解协议中,其意思表示追求一种共同的目的,和解与相互对应的合同有一定区别,双方需要共同达成一项意思表示,指向共同的目的。比如在道路上两车发生轻微碰撞,为了尽快解决纠纷、避免道路拥堵,双方可以达成一个和解协议,尽快撤离现场。虽然和解协议是一种共同的法律行为,与一般的民事合同存在一定区别,但其本质上仍是一种协议,在有关合同的订立、履行、变更、解除以及合同的无效等方面,仍可以适用《合同法》总则的一般规定"。[4] 其说一方面认为和解为共同法律行为,另一方面又认为和解仍是协议,《合同法》一般规定仍可适用。若《合同法》一般规定仍可"适用"而非"类推适用",何苦认为其属于共同法律行为? 此中的风暴,透露出此间学者对共同行为之理解与德国法律行为传统有差异,合同、协议等用语间的关联,似乎仍有待厘清。[5]

最高人民法院 2002 年发布的《关于审理涉及人民调解协议的民事案件的若干规定》第 1 条规定:"经人民调解委员会调解达成的、有民事权利义务内容,并由双方当事人签字或者盖章的调解协议,具有民事合同性质。当事人应当按照约定履行自己的义务,不得擅自变更或者解除调解协议。"2010 年《人民调解

---

〔3〕 据个人在 CNKI 中国期刊全文数据库以"和解合同"为主题查询,2012 年以前关于民法上和解论文量不算多,之后,或许因 2011 年 12 月 20 日最高人民法院审判委员会发布指导案例 2 号:"吴梅诉四川省眉山西城纸业有限公司买卖合同纠纷案",引发民法及诉讼法学者研究的兴趣,论文如雨后春笋般冒出。

〔4〕 王利明:《论和解协议》,载《政治与法律》2014 年第 1 期。

〔5〕 关于契约与共同行为的区别,参见拙作:《契约之成立与生效——契约法讲义 I》,自版三版,2014 年版,第 42 页。

法》第31条第1款规定:“经人民调解委员会调解达成的调解协议,具有法律约束力,当事人应当按照约定履行。”两条均承认调解具有法律拘束力,且具有合同性质。调解协议若属于合同,同为终止争执的和解,也应该属于合同。

无论适用《民法通则》或《合同法》,和解错误的救济都以有重大误解为要件。在和解合同缔结过程中,当事人因事实误认或对一定事实欠缺认识而为和解,或表示内容与内心之意思不一致,是否均能或在何种情形下,得构成重大误解而主张救济,问题应如何解决,无论错误论或和解论,均责无旁贷。

二、争点错误之比较法观察

和解当事人主张对和解的性质、对方当事人、目标物的品种、质量、规格和数量等的错误认识,使行为的后果与自己的意思相悖,并造成较大损失的,依最高人民法院《关于贯彻执行〈中华人民共和国民法通则〉若干问题的意见(试行)》(以下简称《民通意见》)第71条,可认为重大误解而主张救济。此等重大误解以外的情形,是否也可以依错误法则救济,不无疑问。有鉴于理论上及实务上和解错误最重要的争议为重要争点错误,以下将观察最有可能影响我国台湾地区“民法”和解错误规定的德国、瑞士、奥地利及日本四国关于争点错误的法律发展状况。[6]

(一)德国法律行为基础理论

我国台湾地区“民法”总则关于和解错误之规定主要继受《德国民法典》,除第88条第1项但书“错误须非基于表意人之过失”的规定为《德国民法典》所无者外,所差相当有限,立法者对《德国民法典》和解绝无仅有的第779条“互相让步以消灭法律关系争执或不明确之契约,若依契约内容被认为确定的基础事实关系与事实不符,且若认识此事实关系争执或不明将不发生时,和解不生效力(unwirksam)。请求权之实现不明确视为法律关系之不明确”的规定却视若无睹。就和解错误之效果而言,《德国民法典》和解错误并不依循受斟酌的错误为得撤销之一般原则,而明文规定和解不生效力,与台湾地区“民法”第738条和解错误的法律效果为得撤销,大相径庭。

1.制定史

德国和解错误理论与德国一般错误理论并不同其发展轨迹,主要表现在法

[6] 法国民法和解错误之规定极有可能为1930年中华民国民法制定时立法者参照对象,但受限于语言能力,不得不割爱。关于法国和解效力,参见周建华:《法国民法典中的和解合同》,载《人大法律评论》2012年第1辑;周建华:《论和解协议的法律效力——从法国法的比较角度探悉吴梅案的理想逻辑》,载《苏州大学学报》(法学版)2015年第4期。关于意大利民法和解合同,详见肖俊:《意大利法中的和解合同研究》,载《苏州大学学报》2015年第4期。

律行为基础理论之展开。十七八世纪学说汇纂现代实用学派就和解基础错误之效果,透过情事变更原则处理。18 世纪末学者 Götz 明确将争执的对象(caput controversum)及不争执对象(caput non controversum)区隔出来。19 世纪萨维尼提出不真正错误(意思欠缺)及真正错误(动机错误)区别理论,使和解错误有再构成之必要。德国后期普通法学说虽以萨维尼理论为基础,但见解并不完全相同。少数说主张和解基础错误为动机错误,不影响和解效力,但多数说接受争执对象及不争执对象之区别,后者之错误,使和解无效或得撤销。多数说中也有不同看法,如有学者基于和解契约之特殊性,当事人认为真实之前提反于真实时,和解得撤销;Winscheid 基于一般前提理论(Lehre von der Voraussetzung),认为和解契约前提欠缺时,和解契约得撤销;Lenel 反对前提理论,主张依和解契约之目的处理和解错误问题(目的说),即区别和解内容及和解目的,和解内容仅作为和解目的之手段,和解目的丧失,和解无效。[7]

1887 年《德国民法典》第一草案受 Winscheid 影响最大,但未全盘地接受其前提理论,立法者仅针对个别情形制定基于前提论的特别规定。第一草案第 667 条第 2 项规定契约成立时排除纷争或不确定之事实不存在,依当事人明示或默示成为前提者,契约成立后知悉此事实之契约当事人得请求解除(回复原状)和解,此请求准用第 744 条因给付前提之原因欠缺之不当得利(condictio ob rem)之规定,起草者明确表示该规定即为基于前提理论之特别规定。该规定有如下特色:第一,于和解不争执或被认为确定事实之错误为动机错误,而非本质错误,且此非将来发展之错误,无目的不达不当得利规定之适用。第二,本条以双方当事人契约成立时对前提有错误,或一方当事人之前提为他方所认识为要件。第三,和解错误之效果与物之瑕疵担保责任相同,发生请求解除契约之权利。[8]

法案审议时,第一草案第 667 条第 1 项之规定"和解效力不受当事人就有争执或不明确事项之情事陷于错误之影响"被认为系和解性质上当然之事理为由而遭删除。关于前揭条第 2 项之规定,少数说认为和解前提事实之错误,基于默示条件丧失为由而规定和解无效固然妥当,但此从契约一般原则即可导出,不须特别规定,再者,学说对第一草案理论基础之 Winscheid 前提理论,已多有批评,和解错误之法律效果为请求解除和解,审议委员也认为不妥,因而建议

---

〔7〕 磯村哲,動機錯誤と行為基礎(一)—ドイツ錯誤論の発展,法學論叢,76 卷 3 号, 1964 年,頁 23~24。

〔8〕 磯村哲,動機錯誤と行為基礎(二)—ドイツ錯誤論の発展,法學論叢,77 卷 1 号,1965 年,頁 32。

删除和解错误之规定。[9] 讨论最终结果,基于以下理由而有现行法第779条规定:依当事人之意思,条件成就的效果未必为无效,依其情形可为解除权保留或取得撤销权,乃契约解释问题,于和解契约,从契约性质及目的以观,契约无效应较适合当事人一般的意思。[10]

2. 现行法第779条第1项

《德国民法典》制定后,学说对第779条规定之法律性质虽有采目的不达说、契约解释规则说者,[11]通说则认为第779条所规定的错误为共通的动机错误(gemeinsamer Motivirrtum),为当时法无明文规定的法律行为基础欠缺(Fehlen der subjektiven Geschäftsgrundlage)的特殊情形。[12] 2002年债法现代化后,通说对和解错误规定法律性质之理解,并不因法律行为基础欠缺及丧失理论成文法化(《德国民法典》第313条)而有不同。[13] 通说与反对说最大的不同,在于前者认为双方当事人就成为和解基础之事实有共通错误,后者则主张此确定事实已约定成为和解契约之内容。[14]

《德国民法典》第779条之适用,首须区别和解客体(Vergleichsgegenstand)与和解基础(Vergleichsgrundlage)。因和解之目的即在消除争执或不明确之状态,故纵然对和解客体之事实关系陷入错误亦不得主张和解无效或撤销和解,前揭第一草案第667条第1项即明文揭示此和解契约基本原则,其后第二草案及现行法乃以此为自明之理而未规定。反之,无争执或无不明确之事实关系且双方视为确定的事实关系乃和解基础。和解基础为何取决于和解内容,故未出现在和解中单纯内在的想法不受斟酌,但无须双方均认为他方以同样事实为基础,也不须有表示之交换。当事人不知的事实,若双方知其事将不会成立和解时,依通说无第779条之适用,但也有认为应扩张解释第779条而采肯定见解者。[15] 契约内容作为确定的基础事实关系包括所有当事人在和解成立时一致认为前提而存在的现在的事实上关系及法律上关系,但单纯的法律错误得否为基础错误,学说有争执。[16]

依第779条第1项和解无效的第二个要件为"若认识事实状态,争执或不

---

〔9〕 磯村哲,動機錯誤と行為基礎(二)—ドイツ錯誤論の発展,法學論叢,77卷1号,1965年,頁38。

〔10〕 Protokolle, Bd. 2, S. 529 ff;并参见,Ebel, Berichtung, transactio und Vergleich, Mohr 1978, S. 15.

〔11〕 Ebel, Berichtung, transactio und Vergleich, Mohr 1978, S. 155 – 156.

〔12〕 Bork, Der Vergleich, Berlin 1988, S. 353.

〔13〕 Staudinger/Marburger(2009), BGB § 779, Rn. 69.

〔14〕 Ehmann, Schuldanerkenntnis und Vergleich, München 2005, S. 134.

〔15〕 Staudinger/Marburger(2009), BGB § 779, Rn. 70.

〔16〕 Jauernig/Stadler, 12. Aufl. 2007, § 779 BGB, Anm16.

确定将不发生”。依通说此用语过狭,而应取决于和解是否基于关于特定事实上或法律上关系之共通错误。[17] 如甲主张因被乙所有之狗咬伤而向乙请求100元之损害赔偿,双方就损害原因无争执,仅就损害数额有争执而成立和解,其后才发现咬伤甲的狗并非乙所有。乙之狗咬伤甲为和解基础,乙与甲若正确认识事实时,乙不须对甲所受之损害负责,将不会对损害数额有争执,赔偿数额也与彼无关,争执将不发生,和解基础之错误才导致争执发生,因此,甲乙间和解依第779条之规定,不生效力。[18] 即使对事实关系有正确认识,具体的争点或怀疑仍会发生,则共同的事实关系错误并不重要。[19]

3. 法律行为基础一般规定之适用

因《德国民法典》第779条为法律行为基础欠缺之特别情形,如离婚时因无子而抛弃扶养,而后婚生子女出生,乃和解基础嗣后丧失,并不适用第779条,但仍有第313条一般规定的适用。[20]

4. 民总错误规定之适用

从德国和解错误规定发展沿革及现行法学说判例之发展以观,第799条所谓之错误与民法错误一般规定所得撤销之错误,志不同道不合。和解契约若有民总得撤销之错误,如对和解所承担之债务或抛弃之权利有错误,当有错误一般规定之适用。[21]

《德国民法典》第779条和解错误之法律效果为无效,与适用法律行为基础规定或民总错误规定之法律效果并不相同,对该条所谓和解确定之基础事实,概念上必须精确掌握。和解错误之特别规定、民总错误一般规定及法律行为基础规定三者间虽各有其职司,但也是互为联动,因学说实务见解之不同,也可能互为消长。其他国家纵然有心继受德国法律行为基础理论,也必须考虑自身法律体系错误一般原则及和解错误规定,在构造上、内容上与《德国民法典》之异同。以下三个国家的法律发展,提供良好的典范。

(二)瑞士基础错误

民法上和解于《瑞士债务法》片言只语亦无之,被认为属无名契约。[22] 依

---

〔17〕 Beck'scher Online-Kommentar BGB/Fischer, §779, Rn. 45; MK/Habersack Rn 65; Staudinger/ Marburger (2009), BGB § 779, Rn. 7.

〔18〕 Medicus/Lorenz, Schuldrecht I, Allgemeiner Teil, 19. Aufl., 2010, Rn. 327.

〔19〕 Staudinger/ Marburger(2009), BGB §779, Rn. 73.

〔20〕 MünchKomm-Habersack, 6. Aufl. 2013, §799, Rn. 68.

〔21〕 MünchKomm-Habersack, 6. Aufl. 2013, §799, Rn. 60; Staudinger/ Marburger(2009), BGB § 779, Rn. 80.

〔22〕 Gauch, Der aussergerichtliche Vergleich, in: Innominatverträge, Festgabe Schluep, Zürich 1988, S. 4.

瑞士联邦法院之定义,和解为以契约互相让步而消除有争执或不明确的现在的法律关系。[23] 瑞士虽无相当于《德国民法典》第 799 条和解错误之规定,但透过学说实务发展出来的现行法律状态,与德国所差有限。盖《瑞士债务法》在 1911 年债务法继受 Winscheid 的前提理论,在原有法律行为错误(error in negotio)、目标物或当事人同一性错误(error in obiecto vel in persona)及对待或对待给付范围之错误(error in quantitate)之外,于第 24 条第 1 项第 4 款增订基础错误(Grundlagenirrtum),规定错误若涉及表意人依诚信原则认为在交易上为契约必要的基础的事实关系时,错误为重要。职是之故,在瑞士,并不需如德国在一般错误法则之外建构独立的法律行为基础理论或其他法则,即能使和解基础错误取得其安身立命之所。瑞士错误法则所谓的错误涵盖德国学说所谓双方动机错误案型,和解错误乃第 24 条第 1 项第 4 款一般错误法则适用的问题。换言之,在德国属于民法第 799 条规范对象的和解错误,在瑞士为债务法错误法则基础错误规定适用的问题。

和解之错误,瑞士学者区别关于争执的对象与不争执对象,前者即为德国学说所谓的和解对象,后者为和解基础。依瑞士联邦法院判决(BGE 54 Ⅱ 191),得使和解不生效力的事实,限于双方或错误之一方而他方知情作为和解确定之事实(caput non controversum),如双方对债权存在无争执,仅就数额为和解;双方均相信医疗鉴定报告为正确。[24] 学说认为对特定事实关系之怀疑并非法律意义上的错误,如甲以为被乙的狗咬伤请求赔偿 3000 元,乙对此有怀疑,但为避免诉讼息事宁人,同意支付 1000 元,后来才知道狗是丙的,乙不得主张错误。但若乙以为其狗咬人,且依其情形可得认为甲亦如此认为,无论甲是否真的如此认为不重要,乙得主张无效。若甲表明不知被何人的狗咬伤,但相信是乙的狗,乙明知甲不能确定但仍同意和解,则仍受和解契约拘束,此即所谓法律结果考虑原则(Prinzip der Rechtsfolgeerwägung)。[25] 和解错误撤销之主张一如其他错误类型,以主观及客观上重要为要件,[26]但重要的法律行为基础是否须有认识可能性,学说极有争论,但此并非和解错误所特有的问题,兹不论。[27]

---

〔23〕 BGE 95 Ⅱ 423 f.

〔24〕 Gauch, Der aussergerichtliche Vergleich, in: Innominatverträge, Festgabe Schluep, Zürich 1988, S. 21 – 22.

〔25〕 Koller, Schweizerisches Obligationenrecht, Allgemeiner Teil, Band Ⅰ, Bern 2006, S. 274 – 275.

〔26〕 Zeiter und Furrer, Überblick über den Grundlagenirrtum an Beispiel eines Vergleichsvertrags, ius. full, 2004, S. 77 – 80.

〔27〕 von der Crone/Hoffmann-Nowotny, Wertungsparallelität und Interessenausgleich SJZ 104 (2008) Nr. 3, S. 55.

联邦法院认为基础错误之客体仅限于现在或过去的事实关系，对将来想法有错误或欠缺认识，并非无救济，此变更的情事，法院适用情事变更原则(clausula rebus sic stantibus)，依当事人假设的意思决定和解契约在情事变更下继续有效或应予以调整。反之，和解契约目的若即在除去将来可能的情事变更的不确定状态，则不得主张情事变更，盖在法律许可范围内，当事人本来就得以变更契约或调整约款事先规范因特定情事变更后之法律关系。[28]

(三)《奥地利普通民法典》第 1385 条

《奥地利普通民法典》对和解有 11 条规定(第 1380 ~ 1390 条)，相较于德国及瑞士，可谓不厌其详。第 1380 条规定和解之概念，就和解规整原有之法律关系之点，该条称和解为更新契约(Neuerungsvertrag)，但和解亦能与原有约定并存而成为附属契约(Zusatzvertrag)，且不必然排除原有法律关系之主张而发生更改效果。然而，和解与一般的变更契约及更改契约并不完全相同，盖和解客体若即为法律关系存在之争执本身，或双方主观上均以为该关系存在，则和解可能欠缺有效之基础关系，而更改或变更契约以有效的基础关系存在为前提。[29]

得撤销之和解错误基本上有两大类：表示上错误及对重要的和解基础之共通错误。如前所述，《奥地利普通民法典》于第 1385 条明文规定和解错误须为当事人或目标本质错误，虽其用字遣词与《德国民法典》不同，但解释上却极为神似。所谓当事人或目标本质指和解基础，乃当事人作为确定的、无争执或非不明确之点。[30] 学说认为和解为确认契约(Feststellungsvertrag)，而具有确定效(Bereinigungswirkung)，纵其后发现真正的权利状态，不得以对有争执的和解目标以错误为由撤销和解。若非和解目标，而为当事人在和解时确定的目标(和解基础)，则不在和解确定效之范围内，而有错误规定适用之可能。双方对和解基础之错误，属于法律行为基础欠缺或丧失原则之适用问题。[31]

和解成立时双方认为确定而无争执的事实关系，如就债权数额成立和解时，双方均认为债权存在及债权归属之主体，但实际上债权不存在或债权人另有其人，则为得撤销之和解基础错误。若非双方对和解基础均有不正确认识，而仅当事人一方有错误，仅为不受斟酌之动机错误，不得撤销。于意外事故和解，若双方和解时并未明确认识侵害及侵害结果时，和解对象也包括双方不知、

---

[28] Gauch, Der aussergerichtliche Vergleich, in: Innominatverträge, Festgabe Schluep, Zürich 1988, S. 22.

[29] Neumyr in: Kurzkommentar zum ABGB, Wien, 2005, § 1380, Rn. 2.

[30] Barta, Zivilrecht, Wien 2004, S. 440.

[31] Neumyr in: Kurzkommentar zum ABGB, Wien, 2005, § 1385, Rn. 1 – 2.

不可得而知或无预见可能之意外结果所生之请求权。反之,若以特定可得而知的侵害及结果为和解客体,其后出现当时无认识可能的结果时,仍得主张和解错误。[32]

除非当事人同意以证据方法之欠缺作为和解之基础,其后证据方法出现可能影响和解基础,否则和解后证据状况之改变不影响和解效力,故而,第1387条规定纵然发现新文件显现一方当事人权利全部欠缺,亦不影响善意和解之效力。鉴定意见纵不正确,亦不得以错误为理由撤销。[33]

(四)日本

《日本民法典》和解规定有两条,第695条为和解定义,第696条为和解效力之规定,就和解错误并无特别规定而委由学说判例发展。[34] 我妻荣教授1938年在东京大学法学协会杂志发表的《论和解与错误(和解と錯誤について)》论文,主张将和解错误区别为:第一,争执对象因互相让步而决定的事项本身有错误,如债权人甲对债务人乙有二千元债权,数次一部清偿后就残存债务额有争执,和解决定残存数额为750元,数日后,才确认真正残存数额为800元,此错误不影响和解效力,乃德国民法第一草案及法国民法规定不得以错误理由撤销和解规定之对象。第二,并非争执的对象,而是争执对象的前提事项或基础。如债权系由丙让与予甲,和解后发现甲丙间让与无效或确定甲非债权人时,并非和解互相让步的内容的错误,和解效力应受此错误之影响。盖和解并未就债权之归属有任何承认,和解契约并未有任何决定力。此瑕疵对契约效力之影响应依契约一般理论,即若二当事人明示或默示以债权归属于甲为条件,则条件不成就,契约无效;若无法认定当事人以之为条件,则为契约有错误。和解错误,《德国民法典》第779条规定和解无效,而非依错误一般规定,日本民法并无特别规定,依解除条件不成就理论使和解无效毋宁为例外,多数情形应以错误解决。第三,上述二者以外之错误,如甲乙间有数债务,就其中一个债务和解,就何债务为和解当事人一方有错误存在时。与第二情形相同,若构成错误,则适用错误一般规定。[35]

最近,有学者从公平分配危险、契约拘束力之正当化依据及和解安定性等

---

[32] Neumyr in: Kurzkommentar zum ABGB, Wien, 2005, §1385, Rn. 3.

[33] Neumyr in: Kurzkommentar zum ABGB, Wien, 2005, §1385, Rn. 5.

[34] 关于日本民法和解契约,详参解亘:《论日本民法中的和解契约》,载《苏州大学学报》(法学版)2015年第4期。

[35] 我妻榮,和解と錯誤について,法學協會雜誌56卷4號,1938年4月,頁726~749;本文引用其收錄於,民法研究VI,有斐閣,1969年,頁170~192之版本;戰後判例之發展,參見,我妻榮.有泉亨.清水誠.田山輝明,コメンタール民法,總則.物權.債權,2008年第2版,日本評論社,頁1221。

要求，认为上述见解以当事人意思为基准认定争点事项之范围，过于狭窄，在探讨关于和解当事人利害关系之调整之问题时，程序本身也应纳入考察对象，并对通说使用“争点”之概念不当，提出批判。〔36〕然依个人理解，上述我妻荣和解错误之三分论，迄今仍为日本通说及实务见解所采，〔37〕通说之地位屹立不摇。

以上比较法考察对象之国家，德国、瑞士及日本均为我国台湾地区“民法”法律继受及学说继受主要对象，《奥地利普通民法典》之直接影响虽如凤毛麟角，但其第1385条规定与我国台湾地区“民法”第738条第3款不无神似之处，或许曾为中华民国民法立法者参考之对象。上述各国，德国及奥地利就和解错误有明文规定，瑞士及日本则无，而适用错误一般规定，有无法律明文虽有不同，但就和解错误之法律原则却有共通之处：第一，和解契约若有表示上错误，得依一般规定救济；第二，影响和解契约缔结的事实关系之误认为动机错误；第三，此事实错误应区别为和解错误及和解基础错误，前者为争执的对象（caput controversum），后者为不争执对象（caput non controversum）；第四，《德国民法典》第一草案第667条第1项：“和解效力不受当事人就有争执或不明确事项之情事陷于错误之影响”所揭示的法律原则，各国多以理所当然而未明示，而仅规范影响和解契约效力之错误；第五，影响和解效力之错误其救济要件，究竟应依一般错误法则或依独立于错误法则的理论处理，与各国错误法则之法律构造有关：如德国民法错误一般法则基本上排除动机错误，故不得不在法律行为基础理论中解决；瑞士则将基础错误纳入一般错误法则，使和解错误成为错误一般问题；日本虽未明文，但因其民法第95条之文义并未自始排除动机错误，〔38〕纵未继受德国法律行为基础理论，仍可在错误法则中处理。〔39〕

三、台湾地区“民法”和解错误

（一）学说及实务见解

史尚宽在1960年出版的《债法各论》曾有言：“和解与错误之关系，学者间向来甚有争论。然通说将和解之错误分为三类……”〔40〕其所谓的“学者”究竟

〔36〕 神田英明，和解の拘束力（不可争效）—和解の本質に適合する判例法の展開を無視してよいか，載於：円谷峻（編），社会の変容と民法典，成文堂，2010年初版，頁425。

〔37〕 参見商事法務編，債権関係の改正に関する中間試案の補足説明，初版1刷，2013年，頁543對通說判例之説明；山本敬三，民法講義Ⅳ－1，契約，初版3刷，有斐閣，2008年，頁806～807雖簡化為二，論旨仍無不同。

〔38〕 日本學說判例對動機錯誤是否為該條規範對象極有爭議，參見，山本敬三，民法改正と錯誤法の見直し——自律保障型規制とその現代化，法曹時報第63卷第10号，2013年，頁2318～2320。

〔39〕 村上淳一，和解と錯誤—學說史的研究—契約法大系Ⅴ，1963年，頁196～197。

〔40〕 史尚宽：《债法各论》，1960年自版，第821页。

见解有何不同,不得而知,从其论述仅引用德国、日本文献以观,其所指称的学者及通说均非我国台湾地区学者。然则,台湾学说及实务见解对和解与错误之关系是否果真"向来甚有争论"?

1. 民总错误规定之适用

依台湾地区"民法"第738条第3款撤销和解,因和解就撤销权之行使并无特别规定,是否亦有民总规定之适用,不无疑义。台湾地区"最高法院"1994年台上字第2383号判例:"和解不得以错误为理由撤销之,但当事人之一方,对于他方当事人之资格或对于重要之争点有错误而为和解者,不在此限,此观'民法'第七百三十八条第三款之规定自明。此种撤销权之行使,既系以错误为原因,则'民法'第九十条关于以错误为原因,行使撤销权除斥期间之规定,于此当有其适用。"对第90条撤销权除斥期间之规定,采肯定说。该判例虽仅针对第738条第3款之情形而论,但其以和解错误所谓之错误即为总则意思表示错误所谓错误为论述基础,似可断言。台湾地区"最高法院"2000年度台上字第700号判决承袭前揭判例意旨,进而认为"民法"第88条第1项但书错误须非基于表意人之过失为限之规定,于和解错误撤销亦有其适用。

若认为第738条所谓不得以错误为理由撤销和解,此错误即为民法总则意思表示错误所规定的错误,则第738条关于错误撤销之要件及效果无规定者,"民法"第88条以下当然有其适用,似无待赘言。前揭台湾地区"最高法院"认为和解错误之撤销表意人须无过失且须未在一年除斥期间内,台湾学说并无质疑者,似无"向来甚有争论"迹象。

2. 依民总撤销和解之错误

第738条之错误若即为民总意思表示所谓的错误,则限制(加重)和解当事人依第88条以下规定撤销权之行使,应为该条规范目的,和解错误撤销也必须为民总得撤销之错误,和解当事人得否以错误为由撤销和解,也不得不同时判断是否符合民总得撤销之要件。台湾地区"最高法院"是否也采此说,不得而知,但在涉及收回系争房屋而成立和解,上诉人主张误信被上诉人主张收回系争房屋,以供自住及开设诊所之需为真实,致所为迁让之意思表示显有错误一案,台湾地区"最高法院"1954年台上字第570号判例:"'民法'第八十八条第一项所谓意思表示之错误,表意人得撤销之者,以其错误系关于意思表示之内容为限,该条项规定甚明。双方成立之诉讼上和解,既未以被上诉人收回系争房屋,以供自住及开设诊所之需,为上诉人迁让之内容,则纵使如上诉人所称在和解当时,因误信被上诉人主张收回系争房屋,以供自住及开设诊所之需为真实,致所为迁让之意思表示显有错误云云,亦与上开条项得为撤销意思表示错误之要件不符,仍不得执此指该项和解有得撤销之原因,而为请求继续审判之理由。"并未以当事人未依第738条为撤销之依据为由,而系认为上诉人主张意思表示有错误并不符合第 88 条第 1 项之规定驳回,有意无意之间似乎认为和解错误之撤销亦得以民总错误规定撤销,但若依第 88 条第 1 项主张撤销,以关于意思表示内容为限。

(二)第 738 条之错误

依台湾地区通说,民总受斟酌之错误原则上限于意思表达阶段上的错误,即"民法"第 88 条第 1 项的表示错误(或称表示行为错误)、内容错误、第 88 条第 2 项视为内容错误之性质错误及第 89 条之传达错误,意思形成阶段上的动机错误并不在得撤销之列。[41] 若和解规定之错误并不属于表达阶段错误,而为意思形成阶段上错误,则第 738 条第 1 ~ 3 款之情形并非民总所得撤销之错误,前者似难谓为后者之特别规定,主张依第 738 条撤销和解其错误也须属于民总得撤销之错误,将使第 738 条为具文。反之,和解规定之错误,倘全部属于表达阶段上错误或大部分与民总得撤销之错误有重叠,则论究与民总错误规定之关联方有其意义。

1. 文件伪造变造

依第 738 条第 1 款的规定,和解所依据之文件,事后发现为伪造或变造,当事人若知其为伪造或变造,即不为和解者,订约时不知情之当事人得撤销和解,在大清民律草案(1911 年)及民国民律草案(1926 年),均无先例。该款得撤销情形,是否为立法者自创,或得自《法国民法典》第 2055 条"基于证书所订立和解,其证书日后发现为伪造时,和解无效"[42] 之灵感,难以断言。该款并非以和解所依据之文件事后发现与事实不符为要件,而系文件遭伪造或变造,此情形类似台湾"民事诉讼法"第 496 条第 1 项第 9 款"为判决基础之证物系伪造或变造"所规定之再审事由。《法国民法典》第 2052 条第 1 项规定和解在当事人间具有与终局判决相同之既判力(res judicata),[43] 再审若能除去既判力,则基于再审事由推翻和解效力,价值判断一致。台湾地区诉讼外和解并不直接发生诉讼上效果,更不可能有既判力,[44] 该款和解错误撤销事由若仿法国民法,则不无移花接木之嫌。

当事人因伪造或变造文件而为和解,此情形之错误显然非表达阶段上错

---

[41] 王泽鉴:《民法总则》,2014 年增订新版,第 414 页。

[42] 法国民法中译,同时参考史尚宽:《债法各论》,自版,1960 年初版,第 823 ~ 824 页;《法国民法典》,罗结珍译,中国法制出版社 1999 年版,第 467 页。《意大利民法典》第 1973 条:"基于全部或部分嗣后被确认为虚伪文件之和解,得撤销之。"也有类似规定。

[43] 2010 年 7 月 12 日法国最高法院宣示唯有所有当事人均遵守和解条款时,和解契约方在当事人间具有与终局确定判决相同之效力。

[44] 实务见解,参见陈自强:《民法上和解之效力》,载《政大法学评论》第 61 期,第 265 ~ 266 页。

误,诚如王千维教授所言,"和解契约双方当事人其内心的法效意思与其外部的表示并无不一致的状态……属于当事人动机层面的问题。"〔45〕乃一方或双方以为和解所依据之文件为真实,但事实上为伪造或变造而为和解,乃对一定事实之误认,因此误认而为和解,属于意思形成阶段上错误。

2. 确定判决

前揭条第2款规定和解事件经法院确定判决而为双方或一方所不知,不知情的当事人得撤销和解,此和解撤销事由也与台湾地区"民事诉讼法"第496条第1项第12款"当事人发现就同一诉讼目标在前已有确定判决或和解、调解或得使用该判决或和解、调解者"之再审事由遥相呼应。《法国民法典》第2056条第1项:"就已经确定判决决定而为当事人双方或一方所不知之诉讼事件为和解者,其和解为无效。"〔46〕不知是否为立法者所本,同样难以稽考,和解无效之原因是否因错误,或系因与和解既判力相抵触,更须就教法国民法专家。〔47〕

当事人不知有确定判决而为和解,王千维教授认为争执之法律关系经法院判决确定,当事人即不得再成立和解,当事人若有与确定判决内容相左之约定,不得解为一和解契约,故第738条第2款规定,严格言之,并非针对和解契约之撤销,因当事人内心之法效意思欲排除法律关系内容不明确,但客观之表示价值却被解为系在就已经确定判决所确定之法律关系内容加以变更,故属于表示内容错误。〔48〕个人认为因不知有确定判决而为和解,并非对一定事实有积极误认,而对一定事实消极地认为不存在,若知已有确定判决存在将不成立和解,亦应属于意思形成阶段上错误。当事人一方不知有确定判决而为和解之表示,主观上欲成立和解,客观上表示出来的也是成立和解之意思,并无意思表示内容错误。本款之情形若为第88条第1项规定之内容错误,则依前开台湾地区"最高法院"43年台上字第570号判例意旨,得径依民总错误规定撤销和解,本款规定仅具有重申此为得撤销之错误的阐明功能。第738条第2款之规定若以法国法为师,则立法者允许不知有确定判决之一方撤销和解,真正理由或许并非

〔45〕 王千维:《和解》,载黄立主编:《民法债编各论》(下),元照出版有限公司2002年初版1刷,第572页。

〔46〕 《意大利民法典》第1974条:"当事人双方或一方不知已有判决时,对以生效判决所确定的争讼所为的和解,亦得撤销之。"规定类似。

〔47〕 依我妻榮,和解と錯誤について,民法研究Ⅵ,有斐閣,1969年,頁172,法国民法就和解与错误之间系有七个条文(第2052条第2项到第2058条),在不得以法律错误或损害 lésion 为理由撤销和解之原则下,又有得撤销或无效六个例外情形,此等例外甚为复杂不明了,难以道出一贯理论,备受学者严厉批评,学说一致认为和解效力之规定是法国民法中最不完备的一个部分,此或与该规定编撰者未及解说和解即死亡,而无从知悉立法者原意有关。

〔48〕 王千维:《和解》,载黄立主编:《民法债编各论》(下),元照出版有限公司2002年初版1刷,第574~575页。

因和解有错误,而系因有类似确定判决之和解存在,二者有冲突,让当事人决定是否维持和解契约效力。

3. 当事人资格或重要争点有错误

第738条前两款情形,实务上鲜少案例,第3款对他方当事人之资格或对于重要之争点有错误则不然,与第738条有关之判决殆无不属于该款之情形,理论上亦为该条法律适用上最主要的问题所在。类似的立法例不仅出现在《法国民法典》第2053条第1项:"和解对于人或争执之目标有错误时,仍得撤销之。"《奥地利普通民法典》第1385条也有:"错误仅涉及当事人或目标本质时方能使和解无效。"依史尚宽之见解,"我民法规定,盖仿法民之例也。"〔49〕纵然史尚宽为该条之起草者,故其说可信度甚高,法律制定后学说继受之对象与法律继受对象不同之现象,比比皆是,〔50〕实际上,也因语言隔阂,台湾地区学者对法国和解及错误理论少有完整介绍,该条款之解释适用甚少受法国学说之影响。

对他方当事人资格有错误而为和解是否本属民总得撤销之错误,与是否为表示上错误,分属不同的问题。盖依第88条第2项,交易上重要的当事人资格错误,视为意思表示内容之错误,固然得撤销,但依台湾通说,当事人资格错误属于动机错误,本不影响意思表示之效力,但法律为保护表意人利益,特设例外将其拟制为内容错误。〔51〕 第738条第3款当事人资格错误若与第88条第2项意义相同,则此形态错误亦为意思形成阶段上错误。第738条第3款重要争点错误固难与第88条第2项物之性质错误相提并论,但因重要争点有错误而为和解,与性质错误均应属于意思形成阶段上错误。〔52〕

综上,第738条第1~3款得撤销之和解错误均非意思表达阶段上错误,除当事人资格错误总则有规定外,其余情形均非依民总错误一般规定得撤销之错误。若认为依第738条撤销和解,也必须同时具备民总错误撤销之要件之见解,则除当事人资格错误外,因该条所规定之其他情形之和解错误均属于意思形成阶段错误,而民总得撤销之错误限于意思表达阶段上错误,第738条将成为有将无兵欠缺规范对象的具文。

(三)重要争点错误

1. 非争执事项之错误

第738条第3款"重要争点"应如何理解,学说似多以之为固不待言,略而

〔49〕 史尚宽:《债法各论》,1960年自版,第824页。

〔50〕 关于法律继受与学说继受不同轨迹,参见陈自强:《契约责任归责事由之再构成——契约法之现代化 I》,元照出版有限公司2012年版,第32~34页。

〔51〕 王泽鉴:《民法总则》,2014年增订新版,第418页。

〔52〕 王千维:《和解》,载黄立主编:《民法债编各论》(下),元照出版有限公司2002年初版1刷,第577页,也认为争点错误与当事人资格错误均属于和解契约的动机层面的问题。

不论。能提供问题解决之蛛丝马迹者,仍为史尚宽。其主张可归纳为:第一,台湾地区"民法"重要之争点有错误,乃法国民法就争执之目标有错误,在奥地利民法为关于目标(对象)之本质有错误,此二法解释均可参照;第二,所谓重要争点有错误,除对于争点之所在有积极的错误,例如就意外之伤害以为一时的伤害为和解,而后发现为永久的残废之外,其就为争点之前提所认为确实之事由有消极的错误(不知),亦应包括在内;第三,就争点互让所决定事项本身,纵有错误,应不在内。[53]

史尚宽对第738条第3款重要争点之错误之诠释,为其所谓台湾地区所效仿之《奥地利普通民法典》之解释,其第三点主张,亦为台湾地区"最高法院"1992年度台上字第2239号判决所采纳,该判决所谓的"争点"乃当事人互相让步所确认的有争执的对象,因该争点属于和解确定效的范围,不得以和解确定内容与所谓真实的法律关系有间而撤销和解。反之,得撤销之重要争点并非当事人间有争执的事项或法律关系,其由和解确定者,套用本文说法,乃不属于和解确定效所及的事实关系而为双方作为和解基础之确定事实。

2. 独立错误类型

依本文见解,第738条三个得撤销之例外情形中,第1款及第3款"重要争点错误"均非表达阶段上错误,若认为民总得撤销之错误以表示上错误为原则,则和解错误之规定可谓独立于民总错误法原则独立的错误类型。

如前所述,德国、瑞士及奥地利对和解错误均以法律行为基础理论为张本:《德国民法典》第779条规定之和解错误,在2002年债法现代化前即被认为共通动机错误,属于法律行为基础欠缺的特殊情形;瑞士债务法基础错误之规定也是法律行为基础理论前身Winscheid前提理论之继受;奥地利学说现亦以该理论处理和解错误的问题。德国法律行为基础理论,台湾地区学说虽有介绍,且常在探讨情事变更原则的脉络下被提及,[54]但其规模与受到学者关注的程度,与同为《德国民法典》制定前后重要法律发展的积极侵害债权(positive Forderungsverletzung)与缔约上过失(culpa in contrahendo),不啻有云泥之别。

---

〔53〕 史尚宽:《债法各论》,1960年自版,第825页。

〔54〕 德国法律行为基础理论与台湾地区情事变更原则功能上虽部分重叠,但二者绝非翻译的不同,关于此二者之异同,详见彭凤至:《情事变更原则之研究——中、德立法、裁判、学说之比较》,五南图书出版股份有限公司1986年版,第250~267页。

“法律行为之基础”虽在“最高法院”2009年度台上字第1469号判决现身,[55]但似为昙花一现,“最高法院”是否有意承认法律行为基础理论为现行法律制度,尚待观察。无论如何,和解错误问题之处理,法律行为基础作为一般法律原则而存在,并非必要条件。

个人认为和解错误问题之处理,取决于和解契约确定效之认定,凡属于确定效范围内有争执或不明确之事实关系,均不得以反于真实为由撤销,反之,和解双方作为和解前提之确定事实之误认,则不在确定效范围内。和解确定效既然系基于和解之效力,不得以反于真实为由撤销,乃和解契约之本质,无待法律规定,基本上为契约解释的问题。相对于此,和解前提之错误应在如何条件下予以如何救济,则非和解契约拘束力的问题,而系于立法者利益衡量与价值判断。立法者在第738条揭示独立于民总一般错误规定的三个得撤销之错误案型,即立法政策上考虑。其中,重要的争点错误用语虽不尽妥切而有不知所云之感,但从奥地利和解错误发展来看,该错误案型之承认并非错误一般法律原则之扩张,而另有所本,该错误案型乃独立于民总一般错误案型,应可断言。

若如本文所言,重要争点错误案型为独立于民总错误案型,则其得撤销当不以其错误非基于表意人之过失为要件(第88条第1项但书)。《德国民法典》和解基础错误系无效,无所谓主张时间的问题,台湾地区“民法”重要争点错误法律效果为得撤销。和解错误撤销权行使的时间上限制,和解并无特别规定。第90条撤销权行使期间限制虽明示针对第88条及第89条之表达阶段上错误,但撤销权应有其存续期间乃立法者一贯价值判断,第90条规定于和解错误撤销应类推适用。[56] 第91条表意人信赖利益之损害赔偿责任,则无法类推,盖于双方共通错误,相对人也有与表意人相同之错误。再者,和解契约若有表示错误、内容错误、传达错误等表示上错误,当有第88、89条之适用,固不待言。

3. 双方共通动机错误

如前所述,德国通说认为第779条和解错误为共通动机错误案型,瑞士、奥

---

〔55〕“按台湾地区‘民法’第八十八条第一项所称之错误,固仅存于‘意思表示内容’之错误(误认其表示之内容)及‘意思表示行为’之错误(误用其表示之方法),然存于‘当事人之资格或物之性质’之错误(在本质概念上,只有动机之错误,并无意思与表示之不一致),若从社会经济而言,在交易上认为重要者,各该错误即等同误认人或物之同一性,同条第二项乃就此设有‘其错误,视为意思表示内容之错误’之规定,以资兼顾。是以当事人之资格或物之性质,在交易上认为重要而有错误,倘当事人主观上知其情事,即不为意思表示,而依一般客观上之判断,亦系如此者,当视同其表示内容之错误,盖其资格或性质,既在交易上认为重要,而其错误在主、客观上俱为严重,则通常可认其资格或性质为法律行为之基础,并应为相对人所明知或可得而知。于此情形,该错误之表意人自非不得依该条第二项规定将其意思表示撤销之,始不失该条项规范之真谛。”

〔56〕法国及奥地利民法就和解错误并未有权利行使之规定,此或许为台湾地区“民法”无除斥期间规定的原因。

地利学说也认为得主张错误的和解事实关系错误须为双方作为和解基础之确定事实。我国在尚未继受法律行为基础理论,而第738条第3项有与上述三国法律明文规定不尽相同的情形下,可否为不同解释,而认为当事人一方对和解动机错误亦得依该条规定撤销?

(1)一方误认?

关此,有明确主张者为王千维教授:"故此处所谓对于重要之争点有错误而得撤销者,亦属前述和解当事人对于作为和解前提之基础事实有所误认的情形,惟必须限于当事人之一方之误认,始有第七百三十八条但书第三款之适用,若系双方当事人皆对作为和解前提之基础事实有所误认,则无本款之适用。例如:被害人A与加害人B就其一时骨折之伤害所需支出之医药费以及丧失劳动能力等损害赔偿数,成立契约,惟嗣后A始发现其骨折并无复原之可能性,为避免恶化,甚至必须进行截肢的手术。在本例中A与B就损害数额成立和解契约,其数额计算之基础乃系建立在A之骨折系一时性的伤害,而有复原可能性的认知基础上,虽然有关A是否遭受有复原可能性的一时性伤害,抑或遭受必须截肢的永久性残废之问题,并非系A与B间所成立和解契约之目标,但此问题却作为该和解契约之基础,盖损害赔偿数额之计算即因被害人究为遭受一时性之伤害,抑或永久性之残废而有不同之计算结果,此时被害人A对于此等作为计算基础之事实有所误认,即得依据第七百三十八条但书第三款之规定,撤销其与加害人B间之前所成立之和解契约。"[57]

上述见解一方面肯定该条为和解前提之基础事实有误认知之情形,此点与德国学说相同,他方面却认为此错误须为单方错误,与德国之认知南辕北辙。就其后所举之例而言,A、B均以为伤害系一时性骨折,而后发现骨折为永久性的虽然是A,但双方均有相同之错误,并以A之伤害系一时性骨折为和解之谈判磋商之基础事实,个人并不认为此为单方误认。在医疗过失,医疗院所若明知为永久性骨折而利用被害人之错误而为和解,依其情形,被害之一方极可能得依意思表示诈欺之规定撤销,他方更须负缔约上过失责任(第245条之1)。个人认为当事人作为和解前提事实之当事人必然为双方当事人,仅一方对一定事实之认识,并无法成为和解之前提,而仅为单纯动机,无论依第738条第3款或意思表示错误一般规定(第88条),均无法撤销。简言之,单方动机错误并非重要争点错误,此点亦为台湾地区错误一般法则之基本原则。

(2)第三人所提供之和解基础

和解若系在有第三人参与的纷争处理机制而成立,因该第三人对事实关系

[57] 王千维:《和解》,载黄立主编:《民法债编各论》(下),元照出版有限公司2002年初版1刷,第576页。

或法律关系之判断而使当事人双方对和解基础事实有相同误认，如在“最高法院”2012 年度台上字第 267 号判决一案，和解前提之合法继承权，系因调解委员之错误判断。日本学者有主张和解契约拘束力正当化之实质依据为以该当权利关系为对象之纷争解决程序，若欠缺维持正当化和解契约结果之依据时，则无对和解结果承担自己责任之正当性，应否定和解契约之拘束力。[58] 在因有第三人参与之诉讼外纷争处理机制中成立之和解，双方因信赖第三人之判断而成立和解，虽较容易认定构成第 738 条第 3 款之重要争点错误，但无特殊问题存焉。

4. 当事人资格错误

第 738 条 3 款所列错误案型，除重要争点有错误外，尚有对于他方当事人资格之错误。其所谓当事人资格与第 88 条第 2 项是否相同，又后者以交易上重要为要件，和解错误并未有此明文，解释上是否相同，[59] 均不无疑义。

依台湾地区“最高法院”1996 年度台上字第 2091 号判决之见解：“当事人之一方，对于他方当事人之资格有错误而为和解者，依‘民法’第七百三十八条第三款之规定，固得以错误为理由而撤销和解。惟查所谓对于他方当事人之资格有错误，系指对于和解相对人之年龄、性别、学经历、职业、专长、才能、资力等有所误认之动机错误而言。”第 738 条第 3 款所谓当事人资格与第 88 条第 2 项当事人资格概念上并无不同。学说方面，王千维认为该款当事人资格错误乃一方对作为和解之基础事实有误认的一种案型。[60]

如前所述，台湾地区“民法”第 738 条第 3 款乃参考《奥地利普通民法典》第 1385 条，学说认为该条所谓当事人或目标本质指和解基础，乃当事人作为确定的、无争执或非不明确之点。[61] 若参照《奥地利普通民法典》为解释，台湾地区“民法”第 738 条第 3 款所谓当事人资格亦为和解基础，与重要争点错误同须为和解双方共通错误，且其错误在客观上与主观上亦须与和解成立有因果关系。换言之，该条所谓当事人资格本身为重要争点的一个情形，并无特殊意义。

---

〔58〕 神田英明，和解の拘束力（不可争效）—和解の本質に適合する判例法の展開を無視してよいか，載於：円谷峻（編），社会の変容と民法典，成文堂，2010 年初版，頁 422 ~ 423。

〔59〕 通说采肯定说，参见史尚宽：《债法各论》，1960 年自版，第 824 页；郑玉波：《民法债编各论》（下），三民书局 1970 年版，第 816 页；王千维：《和解》，载黄立主编：《民法债编各论》（下），元照出版有限公司 2002 年初版 1 刷，第 575 页。

〔60〕 王千维：《和解》，载黄立主编：《民法债编各论》（下），元照出版有限公司 2002 年初版 1 刷，第 576 页。

〔61〕 Barta, Zivilrecht, Wien 2004, S. 440.

四、大陆民法和解错误

大陆民法在无和解错误特别规定的情形下,是否唯有适用《民法通则》或《合同法》重大误解规定不可,抑或尚有其他解决方法,以下将试图提出个人浅见,抛砖引玉,就教大方。

(一)表示上错误

最高人民法院《民通意见》第71条规定:"行为人因对行为的性质、对方当事人、标的物的品种、质量、规格和数量等的错误认识,使行为的后果与自己的意思相悖,并造成较大损失的,可以认定为重大误解。"其所谓目标物的品种、质量、规格和数量等错误认识,若非关于目标物错误,即为性质错误,则《民通意见》所承认受斟酌错误案型,不外内容错误及性质错误。和解若有此类错误,得依《合同法》请求救济,应无疑义。

(二)争执对象错误不得撤销系基于和解合同之效力

实务上,表达阶段上错误发生的频率远不及意思形成阶段的错误,和解当事人主张和解错误,多因影响其和解的基础事实认识或判断有错误,此等错误在传统观念为动机错误,若动机错误不受斟酌亦为大陆现行法之状态,此等错误成为不受斟酌之错误。

1. 和解之效力

和解不得以错误为理由撤销,并非基于动机错误原则上不得撤销之一般错误法则,而系基于和解契约之效力,此应为一般共识。

关于和解之效力,王利明教授认为:"和解协议兼具创设和认定效力,即和解既可能是对原有权利义务内容的认定,也可能创设新的权利义务关系。所谓认定效力是指无论和解协议的内容是否为原权利义务关系所有,只要当事人达成和解协议,就对双方当事人都具有约束力。和解协议达成之后,当事人可以直接以该协议向法院请求履行协议所确定的义务内容。同时,对于双方当事人而言,在无合法抗辩事由时,都不得以原基础关系向对方当事人提出请求。因此,在此种意义上,和解协议具有确定效力。所谓创设效力是指当事人应当以和解协议为依据确定各自的权利义务内容。就认定效力而言,和解协议是对当事人所争执的原权利义务关系内容的确定,并不发生否认原基础关系的效力,但就争议事项而言,当事人在达成和解协议后,应当依和解协议直接请求对方履行该义务内容。无论当事人创设新的权利义务内容,还是对原权利义务关系的认定,都是以平等协商为基础而形成的合意。当事人所达成的和解协议,对双方当事人均具有拘束力,当事人无正当抗辩事由不得拒绝和解协议的履行。"这个说法应该相当具有代表性。

上述见解与台湾地区现在流行的看法有几点不同:

第一，依台湾地区学说，和解确定效指“和解契约一旦有效成立，双方当事人即受其拘束，不得更就和解前之法律关系再行主张”，[62]所有的和解虽具有确定效，但和解也可能发生创设效，也可能发生认定效，应依具体情形判断。台湾地区“最高法院”在1988年度第19次民庭总会决议提出和解之本质有创设或认定之别，认为若在原来法律关系基础上成立和解，则仅生认定效，当事人得依原有法律关系主张权利。相对于此，王利明教授认为和解之拘束力为和解认定效，此意义的和解效力又具有确定效力，认定效与确定效混为一谈。

第二，和解若创设新的法律关系，依台湾地区“最高法院”1994年台上字第620号判例，债权人应依和解创设的新法律关系请求履行，不得再依原有法律关系请求给付。王利明教授认为创设效力是指当事人应当以和解协议为依据，确定各自的权利义务内容，然和解协议是否发生新的法律关系，并不明了，而以和解协议为依据确定权利义务，又如何与确定效区别，颇令人费解。

第三，和解之认定效及创设效之概念，其实相当具有歧异性，与和解错误有关的，是以和解是否反于真实为基准，判断和解发生认定效或创设效。和解错误在台湾地区“民法”第737条规定，不得撤销之理由，依史尚宽，系“我‘民法’第七百三十七条对于和解之内容与真实的法律状态有龃龉时，赋予创设的效力，故当事人虽误以和解之内容惟有认定的效力，其错误对于和解之效力不生任何影响”。[63] 其所谓和解创设效与认定效之区别，系以和解是否反于真实之状态为标准，[64]和解内容纵与真实法律状态有不同，也因和解发生创设效而不影响和解之效力。王利明教授并未提及此点，当事人得否以反于真实为由主张救济，并不明朗。

上述史尚宽所谓的“创设效”，发生在和解之内容与真实的法律状态有龃龉时，但和解是否果真发生创设效，应无待判决确定，此即刘春堂教授所言“以前之法律关系如何，在所不问”，均不得以错误为理由撤销。法院若认为和解有效，即不必再以裁判确定原有法律关系之具体内容，且因和解所确定之法律关系与真实的法律关系是否一致，在未定之日，和解是否发生“创设效”也是假设的议题。

和解对有争执或不明确的法律关系具有确定之效力，和解属于“确认契约”个人已有详论。简言之，和解系裁判外确定之私权之机制，其目的并不在确定真实之法律关系，而在去除法律关系不明确之状态，当事人间之法律关系既因和解而具体形成，则在私法自治容许之范围内，其所共同确认之法律关系，具有

---

〔62〕 郑玉波：《民法债编各论》（下），三民书局1970年版，第811页。

〔63〕 史尚宽：《债法各论》，1960年自版，第822页。

〔64〕 陈自强：《民法上和解之效力》，载《政大法学评论》第61期，第296页。

法律规范效力,拘束和解契约之当事人。有争执之法律关系既已由当事人自行以契约确认,且由实定法赋予其法律规范效力,则除非有否认其法律拘束力之事由发生;否则,当事人不得主张和解确定之法律关系与其认为真正的法律关系不一致而否认和解之效力,此即第738条本文"不得以错误为理由撤销之"的真谛,[65]不得以错误为理由撤销更非不得依民法总则错误之规定撤销之意。[66]

2. 确定效范围为和解契约解释问题

上述和解确定法律关系之效力,系基于和解契约之效力,从而,当事人以和解所确定之法律关系对象及范围为何、和解对象为何、何者不属于当事人认为有争执或不明确的事实关系或法律关系,而系作为和解前提之确定事实,即和解基础为何,均应针对具体个案依合同解释之原则确定之。换言之,在基于和解合同所生的确定效之范围内,当事人不得再争执和解所确定之法律关系是否符合所谓真实的法律状态,且因确定效系当事人约定内容被实体法承认而被赋予法律拘束力,而为和解合同的类型特征,法律若对确定效有规范,也仅为作为任意法规补充当事人意思之不足,或作为合同解释规则成为事实不明时裁判时的指引。

通过合同解释确定不得争执的对象与范围并非现代学者的创见。罗马法时代法学家 Gaius Aquilius Galus 所草拟的赔偿收据格式中载有"给付包括现在及将来可想到的所有请求权",依当时法学家对此条款解释,当事人双方所未想到的请求权并不在此条款涵盖范围。[67] 在法国,保险公司就意外事故保险金一次性给付和解,其后出现未预期之其他损害,是否为《法国民法典》第2053条第1项争执之目标有错误,法院通过契约解释将和解效力范围限定在契约成立时所得预见之结果,唯有明示一次性包括所有现在及将来损害之给付,即和解给付金额除赔偿预见之损害外,尚包括未预期的、可能的后发损害之风险给付,不得主张错误。[68]

---

〔65〕 陈自强:《民法上和解之效力》,载《政大法学评论》第61期,第314~315页。

〔66〕 2000年修正前"民事诉讼法"第279条第3项规定:"前项自认之撤销,除别有规定外,以自认人能证明与事实不符,且系出于错误而自认者,始得为之。"所谓的错误,显然不是反于真实之义,民事诉讼法学者并未多加着墨,但此规定未尽妥当。参见陈计男:《民事诉讼法论》(上),1994年初版,第416页之说明:"当事人所自认之事实果真能证明与事实不符,自不难推定其为系出于错误者,殊无将'系出于错误而自认'定为撤销条件之必要。"可见一斑,台湾地区立法者对"错误"之用语掌握未必一致,更可得其明证。

〔67〕 Sturm, Der Abfindungsvergleich im Spiegel der französischen und deutschen Rechtsprechung. Eine kritische Würdigung aus rechtspolitischer und rechtstheoretischer Sicht, in: Festschrift zum 150jährigen Bestehen des OLG Zweibrücken, Wiesbaden 1969, S. 303 - 304.

〔68〕 Feried/Sonnenberger, Das Französischs Zivilrecht, Band 2, 2. Aufl. Heidelberg 1986, Rn. 2M215.

相反,不在确定效之范围内事实关系的错误,并不属于和解契约拘束力的问题,立法者固然可以委诸一般错误法则乃至于契约一般法律原则处理,如日本、瑞士等国,当然亦得基于和解安定性及扩大和解纷争解决之机能,限制依一般法律原则之适用,或为求和解纷争解决过程之公平,明文承认额外的救济管道,例外允许以和解错误为由予以救济。准此以解,并非所有与和解有关的错误均不得撤销,而应从契约之解释出发,判断和解合同确定效之范围。

争执对象错误不得撤销系基于和解合同之效力,乃解释和解合同典型效力的合同解释的结果,即使无类似台湾地区"民法"第 737 条"不得以错误为理由撤销之"的明文规定,亦应为相同的解释。

(三)和解基础错误

如前所述,和解基础错误应在如何条件下予以如何救济,并非和解合同拘束力的问题,而系于立法者利益衡量与价值判断,立法者尚未明示前,应如解决问题,考验学说及法院的智慧。

问题解决最简单的方式,是从外地直接进口,如有学者参照台湾地区"民法"第 738 条之规定,主张在以下四种情形得主张撤销合同:第一,和解所依据的法律文件,事后发现是伪造或变造的,而和解当事人如果知道文件是伪造或变造就不会和解的;第二,和解的事件已经法院确定判决,而当事人双方或一方于和解时并不知情;第三,对于他方当事人的资格或重要争点有错误,该资格须在交易上被认为重要的,才可作为撤销的原因;第四,和解中发生的计算错误,当事人有权请求更正。[69] 然而,在大陆,重大误解不仅得请求撤销,亦得请求变更,何以和解错误仅得主张撤销,且限于三种情形,而第四种得请求更正,是否在现行法解释上有其依据,尚有疑义。上述照单全收台湾地区"民法"规定的想法,应该难以成为通说。

参考上述德国法系国家和解基础错误理论,区别和解对象错误及和解基础错误,应更为明智。问题在于和解基础错误是否即为错误一般规定所谓的错误?如甲开车时不慎撞伤乙的狗,甲乙经协商,甲同意支付 1 万元,其后发现乙的狗非被甲撞伤,于锐在其博士论文《和解合同研究》主张此错误属于当事人、目标物、行为性质等损害赔偿基础的错误,"对和解根据的错误应当按照法律行为错误之一般规则来对待,并无特殊的理论"。[70] 似乎认为和解基础错误为一般错误案型。但是,"在车祸中以轻伤害和解,之后发现被害人造成永久性残疾,则和解根据为轻伤害,与事实严重不符,可视为和解根据的错误,如果此时仍坚持和解合同的约定内容可能会违背诚实信用原则"却又援用诚实信用原

[69] 谭振波:《和解合同的效力》,载《河北法学》2012 年第 10 期。

[70] 2013 年黑龙江大学博士学位论文,第 141 页。

则,显现问题解决并不单纯。

就错误、和解、和解错误法则未修正之前,个人认为解决大陆和解基础错误问题,透过个案和解合同解释,判断当事人是否有以一定和解基础之存在或不存在为条件之意思,不失为可行之途。诉讼外和解合同得附停止条件或解除条件,如以撤回诉讼或撤回上诉为和解合同的停止条件,或以不在一定时间内撤回为和解合同的解除条件,应无争论。撤回诉讼或上诉均为将来发生与否不确定之事实,得为《民法通则》第 62 条、《合同法》第 45 条第 1 款所谓条件。

在和解错误,和解基础多为已发生的事实。依大陆民法传统见解,条件必须是将来的事实,已经发生的事实,无论当事人是否知晓,都不能作为条件。[71]然而,不能作为《民法通则》或《合同法》所谓的条件,并不能径以法无明文,否认此类条件约定的效力。法律行为成立时,其成就与否业已确定之条件即所谓既成条件,依台湾地区"最高法院"1979 年台上字第 2861 号判例,虽其有条件之外形,但并无其实质之条件存在,故纵令当事人于法律行为时,不知其成否已经确定,虽非民法所谓条件,然依据法理,条件之成就于法律行为成立时已确定者,该条件若系解除条件,则应认法律行为为无效。大陆《民法通则》或《合同法》解释上,结果应无不同。如甲被狗咬伤,甲乙虽均无法确定是否为乙的狗咬伤,乙同意赔偿 3000 元,同时约定若嗣后确定并非乙的狗肇事,甲应返还 3000 元,此等约定,无论是否为所谓条件,并无否认效力之理。换言之,和解合同当事人约定合同效力发生或消灭系于客观上已发生但双方主观上均不知的事实,应依其约定决定和解合同之效力。

上述情形,系以双方均不确定事实之发生或不发生为和解合同效力之条件。如甲乙双方均确信甲是被乙的狗咬伤,若无此共同认识将不会成立和解,则认定和解合同之继续有效,系以甲被乙的狗咬伤为条件,应该也是合理解释和解合同的结果,一旦确定甲并非被乙的狗咬伤,和解合同拘束力消灭,也符合当事人之意思,和解的拘束力消灭,当事人当得依原有法律关系主张权利。和解合同双方共同的前提事实不一而足,合同解释应遵循诚实信用原则(《合同法》第 125 条第 1 款),依据有理性诚实的当事人,足以影响和解合同效力的和解基础事实,应具有重大性,亦即基础事实之共通错误与和解之成立须在客观上及主观上有因果关系,固不待言。

五、结语

和解错误问题的处理,需结合和解效力及错误理论,并考虑和解错误的特殊性,妥当地运用和解及错误的规定乃至于基本原则。台湾地区"民法"第 738

---

〔71〕　王利明主编:《民法》(第 5 版),中国人民大学出版社 2010 年版,第 124 页。

条虽然有和解错误的明文规定，但其规定甚为独特，立法理由何在，不易索解。大陆现行法不仅无类似的特别规定，和解合同本身也无实体法上效果的规定，错误的规定也与德国、日本、瑞士等大陆法系国家不同，和解错误的研究尚不多见。个人认为无论将来民法典将有何面貌，具体规定如何，和解错误的救济仍须透过合同解释认定何者为和解确定效的范围，在现阶段，和解合同确定效射程距离的认定，成为问题解决的关键。

经验面向的规范意义*

——论实证研究在法学中的角色

王鹏翔** 张永健***

【摘　要】法学（法释义学）一般认为是规范之学，故关注经验面向的法实证研究常受"非法学范畴"之讥。但规范论证是否可以完全抽离经验陈述，以及法学范畴是否如此狭隘，则有再检讨之必要。本文梳理法学与实证研究的本质，主张两者在至少两个层面上相辅相成：法律的规范论证往往必须援引经验事实（例如某法律手段是否有助于实现某法律目的或带来某种结果）作为理由，而设计良好的实证研究能够借由因果推论，发现具有规范重要性的差异制造事实。法释义学有经验面向，认识与描述有效的法律，亦属法学范畴；而实证研究采用的社会科学方法，能拓展认识与描述法律之方式。本文将法实证研究分为三类：第一类检验"差异制造事实"是否存在，其发现可以直接作为支持或反对规范主张的理由。第二类检验法律的实效性，并刻画制定、适用法律之制度性行为。第三类则是以实证方法来描述法律论证。

【关键词】法实证研究　法释义学　差异制造事实　因果推论　实效　制度性行为　描述性的法律论证理论

---

* 作者顺序依姓氏笔画排列，不代表贡献程度有别。本文不同版本的初稿曾经先后发表于2014年6月18日"中央"研究院法律学研究所举办之"两岸四地法律发展"学术研讨会、2014年10月20日台北大学法学院慕知学堂、2014年12月9日"中央"研究院法律学研究所个人年度学术研讨会，以及2015年9月《中研院法学期刊》第17期；作者感谢两位匿名审查人、干学平、王怡苹、林子仪、邱文聪、官晓薇、唐晓晴、许可、许家馨、章程、程金华、黄丞仪、蒋侃学、谢耿亮、谢晖、简资修、苏彦图及其他与会来宾之宝贵意见，以及范皓柔之研究协助。本文一些哲学上的想法（尤其是理由论与因果关系部分）获益于中正大学哲学系王一奇教授甚多，特此致谢。本文的部分内容属于"科技部"计划"法律中的因果性与规范性——一个基于差异制造的理论"（MOST 104－2410－H－001－028－MY3）的研究成果。本文原载《中研院法学期刊》2015年第17期。

** 王鹏翔，"中央"研究院法律学研究所副研究员。

*** 张永健，"中央"研究院法律学研究所研究员暨法实证研究资料中心执行长。

一、前言

从事法实证研究的学者，尤其采量化方法（quantitative methods）者，[1] 常遇见之质疑是：法学研究所要解决的是“应然”层面的规范问题，实证研究处理的则是“实然”层面的经验事实问题，从实然如何能导出应然？法实证研究如何有助于解决法学问题？[2] 本文将尝试回答此问题。

首先要说明的是，所谓“实证研究”（empirical study/research/analysis），系指有系统地观察、收集经验事实，并通过一定的方法对于收集的信息进行分析、推论，以回答研究者所欲探讨的问题。[3] 作为研究素材的经验信息，可以透过实验、观察、访问、调查、爬梳档案与文件等方式来获得，而后予以分析；[4] 研究者可以提出假设，或以既有理论尝试预测答案，最后以统计方法分析数据，以检

---

〔1〕 法实证研究包含了量化与质化（qualitative methods）两种取向的研究。为使论述更为集中，本文仅关注量化研究，质化研究不在本文论述范围内。这“不表示”质性研究“当然不能”适用本文之论据，但更精致的论述必须另文为之。

〔2〕 主张实然不能导出应然，实然推论不能作为规范论证的唯一基础，参见黄舒芃：《数字会说话？——从“大法官”释字第 584 号解释谈事实认定在规范违宪审查中的地位》，载《中研院法学期刊》第 1 期。不同的看法（强调经验事实在规范论证中的重要性），请比较邱文聪：《被忽略的（立法）事实——探询实证科学在规范论证中的可能角色兼评释字第 584 号解释》，载《台大法学论丛》第 37 卷第 2 期；亦请参考王泰升：《具有历史思维的法学：结合台湾法律社会史与法律论证》，元照出版有限公司 2010 年版，第 30 ~ 38 页。与本文具有类似问题意识，也同样强调法学中经验与规范面向之紧密关联的德文文献，请特别参考 *Niels Petersen*, Braucht die Rechtswissenschaft eine empirische Wende? Der Staat 49 (2010), S. 435 (435 ff.).

〔3〕 See Peter Cane & Herbert M. Kritzer, *Introduction* to The Oxford Handbook of Empirical Legal Research, p. 1, 4 (Peter Cane & Herbert M. Kritzer eds., 2010). Cane & Kritzer 认为，关于法律、法体系、法律现象的实证研究包含了各种不同的取向与工作，具体而言，它包括了法与社会（social-legal/law and society）研究、实证导向的法律经济分析（empirically orientated law-and-economics）以及司法行为与政策（judicial behavior/politics）等三个次领域。

〔4〕 See Kevin M. Clermont & Theodore Eisenberg, Foreigners' Fate in America's Courts: Empirical Legal Research, *Inaugural Issue Academia Sinica L. J.* 237, 240 (2007).

验假设成立与否或探究理论预测之精确性。[5] “实证方法”(empirical methods)[6]则是系统性搜集、描述、分析数据(data)的技巧——数据是与世界相关的客观信息,它们可以透过代数运算操作,或比较其绝对或相对值的大小。[7] 这些技巧包含了编码、运算、统计、分类集合、过程追踪(process tracing)、模式匹配(matching of patterns)等方法。实证研究关注大范围、总体(aggregate)现象,而非个案,[8]此与具有优良传统的“案例评释”,关注点不同。[9]

所谓“法实证研究”,其研究的对象素材乃是法律制度、法律体系、司法行为以及其他法律现象。法实证研究所采用的方法,虽然迥异于传统的法学研究方法(例如法律解释或案例评释之方法),但这并不表示法实证研究与法学所关切的主题完全无关。本文的主要目的,正是要指出经验面向的规范意义,以回应前述质疑。

本文首先将尝试正面界定“法学”的概念,然后指出,虽然法学以解决规范问题为主要任务,但**法学除了规范面向之外,也具有经验面向,而法实证研究可视为法学经验面向的重要一环,并且法实证研究的成果有助于解决法学所关心的规范问题**。无须否认,法学的主要工作——不论是对现行有效法的解释,或是提出修改、制定法律的建议——是规范导向,但经验事实的运用,在论证法学的规范命题中仍扮演了关键角色,而法实证研究正是发现法学相关经验事实的重要方式之一。更确切地说,不论在解释论或立法论的层面,实证研究成果都可能提供法律制度选择与采取特定法律解释的理由。因此,所谓“法学方法”不应过分局限于传统的法律解释方法。在这样的基础之上,本文也将举出一些实

---

〔5〕 See Lee Epstein & Andrew D. Martin, “Quantitative Approaches to Empirical Legal Research”, *in The Oxford Handbook of Empirical Legal Research*, *supra* note〔3〕, pp. 901,905 - 908.

〔6〕 法实证研究方法的介绍,中文文献,参见黄国昌:《法学实证研究方法初探》,载《月旦法学杂志》第175期;黄国昌、林常青、陈恭平:《法学方法与实证研究(一):信息、变项及关联性(上)》,载《台湾法学杂志》2011年第183期;林常青、黄国昌、陈恭平:《法学方法与实证研究(二):信息、变项及关联性(下)》,载《台湾法学杂志》第187期;林常青、黄国昌、陈恭平:《法学方法与实证研究(三):关联性与回归(上)》,载《台湾法学杂志》第191期;林常青、黄国昌、陈恭平:《法学方法与实证研究(四):关联性与回归(中)》,载《台湾法学杂志》第199期;林常青、黄国昌、陈恭平:《法学方法与实证研究(五):关联性与回归(下)》,载《台湾法学杂志》第207期。德文文献中关于法实证研究方法的入门简要介绍,亦可参考 Emanuel V. Towfigh/Niels Petersen, *Ökonomische Methoden im Recht*, 2010, S. 201 - 241.

〔7〕 See Robert M. Lawless et al., *Empirical Methods in Law*, 2010, p. 7; Lee Epstein & Gary King, *The Rules of Inference*, 69 U. *Chi. L. Rev.* 1,3(2002).

〔8〕 See Lawless et al., *supra* note〔7〕, pp. 10 - 14.

〔9〕 关于质化与量化研究能如何弥补传统法学研究方法之不足,参见刘尚志、林三元、宋皇志:《走出继受,迈向立论:法学实证研究之发展》,载《科技法学评论》第3卷。

证研究的成果作为佐证。

本文结构与核心论点如下：

为使读者很快掌握本文核心论点，第二部分以法律论证中广泛使用的比例原则为例，简要说明经验事实在规范论证中的角色。

第三部分第一节先厘清法释义学的主要任务，主张认识、解释、体系化现行法以及立法论，都属于狭义法学之范畴。换言之，法释义学不仅是分析与描述性的，更有提出规范主张之任务。接着，第三部分第二节说明法学的经验面向包括两个层面：认识及描述有效的法律，以及在法律论证中运用经验事实的陈述。前者又可细分为：(1)"描述性的法律论证理论"，例如过去十年来台湾地区"最高法院"如何解释某个刑法条文构成要件；(2)"制度性行为研究"，例如法官的性别或经验是否影响慰抚金之酌定数额。关于后者，本文指出，在法律论证中运用经验事实的陈述，则是法学规范面向与经验面向最直接的交会点。第三部分第三节指出法实证研究（作为其中一种研究法学经验面向的路径）与前述两种层面的法学经验面向之关联。

第四部分是本文核心贡献所在，是赶时间的读者也不应跳过的章节。第四部分集中论述第二个层面的法学经验面向，即经验事实如何有助于规范论证。第一节提出"差异制造事实"的概念，指出可作为规范理由的经验事实乃是差异制造事实（可理解为因果事实）。第二节以法学规范论证中常见之目的论证与结果论证为例，说明两者的前提均包括差异制造事实，此即法学经验面向的清楚展示。第三节说明，量化之法实证研究通过各种统计方法以求作出因果推论。为便于不熟悉统计的法学读者理解本文论点，第三节以浅显易懂的方式综述多种法实证研究方法。第四部分的关键论题，就是法实证研究能通过因果推论发现差异制造事实，而差异制造事实是法学规范论证不可或缺的环节；从而，法实证研究有助于法学规范论证。

第五部分奠基于以上论述，将法实证研究分为三类：第一类检验"差异制造事实"是否存在，其发现可以直接作为支持或反对规范主张的理由。第二类检验法律的实效性，并刻画制定、适用法律之制度性行为。第三类则是以实证方法来描述法律论证。本文论述对多数法实证研究工作者，甚至许多一般读者，或许十分抽象，因此第五部分以过去十年来台湾地区许多法实证研究成果为例，作为印证。

二、经验事实在规范论证中的角色——以比例原则为例

法律人经常运用比例原则来论证规范命题，例如国家得否采取特定的立法措施来限制人民的基本权利。当司法违宪审查套用比例原则中的"适当性原则"，以审查某个立法措施是否适合达成目的时，所谓"适当性"显然是可验证的

事实。例如禁止药商广告处方药品,是否有助于防止一般人胡乱服药("司法院"释字第 414 号解释之争点之一)。

"必要性原则"所谈的最"小"侵害手段,是相对于"较大"的侵害手段;而比较侵害程度之大小,也需仰赖经验面向的事实才能判断。例如,要求烟商于烟品容器上标示尼古丁及焦油含量,比起完全禁止贩卖香烟,对烟商之财产权侵害较小(参见"司法院"释字第 577 号解释)。

"衡平性原则"(狭义比例原则)则在衡量目的与手段间的利弊得失,亦即立法目的之重要性是否足以正当化其对于基本权的侵害。若对某一基本权的侵害程度越高,则干预措施所追求目的之重要性也要随之越高。不仅基本权受侵害的程度高低涉及经验信息,目的之重要性亦同;因为,之所以必须进行衡量,乃是由于两者无法同时获得完整实现,实现其一须以牺牲另一为代价。因此,目的之重要性高低取决于,倘若不采取干预措施,该目的将会受到多大程度的负面影响(其不被实现的程度高低)。[10] 评估此种负面影响的程度高低,显然也需要仰赖经验事实的认定与判断。例如,"司法院"释字第 603 号解释认为,强制录存个人指纹资料,虽然足以达到"辨识迷失民众、路倒病患、失智老人及无名尸体"之目的,但此种需要辨识身份的特殊个案甚少。即便不采取强制录存指纹的立法措施,也不会对于辨识身份之目的造成重大损害(这是经验判断);因此,实现此目的之重要性程度并不高。但若强制录存指纹,则个人信息外泄风险极大(这也是经验预测),可能斫伤隐私。两相权衡之后,"大法官"认为强制录存指纹的规定"损益失衡,手段过当,不符比例原则",从而认定立法者不得采取此项措施。

从上面的简要论述可以看出,比例原则之操作——不论是适当性、必要性或衡平性的判断——都必须有经验面向的分析。[11] 然而,若没有清楚认识到规范论证中必备的经验要素,就会使比例原则的操作者,以"隐然假设某个经验陈述是常识"或"此经验陈述不证自明"的态度,跳过了必须细致检验的经验陈

[10] 以采取干预措施将对基本权所可能造成的侵害大小,不采取干预措施对立法目的所可能产生的负面影响程度,来评估基本权与干预目的之间的具体比重,此做法的详细说明可见 Robert Alexy, *A Theory of Constitutional Rights*, 2002, pp. 406 - 407。

[11] 对此亦可参照 *Petersen* (Fn. 2), S. 442 - 444。

述。[12] 以"司法院"释字第712号解释[13]为例,解释理由书中提到,立法者鉴于台湾地区与大陆人民血统、语言、文化相近,如许台湾地区人民依"民法"相关规定收养大陆人民,而无其他限制,将造成大陆人民大量来台,而使台湾地区人口比例失衡,严重影响台湾地区人口发展及社会安全,乃制定系争规定,以确保台湾地区安全及社会安定……核属维护重要之公共利益,目的洵属正当。系争规定就已有子女或养子女之台湾地区人民收养大陆人民时,明定法院应不予认可,使大陆人民不致因被台湾地区人民收养而大量进入台湾地区,亦有助于前揭立法目的之达成。

这个解释理由的论述就涉及适当性原则,意思是:若无台湾地区与大陆人民关系条例之限制,已有(养)子女的台湾人民会大量收养大陆人民,导致地区人口比例失衡,进而影响台湾社会安全。姑且先不论人口比例失衡是什么意思,[14]或大量收养大陆人民是否会导致失衡;也先不论社会安全如何会被前述现象影响(这些都是实然面的问题);只要先问一个前提经验问题:若无限制,已有(养)子女的台湾人民会大量收养大陆人民吗?

图1是"内政部"所公布之台湾人(终止)收养统计与外国人收养统计,[15]显示每年台湾人收养台湾人的数目都只有3000上下,[16]收养"非台湾人"的数目更是低到100以下。这极少数的境外收养数,大多数来自目前收养受重重限制的大陆(含香港、澳门)。当然,因为"内政部"公布的仅为描述统计,并非有多重变量的原始数据,吾人无从得知"已有子"的台湾人、"已有女"的台湾人、"膝下犹虚"的台湾人,收养行为有何不同(例如是否已有儿子的台湾人比较不

〔12〕 操作比例原则所仰赖之经验事实,其实就是司法违宪审查中的"立法事实"。但正如邱文聪的研究指出,学界讨论立法事实问题时,多着眼于司法审查基准宽松,课予立法者对事实确定性或证明度的不同要求,而往往忽略了如何在规范论证中运用经验事实的问题。例如,"大法官"解释没有注意到,规范论证所依据之经验资料与待证之经验陈述间的相关性;大法官也未能掌握实证研究的成果能够用来论证规范命题的积极功能。对此请参见邱文聪,前注〔2〕,第237~238、256~257页。

〔13〕 关于本号解释之评析,参见李建良:《两岸关系下的人性尊严、收养自由与制度保障——释字第712号解释》,载《台湾法学杂志》第250期;廖福特:《从人权角度评析释字第712号解释》,载《月旦法学杂志》第231期;廖元豪:《我是人,我值得被收养——释字第七一二号解释忽略的"平等权"分析角度》,载《月旦法学杂志》第239期,第244~261页。

〔14〕 人口比例失衡是指男女比例失衡?(因为重男轻女而大量收养男生?)还是本省人与外省人比例失衡?台湾要有多少原生台湾人才算是均衡?

〔15〕 台湾"内政部"分别公布的《人口身分变更统计》《国人收养外国人及大陆地区人民、香港与澳门居民案件统计》,但没有明确说明前者的数字是否包括后者。2012年以后的后者年度统计,至今没有公布,原因不明。数据来源:"内政部户政司"人口资料库,http://www.ris.gov.tw/zh_TW/346,最后访问日期:2014年6月23日。

〔16〕 前注"内政部"统计显示,1999年之后,就没有年均4000以上的收养数。

会收养)。我们不知道收养数目不高,是需求低还是供给少——若是前者,开放收养大陆人民不太可能冲击台湾地区人口结构;若是后者,则比较可能产生影响,但跨境收养所费不赀,会有多少人收养,难以预期。本文并不认为既有的数据已经足以作出明确推论,甚至可以说既有的数据隐然指向:收养制度开放不太可能造成人口冲击。毕竟,收养并不是要约加承诺就确定,依"民法"第1079条以下规定,还需由法院评估养子女最佳利益等因素后认可。但"司法院"释字第712号解释却以横扫千军的语汇,将此实证问题扫到一旁。"大法官"在本案对于适当性原则的操作,似乎并不适当。

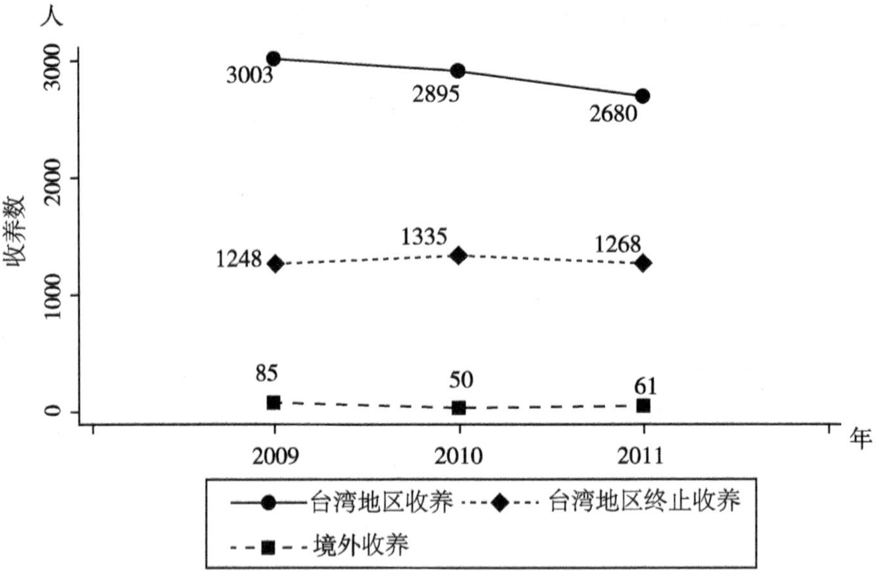

图1 2009~2011年收养数

(数据源:"内政部户政司"人口统计资料。本文制图。)

以上是以比例原则的运用为例,具体说明经验事实在法学规范论证中的角色。接下来,本文将从比较抽象的高度,阐述法学的概念与主要任务,逐步拓展、重建法学的范畴,说明法学的经验面向与经验事实在规范论证中的角色,最后分类评述既有之法实证研究。请注意,本文有两大主张:法学本来就有经验面向,而非仅有规范面向;在法学固有的规范论证中,经验事实往往有不可或缺的作用[请见"三、(二)2."之图3]。其中一项主张是否为真,并不仰赖另一项主张为真。因此,即便论者不认为法学有经验面向,仍然需要严肃面对经验事实的规范意义。

三、法学的经验面向

从广义的角度而言,任何关于法律的研究——例如,法律哲学、法律社会学、法律经济分析、法律史等——都可以看作法学研究。换言之，只要研究主题(subject matter)与法律相关，无论所采取的研究方法(research methods)是经济学、社会学、哲学或其他学科惯用的取径，就可以称为法学研究。如果对于"法学"采取这种广义的界定，似乎没有理由将法实证研究排除于法学之外。本文前言所引述的批评——实证研究不属于法学研究、其研究取向不是法学方法、其研究成果也无助于解决法学问题——显然并不是以此种方式来理解法学的范畴。为回应此批评，以下第一节先界定法(释义)学的范畴；第二节说明法释义学的两种经验面向；第三节论述法实证研究如何丰富法释义学之经验面向。

(一)法学(法释义学)的概念与主要任务

在继受欧陆法(尤其是德国法)传统的地区，"法学"(相当于德文的Rechtswissenschaft或Jurisprudenz)这个概念通常指的就是所谓"法释义学"(Rechtsdogmatik，或译为"法教义学")。[17] 当批评者认为法实证研究不属于法学研究或无助于解决法学问题时，他们或许正是将"法学"理解为法释义学，[18] 这种理解方式，可称为"狭义的法学"。本文以下之论述，即在尝试指出：纵令对法学采取狭义之定义(法释义学)，法实证研究仍在法学中扮演一定的重要角色。

"法释义学"并没有一个广为接受的清楚定义。但我们可以从法释义学的任务

---

〔17〕 例如，德国学者Robert Alexy指出，按照法律人所通用的术语，法释义学就是狭义与固有意义下的法学(Rechtswissenschaft im engeren und eigentlichen Sinne)，见Robert Alexy, Theorie der juristischen Argumentation, 3. Aufl., 1996, S. 307。"Rechtsdogmatik"在英文中并没有相应的词汇，它有时被直译为"legal dogmatics"(例如前引Alexy一书的英译本就采取这个译法，见Robert Alexy, *A Theory of Legal Argumentation* 1989, p. 250，以下皆引用英译本)，但这很容易令人联想到"dogmatic"这个形容词的负面意涵，如独断、狭隘、自以为是、固守教条等。为了避免误解，有些欧陆学者在其英文著作中改用"legal doctrine"(See, e. g., Aleksander Peczenik, Scienta Juris: Legal Doctrine as Knowledge of Law and as a Source of Law, 2005, pp. 1-2)或"the doctrinal study of law"(See, e. g., Aulis Aarnio, Essays on the Doctrinal Study of Law, 2011, pp. 19-24)来指涉"Rechtsdogmatik"一词的意思。就笔者之一所知，最早使用"the doctrinal study of law"一词来指涉"法学"或"法释义学"的欧陆学者，可能是丹麦的法理学家Alf Ross, see Alf Ross, *On Law and Justice*, 1959, pp. 10-11。

〔18〕 张嘉尹在一篇论文中谈道：由于德国法学界一向将法释义学视为法学的核心或典范，过去以继受德国法传统为主的台湾，也仍以各个部门法的法释义学作为法学教学与研究的主要内容。但他同时强调，"台湾的法学典范即是法释义学"并不蕴含"法学应该要自我局限于法释义学"；相反地，他借镜德国当代法科学理论(Rechtswissenschaftstheorie)对于法释义学的反思，认为即便法学的核心意义是法释义学，但为了满足更高层次的理论需求与履行实务贡献，法释义学仍必须对于其他社会科学开放，尤其必须重视如何衔接采取内在观点(参与者观点)的法释义学与采取外在观点(观察者观点)的法社会科学[关于这两种观点的区分，详见下文"三、(三)"]。参见张嘉尹：《台湾法学典范的反思——从德国当代法科学理论的兴起谈起》，载《世新法学》2012年第6卷第1期。张嘉尹在另一篇论文中，则以宪法学为例，讨论了两者是否可能衔接与如何衔接的问题，参见张嘉尹：《宪法之"科际整合"研究的意义与可能性》，载《世新法学》第3卷第2期(以下简称张嘉尹：《宪法之"科际整合"研究的意义与可能性》)。本文的工作，也可看作对这两个问题的具体回应。

出发,初步地掌握(狭义的)法学的性质。本文的出发点是三位欧陆学者 Aleksander Peczenik(瑞典)、Robert Alexy(德国)、Aulius Aarnio(芬兰)在1981年合著的经典论文 *The Foundation of Legal Reasoning*,他们如此界定法释义学的工作:

法释义学的**任务**通常被界定为**(i)对于法秩序内容的探究,以及(ii)法律概念与法律规范的体系化**。这些任务也是彼此关联的:法秩序的内容无法独立于体系化的方法,反之亦然。[19]

由于法秩序是由有效的法律规范所组成的,因此,法释义学的任务基本上可以分为三个部分:第一,认识哪些规范是有效的法律(包括制定法、行政命令、行政处分、司法判决先例等),这部分工作就是通常所谓的"法源论"(doctrine or theory of the sources of law)。第二,法律解释(legal interpretation),即探究法律规范的意义内容。第三,对于法律规范进行体系化的工作;所谓"体系化"(systematization),包括法律概念之间的位阶次序、法律规范的效力阶层结构,以及形成、发现一般法律原则。[20] 简言之,法释义学的主要任务可界定为:有效法律的解释与体系化(interpretation and systematization of valid law)。[21]

从以上法释义学的简要界定,可知法学主要关注规范问题。首先,法释义学的研究对象是特定法秩序中有效的法律规范;其次,解释法律规范其实是在提出某种规范陈述或主张。例如,台湾地区"刑法"第278条第1项规定"使人受重伤者,处五年以上十二年以下有期徒刑",如果"砍断他人左手拇指、食指与中指"这个行为可被解释为"使人受重伤",那么这个解释就等于是在陈述下面这条规范:"砍断他人左手拇指、食指与中指者,应处五年以上十二年以下有期徒刑。"[22]

不过,法释义学并不仅限于认识有效的法律规范,或陈述实务上采取何种

---

〔19〕 Aulis Aarnio, Robert Alexy & Aleksander Peczenik, *The Foundation of Legal Reasoning* Ⅲ, 12 Rechtstheorie 423, 423 (1981): "The *task* of legal dogmatics has generally been defined as (i) *the investigation of the content of the legal order*, and (ii) *the systematization of legal concepts and norms.* These tasks are interrelated, too: the content of legal order is not independent of the method of systematization, and *vice versa.*" 事实上,这种对于法释义学工作的界定方式,可以溯及 Alf Ross 对法释义学的看法,see Ross, *supra* note〔17〕, at 19.

〔20〕 下文"三、(二)1."会指出,关于"体系化"有两种理解方式:法律体系作为规范体系与作为程序体系。

〔21〕 See Aulis Aarnio, *Reason and Authority: A Treatise on the Dynamic Paradigm of Legal Dogmatics*, 1997, p. 75; Peczenik, *supra* note〔17〕, at 1. 关于法源论、法律解释与体系化作为法释义学的三项主要工作,详见 Aarnio, *supra* note〔17〕, at 131-185; Peczenik, *supra* note〔17〕, pp. 14-30。德国传统的法学方法论,其内容基本上也包含了这三部分的工作,请参见两本代表著作:黄茂荣:《法学方法与现代民法》,2009年第6版;Karl Larenz/Claus-Wilhelm Canaris, Methodenlehre der Rechtswissenschaft, 3. Aufl., 1995。

〔22〕 这个例子来自台湾地区"最高法院"1940年上字第135号刑事判例,在这号判例中,台湾地区"最高法院"其实是运用了某个经验陈述作为采取这个解释的理由,详见下文"三、(二)2."。

法律解释(对规范体系的描述);更重要的是,法释义学往往会对于"法律规范应该如何解释适用、法律规范应该如何修正、应该制定何种规范"提出建议,这些规范建议(norm recommendations)通常具有如下的形式:"基于某个(或某些)理由R,应该制定某条规范N,或者应对某条法律规范采取解释I。"〔23〕例如,为了发挥袋地的土地利用价值,袋地之承租人或使用借贷人亦应享有邻地通行权。〔24〕又如,因为利益之所在、危险之所归,以及对物有事实上管领力者方有可能防止危险发生,台湾地区"民法"第373条所称之"交付"应仅限于现实交付和简易交付。〔25〕

简言之,除了认识有效的法律规范之外,法学的重要工作在于,提出理由来支持某个法律上的规范主张。这些规范主张除了按照现行法(*de lege lata*)〔26〕应该如何解决某个法律问题之外,也包括了立法论(*de lege ferenda*)〔27〕的建议——例如现行法应该如何修正、是否应该制定某项法律措施。虽然法律人经常会区分关于现行法的主张(例如法律解释与适用)与立法论的建议,但正如Peczenik所指出:"*de lege lata* 与 *de lege ferenda* 的区分不是截然的。法释义学追求关于现行法的知识,但在许多情况下,它也导致法律的改变。因此,法释义学看来同时是描述性与规范性的。"〔28〕法学方法论上的法律续造(法官造法)即为适例。在法律续造中,现行法的适用、解释与立法论问题之难以区分,早已是法学家的常识。例如,在台湾地区"民法"物权编修订前,学说与实务即以促进土地使用效益为由,主张将"民法"第787条袋地所有人之邻地通行权类推适用

---

〔23〕 参考 Aarnio et al., *supra* note〔19〕, p. 429。同样着眼于这一点,颜厥安指出:"法学的主要工作在于:**提出对法规范的主张、建议与论证**(to propose claims, recommendations of, and argumentation for legal norms)……大多数的法律与法学工作者所最关心的议题都是透过对法规范的主张、建议与论证(证立)来表达:某甲是否拥有某权利、负担某义务或责任,某规范是否应做某种修改或某种解释,理由何在等等。"见颜厥安:《规范建构与论证——对法学科学性之检讨》,载《规范、论证与行动:法认识论论文集》,2004年,第18页。

〔24〕 关于台湾地区"民法"袋地相关条文之经济分析,参见张永健:《法定通行权之经济分析》,载《台大法学论丛》第41卷特刊,第1321~1372页。

〔25〕 关于此问题之分析,参见:张永健:《占有规范之法理分析》,载《台大法学论丛》第42卷特刊,第847~932页;黄茂荣:《买卖法》,植根2010年第5版,第750页;杨芳贤:《买卖》,载黄立编:《民法债编各论》(上),元照出版有限公司2002年版,第156页。

〔26〕 *De lege lata* 字面的意思是"according to the law in force",直接翻译或可称为"现行法论",但传统上常译为"解释论"。称为"解释论"并不精准,因为如前所述,依据现行法来解决法律问题,包括了"认识有效的法律""法律解释""体系化"三方面的工作。换言之,解释论只是 *de lege lata* 的一部分,故本文不会以"解释论"来指称 *de lege lata* 的工作。

〔27〕 *De lege ferenda* 字面的意思是"according to the law which is desirable to establish"。

〔28〕 Peczenik, *supra* note〔17〕, pp. 4–5:"[T]he distinction between *de lege lata* and *de lege ferenda* is not clear-cut. Legal doctrine pursues a knowledge of existing law; yet in many cases it leads to a change of the law ... Thus, legal doctrine appears to be descriptive and normative at the same time." 关于法释义学兼具描述性与规范性,详见下文"三、(二)"。

至承租人或其他土地利用权人,〔29〕这导致了日后“民法”修正时,增订了“民法”第 800 条之 1 的准用规定。

除此之外,本文认为,基于以下的理由,将立法论的研究包含在法学(法释义学)内,并无不当。首先,法释义学著作(如教科书、注释书、案例评释等)常常指出现行法的问题、提议可能的修正方向。许多实际上参与立法工作(例如担任修法委员)的法律学者,也不会认为自己所从事的是“非法学性质”的工作。

其次,如前所述,对现行法的解释也是在提出某种规范主张,而非单纯描述性质。证成法律解释的理由,经常会涉及立法政策的考虑;尤其当法律规范容许不同的解释可能,必须论证为什么选择其一而排除其他解释选项时,更是如此。例如,为什么应该将“民法”第 373 条所称之“交付”解释为只包括现实交付与简易交付,而不涵盖占有改定或指示交付,乃是由于政策上应避免让未直接占有而无法防范、控制目标物毁损、灭失风险并享有目标物利益者,出其意料地承受危险负担的后果。事实上,解释法律就是形塑或改变法律的内容。每一个法律解释的结果,都会产生一条实证法所未明文规定的规范(例如,“砍断他人左手拇指、食指与中指者,应处五年以上十二年以下有期徒刑”“买卖目标物之利益及危险,除契约另有订定外,自现实交付或简易交付时起,均由买受人承受负担”)。〔30〕 正是在这个意义上,法律解释与立法论之间具有连贯性,无法截然二分。

综上所述,关于法学的概念、分类与主要任务,参见图 2:

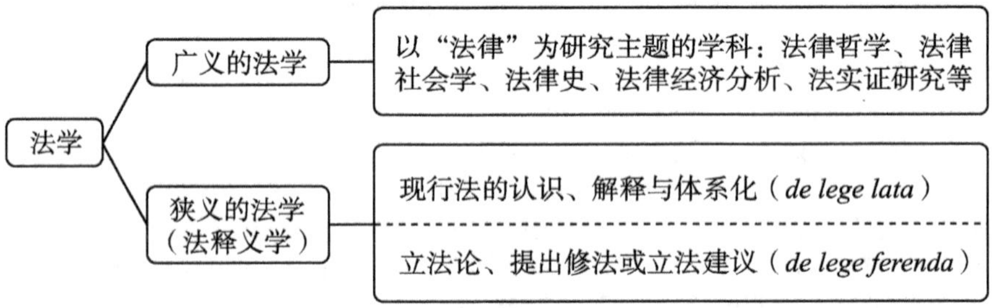

图 2　法学的分类与主要任务

(本文制图)

如前所述,法释义学的规范面向主要在于:提出理由来支持法律上的规范主张,这些规范主张包括了现行法的解释适用与立法论的建议。这样的工作称为“法律论证”(legal reasoning/legal argumentation)。本文关心的焦点之一即在于:经验事实——特别是由法实证研究发现的经验事实——是否能够在法律论

〔29〕 参见王泽鉴:《关于邻地通行权之法律漏洞与类推适用》,载《民法学说与判例研究》(七),1993 年第 2 版,第 240 ~ 257 页;台湾地区“最高法院”1990 年度第 2 次民事庭会议决议。

〔30〕 例如,Alexy 就认为:“每一个解释都改变了法律,因此是广义的法律续造。”(“Jede Interpretation ändert das Recht und ist damit eine Rechtsfortbildung im weiteren Sinne.”)参见 *Robert Alexy*, Juristische Interpretation, in: ders., Recht, Vernunft, Diskurs, 1995, S. 71 (91)。

证中,作为支持某项法律上规范主张的理由?本文的答案是肯定的。但在回答这个问题之前,仍必须先对法释义学的经验面向作一些初步的说明(见下节),再阐述经验事实如何能够具有规范意涵(第四部分),最后本文也会以台湾既有之法实证研究为例,说明经验事实之规范意义(第五部分)。

最后,本文所观察到的现象,包括法实证研究数量有限,或质疑法实证研究的法学价值,是作者观察台湾法学学术社群所得,不当然代表其他国家或地区也有类似现象。[31]

(二)法释义学的经验面向

Alexy 在其《法律论证理论》中认为,法释义学是整合性学科,包括三个面向:经验的、分析的、规范的。对应于这三个面向,Alexy 将上述法释义学的主要工作,区分为三种不同却又彼此相关的活动:描述现行有效的法律、对于法律的概念与体系进行分析、提出解决法律问题的建议。[32] 虽然 Alexy 没有系统地说明法释义学的经验面向,但他所称的"经验面向"包含两个层面:(1)认识以及描述有效的法律,(2)在法律论证中运用经验事实的陈述。以下两小节分述之。

1. 认识及描述有效的法律

就第一个层面而言,所谓"认识及描述有效的法律"可以从两个角度来看。[33] 第一个角度是将"法律体系"看作是规范的体系(legal systems as

---

〔31〕 有学者向本文作者指出:"德国对于法的探索实际上已有很大的扩张,早已不限于 law in books,而延展到 law in courts、law in business、law in regulation 等,因此就法律存在本身的经验面向毫无疑问已经是释义学(教科书、逐条释义、论文、案例书)重要的一部分。我们的问题是,即使德国法学的经验面向在范围上仍无法与美国法学相提并论,对于台湾这样的移植法学而言,迄今还把大部分精力放在处理'移植'的解释问题,而跟不上德国法解释学的成长,包括法律内容的广泛调查,不同法域的方法意识,乃至补充法律的意愿和能力,都有一大段的距离,这使经验面向的研究,在台湾始终要面对更大的'鸡同鸭讲'。"由于德国法学的发展不是本文主要关切的对象,因此,实证研究是否以及如何成为德国法释义学的重要部分,本文无法多作讨论。

〔32〕 Alexy, *supra* note [17], ss. 251 – 252. 关于这三个面向及其彼此关联,亦可参见张嘉尹:《法释义学与法学的多元化:从〈思与言〉五十年所反映的台湾法学研究发展谈起》,载《思与言》第 51 卷第 4 期,第 218 ~ 222 页。关于法释义学作为整合性学科及其经验面向,参见 also Mark Van Hoecke, "Legal Doctrine: Which Method(s) for What Kind of Discipline?", *in Mark Van Hoecke ed.*, *Methodologies of Legay Research: Which Kind of Method for What Kind of Discipline*? 2011, pp. 4 – 11。

〔33〕 以下区分规范体系与程序体系的想法,来自于 *Robert Alexy, The Argument From Injustice: A Reply to Legal Positivism*, pp. 24 – 25 (2002)。不过,它其实也相应于 Alf Ross 关于"法律的现象或行动中的法律"(phenomenon of law or law in action)与"法律规范"(norms of law)的区分。Ross 认为,"行动中的法律"与"法律规范"并不是两个独立存在的现象,而是现实的一体两面。一方面,如果不借助法律规范,我们无法将某些人类行动诠释为制度性的法律行动;另一方面,Ross 认为"效力"指涉的是规范的拘束力感受与实际遵行的社会实效,故若不着眼于规范实际上被法院所适用、遵循的状况,我们也无法断定哪些规范是有效的法律;因此,这两种观察法律的角度其实是彼此预设的;see Ross, *supra* note〔17〕, pp. 11 – 19, 34 – 38。

systems of norms),所谓“有效的法律”,就是某个有权机关所制定的规范(例如,“立法院”三读通过的制定法、司法判决、大法官解释、行政命令与行政处分等)。如果将法律单纯理解为有权机关制定的规范所构成的体系,那么认识及描述有效的法律,就不过是法典的重述或司法裁判的汇编,更抽象一点的工作,也只是有系统地整理出各种不同的法源依据。

第二个角度是将“法律体系”看作是一种程序体系(legal systems as systems of procedures),亦即制定、适用、解释、实施法律规范的过程。从这个角度来看,“认识及描述有效的法律”的工作又可以分为两种方式:

第一种方式是将程序体系看作是说理论证的过程,然后去描述这个过程的参与者(例如立法者或法官)基于什么样的理由或论据去制定、适用、解释规范。研究者甚至可以根据特定的理论兴趣进一步研究这些理由或论据的性质,但重点是,并不评价这些理由或论据的好坏优劣;此种研究可以称为“描述性的法律论证理论”(descriptive theory of legal reasoning)。例如,学者随机抽样地方法院判决后,分析出地方法院在计算“民法”第192条之扶养年数时,采用过八种计算方式;而年扶养费用也有“每人每月最低生活费”与“平均每人每月消费支出”两种差异颇大的选项。[34]

第二种方式关注的则是程序体系当中制定、适用、解释规范的制度性行为——简言之,即立法、司法或行政行为,并试图说明,哪些因素会影响这些制度性行为,[35]以及特定的立法、司法或行政行为产生什么样的效果影响。这样的工作,基本上是将法律制定与法律适用行为看作由一连串经验事件所组成的因果链中的一环,其主要的理论兴趣在于推论出立法、司法或行政行为做成的原因,并观察或预测这些行为所导致的后果。

制度性行为之影响及效果,包括了法律规范(制定法、行政行为、司法判决)之实效(efficacy)。相对于以制定为导向的效力概念,实效研究关切的是:法律规范实际上是否被适用与遵守,被遵守与适用的范围大小或程度多寡,不遵守时有多高的概率会被制裁,规范的实施结果是否,以及在多大程度内能够达到制定规范的目的(例如,汽车是否都没有在红线上停车,在红线停车是否经常被拖吊,画禁止停车的红线是否达到疏解车流或维持交通安全的效果等);以及说明影响实效状况的因素(例如,为什么在某些地区经常出现红线停车,或者停在红线上也很少被拖吊;或者找出为什么某些路段画红线禁停之后,交通流量并没有改善的原因)。实效状况是经验上可观察到的事实或行为,它也是经验研究的重要对象之一。例如,“诉愿法”要求诉愿审议委员会对行政处分作合目的

〔34〕 张永健:《侵权行为的算数题——扶养费与薪资损失的计算》,载《月旦法学杂志》第228期。

〔35〕 例如,原告主张之赔偿金额会对法官产生“定锚效应”吗?详后分析。

性审查，去探究实际上某特定诉愿委员会是否有切实做到，即为关于“诉愿法”之实效的实证研究［详见“五、（二）”］。

显然，如果将法律体系视为制度性行为的程序体系，那么法释义学中“认识及描述有效的法律”这项工作，势必要走向实证研究，〔36〕至少也须大幅借助实证研究的成果。〔37〕 在本文第五部分第二节，我们将举出一些台湾地区既有的法

〔36〕 有学者向本文作者指出：本文忽略了大陆法系与英美法系的根本差异，前者“法官只是法律之嘴”，后者“法律见于法官之嘴”；两者对“规范 vs 经验”问题有两种极端态度，虽然实际上两者都在趋中。另外也指出英国法学与美国法学之差异。本文认为，确实，以法实证研究的发展而言，大陆法系与英美法系的二分法，似乎并非探讨问题的最佳出发点。英格兰法与美国（州）法有许多共同的根源，但英、美两地的法学发展非常不同。美国大行其道的经济分析，在英国是冷灶。法实证研究在美国已经使用了社会科学最前沿的工具，在英国以及其他国家或地区，则还在襁褓阶段。姑且先用美国法学与德国法学作更深入对比：在（尤其是私法领域）强调案例法的美国，“认识及描述有效的法律”是非常重要且一般而言（较德国）更困难的工作。美国的法官与律师，在处理财产法案件时，必须知道州的判决先例，其他州对类似案件的决定（可能被本州参考），也要知道联邦最高法院对跨州问题的判决先例。认识与描述既有的案例法，并进而预测新生事实会如何被法院适用，是法律实务工作的重心。是以，用实证的方法，处理大量的判决，来精准描述案例法，只是传统案件汇编与整理很自然的下一步。而法官的裁量在案例法下比较大，学者、律师自然就会对影响法官决策的因素产生兴趣，制度性行为（尤其司法行为）研究于焉诞生。在高度法典化的德国与其他国家，法院判决当然也有其重要性；但有了法典作为出发点，加上法学理论对法官“应本分地适用法律”之制约，“认识及描述有效的法律”就变得相对简单。而若法学家认为无论是实然或应然，法官只是法律的适用者，自然就不用太过在意制度性行为。不过，如同本文第五部分所引用的本土实证研究所示，即令法典是法律解释与适用活动的中心，法官仍有一定自主空间。只要这样的空间存在，法律如何被适用，法官以何种标准决定如何适用法律，就不是规范论述可以完全解答，而有实证研究的存在余地。至于在规范论证中适用实证研究发现，则共通于任何法系，请见下文论述，亦可参考 *Petersen* (Fn. 2), S. 439 – 446。

〔37〕 美国与北欧的法律现实主义者（Legal Realists）认为，法律的效力可以完全化约为实效问题。代表者如 Oliver Wendell Holmes 的预测论：“我所谓的法律，就是对于法院实际上会作什么的预测，而非其他貌似更重要者。”Oliver Wendell Holmes, The Path of the Law, 10 *Harv. L. Rev.* 457, 461 (1897): “The prophecies of what the courts will do in fact, and nothing more pretentious, are what I mean by the law.” 以及 Alf Ross 的主张：一个有效的法律体系，就是一组法官感受到具有社会拘束力且因此而遵循的规范；当我们说一条规范具有法律效力，指的是这条规范实际上被法官所适用，并且在一定条件下可以预期它会被法官所适用，see Ross, *supra* note 〔17〕, pp. 29 – 52。倘若如此，“认识及描述有效的法律”的工作，将会与司法行为的实证研究密不可分。Alf Ross 甚至认为，不仅法释义学的命题——依 Ross 之见，此种命题的形式是“某条指令或规范是有效的法律”——是经验上可被检证的，因为它指涉的是作为经验现象而可被观察的社会事实，法释义学也必须被看作是一门经验性的社会科学，see Ross, *supra* note 〔17〕, at 40: “[T]he doctrinal study of law must be recognized as an empirical social science.”。Alf Ross 关于法学的现实主义观点与当代法实证研究有不少契合之处，某个意义上，可以说 Ross 为法实证研究在法学中的地位提供了哲学面的正当性基础。对此我们将另文阐述。有兴趣的读者可参考 Jørgen Dalberg-Larsen, *Alf Ross and the Sociology of Law*, 48 Scandinavian Stud. in Law 39, 40 – 50 (2005), http://www.scandinavianlaw.se/pdf/48 – 3.pdf。

实证研究,进一步具体说明制度性行为与法律实效的实证研究的意义与成果。

2. 在法律论证中运用经验事实的陈述

经验面向的第二个层面关切的是经验论据在法律论证当中的运用。Alexy 指出:“几乎所有的法律论证形式——如同几乎所有的实践论证形式——都会包含经验陈述。”〔38〕论证法律上的规范主张时,经验陈述经常是理由或论据的一部分。这些经验性的论据包含了特定的经验事实、个人行动、行动者的动机,乃至自然科学或社会科学的法则等;它们可被归类为不同的学门领域,例如经济学、社会学、心理学等。

不过,Alexy 并没有具体讨论这些经验陈述如何被安置到法律论证中,而只是以法律解释方法(canons of legal interpretation)当中所包含的一些经验论证作为例子。例如,在文义解释当中,关于语言使用规则的确定;在历史解释或主观目的解释中,发现立法者意旨或立法过程的资料;在比较法解释中,关于外国法制的实施状况;在目的解释或后果导向解释当中,判断采取某个解释是否能够达成某种目的,或者预测采取某种解释或实施某条规范会导致何种后果;这些都属于经验面向的论述。〔39〕

事实上,在法律论证或法律解释中诉诸经验论据,法律人并不陌生。从上文所举的几个法律解释的例子就可以清楚地看出这一点。例如,“使人受重伤”的解释之所以包含“砍断他人拇指、食指与中指”这样的行为,首先是由于台湾地区“刑法”第 10 条第 4 项第 4 款关于“重伤”的定义:“毁败一肢之机能者,属于重伤”,但更重要的是基于“失去拇指、食指与中指,则手(一肢)之功能即已丧失”这个经验陈述;如果不诉诸这个经验陈述,我们无法作出上述解释。同样地,像“将邻地通行权的主体扩展至袋地承租人与使用借贷人,才能够达到发挥袋地经济效益目的”,或“只有对物有事实管领力的直接占有人才有能力防止目标物危险之发生”,也属于经验陈述或主张——至少这些主张必须诉诸经验论据才能检验其是否成立。〔40〕

如前所述,法律论证——提出理由来支持法律上的规范主张——乃是法学规范面向的主要工作,在法律论证中运用经验事实的陈述,即为规范面向与经

---

〔38〕 Alexy, *supra* note〔17〕, at 232: “[A]lmost all legal - just as almost all practical - argument include empirical statements.”

〔39〕 *Ibid.*, p. 245. 对此亦请参见下文“四、(二)”的论述。

〔40〕 关于经验论据在规范具体化(Normkonkretesierung)中扮演重要角色,请参考 *Petersen* (Fn. 2), S. 444 - 446。在法律论证中经验陈述的运用及检验(特别是统计推论与概率论的法学应用),亦请参考 *Hans-Joachim Koch/Helmut Rüßmann*, Juristische Begründungslehre, 1982, S. 283 - 346(本书是德语文献中少数详尽探讨此一问题的重要著作,可惜在因袭传统方法论之德国法学界,未受到应有重视)。

验面向的直接交会点(见图3)。出现于此交会点的重要议题是:经验事实——尤其是法实证研究所观察发现的经验事实——是否能作为法学规范论证的理由?

在下文第四部分处理此一议题之前,宜先于下一节扼要讨论法实证研究与法学经验面向之间的关联。但请注意:本文关于法学经验面向的分类,只是让读者清楚理解的方便法门,不代表彼此之间毫无关联。虽然经验与规范面向的直接交会点在于"经验事实作为法律论证的理由",但此种经验事实(详见下文关于"差异制造事实"的论述),往往是由制度性行为的实证研究所发现,如前所述,探讨制度性行为的原因与实效,正属于"认识及描述有效的法律"的重要部分。换言之,"认识及描述有效的法律"这个面向包含了将法律体系视为程序体系的实证研究,特别是实效研究,此类研究能够作出因果推论,发现作为法律论证理由的经验事实(差异制造事实),因此也会具有规范意义。[41] 因此,本文标题"经验面向的规范意义"所称之"经验面向",必须以整体的方式来理解。

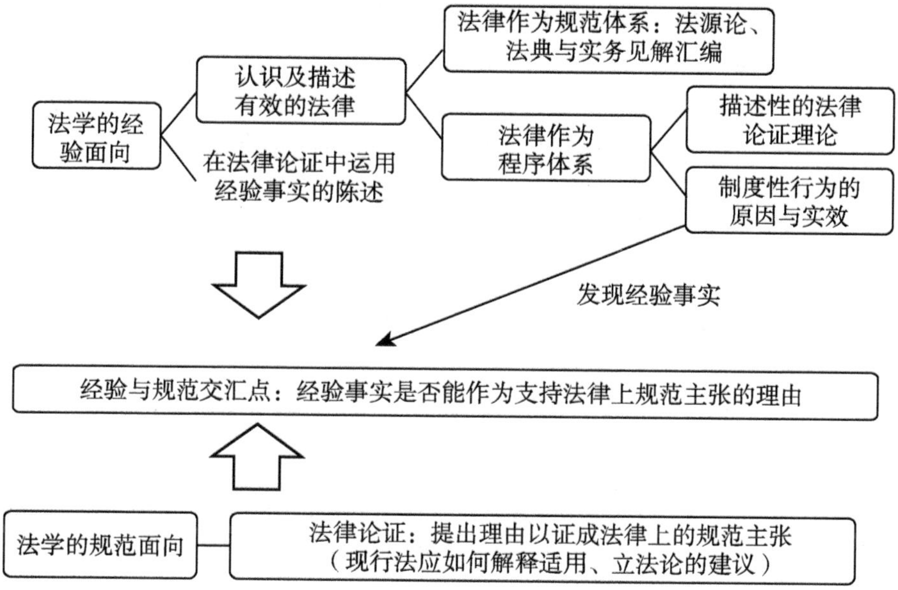

图3 法学的经验面向与规范面向

(本文制图)

〔41〕 就此而言,"如何发现差异制造事实"和"运用差异制造事实作为规范论证的理由"可视为两种不同的工作,前者属于"认识及描述有效的法律"中制度性行为的实证研究,后者则是"经验事实在法律论证中的运用",但彼此仍有紧密关联(详见本文第四部分的论述)。同理,本文第五部分区分的几类实证研究(检验差异制造事实是否成立、检验法律的实效性与刻画制度性行为)也互有交错:实效研究与制度性行为的实证研究,可能发现具有规范重要性的差异制造事实[参见下文"五、(一)"]。

(三)法实证研究作为法学的经验面向

让我们转向法实证研究与法学经验面向之间的关系。按照法实证研究权威学者 Theodore Eisenberg 的看法,法律议题的经验分析(empirical analysis of legal issues)可以分为两大类。[42] 第一类是自然科学或社会科学的经验分析在法律个案中的运用,例如当事人可以运用自然科学或社会科学的实证研究成果,来支持其所提出的主张,或者法官可以使用这些实证研究成果作为证据或判决理由的一部分。这个类型相当于法学之经验面向的第二个层面,亦即经验论据在法律论证当中的运用。具体的例子如前一节所述:语意学或语用学的研究成果可以作为文义解释的重要依据;生理学家关于四肢的生理构造研究,可以让我们判断什么叫作"毁败一肢之机能",以确定"砍断他人左手拇指、食指与中指"是否属于刑法所谓的"重伤";关于土地使用效益的经济分析可以作为让袋地使用人同样享有邻地通行权的依据。

第二类的经验分析则是运用实证方法(信息收集与统计分析),来描述法律体系的运作过程,这是一般理解的"法实证研究"所进行的工作。这样的工作相当于法学之经验面向的第一层面,亦即描述、观察、分析法律体系如何运作。如前所述,它包括了描述性的法律论证理论与制度性行为的实证研究,即分析影响立法、司法或行政行为的因素与观察或预测这些行为的效果。

非常有意思的是,Eisenberg 指出:"借由提供对于法律体系如何运作的精确描述,法律实证分析不只能够影响个别案件,而且还能够影响更大的政策问题。因为关于法律体系的错误印象乃是司空见惯,故实证研究能着力处不少。"[43] 按照这个看法,法实证研究的发现与成果,可以影响法院判决与立法政策。[44]

---

〔42〕 See Theodore Eisenberg, "Empirical Methods and the Law", 95 *J. Am. Stat. Ass'n* 665, 2000;黄国昌,前注〔6〕,第 144 页。

〔43〕 Eisenberg, *supra* note〔42〕, at 667: "[B]y providing an accurate portrayal of how the legal system operates, empirical legal analysis can influence not only individual cases, but also larger policy questions. Much room for progress exists, because misperceptions about the legal systems are common."

〔44〕 例如,在有系统性的法实证研究之前,一般认为,美国法中的惩罚性赔偿金(punitive damages)由陪审团恣意决定。但 Eisenberg 教授几篇法实证研究显示,惩罚性赔偿与财产上损害赔偿的数额有线性关系。See Theodore Eisenberg et al., "The Predictability of Punitive Damages", 26 *J. Legal Stud.* 623, 1997; Theodore Eisenberg et al., "Juries, Judges, and Punitive Damages: An Empirical Study", 87 *Cornell L. Rev.* 743, 2001; Theodore Eisenberg et al., "Juries, Judges, and Punitive Damages: Empirical Analyses Using the Civil Justice Survey of State Courts 1992, 1996, and 2001 Data", 3 *J. Empirical Legal Stud.* 263, 2006; Theodore Eisenberg & Martin T. Wells, "The Significant Association Between Punitive and Compensatory Damages in Blockbuster Cases: A Methodological Primer", 3 *J. Empirical Legal Stud.* 175, 2006. 此种研究结果,对立法者是否该限缩惩罚性赔偿金之案件适用范围,或设定赔偿上限,有重要意义。

姑且不论实证研究如何发挥这样的影响力,问题是,对于法律(释义)学者而言,实证研究(Eisenberg 的第二类经验分析)成果在法律论证中能够扮演什么样的角色?

如前所述,法释义学的工作不只是在描述有效的实定法规范,还会提出关于立法论与现行法的规范主张:例如"应该制定什么样的法律""现行的法律规定应该如何修正""法律规范应该如何适用或解释才能获得正确的判决结果"等;更重要的是,法律学者必须提出理由来证成(justify)他所提出的规范主张。可以说,法学的规范面向是一种证成(justificatory)的工作,就此而言,法律学者与立法者和法官一样,都是从参与者的角度(participant's perspective)来进行法律论证。

但是法实证研究并不关心证成的面向,而毋宁是站在观察者的角度(observer's perspective),从社会科学研究者的观点去归纳出在法律运作过程中出现的行为规律性,并对这些行为提供因果说明(causal explanation),或至少点出须进一步探究的相关性(correlation)。[45] 就此而言,法实证研究从事的是说明性(explanatory)的工作——例如观察法官(或陪审团)的族群出身是否会导致其经常作出有利于特定族裔的判决;若是,则可能由法官的族群出身来预测其判决结果——但这并不表示族裔背景就可以作为法官判决当事人胜败诉的理由。[46] 我们推测,证成与说明之差异,或许就是某些法释义学者认为法实证研究无助于解决法学问题的原因之一,因为影响司法判决的因素,未必就能作为证成司法判决的理由。

本文并不否认,由于这样的观点区分,法释义学与法实证研究有不同的研究任务(research agenda),甚至有不同的研究取向——非常抽象地说,前者关切的是什么样的理由可以证成法律上的规范主张;后者关切的则是影响法律制度运作的因素以及法律制度运作的效果。但这并不足以推论出,法实证研究的成果与法释义学所要解决的问题完全无关。如果其他学科(语言学、生理学、经济分析)的经验研究成果都能够运用于法律论证,以描述、观察、分析法律体系实际运作状况为主的法实证研究,其研究发现是否也能运用于法律论证,从而有助于解决法学所关注的规范问题?

邱文聪曾经提出过同样的问题。他区分两种观点的法实证研究:"外在观点的法学实证研究"(external approach of empirical studies about law)与"内在观

〔45〕 相关性和概率因果关系的说明,见下文"四、(一)"关于"差异制造事实"的论述。

〔46〕 美国的实证研究显示,陪审团成员的种族组成,会影响不同种族的被告被判死刑的概率。See John J. Donohue, "The Death Penalty", *in Encyclopedia of Law and Economics*, 2013, http://works.bepress.com/cgi/viewcontent.cgi? article = 1129&context = john_donohue.

点的法学实证研究”(internal approach of empirical studies of law)。“外在观点”相当于本文所称之“观察者观点”,外在观点的法学实证研究是描述性的,探讨“法律所处的经验现实是什么、法律与此一经验现实彼此间的互动关系、法律达成特定目的之实效、司法行为实践的经验现况等问题”。〔47〕“内在观点”相当于本文所称之“参与者观点”,内在观点的法学实证研究“寄望借由实证研究回馈到‘规范性问题’的解答”。〔48〕邱文聪指出,法学作为一种研究“规范”的学科,以及法律实践具有的论证特性经常表现在规范性的价值评断,因此,“有无可能在法学中进行‘内在观点的法学实证研究’(实证研究之结果在法学的规范论证中,可否作为支持或反对某一论证的理由),”即成有待回答的根本问题。〔49〕

本文认为,的确有可能进行所谓“内在观点的法学实证研究”,为了回答其所涉及的关键问题——“法实证研究的成果在何种条件与范围内,有助于解决法释义学所关注的规范问题?”“在法律论证中,法实证研究的结果可否作为支持或反对某一论证的理由?”本文第四部分以稍具哲学性的方式来阐述经验事实(实然)和规范命题(应然)之间的论证关联,再以此出发讨论法实证研究所可能具有的规范意涵。

四、经验面向的规范意义

(一)经验事实作为规范性理由

如前所述,法学的规范面向,其主要工作在于提出理由来证成法律上的规范主张。〔50〕可以用来证成某个规范主张的理由,称为“规范性理由”(normative reasons)。现在的问题是:经验事实是否能够作为证成规范主张的理由?其实,在日常生活中,我们经常诉诸经验事实来支持对于自己或他人提出的规范主张。例如,“为什么你应该戒烟?因为吸烟有害身体健康。”“为什么我们应该不开车上班?理由是开车会增加空气污染。”这些事实(“吸烟有害健康”“开车增

〔47〕邱文聪,前注〔2〕,第235页。

〔48〕同上。

〔49〕同上。邱文聪更认为,“此一根本问题的回答,将影响法学实证研究取径的伸展与活动范畴,也反映出在此法文化社群对于法律是什么的定位”。

〔50〕法学所提出的规范主张包括了法律规范应该如何制定、修正或适用的主张,这些规范主张可称为二阶的规范主张(second-order normative claim),它们有别于“应该采取何种行动”的一阶规范主张(first-order normative claim,例如“不应该在室内公共场所吸烟”“某甲应对某乙负损害赔偿责任”)。为了简化讨论,本文将暂且忽略一阶与二阶规范主张的区分。另外值得注意的是,提出法律解释,既可以看作二阶的规范主张(例如“‘刑法’第278条第1项的‘重伤’在解释上应该包括‘砍断他人左手拇指、食指与中指’”),同时也是在提出一阶的规范主张(“砍断他人拇指、食指与中指应处五年以上十二年以下的有期徒刑”)。

加空气污染”)虽然属于实然层面的经验事实,但它们能够作为支持规范主张的理由。这种可以作为规范理由的经验事实,本文称为“具有规范重要性的事实”(normatively significant facts)。[51]

当然,主张“实然不能导出应然”者会认为,这些经验事实之所以具有规范重要性,仍要预设应然层面的前提。例如,“开车会增加空气污染”之所以能够作为不开车上班的理由,是因为应该减少空气污染;如果身体健康不是值得追求的目标,那么“吸烟有害身体健康”也不会构成应该戒烟的理由。

上述说法或许有部分的正确性,但必须强调:单单指出某个目标值得追求或应该实现某个状态,并没有办法发挥行动指引的作用。光从“保持身体健康是好的”这个评价陈述,我们无法知道该怎么做才能保持身体健康;同样地,单从“应该减少空气污染”这个应然命题,也无法推论出,究竟要采取什么样的行为或措施才有办法减少空气污染。当我们要决定,在数个可能的行为选项中(“抽烟/戒烟”“开车/不开车”)应该采取哪一个时,我们必须判断,哪一个行为选项才能达到想要追求的目的或促成应该实现的状态(“抽烟有害身体健康,戒烟才能保持身体健康”“开车会提高空气污染,不开车有助于降低空气污染”),这样的判断显然是经验性的,其成立与否需要经验论据的验证。

由此可以进一步说明,什么样的经验事实具有规范重要性,从而能够成为支持规范主张的理由。本文的看法是:**作为规范理由的事实是一种“差异制造事实”(difference-making facts),**[52]**它指出采取某个行为或措施会对某个结果的发生与否或发生概率造成差异,不论这个结果是某个值得追求的目标、某个**

---

〔51〕 依哲学家 Derek Parfit 之见,“具有规范重要性的事实”有别于“规范性事实”(normative facts)。后者指的是一个为真的规范主张所陈述的事实,例如“你不应该吸烟”;前者不是规范性事实,而是能够证成规范主张、使得某个规范性事实之所以成立的经验事实或自然事实,例如“吸烟有害身体健康”虽不是规范事实,却是一个具有规范重要性的事实(它是你之所以不应该吸烟的一个理由);see 2 Derek Parfit, On What Matters 279 - 280 (2011)。就此而言,本文所谓“经验面向的规范意义”指的是:实证研究作为法学的经验面向,能够发现具有规范重要性的事实。对此请参照本文“四、(三)”。

〔52〕 “Difference-making facts” 这个专技性的术语,很难找到适切的中文翻译。若译为“制造差异的事实”,则很容易被误以为是某种会对结果发生与否造成差异的事实,亦即下文所述的“difference-maker”(“差异制造者”)。然而,会造成结果差异的行为、事件或事实(例如“张三吸烟”)有别于“difference-making facts”(例如“张三吸烟会导致他罹患肺癌”)。为了避免混淆,只好姑且将“difference-making facts”直译为“差异制造事实”。

应该实现的状态,或甚至是某个偏好或欲望的满足。〔53〕

例如,"吸烟有害身体健康"是差异制造事实,它指出吸烟与否对身体健康所造成的差异:如果你戒烟,就不会导致身体健康受到损害。"开车会增加空气污染"这个差异制造事实,显示少开车会造成的差异:减少空气污染。又如,"开车上班会增加油费开销"也是差异制造事实,它指出开车和不开车上班的差别:不开车上班可以节省油费开销。若比较想节省金钱而不是节省时间,那么"开车上班会增加油费开销"就是不要开车上班的一个理由。显然,差异制造事实才能够发挥行动指引的作用——我们可以运用差异制造事实来考虑是否要采取某个行动或措施,以促使或避免某个结果的发生。

关于差异制造事实,有两点补充说明。首先,"差异制造"不一定是全有或全无的必然性宣称(例如吸烟必然会导致身体健康受到伤害),也可以是结果发生概率高低的差异。例如,跟不吸烟相较,吸烟会增加几成的罹患肺癌概率;或者,不开车可以降低多少程度的空污比例。抽象地说,采取选项 A 跟不采取 A 相比,会使结果 C 的发生概率上升(例如,采取 A 则 C 出现的概率为 80%,不采取 A 则 C 出现的概率只有 50%),那么就可以说,采取 A 会对 C 的发生造成差异。〔54〕 简言之,所谓"差异制造"可以是概然性的。〔55〕

其次,差异制造事实的成立与否,仰赖于某些背景条件(background conditions)。背景条件有别于差异制造事实:背景条件并没有指出差异,但它却

---

〔53〕 将理由视为差异制造事实的主张,可称为"基于差异制造的理由论"(difference-making-based theory of reasons),参见王一奇:《理由与提供理由的事实》,载谢世民编:《理由转向:规范性之哲学研究》,台湾大学出版中心 2015 年版,第 105 ~ 140 页;Peng-Hsiang Wang & Linton Wang, "Rules as Reason-Giving Facts: A Difference-Making-Based Account of the Normativity of Rules", *in Problems of Normativity, Rules and Rule-Following* 199, 200 – 203 (M. Araszkiewicz et al. eds., 2015)。

〔54〕 这其实就是概率因果关系的基本想法:以 P(C|A)代表"在 A 的条件下,C 发生的概率",则"A 是造成 C 的原因"可被刻画为 P(C|A)〉P(C|¬A)。关于差异制造与因果关系,详见下文。

〔55〕 值得强调者,回归模型等统计结果,也都是概率性质的陈述:例如"法官是男性时,相对于法官是女性时,被告获判有罪的概率增加 5%"。

传统法学一直有拒却概率陈述之倾向,往往使用"全有全无"的论称,像是有罪、无罪,有因果关系、无因果关系。但差异制造(或因果关系)可以是概然性的:"A 是 C 的原因"不等于"A 必然导致 C"。因此不能要求说,唯有证明了 P(C|A) = 100%,才确定因果关系存在。批评目前学说实务在建构民、刑事责任之因果关系时不当忽略概率论想法,参见黄维幸:《现代法学方法新论》,三民书局 2014 年版,第 136 ~ 167 页。

是差异制造事实(理由)要成立所必须具备的条件。[56] 例如,"汽车使用石化燃料"这个事实并没有直接显示开车会造成何种差异,我们无法单凭这个事实来考虑,是否不要开车上班以避免某些负面效果,但"汽车使用石化燃料"却是使得"开车会增加空气污染"这个差异制造事实得以成立的背景条件;如果你开的是电动车,那么开车并不会造成空气污染增加的差异(虽然它可能仍会造成其他差异,例如耗电增加)。又如,"烟草含有尼古丁"是使得吸烟会对身体健康造成差异的背景条件,由于烟草含有尼古丁,所以吸烟会导致伤害身体健康。但是"烟草含有尼古丁"这个事实,它本身无法发挥行动指引的作用,因为它并没有告诉我们,吸烟会造成什么样的差异结果。

我们可以说,"背景条件"本身不是理由(差异制造事实),但它是一种"给予理由的事实"(reason-giving facts)。[57] 当我们陈述某个差异制造事实时,我们通常预设背景条件已经满足,但在不少情况下,关于采取某个行为或措施是否能够产生某种差异的争论,往往也会涉及背景条件是否已经满足的问题。例如,"死刑能够吓阻潜在犯罪者"常被用来作为支持死刑制度的理由。但这个主张(差异制造事实)要成立,需要一些背景条件,例如,媒体会大幅报道死刑案件、重大罪行被求处死刑的起诉与定罪率等。背景条件同样是经验事实,其成立与否,同样需要实证研究的检验。

提出"差异制造"这个概念,旨在刻画因果关系。如果某件(或某类)事情(行动、事件、现象等)会对另外一件(或另一类)事情的发生与否或概率高低造成差异,那么可以说:前者就是后者的原因(cause)。换言之,某件事情的原因,就是使得这件事情(结果)发生与否(或影响其发生概率高低)的差异制造者

---

〔56〕 文献上常见的例子是:摩擦火柴(因)导致燃烧(果)。但这个因果陈述要成立需要一些背景条件:例如"空气中含氧""火柴盒是干燥的""火柴含有磷的成分""当场风速不会过大"等。如果这些条件不具备,则"摩擦火柴导致燃烧"这个因果陈述不会成立。但通常我们不会将空气含氧等条件称为"原因",而称为"背景条件"。

〔57〕 关于"理由"与"给予理由的事实"的区分,参见王一奇,前注〔53〕,第 111 ~ 113 页;Wang & Wang, *supra* note 〔53〕, pp. 202 – 203.

(difference maker)。[58] 用上面的例子来说:你之所以身体不健康,是因为你有抽烟的习惯;倘若你戒烟,就会比较健康。空气污染之所以愈趋严重的原因之一,是由于我们开车代步;如果不开车,那么空气污染的程度将会下降。要发现某件事情是否会对另一件事情的发生造成差异,主要是经验层面的工作,而实证研究的任务之一,就是要检验差异制造事实(甚至包括背景条件)之存在与否。例如,通过实验统计发现,吸烟者比起不吸烟者罹患肺癌与心血管疾病的概率较高;或者通过观察实测发现,以汽车代步比例越高的地区,当地的空气质量就越差。

实际上,差异制造事实可以用来提供因果说明(causal explanation)。[59] 当 A 这件(类)事情对于 C 这件(类)事情的发生会造成差异,那么可以说:A 是导致结果 C 发生的原因;换言之,A 说明了为什么 C 会发生。例如,居民普遍开车代步,说明了为什么当地的空气污染严重;抽烟的习惯,说明了为什么你的健康状况不佳。这种因果说明方式称为"正规说明"(canonical explanation)。

进一步而言,差异制造事实作为规范性理由,它与规范命题之间的证立关系也可以看作一种说明关系:借由指出一个行为会造成什么样的差异,差异制造事实对于为什么应该去作(或不作)这个行为,提供了一种结果论或目的论的

---

〔58〕 Christopher Hitchcock 认为,几种常见的因果关系理论都可以被"差异制造"这个概念所涵盖,see Christopher Hitchcock, "Causation", *in Martin Curd & Stathis Psillos eds.*, 2d ed. *The Routledge Companion to Philosophy of Science*, 2014, pp. 361, 363 - 368。例如,哲学家休谟(David Hume)的规律性(regularity)理论将两类事情之间的因果关系化约为:在某一类事情(原因)发生后,规律地伴随着另一类事情(结果)的发生;换言之,在一定的条件下,原因 A 的发生与否,会造成结果 C 是否经常随后发生的差异。

概率性的因果关系理论,则可以理解为:原因 A 的出现会对于结果 C 的发生概率造成差异,A 的出现会提高 C 发生的概率。

反事实条件(counterfactuals)的因果关系理论主张,我们可以借由"倘若 A 没有出现,则 C 是否仍会发生?"这种假设性的思考,来判断 A 是否为造成结果 C 的原因。在最接近现实世界的状况下,倘若 A 没有出现,C 就不会发生(或发生概率降低),则 A 与 C 之间即具有因果关系。换言之,此种理论乃通过比较"A 出现"(实际情况)与"A 不出现"(反事实的可能情况)这两个不同状态,是否会对 C 之发生与否(或发生概率)造成差异,来说明因果关系。可操作性(manipulability)的因果关系理论则从行动的角度来说明因果关系,它认为原因是可被用来导致结果的手段。如果行动者可以通过操作某件事情,来改变另一件事情的状态,那么前者就是后者的原因,例如在冬天打开窗户导致室温下降。这同样可以通过差异制造的想法来理解:行动者的介入与否(打开窗户或让窗户维持关闭)造成了某个结果(室温下降)是否出现的差异。

关于各种因果关系理论的简要介绍,see Stephen Mumford & Rani Lill Anjum, *Causation: A Very Short Introduction* (2013)。

〔59〕 或许也可以将差异制造事实称为"因果事实"(causal facts)。关于差异制造与因果说明,See, e.g., Michael Strevens, "The Causal and Unification Approaches to Explanation Unified - Causally", 38 *NOÛS* 154, 154 - 176 (2004)。

说明(consequentialist or teleological explanation)。例如,对于为什么应该戒烟的一个可能说明是,因为吸烟会造成伤害身体健康的差异,为了保护健康,所以应该戒烟。之所以应该少开车,是因为开车会增加空气污染;为了减少空气污染,应该少开车。

结果论或目的论之说明(运用差异制造事实作为某个规范命题的理由),有别于前述的正规说明。在正规说明(某件事情对于另一件事情的发生造成差异)中,说明项(explanas)是差异制造者,即作为原因的事件、现象或行为(例如抽烟、开车),被说明项(explanadum)则是结果的发生(例如健康受损、空气污染加剧)。但是目的论或结果论的说明则是一种"逆转说明"(inverted explanation):借由"一个行为会造成某种结果差异"这种差异制造事实,我们反过来说明"为何应该采取(或不采取)这个行为",以达成某个目的或促使/避免某个结果的发生。在逆转说明中,说明项是差异制造事实(抽烟有害健康、开车增加空气污染),被说明项则是为什么应该采取某个行为(应该戒烟、应该少开车),而这个行为恰恰是正规说明中作为说明项的差异制造者。

"正规说明"与"逆转说明"这两种不同的说明方式,或许可以回应前述法实证研究无助于解决规范问题的质疑:"法实证研究顶多只能找出影响法律运作或制度性行为(例如司法判决)的原因,但这些原因未必就能作为规范论证的理由。"[60]这个质疑基本上是对的,但它忽略了重点:原因不是理由,因果事实(causal facts)才能作为理由。差异制造者是导致某个结果发生的原因,但能够用来证成规范命题的理由,是差异制造事实,而不是差异制造者。例如,假设会导致法官作出有利或不利特定族裔判决的原因(差异制造者),是其族群出身。或许"法官的族群出身"(例如"法官是白人"这个事实)无法作为支持何种规范主张的理由;但是,如果"白人法官会导致作出不利于非裔族群的判决"这个差异制造事实成立,那么这个差异制造事实将可以作为支持某些规范主张(例如,合议庭的法官或陪审团的组成应该考虑到族群分配比例)的理由。

以下我们将指出,法律论证——无论是立法论或解释论的论证——经常运用结果论或目的论的说明方式中,来证成法律上的规范主张。如前所述,在这种论证方式,差异制造事实扮演了关键角色,它构成了是否应该实施某种法律制度、制定某项法律规范或采取某个法律解释的规范理由。法律论证中所运用的差异制造事实,其成立与否,以及背景条件是否满足,正是法实证研究的重点之一。

(二)差异制造事实在法律论证中的规范重要性

经验事实的规范重要性,最清楚地显现于目的论证与结果论证。以下将指

[60] 见上文"三、(三)"。

出,这两种论证方式具有类似的结构,它们都必须诉诸某种差异制造事实来证成法律上的规范主张。[61]

1. 目的论证

目的论证经常出现在法律解释方法中的目的解释(包括客观目的解释与主观目的解释),以及法律续造中的类推适用(目的性扩张)与目的性限缩。但除了目的解释之外,在决定各种解释方法的优先顺序时,所诉诸的也是某种目的论证。例如,相对于其他解释方法,文义解释之所以具有初步(prima facie)的优先性,乃是为了尊重立法者的决定,或者较能达到法安定性与可预测性的目标。[62]

目的论证的运用并不仅限于法律解释,也及于立法论证。立法者之所以制定某项法律或采取某个制度措施,通常是为了达到特定的政策目标或实现某种价值。例如,为了保护国民身体健康,所以制定烟害防制法。法律学者也经常以是否能达到某个目的为理由,提出修法或立法的建议。例如,为了提高国民对于司法判决的信赖度,应该实施参审制;由于死刑不能达到吓阻犯罪的目的,所以应该废除等。如前所述,诉诸比例原则当中的“适当性”原则来审查某个立法措施是否为达成目的之适宜手段,也属于目的论证的运用。

目的论证——无论是立法论或解释论的——之形式可以刻画如下:[63]

(1)目的 Z 应该被实现。

(2)采取手段 M 有助于实现 Z(倘若不采取手段 M,则无法达成 Z)。

因此,应该采取 M。

Z 代表某个政策目标、价值、原则或者值得实现的状态。M 则可以是采取特定的法律解释、制定某项法律规范、实施某种法律制度等。此处的前提(2)也可以是下面这个形式:

---

〔61〕 强调经验论证或经验研究在目的论证与结果论证中的关键地位,可参考张嘉尹:《宪法之“科际整合”研究的意义与可能性》(前注〔18〕),第 29～31 页;*Petersen* (Fn. 2), S. 440－442。

〔62〕 对此可参照 *Alexy* (Fn. 30), S. 90。或许可将此种关于解释方法顺序的目的论证称为“后设的目的论证”(meta-teleological argument)。

〔63〕 Alexy 曾用比较形式化的方式来表达,目的论证的形式是:

(1)OZ (应该实现 Z)

(2)$\neg M \rightarrow \neg Z$ (如果不采取 M,则无法实现 Z)

OM(应该采取 M)

对此参见 Alexy, *supra* note〔17〕, pp. 237－238。但请注意,(2)以古典逻辑之实质蕴含条件句(充分/必要条件)来表述“手段—目的”之间的因果关系,并不妥当。理由有二:一方面,如前所述,因果关系可以是概率性的;另一方面,从差异制造的观点来看,因果关系可能必须通过反事实或虚拟条件句(counterfactuals or subjunctive conditionals)来表达。

(2')倘若采取手段 M,反而无法达成 Z。

准此,则相应的结论将是"因此,应该不采取 M"。

目的论证的大前提,即应该追求或实现某个目的,是规范性的前提。确定规范目的,有时是经验性的问题,例如立法者的主观目的为何,可以从立法过程或立法史的资料当中去探求。但更多时候,要确定某个目的是否值得追求或应被实现,是价值判断与取舍的问题(例如尊重吸烟者的自由与保护国民健康孰轻孰重;国民对于司法判决的信赖度与尊重司法专业的正确性,何者才是应该追求的目标),基本上,实证研究不会多过问这些价值问题。〔64〕

然而,一旦对于所应追求的目的有共识,目的论证是否能成功地证成法律上的规范主张,就只取决于前提(2)或(2')是否成立。(2)或(2')是经验性的前提,它所陈述的其实就是差异制造事实——采取某个手段 M 会对目的 Z 之实现造成差异。例如,采取参审制是否能够提升国民对于司法判决的信赖、死刑制度是否能达到吓阻犯罪的效果。如前所述,如果没有这种差异制造事实,我们无法直接从"应该实现某个目的"推论出"应该(或不应该)采取某个法律解释、制定某项法律规范或实施某种法律制度"。差异制造事实的成立与否,需要经验论据的支持,而法实证研究的重要工作之一,正是要提供这样的经验论据[参见以下"五、(一)"]。

值得注意的是,如前所述,"差异制造"可以是概然性的。在许多情况下,实证研究的成果并不能确定,采取某个手段 M 就必然能达成某个目的 Z,而只能告诉我们,采取 M 能够达成(或无法达成)目的 Z 的概率是多少。目的论证中的经验性前提(手段与目的关联)的不确定性,会影响其支持结论的程度。例如,倘若研究发现,采取 M 则 Z 的实现概率为 90%,这就能相当有力地支持"应该采取 M"的结论。相对地,如果发现,采取 M 则 Z 的实现概率不到 50%,此时可能就比较难以说服我们为什么应该采取 M——当然,这取决于是否有比 M 更能达成 Z 之方案,M 和其他方案能否同心协力,以及采取 M 或其他方案之成本与实现 Z 所获效益之多寡。当经验前提不确定时,要如何适当地作出法律决

〔64〕 另一个相关但不完全相同的问题是:目的有无获得实现,是否永远可以量度?大哉问。当目的是诸如"犯罪率下降"时,量度纵有犯罪学已知的种种困难,仍然在本质上可以量度。但若目的是"保障人权",又该如何量度人权保障程度,以探知手段是否有助于达到目的?这本身是一个大题目,我们在此能提供的简短回答是:量度更具体化后之目的。以诉愿制度为例,若抽象地宣称诉愿制度建置之目的是保障人权,固然没错,但无论是实证研究者或规范论者都难以具体辩论。行政法学者于是提出"合目的性审查"等作为更具体的诉愿制度设置目的。因为诉愿决定书全部公布上网,诉愿审议委员会是否有进行、何种强度的合目的性审查,就变得更容易量度,从而可以有实证研究切入之余地。参见后注〔117〕所引文献及相关正文讨论。

定,不是本文所要处理的议题。在这里要强调的只是,由于目的论证需要经验性前提的支持,且此种经验性前提可以是关于概率的陈述,关于概率高低的实证研究发现,会影响到论证的说服力。

2. 结果论证

所谓"结果论证",指的是以采取某个解释、实施某项规范或制度所可能产生的后果、影响,来说明为什么应该(或不应该)采取这个解释或实施这项规范或制度。[65] 例如,以允许曾犯罪者驾驶出租车可能造成危害乘客安全的结果,来论证应该禁止有某些犯罪前科者开出租车为业("司法院"释字第584号解释[66]与林子仪大法官之不同意见书参照);或者,以给予台湾地区"最高法院"选案权可能促使其关注重要案件、提出重要见解为理由,来支持修法赋予台湾地区"最高法院"选案权[讨论详见"五、(一)"]。

与目的论证不同之处在于,结果论证当中的"结果",未必就是某个规范目的获得实现的状态,而可能是实施规范或制度所带来的附随效果。但结果论证和目的论证一样,都必须运用某种差异制造事实(因果关联)作为论据。结果论证的形式可以刻画如下:

(1)采取某个措施M会导致某个结果F。

(2)结果F是好的[或者:(2')结果F是不好的]。

因此,应该采取M(或者:应该不采取M)。

结果论证和目的论证其实具有相同的结构,只不过大小前提的顺序相反。结果论证的前提(1)是陈述因果关联的经验性前提,它也是一种差异制造事实——采取M会对结果F是否发生或发生概率造成差异。前提(1)的成立与否是实证研究的对象。(2)则是评价性的前提,它表达了对于某个特定结果之好坏与否的评价判断。实证研究虽然不能过问评价判断;但和目的论证一样,如果欠缺实证研究所提供的论据来支持(1),单从关于结果好坏的评价性前提,

---

〔65〕 着眼于法律解释,则结果论证就是通常所谓的"后果导向解释方法"。但如同目的论证一样,结果论证不仅限于法律解释,也及于立法论证(例如立法效果的评估)。在Alexy的法律论证理论中,结果论证是证成规范主张的一般形式之一,参见Alexy, *supra* note〔17〕, pp. 198-200。

〔66〕 关于本号解释运用统计推论之缺失,参见黄维幸(前注〔55〕),第167~172页。

无法推论出是否应该采取某个措施。[67]

3. 综合比较与结合运用

不过,目的论证与结果论证在实际运用过程上仍有些微的差异。在运用目的论证时,论证者通常已经确定所应实现之目的为何(例如充分发挥袋地之经济效用,以促进物尽其用之社会整体利益)[68],并且假设手段与目的之间的因果关联(差异制造)成立(例如,将邻地通行权的主体扩展至袋地承租人与使用借贷人能够达到发挥袋地经济效益目的),然后来论证某个规范主张("应将邻地通行权的主体扩展至袋地承租人与使用借贷人")。对于目的论证来说,实证研究所扮演的角色,通常是事后检验作为假设的经验性前提是否成立,此时所进行的实证研究,通常对于规范目的为何已经有清楚地认识,其研究的主旨在于检验,目的论证中所假设的手段与目的之间的差异制造关联是否成立,因此其研究成果的规范意涵比较清楚。

但在结果论证中,往往是实证研究先行,亦即实证研究先发现某个措施会导致何种结果,然后再通过对于结果的评价,来论证是否应该采取这个措施。先行的实证研究可能并不确定(也无法预知)所观察到的结果会被如何评价,因此其研究成果的规范意涵相对而言比较模糊。但如果要以此指责实证研究无助于规范论证,恐有速断之嫌。因为,在这个情况下,实证研究的发现之所以没有清楚地显现其规范意涵,是由于结果尚未受到充分评价,或者结果的好坏与否仍有争议,而不是实证研究本身的问题。

在法律论证中,目的论证与结果论证经常会结合运用。抽象地说,这个结合的论证形式如下:"采取某个措施 M 能够达到某个值得实现的目的 Z,但它同时也会导致某个不好的后果 F。"在这种情形下,究竟是否应该采取 M,主要取

---

[67] 在传统的法学方法论中,结果取向的解释通常不被当作"典型"的解释方法。但实际上,在历史解释与比较法解释当中,经常运用结果论证。这种论证的一般形式可以刻画如下(Alexy, *supra* note [17], at 239 – 240):

(1)在过去某个时点 T1(某个国家 S1),曾采取某种解释或某个法律制度 M。

(2)在 T1(在 S1),采取 M 导致某个结果 F。

(3)F 是个好的(不好的)结果。

(4)现在的时点 T2 与 T1(本国 S2 与 S1)具有相似的背景条件,可以预期,在 T2(在 S2)采取 M 会出现同样的结果 F。

因此,在 T2(在 S2),应该(不应该)采取 M。

在这样的论证中,(3)是评价性的前提,(2)和(4)则是陈述差异制造事实的经验性前提。要判断过去或外国采取某个措施是否导致了某种后果,以及现在在本国的条件下采取同样的措施是否也会发生类似的结果,同样需要实证研究的检验。由这一点可以看出,历史解释与比较法解释同样需要实证研究的支持,而且需要更多、更复杂(跨越不同时间、空间)的实证资料作为佐证。

[68] 台湾地区"最高法院"1986 年台上字第 947 号民事判例与 1990 年 5 月 29 日台湾地区"最高法院"第 2 次民事庭会议决议参照。

决于目的与后果之间的取舍衡量(trade-off):究竟是要为了达成目的而忍受其伴随的负面效果,还是为了避免负面效果的发生而放弃实现目的?

例如,禁止有犯罪前科者开出租车,或许能够达到保护乘客安全之目的,但也限制了有前科者的职业选择范围(当然,也可以反过来说:允许有犯罪前科者开出租车,可以保障其职业自由,但也可能有危害乘客安全的后果。因为目的论证和结果论证的结构相同,因此采取哪种描述方式并不重要)。究竟要允许或禁止,取决于保障职业自由与保护乘客安全两者孰轻孰重。不少论者认为,衡量是价值判断的问题,实证研究无法过问,也无助于解决。[69]

然而,此种看法低估了实证研究对规范论证的可能贡献。首先,如前所述,采取某个措施究竟是否能够达成特定目的或导致何种结果发生,往往需要实证研究支持。不仅如此,实证研究成果有可能降低规范评价论证的复杂度。例如,假设实证研究成果发现,采取M能够达成目的Z,但不会造成负面结果F(或者,采取M其实不能达成Z,但会导致负面效果F),其实就不必再去涉及困难的价值衡量。

其次,纵使目的与后果之间的取舍涉及衡量问题,亦即要去评估相冲突的原则、目的或价值孰轻孰重,但如同本文第二部分所述,运用狭义比例原则时,关于目的实现之重要性高低(如果不采取系争手段,会对所要实现的目的造成多大负面影响),以及系争手段的负面效果大小(对基本权造成的侵害程度),也都必须仰赖经验事实的认定与判断。就此而言,实证研究成果可以提供价值衡量判断所需的经验论据。

再次,目的与后果间之取舍,往往也要仰赖其实现的概率来判断。实现概率高低,会对两者间之权衡产生某种加权效果。例如,认知到措施M达成目的之概率只有10%,但造成负面效果的概率却有80%,或措施M达成目的之概率为80%,但产生负面效果的概率只有10%,显然对决策者是有意义之信息。特别是当目的与后果在评价上具有同样重要性,或者两者之间孰轻孰重难以确定时,究竟要选择达成目的之手段,或为了避免负面效果而放弃采取该手段,往往就取决于前述实现概率的高低。[70] 目的达成或结果发生的概率,是实证研究(特别是量化的实证研究)的重要对象;如果概率因素在价值取舍衡量中扮演一定的角色,没有理由低估实证研究在评价或规范论证中的重要性。

最后须强调,陈述因果关联的经验性前提,在许多规范论证中,被当成经验

〔69〕 代表性的见解,参见黄舒芃(前注〔2〕),第25～28页。

〔70〕 概率资讯对选择判断的影响,在日常生活中俯拾皆是。例如服用某种药物可治疗重大疾病,但也会产生严重的副作用。此时是否要服用该药物,往往就取决于发挥成效的概率与导致副作用的概率之间的比较。

法则,或想当然尔。但这不表示没有实证研究的存在空间。不同人所认为"理所当然"的结论不一定相同;不少经验法则可能彼此矛盾,或者只是特定时空的产物。法实证研究若能否证经验法则,或证明法律人的经验直觉有误,固然甚有贡献;但法实证研究若能证明某种未经严格检验之经验法则确实为真,也是强化了吾人之信念,似不应径以"早为吾人所知"一笔抹杀其贡献。

(三)因果推论——法实证研究如何发现差异制造事实

1. 因果推论的基本难题

论述至此,本文已经论证了因果说明、差异制造事实与规范论证之关系,下一步则是阐述法实证研究如何发现差异制造事实,亦即实证研究如何进行因果推论(causal inference)的问题。

首先必须指出,以差异制造为基础的因果关系理论,往往诉诸所谓"反事实的"(counterfactual)想法来掌握"差异制造"的概念。[71] 例如,"吸烟会对身体健康造成差异"的意思是:"倘若不吸烟,那么身体将会比较健康。"又如,"开车会造成空气污染程度提高的差异",其实是在比较"居民开车"(事实状态)与"居民不开车"(反事实状态)这两个状态下的空气质量差异:在大部分居民都开车的情况下,空气质量不佳,倘若居民大都不开车,空气质量将会更佳。但这种刻画因果关系的方式,会面临的问题是:在现实条件的限制下,我们通常无法"创造"反事实的状态来测试某个因果宣称(causal claim,亦即关于差异制造事实的陈述)是否成立。

举例来说,我们要如何回答"性别是否会造成薪资的差异"这个问题?设想以下做法:首先,创造一个职场,随机地找一个就业者,赋予一个性别(比方:"男性"),让他进入这个职场,观察他的薪资;其次,我们让时光倒转,赋予这个就业者另一个性别("女性"),让她进入同样的职场,再观察她的薪资。如果我们观察到,在这两个状况中,薪资的确有所差异——比方说,就业者为男性的状态所获得的薪水比为女性的状态更高,则可肯定推论:性别会导致薪资差异。

但受限于现实条件,显然无人能采取上述做法来推论出"性别会造成薪资差异":我们无法创造出上面那样的职场,我们不会也不能为了研究去改变一个人的性别,更不可能让时光倒转。实证研究者只能观察到现实的状况(例如一个男性就业者的薪资多少),但无法观察到反事实的状况(例如该男性就业者若为女性,其薪资将是多少)。由于经验上不可能同时观察到现实状况与对照的反事实状况,我们无法证实"倘若一个男性就业者是女性的话,他会获得比较低

---

〔71〕 当代哲学界关于差异制造原则与反事实的因果关系理论的讨论,源自 David Lewis, Philosophical Papers 159 – 269 (1986),入门性质的简要介绍请参见 Mumford & Anjum, *supra* note 〔58〕, pp. 51 – 62。

的薪资”这样的主张;因而也难以验证究竟性别是否为造成薪资差异的原因。这个问题称为“因果推论的基本难题”(fundamental problem of causal inference)。[72]

2. 控制的随机实验

尽管如此,实证研究仍发展出不同的方法来处理因果推论的基本难题。粗略地说,这些处理方法背后的基本设想是:虽然我们无法“创造”出反事实的状态,但我们仍可以在现实条件下“模拟”(simulate)反事实的状态,来作为**对比观察**的对象,以进行因果推论,从而发现差异制造事实。[73]

典型的方法是“控制的随机实验”(controlled randomized experiment)。医学上经常使用此种方式来测试新药或新疗法的效果。在此种实验中,足够数量的受试对象被随机分为两组(实验组与控制组)。随机区分乃是为了确保这两组对象具有高度相似性。当其他条件皆一致(例如两组受试对象的性别平均分布、平均年龄相近、生活习惯没有显著差异等),这两组之间只有一个变项不同,例如实验组投以某种药物X,控制组则投以安慰剂(由于两组对象是随机区分的,因此其中一组可说是在“模拟”另一组的反事实状态,例如控制组是在模拟“倘若患者没有服药”的状态,反之亦然)。若实验结果发现两组之间有效果差异,例如实验组的存活率比控制组来得高,则可以说:X造成了患者存活率提高的差异。由此基本上可推论出,投治药物X和存活率之间具有因果关系,即服用X具有治疗该种疾病的效果。

控制的随机实验也可见于某些法实证研究。例如,在设计精良的模拟审判中,将参与的受试者随机分为两组,一组采用全体一致决的投票规则,另一组则采取多数决,再通过某种调查方式发现,比起后者,前者对参与审判的经验感到更满意。[74] 另一个例子则是在美国做过的下述实验:让一群受试者观看犯罪演出(例如一段模拟杀人劫财的录像带),再将其随机分成A、B两组,去指认一排人当中哪一个是加害人。这两组的区别仅在于,A组会事先告知“犯罪嫌疑人有可能在这排人当中,也可能不在其中”,B组则未被如此告知。实验结果发现,如果加害人的确在其中,这两组受试者指认的正确比例没有多大差别。但如果加害人未在其中,则B组指认错误的比例要比A组高得多。换言之,在这个情况下,告知与否会造成指认错误率的差异:没有事先告知“犯罪嫌疑人有可

---

〔72〕 See Lee Epstein & Andrew D. Martin, An Introduction to Empirical Legal Research, 2014, p. 6.

〔73〕 关于因果关系的反事实理论与社会科学实证研究中因果推论的详尽技术性讨论,see Stephen, L. Morgan & Christopher Winship, Counterfactuals and Causal Inference: *Methods and Principles for Social Research* (2007)。

〔74〕 关于此种实验的本土应用,参见本文“五、(一)”之说明。

能在指认对象当中，也有可能不在”，会导致指认错误率提高。这个因果推论成立的背景条件则是：在没有告知的情况下，受试者很可能已经假定加害人就在这排有待指认的对象当中，并且会认为他们的工作就是去指出这些人当中谁最像加害人。[75]

3. 基于观察式数据的因果推论

控制的随机实验虽然常被视为发现因果关系的黄金律，[76]但并非唯一的方法。在大多数的情况下，法实证研究所要探讨的问题很难用“现场实验”(field experiment)的方式来回答。[77] 例如，实际上不可能把刑事被告随机分配成两组，一组可以请律师辩护，另一组不行请律师，再来观察有何效果差异。也不可能为了研究法官性别如何影响就业性别歧视的案件结果，而将同一个(组)案件，随机分配给一组男性法官与一组女性法官同时进行审判，再比较结果有何不同。即使以模拟方式做实验，也不一定能复制真实世界的条件。[78] 例如，在前述指认犯罪者的实验中，实验者已经知道谁是“犯罪者”(扮演凶手的那一位)，也知道他是否在受试者指认的那一排人当中；但在现实环境中，我们往往无法确定真正的犯罪者是谁，也不一定知道他是不是就在被指认的对象当中。我们顶多只知道，要指认的对象有犯罪嫌疑而已。

因此，大部分法实证研究通常不是运用实验所产生的资料数据，而是分析现实世界所能获得的观察式数据(observational data)——例如法院实际作出的判决、就业市场中劳方的薪资所得等。[79] 法实证研究分析观察式数据之目的，在于作出推论(inference)；所谓“推论”，乃是从已知的事实(收集、编码、统计过的资料数据)来推测尚未知道的事实。例如在就业性别歧视案件中，将收集的案件编码后，通过统计分析，来发现“合议庭有女法官”与“原告胜诉率”之间是否有相关性。或者，分析就业市场实际薪资的数据，观察到性别不同的确会造成薪资差异。[80] 事实上，在控制的随机实验中，研究者也是从所观察到的事实

---

〔75〕 关于这个实验，请见 Lawless et al., *supra* note〔7〕, pp. 17–18。更有意思的是，美国司法部根据这个实验结果，作出“应告知目击证人‘犯罪者有可能在，也有可能不在指认对象当中’”这样的规范建议。

〔76〕 See Herbert L. Smith, “Research Design: Toward a Realistic Role for Causal Analysis”, *in Handbook of Causal Analysis for Social Research* 45, 57 (Stephen L. Morgan ed., 2013).

〔77〕 *Cf. id.* p. 58. See also Jonah B. Gelbach & Jonathan Klick, “Empirical Law and Economics”, *in Oxford Handbook of Law and Economics* (Francesco Parisi ed., forthcoming).

〔78〕 这涉及实验能够反映现实世界到何种程度，通过实验所作出的推论结果如何能够推广成为关于现实经验世界的有效陈述，这个问题称为“生态效度”(ecological validity)。See Epstein & Martin, *supra* note〔72〕, at 7 n. 23; Lawless et al., *supra* note〔7〕, p. 39.

〔79〕 观察式数据的观察型实证研究之定义，see Epstein & Martin, *supra* note〔72〕, p. 8.

〔80〕 Epstein & King, *supra* note〔7〕, at 29; Epstein & Martin, *supra* note〔5〕, p. 914.

(实验组与控制组的存活率分别为何)来推论出实验前未知的事实(药品具有疗效);所不同者只在于,在分析观察式数据的实证研究中,研究者并没有介入观察对象(作为推论基础的已知事实)的运作。因此,接下来的问题是,实证研究如何以观察式数据为基础作出推论——特别是能够发现差异制造事实的因果推论?

与控制随机实验类似的一种方式,是找出可供比较的对照组(comparison group),通过对比观察来发现差异制造事实。〔81〕例如,我们可能没有办法将甲地的居民随机区分为"开车"与"不开车"两组,以检验开车是否为造成当地空气污染严重的原因。但或许我们可以找到另一个人口规模、工厂数量、自然环境、植栽比率都相似的乙地,唯一相关的差别只在于,乙地的居民大多以自行车代步。如果对比观察发现,乙地的空气质量显然更好,那么我们也可以合理地推论:甲地居民开车造成了当地的空气污染。

这种对比两组观察数据的方法也可见于法律实证研究当中。例如,要检验某个路段的限速规定是否会影响该路段的车祸发生比率,可以对照另外一条道路状况(车流量、路宽、弯度、路面平坦程度等)相似,但限速规定不同的路段,来观察两者车祸发生率是否有所差异。如果发现限速较低的路段,车祸比率也会较低,则或许可以认为,限速规定会造成车祸发生率的差异。〔82〕

然而,就像进行控制随机实验有其实际困难,并非每个问题都能够找到恰当的对照组,以资对比分析。因此,大部分的法实证研究仍必须在欠缺对照组的条件下,分析既有的观察数据,先找出变项间的相关性,再进一步尝试作因果推论;兹说明如下。

一般而言,因果关系是介于两个变项——自变项[independent variable,又称"说明变项"(explanatory variable)]X与应变项(dependent variable)Y之间的关系,例如投药与否和存活率高低、限速高低与车祸发生率、性别与薪资高低、合议庭是否有女性法官与原告胜诉率等。从观察数据中要选择何者是自变项,何者为应变项,变项如何赋值,属于实证研究的研究设计与资料编码的问题,在

---

〔81〕 关于运用对照组的方法,see Lawless et al., *supra* note〔7〕, p. 33。

〔82〕 与此类似的方法是"回归不连续法"(regression discontinuity)。回归不连续法比较两群团体之表现是否不同;而团体之界分是某个外在、武断的区分标准造成。例如,Ryan Bubb教授想知道政府政策或法定制度是否影响人民行为,就比较非洲加纳和科特迪瓦两国边界的人。两国边界在20世纪初划定时,有约一半是依据武断的直线,将不少同一种族的人划分到两个不同国家。研究当时,两个国家、同一种族的人的习惯物权法仍然相似,但法定的财产权制度以及农业政策却大不相同。利用武断国界造成的不连续,即可探究农业政策是否影响农民的人力资本投资,以及立法制订的财产权制度是否影响实务(前者答案为是,后者答案为否)。See Ryan Bubb, "The Evolution of Property Rights: State Law or Informal Norms?" 56 *J. L. & Econ.* 555 (2013).

此不多赘述。[83] 在数据分析阶段,要探讨 X 与 Y 之间是否具有因果关系,第一步工作是运用统计方法(例如回归分析)来检验两个变项之间是否具有相关性(correlation):Y 是否经常伴随 X 的出现而出现,或者是否随着 X 的数值不同,Y 的数值也会相应变化。[84] 例如,抽样统计发现,合议庭有女法官,则原告的胜诉率就会随之提高;或者统计全国各路段发现,限速越低的路段,车祸发生比例越少;限速越高的路段,则车祸发生比例越多。这种发现相关性的统计推论,是一种"**描述推论**"(descriptive inference)。

然而,两个变项之间有高相关性并不代表就具有因果关系(例如,统计发现"身高越高者,体重越重",但这并不代表身高就是造成肥胖的原因)。[85] 之所以如此,主要有三种可能因素:第一,因果方向如何确定的问题;第二,共同因(common cause)问题;第三,干扰因素(confounding factor)的影响。所幸,这些问题基本上都有克服之道,兹简略分述如下。

首先,在部分问题中,因果关系的不对称(asymmetry)——如果 X 是造成 Y 的原因,那么 Y 就不会反过来是 X 的原因——可以解决因果方向不确定之疑虑。从差异制造的观点而言,所谓"不对称性"指的是:X 的出现会造成 Y 出现概率之差异,但反之则不成立。例如,假设发现,是否有女法官参与审判与原告胜诉率有相关性;法官的性别组成可能会影响原告胜诉率,但胜诉率的升降不可能反过来改变法官的性别组成,由此即可推定,"是否有女法官参与审判"是说明原告胜诉率变异的可能原因。

不对称性通常也可通过时序优先性(temporal priority)来解释:原因出现在结果之前,但结果不会发生在原因出现之前;因此,可以根据出现顺序的时间先后,来判断何者为因,何者为果。[86] 例如,有可能平均温度越高,导致某地冷气

---

〔83〕 有兴趣的读者可以参见 Epstein & Martin, *supra* note [5], pp. 905 - 912 的简要介绍。

〔84〕 精确地说,回归模型的描述结构为"自变项 X,平均而言对于应变项 Y 有何种程度与方向之影响"(详见 Lawless et al., *supra* note〔7〕, pp. 289 - 334; Epstein & Martin, *supra* note〔72〕, pp. 173 - 192)。例如以特征回归模型(hedonic regression model),尝试发现房屋面积与房价之影响。房屋面积是自变项,其系数表彰房屋面积每增加一平方公尺对房价的平均影响。而当某个案/观察值之房屋面积特别大或特别小时,系数所表彰之平均影响,与该个案中的房屋面积之实际影响,就会有落差。当样本数够大时,可以使用诸如 quantile regression model 来发现该自变项在不同数据分布端点(如 10 百分位、75 百分位)对应变项的不同影响。

〔85〕 甚至有因果关系也不代表会有高度相关——因为相关性量度的是线性关系,而因果关系可能产生非线性关系,但在此暂不讨论这个复杂问题。See Howell E. Jackson et al., *Analytical Methods for Lawyers* pp. 539 - 541 (2003). 此外,关于法实证研究中相关性与因果推论问题的德文简要介绍,亦可参考 *Petersen* (Fn. 2), S. 447 - 451; *Towfigh/Petersen* (Fn. 6), S. 202 - 212。

〔86〕 关于因果关系之不对称性与时序优先问题,简要介绍可参见 Mumford & Anjum, *supra* note〔58〕, pp. 28 - 29。

装置比例高,也可能因为冷气装置比例高,排放热气于外,使该地平均气温升高。但如果研究者发现,早在家家户户安装冷气之前,当地平均气温即已呈现上升趋势,则“高平均温度导致高比例冷气装置”,应是较为合理的推论。事实上,透过原因先于结果的时序优先性来确定因果关系,是实证研究中常见的做法。例如,比较同一路段的车祸发生率在限速降低前后的差异,若发现在限速降低后,车祸发生率才有明显下降,通常即会推断,“车祸发生率下降”是限速降低的结果。

此外,运用“工具变项”(instrumental variable)亦为实证研究解决“鸡生蛋、蛋生鸡”问题的方法。例如,犯罪学研究发现高犯罪率地区有比较多的警察,但高相关性无法告诉我们是警察多导致犯罪(庄子云:“圣人不死,大盗不止。”),还是罪犯多的地方会加强警力。要知道孰为因孰为果,就需要借助工具变项。举例而言,好的工具变项可以影响警力,但不会直接影响犯罪,只会借由警力的变动而影响犯罪率。学者曾选择“美国各州的消费税率变化”作为工具变项。消费税率些微增加,不太可能直接影响杀人放火的频率;但州政府税收增加往往就会多聘警察、维持治安。故若发现消费税率上升,犯罪率就下降,则可证明警力增加有助于打击犯罪。[87]

其次,“共同因”问题指的是:两个现象经常伴随出现,也未必就具有因果关系,它们之所以经常伴随出现,或许是由另一未被量度的变项所造成——此变项称为“共同因”。换言之,这两个现象其实都是结果。[88] 例如,我们可以观察到,一旦气压计指针上升,则天气就会随之干爽,但前者显然并非后者的原因。相反,两者之所以伴随出现,背后的共同原因是气压高低。

解决共同因问题的一个方法是,通过介入操作自变项X,来观察应变项Y是否有相应的变化。换言之,如果操作自变项X的数值并不会伴随Y的数值改变,则X就不是造成Y之状态(或数值)改变的差异制造者,从而不能认为是

---

〔87〕 林明仁教授确实如此发现。See Ming-Jen Lin, “More Police, Less Crime: Evidence from U. S. State Data”, 29 *Int'l Rev. L. & Econ.* 73 (2009). 关于工具变项与回归不连续法,深入浅出的介绍,参见例如林明仁:《大哉问,大哉答——推荐序》,载戴伦·艾塞默鲁、詹姆斯·罗宾森:《国家为什么会失败》,吴国卿、邓伯宸译,卫城出版社2013年版,第13~24页。关于工具变项与因果推论的问题,see also Morgan & Winship, *supra* note〔73〕, pp. 187-217; Julian Reiss, “Causal Instrumental Variables and Interventions”, 72 *Philosophy of Science* 964 (2005)。

〔88〕 关于共同因问题,简要说明见Hitchcock, *supra* note〔58〕, p. 363。

导致 Y 的原因。[89] 以上例而言,就算将气压计指针往上拉,天气也不会跟着变得干爽。因此,气压计指针上升,不是造成好天气的原因。

如前所述,分析观察式数据的实证研究,研究者通常无法透过干预观察数据的方式来确定因果关系;即便如此,研究者仍然可以借由妥当的研究设计(提出合理的理论假设、选择适当的变项)、数据收集与合适的对比观察,来避免基于共同因现象的谬误因果推论。用一个虚构的简单例子来说明:假定有研究发现,甲地的冰激淋消费量与侵入住宅窃盗发生率具有高度相关性——冰激淋消费量越高的季节,此类案件就越多。但由此推论出"吃冰激淋是造成住宅遭到侵入窃盗的原因",显然相当荒谬。[90]

或许无法以直接干预冰激淋消费量的方式(例如强迫喜欢吃冰激淋的当地消费者不要吃冰激淋),来观察当地侵入住宅窃盗的案件量是否仍然居高不下(若是,则可证明吃冰激淋并不是导致侵入住宅窃盗案件增加的原因);但可以质疑,这个研究的观察范围与对象太过狭隘,未控制其他可能作为原因的变项,也没有观察到其他地方是否有类似的情形。例如,在冰激淋消费量提高的同时,当地的啤酒消费量甚至泳装销售量也增加;或者,观察其他地方发现,同样的季节里,冰激淋消费没有增加(该地少有冰激淋店),但侵入住宅窃盗的案件数不相上下。如果将这些变项纳入考虑,我们需要更有说服力的理论假设,来说明这几个变项(冰激淋、啤酒、泳装销售量)与侵入住宅窃盗发生率之间的关系。

在此一假设例子中,比较合理的说明或许是:真正具有因果重要性的因素,其实是"气温"。由于气温升高,人们就会多吃冰激淋、多喝啤酒、到海边戏水消暑,同时也会增加户外活动的频率,从而让闯空门的窃贼更有机可乘,导致发生更多侵入住宅窃盗的案件。换言之,"冰激淋消费量提高"与"侵入住宅窃盗发生率提高",其实都只是气温升高带来的结果;前述研究之所以作出不合理的因果推论,乃是由于其研究设计不当忽略了"气温"这个(共同因)变项之故。

最后,即便分析观察数据发现两个变项之间具有相关性,但如果没有排除

---

〔89〕 这个想法来自基于差异制造之因果关系理论的一个类型,即前注〔58〕提到的"可操作性的因果关系理论"。此种因果关系理论的研究,see James Woodward, *Making Things Happen: A Theory of Causal Explanation* 25 – 93 (2003)。关于可操作性的因果关系理论的统计讨论,see Jeremy Freese & J. Alex Kevern, "Types of Causes", *in Handbook of Causal Analysis for Social Research*, *supra* note 〔76〕, at 29; Kenneth A. Bollen & Judea Pearl, "Eight Myths About Causality and Structural Equation Models", *in Handbook of Causal Analysis for Soclal Research*, *supra* note 〔76〕, pp. 312 – 313。

〔90〕 由于这是不可靠的因果推论,基于此一推论所作的规范主张"为了防范侵入住宅窃盗,所以应该少吃冰激淋"显然也是不合理的。

干扰因素(confounding factor),仍无法作出可靠的因果推论。所谓"干扰因素",乃是可能潜在影响自变项对应变项作用的其他变项。例如,虽然统计发现,男性就业者的平均薪资较高,但样本中的男性就业者,其平均年资或教育程度也都比女性来得高。如果加入"年资"或"教育程度"作为自变项,就会发现,其实年资越长(或教育程度越高),薪资才会随之越高,由此则可推论:并非性别,而是年资或教育程度才是造成薪资差异的原因。

在随机控制实验中,通过将实验对象随机分配为两组,通常可以保证实验组与控制组除了自变项数值不同(例如投药与否)之外,其他条件一致,从而尽量排除干扰因素。例如,或许男女对所投药物反应不同,但由于实验组与控制组的性别分布是平均的,性别因素即会被抵销。但在运用分析观察数据的实证研究中,要排除干扰因素,尽可能地达到其他条件一致,以作出有说服力的因果宣称,则需要运用一些统计技巧;其中最常用的一种,就是"复回归模型"(multiple regression model)。[91]

一元回归分析,只关注一个自变项 X 与应变项 Y 之间的相关性。复回归模型则考虑多个自变项 $X_1 \cdots X_n$ 与应变项 Y 之间的关系。纳入复回归模型中的变项,就"被控制"(controlled)了,意思是:当回归模型计算 X_1 对 Y 之影响时,已经把其他变项 X_i $(2 \leqslant i \leqslant n)$ 对 Y 之影响排除,故 X_1 之系数(coefficient)与统计上显著性(statistical significance)的判断,单单显示了 X_1 本身对 Y 之影响。[92] 换言之,X_1 之系数之诠释,就是"在 X_i $(2 \leqslant i \leqslant n)$ 等条件一致或不变的情况下,X_1 数值的变化会对 Y 之数值有何种程度或方向的影响"。复回归模型中的所有自变项之诠释,皆是如此。

再以就业薪资歧视为例,薪资可能同时受到性别、年资、教育程度等要素之影响,但这三种变项并不总是完全统计上独立(相关系数不是0)。如果使用只有一个自变项的回归模型,逐一检视这三种要素对薪资之影响,结果即可能产生偏差。因为男性可能平均教育程度较高,故在此种一元回归模型中,性别自变项的系数,会吸收了教育程度对薪资之影响;研究者看到数值很大的系数与统计上显著之结果,就可能误以为就是性别导致薪资差异,但实际上是性别与教育程度联合起来导致薪资差异,但一元回归模型无法容许研究者将两者之影

---

〔91〕 对一般不熟悉实证研究方法的法律人而言,复回归模型的操作看来相当复杂,故以下仅能以极端简化的方式述其梗概,有兴趣的读者可以参考以下的入门介绍:Lawless et al., *supra* note〔7〕, pp. 312–319; Epstein & Martin, *supra* note〔72〕, pp. 193–222。本文"五、(一)"中引用的许多本土实证研究,多有使用复回归模型,亦可供参考。关于变项、统计推论、控制随机实验和因果关系的德文入门介绍,亦请参考 *Towfigh/Petersen* (Fn. 6), S. 202–212。

〔92〕 当然,如果有其他重要变项没有被放到模型中,而该变项又和 X_1 高度相关,则 X_1 之系数所反应者,仍然掺杂了此缺漏变项之影响。此种问题统计上称为"omitted variable bias"。

响分开。

而在复回归模型中,性别、教育程度、年资都是自变项,此时“性别”这个自变项之系数,就单单反应性别对薪资之影响,且已经把教育程度和年资对薪资之影响排除(或说控制住)。如果回归分析发现,若平均年资与教育程度相当,男性就业者的平均薪资仍比女性就业者来得高,则由此推论“性别造成薪资差异”,即较为可信。由小见大,法学者在以经验事实为基础作规范推论时,若不能全面掌握可能影响应变项的诸多因素,而只以一两个面向与某种结果的相关性就遽然作出因果推论,即嫌速断。[93]

在无法进行控制随机实验的情况下,复回归模型常被视为发现因果关系的次佳方法。[94] 但要运用复回归模型,从观察式数据作出有说服力的因果推论,仍有赖于妥当的研究设计与执行,例如相关变项是否都纳入考虑。但研究设计与执行是否妥当,并无放诸四海皆准的标准,没有一个统计指标、量表或操作手册能够告诉实证研究者,哪些变项是相关的、哪些变项该受到控制。运用复回归模型之研究设计与执行的妥当性,仍有赖于研究者的良好判断与学术社群的检验。[95]

4. 因果推论作为差异比较的统计推论

以上所介绍的几种因果推论方法,无论是控制的随机实验、对照组的对比观察(例如回归不连续法[96])、运用时序不对称性、工具变项或复回归模型,其实基本上都是借由比较两个描述推论(统计推论)的差异,来进行因果推论,从而发现差异制造事实。例如,投药组的平均存活率,比投安慰剂组的平均存活率来得高;限速降低前后的车祸发生率有何种程度差异;相较于消费税率未增加前,消费税提高后,犯罪率下降;同样年资、教育程度的女性就业者,比男性就业者的平均薪资更低;就业性别歧视案件中,有无女性法官参与合议审判,原告胜诉率有何不同等。

质言之,因果推论就是关于差异的统计推论,[97] 亦即比较两个描述推论的

---

〔93〕 关于美国种族就业歧视诉讼中,对此问题的统计方法争论,参见黄昭元:《论差别影响歧视与差别对待歧视的关系——评美国最高法院 *Ricci v. DeStefano* (2009)判决》,载《中研院法学期刊》第 11 期。

〔94〕 关于回归模型是适切的因果推论架构,可参考 Steven L. Willborn & Ramona L. Paetzold, “Statistics Is a Plural Word”, 122 *Harv. L. Rev. Forum* 48, 56 – 60 (2009)。

〔95〕 Epstein & Martin 强调,“研究设计”(research design)妥适,是作因果推论之关键。See Epstein & Martin, *supra* note 〔72〕, pp. 193 – 194. 关于研究设计与因果推论的专文分析, see Smith, *supra* note 〔76〕, pp. 45 – 73.

〔96〕 见前注〔82〕。

〔97〕 Epstein & Martin, *supra* note 〔5〕, p. 917: “[A] causal inference is just a statistical inference about a difference.”

差异,以发现因果关系(差异制造事实)。[98] 为了简化讨论,暂且假定X为只有1与0两个值的自变项,例如,X = 1代表"投药""限速降低""就业者为男性""合议庭中有女性法官";X = 0代表"投安慰剂""维持原限速""就业者为女性""合议庭中没有女性法官"。Y则代表应变项"平均存活率""车祸发生率""平均薪资""原告胜诉率"等。发现差异制造事实的因果推论——请注意,这是非常简化的方式——基本上可被刻画为以两个描述推论为前提的对比三段论(comparative syllogism):[99]

在其他条件皆一致的情况下,

DI_1:　X = 1,则Y的值为V_1。

DI_2:　X = 0,则Y的值为V_2。

结论:X对Y产生的影响效果为V_1与V_2之间的差异。

对比三段论的结论,则像是"投药的效果是提高了50%的平均存活率""降低限速后导致车祸发生率减少三成""合议庭中没有女性法官,会使原告平均胜诉率下降20%""性别对薪资造成的差异是,男性就业者平均薪资比女性就业者高五千元"等。

抽象地说,如果透过对比三段论发现,当其他条件不变,随着X值的不同(1或0),Y的值亦会随之有所变异(升高或下降),原则上即可推论出"X是一个差异制造者,X会对Y造成某种程度的结果差异"。

整体而言,从因果推论到规范论证的过程,参见图4:

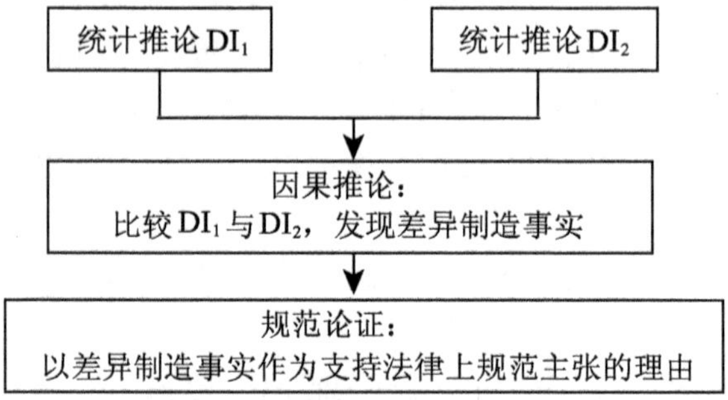

图4　从因果推论到规范论证

(本文制图)

惟关于因果推论与运用差异制造事实之规范论证,仍有几点值得注意:

---

〔98〕 *Ibid.*, p. 913: "In fact, a causal inference is the difference between two descriptive inferences"; see also Epstein & Martin, *supra* note〔72〕, p. 12.

〔99〕 关于对比三段论所涉及的哲学问题,特别是反事实因果关系的知识论问题,see Linton Wang & Wei-Fen Ma, "Comparative Syllogism and Counterfactual Knowledge", 191 *Synthese* 1327, 1328-1347 (2014)。

首先是差异制造事实的规范蕴含问题。作为原因的差异制造者，有些是可以人为干预或操作的变项，例如投药与否、制定某项法律或政策（降低限速、增加合议庭女性法官比例），但有些不是（例如性别、天气状况）。在前者，差异制造事实之规范蕴含通常相当清楚，而可以直接作为支持规范主张的理由，例如患者应该服药，因为本药具有疗效；降低限速有助减少车祸发生率，因此应该降低限速；为了确保就业歧视案件的判决结果不受性别偏见影响，合议庭应该要有一定比例的女性法官。目的论证与结果论证中具有规范重要性的差异制造事实（采取某个法律解释、制定某项法律、实施某种制度能够达到某个目的，或导致某种结果）即属于此类［参见本文四、（二）］。

当原因变项（如性别、气温）无法人为干预操作时，例如“性别是造成薪资差异的原因”“气温上升导致侵入住宅窃盗案件量增加”，若要借助此种差异制造事实进行规范论证，必须相当谨慎。例如，“为了提升薪资水平，女性就业者都应该去变性”和“为了减少窃贼闯空门，因此应该将夏季气温降低”显然都是荒谬的论证。比较合理的规范论证或许是：“为了改变男女同工不同酬的现象，应该要求雇主不分性别同工同酬”“为了避免住宅被侵入窃盗，夏天出门要注意门户安全”。当然，此种差异制造事实也有可能作为实施某项法律政策的规范基础，例如：应该制定劳工性别平等法、入夏后应增加警力巡逻。但法律制定或政策实施是否能达到预期的效果（如消弭男女同工不同酬、降低侵入住宅窃盗发生率），同样需实证研究检验。

其次是因果推论本身的不确定性问题。因果关系可以拆解成“因导致果”（causes produce effects）及“果系于因”（effects depend on causes）；两者不总是同时成立。[100] 举例而言，吸烟导致身体健康不佳，但身体不健康的原因未必总是因为吸烟。回归模型所发现之因果关系，通常都只触及“因（可能）导致果”。如果有多个原因能够同时说明结果，则研究者应该将可能的说明变项尽可能纳入考虑，并且控制相关变项的影响，以检验除了所关注的原因之外，是否还有其他可能的原因会影响结果之发生。如前所述，这涉及控制随机实验与回归模型之研究设计与执行的妥当性。一般而言，若系争问题已有长足的理论研究或长串的实证研究，则找出其他可能的原因，并进而控制其影响的可能性即会提升；否则，仍必须仰赖先行研究者的良好判断，再由后续研究进行补充或修正。

更重要的是，因果推论（对比三段论）中作为前提的描述推论，都是概率性质的统计推论，所得到的结论也因而属于“平均而言”的概率因果关系。熟悉“若 P 则 Q”或“充分、必要条件”等逻辑推演的法律人，要谨记社会现象通常不会如此黑白分明、因果清晰。例如在新药实验中，不是实验组的人全部生还，控

---

〔100〕 See Freese & Kevern, *supra* note〔89〕, p. 28.

制组(使用安慰剂)全部魂归西天;而是两组的生存率(几乎都是大于0%但小于100%)有统计上显著或不显著之差异。同样地,限速降低后,车祸不会绝迹,就业性别歧视案件的原告碰到全由男性法官组成的合议庭,也不全然都是败诉,更不见得只要有女法官参与,就一定胜券在握。"概率上充分"(probabilistically sufficient)与"概率上必要"(probabilistically necessary)[101]——表示其所宣称之充分或必要条件,容许少数之例外——已经是社会科学研究者能做的最强宣称。

总括而言,实证研究进行因果推论所发现的差异制造事实,大部分属于统计概率上的差异(采取某个措施,会提高或降低特定结果的发生率);由于现实条件的限制与人类知识的局限性,很少有实证研究会宣称,其研究设计与执行结果能够保证所关注的变项之间具有确定的因果关系。不过,大自然与人类社会的奥秘,本来就很难被一个人或一个小团队全面解密。科学研究(包括实证研究)可以透过逐渐累积证据(如在不同地区不同法院也发现类似结果),小心控制相关变量,[102]及辅以相关理论之研究[103](如研究发现之相关性可以被既有的经济学、心理学理论解释),均可增强因果推论之可信度——就此而言,因果推论不只是纯粹统计问题,也要仰赖良好的科学判断。[104] 因果推论无法做到100%确定,不表示研究者应该放弃作因果推论,因为许多公共政策之拟定,需要以因果关系为基础;研究者之职责是作更好的实证研究,使其因果推论更坚实。[105]

因此,法实证研究论文之读者,不应该因为论文之研究方法是量化取向,就一概否定其规范意义,因为设计得宜的法实证研究,可以作出合理的因果推论,从而发现了有规范意涵的差异制造事实。确实有些法实证研究的方法仍有可改进之处,但那是个别研究的问题。批判性的读者,仍必须深入剖析其方法失当之处,才能做出公允之个别评价,而此评价不应该蔓延到其他法实证研究论文。就像是一篇糟糕的法释义学文章,不应株连其他运用传统释义学方法的论文。值得强调者,尤其在量化研究中采用的统计方法,往往超越一般不熟悉量

---

〔101〕 See Freese & Kevern, *supra* note〔89〕, p. 33.

〔102〕 强调控制相关变量, see, e. g., D. James Greiner, "Causal Inference in Civil Rights Litigation", 122 *Harv. L. Rev*. 533, 573 (2008).

〔103〕 强调理论(或称 causal inference framework)的重要, see, e. g., *Ibid.*, pp. 556 – 557; Epstein & King, *supra* note〔7〕, pp. 37, 61 – 63.

〔104〕 David H. Kaye & David A. Freedman, "Reference Guide on Statistics", *in Reference Manual on Scientific Evidence* 83, 94 – 95 (Federal Judicial Center ed., 2d ed. 2000); Daniel L. Rubinfeld, "Reference Guide on Multiple Regression", *in Reference Manual on Scientific Evidence* 179, 184 (Federal Judicial Center ed., 2d ed., 2000).

〔105〕 Epstein & King, *supra* note〔7〕, p. 37.

化方法者之直觉,故批判性的读者,必须小心,毋以想当然尔的质疑,抹杀了一篇可能有贡献的法实证研究论文。

最后,法实证研究的成果,在社会科学研究的典范之下,有“否证可能性”(falsifiable)。即使是在当下设计最精良、数据最完整的实证研究,都可能将来被新的统计模型、更多的海量数据推翻其研究发现。实证研究的因果推论,都是在“未被推翻前”有作为规范论据之意义,奠基在差异制造事实上的规范论证,也必须跟着经验科学的新研究发现一齐调整。社会科学的研究,就是在社群共同努力之下,不断堆积新的证据,逐渐理解人的行为与制度运行的结果。否证可能性,不应该成为概括否定实证研究价值之理由。

五、既有本土法实证研究之规范意义

2013 年,知名的美国法实证研究新秀 Joshua Fischman 发表一篇掷地有声、对法实证研究者宛如暮鼓晨钟的长文,呼吁法实证研究者要将“实然”(is)和“应然”(ought)再度结合。[106] Fischman 指出,实证研究要帮助规范论证,必须注意下列几点:第一,选择与规范问题有关之研究,并将实证研究背后蕴含的价值判断说清楚。第二,依问题而选择实证方法,而非选择实证方法后,再决定问题意识。第三,明白论述实证研究如何能帮助规范论证。第四,思索特定情境下的实证研究如何能有一般性的意涵。[107] Fischman 虽然重视实然与应然结合,但文章没有说明如何结合。本文前四部分即是具体的回答。

Fischman 进一步指出,重要的实证研究,能引导法律改革,[108] 或能描述重要的、与法律有关的现象,或有助于理论之发展。[109] 奠基于前文之论述,本文将法实证研究分为三类,与 Fischman 之分类略为不同。详言之,第一类实证研究检验差异制造事实是否成立,对应到本文第三部分第二节所探讨之“在法律论证中运用经验事实的陈述”。而第二、三类实证研究则对应到本文第三部分第一节所探讨之“认识及描述有效的法律”,参见下表。第三类实证研究以实证方法描述法律论证;换言之,是以系统化的数据搜集与分析方法,提出“描述性的法律论证”。第二类实证研究则检验法律的实效性与刻画制度性行为。

---

〔106〕 See Joshua B. Fischman, “Reuniting ‘Is’ and ‘Ought’ in Empirical Legal Scholarship”, 162 *U. Pa. L. Rev*. 117 - 168 (2013).

〔107〕 See id. , at 154.

〔108〕 法实证研究的政策意义之简要说明, See Theodore Eisenberg, “Why Do Empirical Legal Scholarship”, 41 *San Diego L. Rev*. 1741, 1742 - 1746 (2004).

〔109〕 See Fischman, *supra* note〔106〕, pp. 157 - 158.

实证研究类型与法学理论对应表

法学理论路径	实证研究类型
在法律论证中运用经验事实的陈述	第一类:检验差异制造事实或其背景条件是否成立
认识与描述有效的法律	第二类:检验法律的实效性与刻画制度性行为 第三类:以实证方法描述法律论证

(本文制表)

以下,本文为三类实证研究,一一撮要举例。但请注意,一篇法实证研究论文,往往尝试回答多个问题。各问题可能属性不同,因而一篇法实证研究论文可能横跨两种或三种实证研究类型。例如,如果实效研究关切的主题是,法律规范或制度的实施是否以及在多大程度内达到了预期的效果或目的,其研究对象即为检验差异制造事实,而可同时归入第一类实证研究。同样地,制度性行为的实证研究关切立法、司法、行政行为会受到哪些因素影响,如果这些因素对制度性行为所造成的影响会受到一定的评价(例如法官判决结果不应受到性别或族裔因素所左右),那么制度性行为的实证研究也可能发现具有规范重要性的差异制造事实;因此,第二类实证研究的成果也会有相当程度的规范意涵。由于三类法实证研究对法学都有贡献,硬要将某篇文章贴上某类实证研究之标签,并非本文所欲。本文所列出者,仅为帮助读者理解三类实证研究有哪些具体的本土法律问题,已经被法实证研究者挖掘出来,不在于争辩某篇论文是属于某一类实证研究。限于篇幅,本文当然不会穷尽地回顾所有台湾的法实证研究。

(一)第一类:检验差异制造事实是否存在[110]

当法律社群关于值得追求之目的或结果之评价有价值共识,实证研究所发现的差异制造事实可直接用于规范论证——应该采取可以达到目的之措施,或应该采取导致(或避免)结果发生之措施。此种研究成果,或可作为修法、变更既有判例的前导理论,或作为捍卫现行法的左右护法。

当法律社群仍有价值分歧,实证研究所发现的差异制造事实仍可为不同立场的论者所援引,且可直接作为支持其各自规范主张的论据基础。例如,实证研究发现"采取某个制度或措施M会产生特定的结果F",但法律社群对于F之好坏仍有争议;对F给予正面评价者,会以前述的发现作为应该采取M的理由;对F给予负面评价者,也能以此作为不应该采取M的理由。此时实证研究的成

〔110〕　由于研究背景条件是否满足,乃在于检验以其为前提之差异制造事实是否存在。故以下对于第一类研究就简单以"检验差异制造事实是否成立"称之。

果虽然无法确定地支持应该或不应该采取 M,但在此情况下,实证研究规范论述力道较弱,并非实证研究本身所致,而是价值辩论尚未到硝烟散去的时刻。

此外,如本文第四部分第一节所述,差异制造事实的成立,经常仰赖某些背景条件。但背景条件并非永远不证自明,要研究差异制造事实是否成立,往往必须先确立背景条件是否已满足。背景条件同样是一种经验事实,关注背景条件之法实证研究,本文也将其分到第一类实证研究。

以台湾地区既有之法实证研究为例:2000 年"民事诉讼法"修正后,当事人必须在诉讼准备程序中开示证据。1996 年到 2006 年地方法院的"诉讼和解率"变化显示,除了诉讼目标在 600 万元以上的案件外,其他案件之和解率在各地方法院都在 2000 年以后上升。证据开示所揭露之信息,使双方皆能更实际地评估案件胜败之可能,故导致和解率上升。[111] 民事诉讼中是否应该采取证据开示制度,是清楚的规范命题;而在民事案件中,促使当事人更常自愿解决纷争,而且是奠基于真实证据上的纷争解决,应该是多数人能够赞成的价值。此实证研究显示的差异制造事实是:实施证据开示制度能够促成当事人更常自愿解决纷争,故可作为支持应该采取证据开示制度的理由。

2003 年台湾"民事诉讼法"修法给予其"最高法院"选案权之效果("民事诉讼法"第 469 条、第 469 条之 1 参照),有学者随机抽样 1996 年到 2008 年 5% 台湾地区"最高法院"的案件,以检验 2003 年修法之影响,发现:在修法前,台湾地区"最高法院"就已经扩张使用"未具体指责原判决有何违背法令之处"而程序驳回上诉,频率并有上升趋势(修法后台湾地区"最高法院"程序驳回之例稿文字转变,难以辨识以前述理由驳回之频率是否增加)。上诉人胜诉率与台湾地区"最高法院"实体驳回率,在修法前后统计上都没有显著差异。此外,台湾地区"最高法院"判决中的实质说理长度以及撤销发回判决中论述"有原则重要性之法律见解"者也没有显著提升。[112] 促使台湾地区"最高法院"关注重要案件,且集中心力在提出重要见解,应该是多数民事法学者之共识。本研究发现 2003 年之修法没有达到立法时所预期之结果差异(促使台湾地区"最高法院"关注重要案件,提出重要见解),这样的发现提供了学术社群检讨台湾地区"最高法院"做法或立法者制度设计方式(修法赋予台湾地区"最高法院"选案权)的规范论证弹药。

---

〔111〕 See Kuo-Chang Huang, "Does Discovery Promote Settlement? An Empirical Answer", 6 *J. Empirical Legal Stud.* 241 (2009).

〔112〕 See Theodore Eisenberg & Kuo-Chang Huang, "The Effect of Rules Shifting Supreme Court Jurisdiction from Mandatory to Discretionary — An Empirical Lesson from Taiwan", 32 *Int'l Rev. L. & Econ.* 3 (2011).

共有物分割时,避免制造畸零地,妨碍土地利用,应该是大多数法律人的共识。原物分割可能会产生畸零地,而变价分割不会。不过,台湾地区"最高法院"长期强调原物分割优先;2009年"民法"第824条修正,又明确偏好原物分割(可惜修法理由没有明确阐明为何要偏好原物分割,仅说现行分割方式"过于简单",故仿造德国等立法例修正)。是故,新立法与台湾地区"最高法院"均偏好原物分割,可能使下级法院没有考虑具体情境就判决原物分割,导致畸零地增多。有学者随机抽样2008年至2010年台湾各地方法院之分割共有物判决的1/4,发现2009年修法并未增加地方法院使用原物分割之频率;而且,在原物分割会产生畸零地时,法院会倾向采用变价分割。本研究发现,差异制造事实并未成立;亦即,修法并未导致地方法院大幅采取原物分割,地方法院采取原物分割时也有考虑制造畸零地的负面效果。故从文义看可能产生的不良后果,实践中并未发生;故2009年修正之台湾地区"民法"第824条,及台湾地区"最高法院"相关判决,目前不应给予负面的规范评价。[113]

依据处分权主义,在损害赔偿或不当得利诉讼中,法院判给原告之金额,必须在原告主张范围内。但在原告主张范围与举证程度内,法院必须依照法律标准订给付数额,此应无太大争论。行为心理学所称之"定锚效应",用白话说,法律之标准不够明确(慰抚金案件中之痛苦如何量化? 相当于租金之不当得利案件中年息如何厘定?),法官在下判决时,除了受案件客观事实影响之外,也下意识地受到"原告声明金额或年息"之影响。此种定锚效应,已经有无数心理学实验验证存在。[114] 有学者研究台湾地方法院在无权占有他人土地所生之相当于

---

〔113〕 不过,修法理由称旧法"过于简单……实务上亦颇为所苦",似有言过其实之嫌。学者之实证研究亦发现,在旧法时代,地方法院就已经运用几十种不同之分割方式,似乎并未被简单的旧法所羁绊。详细请参见张永健:《共有物分割判决之实证研究》,载张永健编:《2011司法制度实证研究》,新学林出版股份有限公司2013年版,第221~264页。

〔114〕 See, e. g., Dan Arielaly, *Predictably Irrational*: *The Hidden Forces That Shape Our Decisions* 2008, pp. 25 – 48; Daniel Kahneman, *Thinking*, *Fast and Slow*, 2001, pp. 119 – 128; Chris Guthrie et al., "Blinking on the Bench: How Judges Decide Cases", 93 *Cornell L. Rev*. 1, 19 – 21 (2007); Jeffrey J. Rachlinski et al., "Heuristics and Biases in Bankruptcy Judges", 163 (1) *J. Institutionanal & Theoretical Econ*. 167, 171 – 173 (2007); Chris Guthrie et al., "Inside the Judicial Mind", 86 *Cornell L. Rev*. 777, 787 – 794 (2000); Andrew J. Wistrich et al., "Can Judges Ignore Inadmissible Information? The Difficulty of Deliberately Disregarding", 153 *U. Pa. L. Rev*. 1251, 1286 – 1293 (2005); See Birte English & Thomas Mussweiler, "Sentencing Under Uncertainty: Anchoring Effects in the Courtroom", 31(7) *J. Applied Soc. Psychol*. 1535 (2001).

租金之不当得利案件中[115]法官之判决决策,发现法官年资在约 11 年以下时,此种定锚效应确实存在。实证研究所发现的因果关联,即“原告在诉讼声明中提出明确金额主张,会对资浅法官的判决产生不当影响”,对于有意主张在诉讼声明阶段剔除明确金额主张者,[116]是其规范论据之实证基础;对于法官过于年轻的相关批评,也是初步的支持证据。

以公法研究为例,不少学者主张行政救济环节中的诉愿制度,其目的主要有三项:行政自我控制与审查、迅速经济解决纷争(并减轻法院负担)、合目的性审查。[117] 有学者抽样“内政部”2006 年至 2009 年近 900 件诉愿案件,以检验“内政部”诉愿会决定案件之态样。研究发现诉愿决定书甚少记叙“合目的性审查”之内容;假若诉愿会有详尽记载其检验行政处分合法性与合目的性之论理,则这是诉愿会极少作合目的性审查之证据。[118] 此外,“内政部”诉愿会当时纯由法律人组成,研究亦发现,案件涉及法律以外之专业知识时,“内政部”诉愿会倾向尊重原处分机关之事实认定,而几乎都驳回诉愿。[119] 尤其是后者,带有因果推论(涉及法律以外之专业知识,是造成“内政部”驳回诉愿的原因),又凸显了诉愿实务上未必尽到立法或学理对诉愿制度之要求与期待,亦即实施诉愿制度无法达到前述行政自我审查的主要目的,这样的发现亦足以作为检讨改革现行诉愿制度的理由。

有些实证研究所发现之经验事实,是否能立刻成为立法或司法解释之准

---

〔115〕 参见张永健、陈恭平、刘育升:《无权占有他人土地与相当于租金之不当得利:实证研究与政策建议》,载《政大法学评论》2016 年第 144 期;Yun-chien Chang, Kong-pin Chen & Chang-ching Lin, *Anchoring Effect in Real Litigation: An Empirical Study*, paper presented at 2014 European Law and Economics Association Annual Meeting (Sep. 19, 2014).

〔116〕 美国有许多州采取此种制度(其诉讼费用是固定金额),原告仅能主张“某某人侵害我身体健康,主张依民法第 195 条规定请求其支付慰抚金”,但不能明确指出其所欲之数额。

〔117〕 参见蔡志方:《论行政诉讼先行程序之免除——以台湾法制为探讨中心》,载台湾行政法学会编:《行政调查之建制与人权保障:行政诉讼之前置救济方法与程序》,2009 年版,第 251 ~ 255 页;蔡志方:《诉愿制度》,载翁岳生编:《行政法》(下),元照出版有限公司 2006 年第 3 版,第 271 页;陈清秀:《论行政诉讼之先行程序:兼论课予义务之诉愿》,载台湾行政法学会编:《行政调查之建制与人权保障:行政诉讼之前置救济方法与程序》,元照出版有限公司 2008 年版,第 446 页;陈淑芳:《独立行政机关与诉愿制度》,载《权力划分与权限归属》,元照出版有限公司 2011 年版,第 170 ~ 173 页。

〔118〕 此项发现也可归类于第二类实证研究,因为是检验诉愿制度的实效性。为简化论述,合并于此论述。另有研究“行政院”以及通讯传播委员会之诉愿会审理通讯传播委员会之行政处分,发现两个诉愿会均从未以合目的性审查方式撤销原处分。参见孙德至、司徒嘉恒:《国家通讯传播委员会诉愿制度实证研究(2007 – 2009 年)》,载《中研院法学期刊》第 10 期。

〔119〕 参见张永健:《诉愿制度运作成效之实证评估架构——以台湾“内政部”2006 – 2009 年诉愿案件为例》,载《北大法律评论》(第 14 卷第 2 辑),北京大学出版社 2013 年版,第 344 ~ 388 页。

则,某种程度上取决于法律社群对相关规范价值的共识。例如,学者招募279名志愿者,随机将之分到不同组,进行模拟陪审审判,发现:在经过思辩过程后(相对于思辩过程前),陪审员认为"错判有罪"比"错判无罪"更糟的比率上升,陪审团的无罪开释率也上升。相较于"多数决","一致决"下的陪审团成员较愿意改变原始的投票倾向,也对讨论与判决结果有较高的评价(但若采"一致决",而陪审团无法做成一致决定,则对"一致决"程序之评价反而比对"多数决"程序之评价更低)。但整体而言,无论采取"一致决"或"多数决","西瓜偎大边"效应与"倾向无罪开释"效应都存在;此与先前西方实验结果一致。学者因此建议在台湾地区实行人民参审相关制度时应采"一致决"。[120] 该论文从实然发现推导出之应然政策建议,是否合理,取决于论者预设之规范价值。若认为无罪推定是刑事程序最核心的价值,且应该超越合理怀疑才应判刑,则参审制采取全体一致决,能降低有罪率,应有助于实现规范价值。不过,若认为刑事程序的核心价值在于发现真实,则在还不知道"一致决"与"多数决"何者较能发现真实时,即无法依据此研究成果作任何政策建议。[121]

与前述研究类似,有学者研究强制辩护政策,而其背后的规范价值似乎尚乏社群共识。2003年之后,刑事强制辩护案件之被告辩护律师是随机分给法院公设辩护人与法律扶助律师(以下简称法扶律师),而非全部交给公设辩护人。政策上并决定逐步让公设辩护机制退场。2004年到2007年的全部地方法院之刑事案件中,在控制了案件类型与严重程度后,这两类辩护人所经手的案件审判平均刑期相当。然而,相对而言,公设辩护案件的定罪率较高,但刑期较短,原因很可能是公设辩护人与法扶律师的诱因不同所致。[122] 若论者认为重点是发现真实,此类实证研究并没有告诉读者,哪一种制度更能关该关的、放该放的(但有任何研究能做到)?但若认为无罪推定的理念导出"有无罪比刑期长短更重要"的想法,且"只要辩护制度合理,无罪率越高越好",则让公设辩护机制退场的政策,应给予正面的规范评价。

最后,有些研究并未直接针对差异制造事实,而是关注其背景条件,也就是

[120] See Kuo-Chang Huang & Chang-Ching Lin, "Mock Jury Trials in Taiwan — Paving the Ground for Introducing Lay Participation", 38 *L. & Hum. Behav.* 367 (2014).

[121] 此外,模拟审判与真实审判仍有差异:在真实审判中,实行一致决的陪审团,被强制要作出决定,否则无法解散。在此模拟审判中,并没有预设做出决定之时间,实验者也无法限制陪审员之行动自由。在实验情境下采取一致决规则而又自愿达成一致决者,自然对一致决之评价较高。但如正文所论,此研究乃台湾第一个模拟审判,有筚路蓝缕之功。后续研究,在巨人的肩膀上,更能深究人民参与审判的各种行为态样。

[122] See Kuo-Chang Huang et al., "Does the Type of Criminal Defense Counsel Affect Case Outcomes?: A Natural Experiment in Taiwan", 30 *int'l Rev. L. & Econ.* 113 (2010).

前述“给予理由的事实”。例如学者利用《2011 年台湾人民法律纷争解决行为模式的实证研究调查》资料,发现“司法院”即将推动试行的观审制,参与意愿在不同的人口族群间有显著的差异,特别是高社经背景的族群参与意愿较高,女性参与的意愿较低。[123] 若对比美国的陪审团多半是低社经背景者参与(且有忧心此影响决定质量),则此发现对政策决定者或许是一则喜讯,虽然无法成为强烈支持或不支持参审制之论据。再者,若观审制经“立法院”通过后实施,并发现特定社经背景或性别的观审员,较常作出“合乎真相”(真相如何独立被发现暂且不论)之决策;假若合乎真相又是某些规范论者最重要的价值,则此差异制造事实,与学者已经研究之参与意愿研究结合,即有丰富的规范意涵——亦即参与意愿的研究成果可能发现观审制较能作出合乎真相决策之背景条件。

(二)第二类:检验法律的实效性与刻画制度性行为

法律的实效性与制度性行为(如法官判决行为、行政首长决策行为、立法者的立法决定)的研究相互牵连,难以截然二分。本文的区分方式是:法律的实效性研究关注的是法律所意图管制、规范的对象,是否受法律之影响而改变行为,或是否守法。最为熟知的例子是死刑是否有吓阻作用。而制度性行为关注的是制订、解释、适用、操作法律者,其决定为何,以及其行为决定受到何种因素之影响。例如美国学者发现,陪审团所决定的惩罚性赔偿数额,与财产上损害赔偿之数额呈线性关系。[124] 惩罚性赔偿之设计,是为了吓阻厂商污染,故研究陪审团的决策并非实效性研究。陪审团是决定事实(包括赔偿金数额)的决策者,它到底是乱判一通,还是脉络有迹可循,就是制度性行为的研究范畴。

第二类实证研究不见得发现了差异制造事实,也不一定回应特定的价值辩论。[125] 法实证研究如同其他社会科学研究,无法在实验室中创造完整的验证条件,故无法随心所欲探究任何有兴趣的问题;很多时候,为了探究具有重大规范

---

〔123〕 See Kuo-Chang Huang & Chang-Ching Lin, “Rescuing Confidence in the Judicial System: Introducing Lay Participation in Taiwan”, 10 *J. Empirical Legal Stud.* 542 (2013). 利用《2011 年台湾人民法律纷争解决行为模式资料库》厘清人口社经结构对咨询决策的影响,see Kuo - Chang Huang et al., “Do Rich and Poor Behave Similarly in Seeking Legal Advice? Lessons from Taiwan in Comparative Perspective”, 48 *Law & Soc'y Rev.* 193 (2014)。

〔124〕 See, e. g., Eisenberg & Wells, *supra* note 〔44〕. Eisenberg & Wells 发现的线性关系,是将惩罚性赔偿与财产上损害赔偿各自取自然对数后呈现之线性关系。对于此种做法之批评,可参见 Jeffrey J. Rachlinski, “Does Empirical Legal Studies Shed More Heat than Light? The Case of Civil Damage Awards”, 29 *Ratio Juris* 556 - 571(2016).

〔125〕 请注意:“不见得”发现差异制造事实,不代表“绝不会”发现差异制造事实。如上文与下文所述,第二类实证研究的成果也可能具有一定的规范意涵,而与第一类实证研究有交集之处。

意义的问题,只能先从已有数据的面向着手。借由知识的渐次累积,〔126〕逐步刻画法律实际运作的经验面貌。

不管是法律的实效性或制度性行为,往往都有既有的实然理论。在实证研究大举进入法学之前,有几种主要的跨领域法学方法。法经济学(law and economics)、行为法经济学(behavioral law and economics)、公共选择理论(public choice)、法社会学(sociology of law)等,就是此种"混血"路径的代表。有些有明确的"双亲",像法社会学是法学与社会学的"后代",法经济学是法学与经济学的"小孩"。行为法经济学则是"三人行"的成果:认知心理学先"强娶"了经济学,变成"行为经济学",再结合法律经济学,诞生了行为法经济学;换言之,这是心理学、经济学、法学的三位一体。公共选择理论是经济学、政治学、法学共同的关怀。这些交叉学科都从各自的角度,在法学的研究范畴内,提出各式理论,如法官的决策行为。〔127〕经过半个世纪的理论发展,到法实证研究兴起时,过去50年来的理论是否有证据支持,〔128〕变成新显学。〔129〕因此,第二类实证研究除了可以认识及描述有效的法律之外,也可以同时检验其他学科提出之实然理论(这也是Fischman强调,但本文未完整开展之法实证研究贡献)。

本节先描述法律实效性之实证研究,再介绍既有之制度性行为实证研究。公司法、金融法相关公开数据不少,可能成为未来台湾地区实证研究重点研究领域。已有学者发现法律上具有独立性的公司薪酬委员会成员,有1/3与公司内部人具有"社交关系",因而对"公司法"要求薪酬委员会成员有法律上独立性是否能导致合理薪酬画上问号。〔130〕"投资人保护法"赋予投资人保护中心(公设财团法人)代表投资人提起证券团体诉讼的权利,有实证研究评估其实效

---

〔126〕本文并不认为,知识的累积是线性的过程。典范的转移可能使一大票知识失去意义,整座图书馆的藏书尽成废纸(关于法释义学或法学知识的典范变迁,see Aarnio, *supra* note〔17〕, pp. 185–199; Aarnio, *supra* note〔21〕, pp. 247–273)。以量化方式累积数据,必然也受到数据的局限与既有统计方法的局限。但旧的法实证研究会被新的法实证研究正名为非,是由人类从事科学研究必然发生的现象,这不应该使关心规范论证者,一律将实证研究成果贴上"真实性堪疑""基本无用"的标签。See also Theodore Eisenberg, "The Origins, Nature, and Promise of Empirical Legal Studies and a Response to Concerns", 2011 *U. Ill. L. Rev.* 1713, 1730–1731 (2011); Lawless et al., *supra* note〔7〕, p. 15.

〔127〕See generally Richard A. Posner, *How Judges Think* (2008).

〔128〕因此,法实证研究与其他"法与社会科学"研究方法,并非竞争关系,而是互补关系。See Eisenberg, *supra* note〔126〕, p. 1719.

〔129〕例如:Judge Richard Posner就在合著的新书中,检验其前注〔127〕书提出之理论,是否有证据支持。See Richard A. Posner et al., *The Behavior of Federal Judges: A Theoretical and Empirical Study of Rational Choice* (2013).

〔130〕参见林郁馨:《公开发行公司经营者薪酬决定机制之实证分析——兼论薪资报酬委员会新制》,载《中研院法学期刊》第14期。

性，发现此种证券诉讼高度倚赖刑事程序、仰仗和解金以赔偿投资人损害、诉讼时间冗长，[131]是否能有效保证投资人权益，仍有疑虑。

依“司法院”释字第579号解释，征收补偿与被征收之损失必须相当。2012年台湾地区“土地征收条例”第30条第1项修正前，依该法，被征收人所获得之补偿为公告土地现值与“加成补偿”。此种补偿，是否与被征收人之损失相当？若认为相当补偿就是市价补偿（此点当时学界未有共识），则学者实证研究发现多数2000年到2009年土地被征收者所获得之补偿低于市价。[132]

有研究比较两种机制之实效性。台湾地区劳资争议之解决有两种协调机制：“政府协调”与“民间协调”；由劳工听取政府有关人员说明后，选择其中一种协调程序。运用2005年至2007年所终结之协调案件纪录与涉入争议之劳工之电访调查，学者发现：绝大多数之劳工，并不了解两种程序彼此间之差异；同时，主管机关亦多未履行说明程序差异之义务。争议金额越高、劳工学历越高、有争议经验，会使劳工更倾向采取政府协调机制。两种程序虽不影响和解成立之概率，但在和解成立时，却显著影响劳工的获偿率——政府协调案件之获偿率高于民间协调案件之获偿率3～9个百分点。换言之，民间协调机制所产出于政府协调机制相当之和解率，是以劳工作更多让步来达成。[133]

既有的制度性行为研究，以对大法官或一般法院法官之研究最多。有发现“司法院”大法官的留学国背景对其在意见书中引用外国法律与判决，有显著之影响。[134] 有发现“司法院”大法官的多样性（不同时间由不同总统提名），导致更多“违宪解释”采用附期限失效之方式为之。[135]

另有学者利用台湾地区“最高法院”民事上诉案件判决，研究“诉讼资源”（party capability）与“法院偏好”（court preference）对台湾地区“最高法院”处理案件之影响。台湾地区“最高法院”案件审理流程分成“形式审查”（台湾地区“最高法院”有裁量以上诉不合法而裁定驳回）与“实质审查”（判决上诉有无实体理由）前后两个阶段，进一步以样本选择模型（sample selection）来控制台湾地

〔131〕参见林郁馨：《投资人的诺亚方舟——投资人保护中心与证券团体诉讼之实证研究》，载《月旦法学杂志》第229期。

〔132〕参见张永健：《土地征收补偿之规范标准与实证评估》，载《东吴法律学报》第22卷第4期，第27～64页。

〔133〕参见黄国昌、林常青、陈恭平：《劳资争议协调程序之实证研究——以“政府协调”与“民间协调”之比较为中心》，载《中研院法学期刊》第7期。

〔134〕参见张文贞：《司法院大法官解释引用外国法及判决之实证研究——大法官留学背景作为引用的关键因素》，载张永健编：《2011司法制度实证研究》，新学林出版股份有限公司2013年版，第66～72页。

〔135〕参见叶俊荣：《违宪政治——司法院大法官附期限违宪解释的实证分析》，载张永健编：《2011司法制度实证研究》，新学林出版股份有限公司2013年版，第1～31页。

区"最高法院"的形式审查裁量权对判决结果所造成的选择偏误(selection bias)。发现诉讼资源多寡所影响的律师代理效果(聘请单独执业律师或大律师事务所的法务团队;是否聘请有在台湾地区"最高法院"上诉经验之律师),呈现在"形式审查"阶段。但只要法官认为合法而进入第二阶段的实质审查,这些效果都将消失。不过,在形式审查阶段,台湾地区"最高法院"偏袒政府(相对于企业或一般自然人),除了政府能动员的诉讼资源较多外,也和法院偏好有关——台湾地区"最高法院"法官将自己视为政府的一环。[136]

此外,台湾地方法院身体健康侵害慰抚金判决之实证研究亦发现,法官酌定之慰抚金数额,受被害人受伤程度与医疗费用之影响。详言之,身体健康受损程度越重、法院允许被害人请求加害人支付之医疗费用越高,慰抚金越重。此实证研究发现之事实是,身体健康受损程度轻重会对法院判决之慰抚金多寡造成差异。[137] 对地方法院死亡慰抚金之实证研究则发现,同一案件中若有不同亲属主张,法官给的慰抚金数额是"配偶 ≥ 未成年子女 ≥ 父母 ≥ 成年子女";且法官会因为担心给予被告过重之赔偿负担而减少慰抚金数额。[138]

2009年台湾地区"民法"新增第796条之1,[139] 赋予法院在越界建筑纠纷中,有考虑双方当事人利益与公共利益后,例外不拆越界房屋之裁量权。有学者观察2009年至2012年年底,三年多时间里全部(157笔)解释适用该条之地方法院判决,发现当法院以"民法"第796条之1作为排除所有物返还请求权之根据时,最关键之因素是越界面积低(实务上越界面积多在100平方公尺以内)、越界比率少(实务上越界比率多在20%以下)、越界非出于重大过失。[140]

有些研究关注律师与当事人的制度性行为。有研究2000年到2006年地方法院的一般诉讼案件,发现原、被告双方均有律师代理时,和解率最低;双方

---

〔136〕 See Kong-Pin Chen et al., "Party Capability versus Court Preference: Why Do the 'Haves' Come Out Ahead? —An Empirical Lesson from the Taiwan Supreme Court", 31 *J. L. Econ. & Org.* 93 (2015).

〔137〕 参见张永健、李宗宪:《身体健康侵害慰抚金之实证研究——2008年至2012年地方法院医疗纠纷与车祸案件》,载《台大法学论丛》第44卷第4期,第1785~1843页。了解此种法官行为,对监督法官者,有助于达成同案同判的法治(rule of law)理想。对律师、当事人,法官判决见解明确、稳定有助于法安定性,并可促进当事人和解等持此种见解者。关于同案同判与法治之关联,see John Rawls, *A Theory of Justice*, pp. 208 – 210 (rev. ed., 1999); Richard A. Posnsner, *Economic Analysis of Law*, pp. 336 – 339 (8th ed., 2011)。

〔138〕 参见张永健、何汉葳、李宗宪:《或重于泰山,或轻于鸿毛——地方法院车祸致死案件慰抚金之实证研究》,载《政大法学评论》第149期,第139~219页。

〔139〕 台湾地区"民法"第796条之1:"土地所有人建筑房屋逾越地界,邻地所有人请求移去或变更时,法院得斟酌公共利益及当事人利益,免为全部或一部之移去或变更。但土地所有人故意逾越地界者,不适用之。前条第一项但书及第二项规定,于前项情形准用之。"

〔140〕 参见张永健:《越界建筑诉讼之实证研究》,载《中研院法学期刊》第14期。

均无律师代理时，和解率最高；一方有代理者，介于其间。此现象产生的原因，并非如一般猜想，乃律师主导是否和解，且律师不愿意和解所致。恰恰相反，绝大多数律师收取固定、包审的律师费，和解有助于减少律师的工作量；数据显示，是当事人决定和解与否（律师费因为无论如何都要付，所以不是主要考虑因素）。事实上，是当事人一开始对进行诉讼与否的可行性评估，影响了当事人是否聘请律师。有无聘请律师对原告胜诉率统计上没有显著影响，有聘请律师的被告胜诉率较高。这并不能代表律师代理增加胜诉率，而同样是当事人选择的结果：被告理性评估主张之强弱以决定是否聘请律师，有望胜出的案件聘律师，没望的案件则不聘。[141]

另外，有学者对2005年至2007年劳资协调程序与后续诉讼程序之数据研究后发现：争议金额在和解成立与否及进行诉讼与否中扮演了重要的角色。争议金额低时，和解率高，和解不成后的诉讼率低；争议金额高时，和解率低，和解不成后的诉讼率高。争议金额居中时，因为很可能不能和解，也没有争讼。传统法律经济学理论认为，被告愿意和解的前提是，原告若和解失败很可能实行诉讼以解决争议。作者因前述发现而指出传统理论并没有获得实证分析之支持。[142]

（三）第三类：以实证方法描述法律论证

传统的判例研究或个案研究，是微观层次的描述法律论证；实证研究分析大量判决或其他法律活动，则是宏观层次的描述法律论证。[143] 举例而言，除了前述扶养费用计算之研究外，有学者研究在职灾补偿诉讼中，法院以何种方式诠释因果关系（条件关系或某种相当因果关系）。[144] 针对地方法院如何诠释台湾地区“民法”第787条之“通行必要”与“无适宜之联络”的研究，[145] 发现在诽谤案件中，法院近年来在刑事案件中越来越常采用对言论者较宽松的故意过失

---

〔141〕 See Kuo-Chang Huang, “How Legal Representation Affects Case Outcome: An Empirical Perspective from Taiwan”, 5 *J. Empirical Legal Stud.* 197 (2008)；黄国昌：《律师代理对民事诉讼结果之影响——理论分析与实证研究间之激荡》，载《中研院法学期刊》第1期。

〔142〕 See Kuo-Chang Huang et al., “An Empirical Investigation of Settlement and Litigation — The Case of Taiwanese Labor Disputes”, 7 *J. Empirical Legal Stud.* 786 (2010).

〔143〕 不过，Cane & Kritzer 指出，案例分析与经验研究并非绝对截然二分，有许多研究处于两者之间，例如检验判决或案件的社会、经济、政治脉络及其运作（这在质性研究中相当常见）；法官判决本身也提供了法实证研究（例如司法行为研究）所需的资料数据，see Cane & Kritzer, *supra* note〔3〕, p. 5。

〔144〕 参见邱文聪：《职灾赔补偿诉讼之因果认定：以因果理论的检讨为核心的实证考察》，“中央研究院”法律学研究所主办个人年度学术研讨会（2014年6月3日）。

〔145〕 参见张永健：《袋地通行权判决之实证研究》，载《月旦法学杂志》第216期。

程度标准;[146]而在民事案件中,诽谤的慰抚金数额主要受到原告与被告之收入与相对社会地位影响。[147] 有分析所有的连动债纠纷判决发现,“高等法院”对客户签章是否表示银行当然已经尽到说明义务,采取两种见解(签名免责说与实质审查说)。[148]

第三类实证研究应该是新手入门的“试金石”。只要有实证研究的基本概念,就可以有系统地整理判决或其他法律文本,从而积累法学知识。有志者,盍兴乎来?

六、结论

法学的主要功能与角色在于作规范论证,但经验事实往往是规范论证中不可或缺的一环;不少法实证研究可以发现或验证法学规范论证所需之经验事实。不过,法学并非仅有规范面向。法学的经验面向除了发现可作为规范理由的经验事实(“差异制造事实”),也包括了认识与描述有效的法律,尤其是制定、解释、适用法律之制度性行为以及法律的实效状况。无论对于法官、律师、当事人、学者,系统地了解法律解释、适用的态样,以及立法者与解释、适用法律者背后的可能驱动原因,都有意义——它可以作为推动立法或司法改革的基础,作为决定如何判决的准则,或成为是否和解或诉讼的重要考量。兴盛于美国、萌芽于台湾地区的法实证研究,带入统计方法与其他社会科学的思维,大大有助于我们认识与理解法律体系的实际运作。

本文尝试提供法实证研究的理论基础,并辨正法实证研究的法学价值。展望将来,由部门法内之具体问题出发,析论具体议题之差异制造事实,并以实证研究方法验证可作为规范论证之理由的差异制造事实是否成立,乃是法学实证研究(甚至法学研究)能否进一步向上提升之关键。

---

〔146〕 参见许家馨:《民刑诽谤二元体系之形成与分析——以“故意过失”为中心的实证研究》,载张永健编:《2011 司法制度实证研究》,新学林出版股份有限公司 2013 年版,第 179 ~ 185 页。

〔147〕 See Yun-chien Chang, Han-wei Ho & Jimmy Chia-shin Hsu, “Non-pecuniary Damages for Defamation, Personal Injury, and Wrongful Death: An Empirical Analysis of Court Cases in Taiwan”, 4(1) *Chinese J. Comp. L.* 69(2016).

〔148〕 参见陈肇鸿:《连动债纠纷的司法实践——2009 至 2010 年间相关判决之研究》,载《中研院法学期刊》第 10 期。

专题:民法典编纂与民法总则立法笔谈

【编者按】2014 年以后,中国又进入了民法典编纂的“快车道”,确立了“两步走”的实施方案。2017 年 3 月,全国人大通过了《民法总则》,迈出了民法典编纂的第一步,之后将进入民法典各分编的编纂工作。针对整体的民法典编纂工作以及民法总则草案和二审稿,本评论于 2016 年约请了国内中青年的民法学者畅所欲言,结成本专题。部分学者意见已经通过不同渠道提交给立法机关或通过网络进行了传播。但学者所提的多数问题和建议在通过后的《民法总则》中仍未得到妥善解决,对未来的整体民法典的编纂仍有重要参考价值。本次专题仍保留了讨论时的原貌,力图为我国民法典立法留下宝贵的学术记录。

民商合一体制对民法典合同编的要求

张谷*

【**编者按**】2016年8月24日，以“民法典编纂：理论、制度与实践”为主题的第十一届中国法学家论坛在北京隆重举行。张谷老师作了题为“民商合一体制对民法典合同编的要求”的精彩发言。本次推送的文章为张谷老师发言的文字底稿，以飨读者。

按照执政党有关决议的要求，民法典编纂工作正紧锣密鼓地进行。

首先，我们必须明白，民法典的编纂，自始就受到一系列的限制。

譬如，如何看待民法典编纂与宪法的关系，正引起关注。宪法序言的内容将决定民法典在未来的适用中的权威程度。宪法总纲中的经济制度条款，更是直接决定着民法典中土地等不动产权利、不动产担保、不动产租赁的内容。譬如，如何处理民法典编纂与现有的民商法律体系的关系，如何体系化地整合司法实践中的有益经验，都需要慎重考虑。

但有一种限制似乎被忽略了，即我们要编纂的民法典究竟是何种意义上的民法典？是像德国那样，仅仅作为私法的普通法的民法法典(BuergerlichesGesetzbuch)？还是像瑞士那样，不限于普通法则，而是网罗了一切实质意义上的私法规范的私法法典(Zivilgesetzbuch)？

如果撇开知识产权、劳动合同的法律不谈，主流观点似乎希望借助于有关普通私法的理论，去追求一部内容广泛的私法法典；换言之，用民商分立体制下的民法理论，作为制定民商合一的民法典的指导思想；也可以说是用20世纪30年代国民政府立法院的思路，追求一部自我期许为“21世纪有代表性的”私法法典。

那么，当年国民政府立法院的思路是怎样的一种思路？是与苏俄的“民商合一”不尽相同的思路。苏俄奉行的“民商合一”思路，与瑞士和后来的意大利

---

* 张谷，浙江大学光华法学院教授。

更为接近。前者则不然,国民政府立法院的“民商合一”的思路是“采取折中的民商合一制”,形式上采用民商合一制,但实质上是在两种体制之间走折中道路的形式:只编纂民法典,不另立商法典(貌似民商合一)。

但又不是把商法所有内容一概纳入民法典,而只是把商法的一般性问题,如通常属于商法总则中的经理人、代办人,属于商行为中的交互计算、行纪、仓储、运送营业等在民法典中加以规定。凡属商法的特殊问题,如公司、票据、海商、保险等则另立专门的特别法加以规定,这些特别法虽从属于民法典,可是特别法优先于民法而适用(又似民商分立)。

对于“折中的民商合一制”这把“屠龙刀”,我们必须知其短长,方能扬长避短,力图更有斩获。采取“折中的民商合一制”的好处:第一,避免了是否另定商法典的争论,因而也避免了如何制定一部独立的、科学的、相对稳定的商法典的争论。第二,有利于保持民法典的稳定性、顺应商事法的演进性。因为商事法常与商界习惯有关,而商界习惯日新、日日新,未有已时,商事组织和部分的商事交易在民法典之外,由特别法去调整,特别法修改较易,无须直接触及民法典。

采取“折中的民商合一制”也有其弊端:第一,助长“民法帝国主义”观念,使得私法扁平化,商法内在体系破碎化。第二,商法制度纳入民法典时,内容去取上、体例安排上容易流于任意,例如,民国民法中把经理人、代办人规定在债编中就不妥当,因为这里涉及的并非债务关系,毋宁是总则中意定代理权的例外规定,应该在总则中处理。第三,造成普通私法的单一诉求和民商合一的多元诉求之间的内在紧张关系,一旦处理不好,便走向极端,要么是民法典过于“商化”,要么是私法典“商化”不足。

其次,商法的核心,端在商事组织和商事交易。而商法的精神呈现一种“二律背反”的特色:在商事交易方面,奉行契约自由和方式自由;在商事交易的基础方面,则要求严格的干涉主义和要式主义。

根据商法的精神,借鉴过往在“折中的民商合一制”中的经验教训,对我国目前的民法典编纂尤其是合同编的立法原则,特提出以下几点意见:

1. 应该在民法总则或者在合同编当中,明确契约原则(Vertragsprinzip)和契约自由原则。为此,应该将契约自由贯彻到底,将和解契约在实体上加以规定。这不仅是普通私法的要求,对于商人之间的营业契约来说,对于争议的自我解决来说,都必不可少。而且,唯有此,诉讼法上、仲裁法上乃至于民间调解达成的协议,其在实体上才能具有坚强的效力来源。

2. 应该重视一般交易条件即格式条款的规制。一般交易条件,对消费者保护甚为重要,对商事交易而言,更是意义重大。因为其具有使交易条件合理化的功能、风险限制功能、对法律调整空白拾遗补阙的功能、改变任意法的功能,要看到它的积极作用;同时,也要对其消极方面,进行审慎的规制。

3. 应该在合同编的相关契约类型中增加有关营业的交易。商事主体,从事商事营业之经营者也,营业本身既不能等同于有体物,也不等同于物或权利的集合体,一些受法律保护的事实关系如商誉、客户关系、营业秘密等亦在其中。对于营业,侵权法固有其特别的保护任务,物权法上浮动抵押常常以营业为客体,即在合同法上,举凡营业的买卖、营业的委托经营、营业的租赁经营都应该不惮其烦,尽量详加规定。比如,买卖合同应该区分物的买卖、权利的买卖、营业的买卖、其他客体的买卖,方符"民商合一"的实际。

4. 应该在合同编中增加规定与支付结算有关的契约,重视银行契约的作用。商事交易的有偿性,以及大部分民事契约的有偿性,使货币之债在契约关系中占得半壁江山,而我们历来只注重"物流",忽视"资金流",将支付结算纯委诸人民银行去规定,显然是不够的。应该根据现实情况对于非现金结算、第三方支付加以规范。同时,考虑到银行的地位,对商业银行的业务契约,如银行存款合同、银行账户合同、往来账户、保管箱租赁、银行贴现、保付代理等酌予规定。

5. 应该在合同编中增加规定合伙契约的内容。一方面,继承《民法通则》的宝贵经验,看到合伙组织的主体性面相,在民法总则主体部分,继续明确合伙组织的权利能力;另一方面,又必须看到,像隐名合伙、不具有章程和合伙财产的内部合伙,缺乏主体性,纯为契约关系,同时,合伙契约作为组织契约,将人的有意识地组合与(如添附、混合、加工导致的)单纯的权利共同关系区隔开来,其为一切合伙组织与公司组织的基本法,必须在合同编有所反映,以收提纲挈领、纲举目张的效果。

6. 重视继续性契约关系和服务契约。

最后,在民法典合同编编纂中,应该对于现行法上存在的问题加以去除。

——例如,应该规定运送承揽合同,进而《合同法》第 141 条第 2 款第 1 项与危险负担移转有关的"货交第一承运人",应该包括运送承揽人。

——例如,有关居间合同的定义条款(《合同法》第 424 条),应该由现在的诺成理论,改采条件式理论,否则,居间人尚无缔约机会可资报告,委托人却取得诉请居间人履约的请求权,与行业实践,殊为乖谬。

——例如,行纪合同中如何增补规定,以防止行纪人被强制执行或破产时,殃及委托人的财物或本该取得的付款请求权。

——又如,留置权原本为一种交互性债务关系中的一般留置抗辩权(Vorbehaltungsrecht),其为双务契约的同时履行抗辩权、不安抗辩权的上位概念。在商人之间符合一定条件时,法律始允许留置权人超越抗辩权,更拥有变价权。我们现行的《合同法》是否应该在双务契约中另立一款,允许在非双务契约产生的交互性债务中,当事人拥有一般留置抗辩权? 另外,我国《物权法》第240 条已经明确规定留置物占有丧失,留置权消灭,足以表明法定留置权仅有变价权,而不能作为占有的本权,去对抗第三人,但我们通说依然认为留置权是物权。可见,我们既忽视了留置权原有的抗辩权效果,又将留置权的效力过于泛化了。

无论如何,现有的问题不一而足,唯有乘势而为,方能少留遗憾!

合同法里零零星星的问题还有很多,时间关系,我就报告到这里,谢谢大家。

一般债法在未来民法典中的规范配置

张家勇*

最高立法机关在《关于〈中华人民共和国民法总则(草案)〉的说明》中指出:目前考虑的民法典各分编由合同编、物权编、侵权责任编、婚姻家庭编和继承编等组成。并且,从《民法总则》将因不当得利和无因管理发生的债纳入总则中规定的情况判断,也可以初步得出结论:未来民法典将不设"债法总则"。这样的立法决定虽然终结了民法学界关于民法典是否应当设置"债法总则"的争议,但是,如果承认"债法总则"规范有其独特的制度价值,理论上就必须在法典形式上不设"债法总则"这个前提下,解决一般债法的规范配置问题。

一、"债法总则"规范内容概观

否定了形式意义的"债法总则",不意味着随之否定了"债法总则"的实质意义。换言之,纵然民法典立法者不承认形式意义上的"债法总则",仍然可以在理论上讨论甚至构建具有实践指导价值的实质"债法总论"。

为此,我们有必要先予考察,设置形式"债法总则"的民法典都规定了哪些内容。

先看比较法上的立法例。《德国民法典》债法总则主要包括债务关系的内容(给付及其履行、抗辩、不履行责任与债权人迟延等)、债务关系的消灭、债之移转、多数债之当事人等;《瑞士债法典》包括债的发生、债的效力(履行、不履行以及对第三人的效果)、债的终止、特殊形式的债(相当于债的种类)以及债权转让与债务承担等。《荷兰民法典》第六编"债法总则"具有一般规则意义的主要是第一章"债的一般规定"(包括多数当事人、债的履行、中止履行的权利、债权迟延与债务不履行的效力、损害赔偿的法定义务、金钱债务与抵销等)和第二章"债之移转与债权放弃"。《意大利民法典》第四编第一章"债的总论"主要包括

* 张家勇,中南财经政法大学法学院教授。

债的履行(包括一般履行、代位给付、债权人迟延)、债的不履行、债的消灭、债权转让、债的类型等。《日本民法典》第三编“债权”第一章“总则”,包括债权的标的、效力、多数当事人(含保证)、让与和消灭等。相反,《法国民法典》第三编为“契约或约定之债的一般规定”[包括契约有效成立的条件、债的效果(包括给付与不履行责任以及对第三人的效果)、债的种类与消灭等]与第四编“非因约定而发生的债”。

再看《欧洲示范民法典草案》(DCFR)的规定。其第三卷为“债及相关权利”,包含第一章“一般规定”(实际为债之效力的特别规定,如诚信与公平交易、相互协作、附条件或附期限的债权与债务、变更或终止、情势变更等),第二章“履行”,第三章“不履行的救济”,第四章“多数债权人和债务人”(主要为连带、按份与协同之债的规定),第五章“当事人的变更”,第六章“抵销和混同”,第七章“时效”。

最后看我国学者民法典草案。梁慧星教授主持的“民法典学者建议稿”第三编“债权总则”包括通则、债的原因、债的种类、债的履行、债的保全、债的变更与移转以及债的消灭。王利明教授主持的“民法典学者建议稿”第六编“债法总则”包括债的一般规定、债的发生、债的类型、债的保全、债的转让、债的消灭。徐国栋教授主持的《绿色民法典》包括债的定义与发生根据、债的类型、债的当事人(包含多数当事人与主体变更)、债的标的、债的效力(主要为债的保全)、债的履行、非因债的履行消灭债的方式。

可以发现,尽管在具体规则设置以及范围上有所不同,但共同承认的“债法总则”主要涉及给付内容(如不作为之债与金钱之债)、履行规则(包括抗辩规则)、效力规则(不履行责任与对第三人效力)、移转规则、债的消灭规则以及多数债之当事人规则等。

二、“债法总则”的技术呈现

“债法总则”的规范意义体现在“债(债权、债务)”概念的规范效果上。按照债的定义,它是特定人之间请求为或不为一定行为的特别约束关系,是从法律关系的效果角度观察。然而,有些特定人之间的请求权关系并未被纳入债法直接规范,如物权或绝对权请求权。如果从债之关系的发生角度观察,债法总则的价值聊胜于无,所以,“债的发生根据”是不必呈现在债法总则中的。债的给付内容从实际运用与法国民法的规定来看,它们更多与合同有关。与之相似,债的履行(含履行抗辩规则)、对第三人的效力规则以及债的移转与消灭规则,其主要适用领域也都更多与合同相关。在承认债之保全的制度中,保全制度所保护的也主要是合同债权。就损害赔偿债权而言,其更多涉及责任规范问题,而责任规范除了在责任的最终实现方面具有债的效果外,在责任发生及内容确定方面都更少共性。质言之，涉及债务不履行的法律规则主要见于合同法（扩展形式包括无因管理之债），缔约过失、不当得利以及其他法定赔偿之债都更多类似于涉及绝对权益的侵权法（如同债的发生一样，损害赔偿之债的发生根据也见于各专门法律制度）。因此，债务不履行责任其实主要涉及的是违约责任问题，我国现行法一直未建立债务不履行制度仍无碍于相关民事纠纷的解决，也说明这个一般制度并非不可或缺。同时，非侵权的法定赔偿责任的重要性相比于侵权责任不可同日而语，侵权赔偿责任始终是法定赔偿责任的最重要形式。于是，如下的看法虽非确切但基本正确：合同法与侵权法的规范总和接近于债法整体。

果如此，在债法一般规则的构造上，正如立法例所显示的那样，就可以有两种基本模式：一是如同多数民法典那样，抽象出债法的一般规则，主要是从法律效果及履行障碍救济法角度构建“债法总则”，其优势是规范适用直接、周延。在法律解释时更多需要对一般规范取向具体债之关系作具体化或限缩。二是构建细密的合同法规则与侵权法规则，仅将债之一般规则抽象到合同总则的层次，其他债之关系则参照适用或准用二者之具体规定。

恰如前述，我国未来民法典排除了第一种模式，只留下第二种模式备选。必须看到，按照第二种立法模式，我国现行合同法的规范细致化程度还有很大的提升空间。为此，《欧洲合同法原则》（PECL）以及《国际商事合同通则》（PICC）在合同法规范整全性方面所做的探索，将成为我国编纂民法典时能够吸取的立法经验之源。此外，为了给法律适用者提供直接的规范依据，此种立法模式需要设置准用规范，以使侵权责任规范也可以适用于违约责任场合，而侵权责任的承担（侵权债务的履行）也得准用合同履行的规则。

三、立法、司法与学理互动的方向

进一步也可以发现，我国未来民法典实际上呈现出一条奇怪的法典编纂思路：在法律行为编制上，采纳了完全德国化的进路；在债法体系编制上，则采纳了更加法国化的进路。这样的“混搭”继受模式是否会造成法律适用思维上的困境，目前尚无法断言，但的确有点像令狐冲体内数道彼此冲撞的真气一般，让人多少有些难以适应。

如果在债法的立法上完全法国化，“债法总则”将失去根基，必然演化为“债法总论”。也就是说，必须经由司法与学理的途径，构建出实质的债法一般规则，或者将合同法与侵权法的规则扩张适用于它们本来范围之外。这种扩张要么通过准用或参照方式，要么通过类推适用的方式。准用或参照适用须以立法设置准用规范为前提（如《瑞士债法典》第 99 条第 3 款）。将侵权责任规范适用于违约或其他损害赔偿之债，应无大碍。但是，将合同履行规则准用于其他法定之债,由于准用范围过于广泛[履行(含抗辩)规则涉及范围较广],难度也将更大。如果立法上不设准用规范,法律适用上就只能通过类推或者借助法理(如果法理最终被确认为法源的话)实现前述扩张效果。

这表明,即使未来的民法典不设“债法总则”,并不必然造成债法体系化的困难。我们将会看到,如果立法未彻底实现体系化的任务,其必将刺激一般性司法解释的出台,也迫使民法理论担负再体系化的重任。于是,饱受争议但短期内不会改变的“立法式”一般性司法解释将继续完成立法上未完成的体系化任务,德国化理论的强势地位也将促使现行法解释的德国化。一般性司法解释与德国化理论解释相互借力,最终将促成一般债法规范的形成。

立法主导的去德国化与司法和学理主导的重新德国化,这样的背离难道真是中国未来民法的宿命?这不是“法典开放”与否的问题,而是法典体系的逻辑使然。可以预见,反逻辑的立法最终仍将被逻辑强制!

论民法典立法讨论中不同类型问题的轻重缓急

王文胜*

按照立法机关的规划，我国民法典的民法总则编（《民法总则》）于 2017 年 3 月审议通过，民法典各分编拟于 2018 年上半年整体提请全国人大常委会审议并争取于 2020 年 3 月审议通过。[1] 虽然时间表上所剩的时间已非常有限，但从目前民法学界围绕着民法典的立法所展开的讨论来看，民法学界关于民法典编纂所积累的共识还不算多，民法学界也还没有建立起一种面向民法典编纂的对话和讨论机制，学者自说自话的现象还较为普遍，学者之间要实现相互对话、寻求相互理解和达成共识还比较困难。

民法学界能否从现有的自说自话的讨论状态逐渐走向一种集中精力的、集思广益的、有序的、高效的讨论机制，会直接地影响民法学界将以往的研究成果服务于民法典编纂的能力，从而直接地影响我国民法典的编纂水平。而要建立起一种有序高效的讨论机制，首先要求民法学界对于“什么样的问题需要和值得我们关注”这一问题达成基本的共识。

基于此，本文尝试对民法典立法讨论中所涉及的问题作类型化的思考，并在对比分析的基础上探讨在民法典的编纂过程中哪些问题才需要和值得民法学界花大力气去进行讨论。

一、判断不同类型问题轻重缓急的基本标准

要判断在民法典的编纂过程中哪些问题需要和值得民法学界花大力气去

---

* 王文胜，湖南大学法学院助理教授，法学博士。本文系国家社科基金项目“基于我国司法经验的民法规则表达研究”（17 CFX 024）的阶段性成果。本文以《民法总则》（草案）的一审稿与二审稿作为讨论对象。

〔1〕 全国人大常委会法制工作委员会主任李适时：《关于〈中华人民共和国民法总则（草案）〉的说明》（2016 年 6 月），载 http://www.npc.gov.cn/npc/lfzt/rlyw/2016-07/05/content_1993422.htm，最后访问日期：2016 年 11 月 6 日。

讨论,首先需要思考的是,我们对民法典的编纂应当抱有一种什么样的期待?

一直以来,很多的民法学者对于民法典的编纂都有着很高的期待,在党的十八届四中全会决定编纂民法典之后,民法学界对于民法典的热情和期待更加高涨。但是,不同学者对民法典所抱的期待的具体内容是不同的,归纳起来,大概有着以下几种类型:

第一种类型是期待我国的民法典从立法体例、立法技术到规则设计等各个方面都能达到世界领先水平,成为21世纪各国民法借鉴的对象,与《法国民法典》和《德国民法典》相比肩。例如,有学者曾说,"设置一个美好前景:制定一部足以与拿破仑民法典、德国民法典鼎足而立的中华民族的民法典。……只有一个全中华民族的民法典才能表明中华民族已攀上历史的高峰"。[2] 有学者表达了这样的愿景:"如果说19世纪初《法国民法典》和20世纪初《德国民法典》的问世是世界民法发展史上的重要成果,则21世纪初我国民法典的出台,必将在民法发展史上谱写光辉灿烂的篇章!"[3]

第二种类型是期待着民法典能够促进我国社会的发展和进步。例如,有学者主张,"民法典编纂也要与时俱进,要及时通过立法来固化改革的成果,为改革提供依据和基础"。[4] 还有学者主张,"要用这样一部充分体现民主、法治、人权精神的进步的、完善的、科学的民法典,作为全民族的教科书!"[5]

第三种类型是期待着民法典能够满足我国各种类型民事主体从事民事活动的需求、能够满足我国裁判机构妥当处理民事纠纷的需求。例如,有学者主张,"可以说实用性是民法的生命价值所在。实现民法实用性的最基本的要求应是民法的全面性,即民事法律规范能对复杂多样的市民社会关系进行周密的调整,尽量避免法律漏洞的出现。我国民法典应当对那些与人们日常生活密切相关并且极具时代特色的制度作出比较明确的规定"。[6]

在这三种类型的期待中,第一种期待涉及的是民法典的历史地位。《法国民法典》和《德国民法典》的历史地位主要来自它们能够满足经济发展水平不同的国家和地区的司法实践的需求、具有高度的适应性和包容性,并且它们在体系构造、术语表达等方面表现出了较高的形式理性。《法国民法典》在世界范围的传播和继受虽然也有法国殖民扩张和军事占领的推动,但"亦得力于它出色

---

[2] 谢怀栻:《大陆法国家民法典研究》,中国法制出版社2004年版,第3页。

[3] 王利明:《民法典的时代特征和编纂步骤》,载《清华法学》2014年第6期。

[4] 王利明:《全面深化改革中的民法典编纂》,载《中国法学》2015年第4期。

[5] 梁慧星:《关于中国民法典编纂问题》(2014年11月16日在浙江大学光华法学院的演讲),载http://www.iolaw.org.cn/showArticle.aspx?id=4200,最后访问日期:2016年11月6日。

[6] 郭明瑞:《关于编纂民法典须处理的几种关系的思考》,载《清华法学》2014年第6期。

独特的语言形式和富有弹性及变通灵活的表述,总之,终究也得力于它的质量”。[7]《德国民法典》的历史地位则与殖民扩张和军事占领完全无关,主要归功于《德国民法典》和德国民法学自身所具有的吸引力。同时,除自身质量之外,这两部民法典的历史地位也与客观的历史条件有关。例如,这两部民法典诞生的时间正好契合了一些国家的近代化进程,满足了这些国家追求社会治理法治化和理性化并进而追求国家富强(“变法图强”)的需要。就此最典型的是日本,[8]中国在20世纪40年代前后对德国民法的继受也多少包含了这方面的意味。又如,有学者认为,《德国民法典》的直接继受与《法国民法典》相比发生得不多,“决定性的原因是这一事实:19世纪期间所有非普通法法系的较发展的国家都已经完成了民事法律编纂,因而寻求外国法律典范的较迫切的需要已仅仅是偶然有之”。[9] 这论及的也是民法典的历史地位高低与其所处的历史机遇有关。此外,影响民法典历史地位的客观历史条件还有,国家要具有较强的政治影响力和经济影响力。《法国民法典》和《德国民法典》的历史地位与这两个国家本身具有较强的政治影响力和经济影响力紧密相关,也正因如此,埃塞俄比亚民法典虽然被一些学者认为在形式理性等方面与《法国民法典》相比更加出色,但其历史地位与《法国民法典》相比至今无法(恐怕也永远无法)望其项背。总之,一部民法典的历史地位的取得,既取决于其自身的立法质量,又取决于其是否“生逢其时”。其中,法典自身的立法质量,一个极为重要的方面就在于法典能否满足不同国家和地区的司法实践的需求,而这首先就指向了前述第三种类型的期待,即能否满足本国各种类型民事主体从事民事活动的需求、能否满足本国裁判机构妥当处理民事纠纷的需求。

第二种类型的期待的实现,也是以法典自身的立法质量特别是能够满足司法实践的需求作为前提。“固化改革的成果”面向的是过去,要求民法典能够为改革之后所已经产生的新的生活现象设置妥当的规则,“为改革提供依据和基础”面向的则是将来,要求民法典中的规则能够具有足够的适应性和包容性、能够为将来的改革预留足够的空间。这都指向了第三种类型的期待,即民法典既要能够满足已经发生了的改革之后的司法实践的需求,也要能够适应将来发生新的改革之后的司法实践的新的需求。至于以民法典作为“全民族的教科书”,要通过民法典向民众进一步普及平等、公平、意思自治、诚实信用等现代民法的基本理念,其前提当然在于民法典中的规则及其实施能够让民众感受到民法典对于社会秩序和权利保护所具有的重大意义和价值,因而仍然首先指向了第三

[7] [德]茨威格特、克茨:《比较法总论》,潘汉典等译,法律出版社2003年版,第154页。
[8] 参见谢怀栻:《大陆法国家民法典研究》,中国法制出版社2004年版,第103页。
[9] [德]茨威格特、克茨:《比较法总论》,潘汉典等译,法律出版社2003年版,第231页。

种类型的期待。只有在不断适用民法典规范民事活动、处理民事纠纷的过程中一点一滴地让民众感受到民法的光辉,民法典才有可能逐渐地、潜移默化地使民法的基本理念进入民众的内心。

可见,在以上三种类型的期待中,前两种类型的期待都以第三种类型的期待的实现作为其前提和基础;只有在民法典符合了第三种类型的期待的基础上,前两种类型的期待才有其实现的可能。如果民法典不能满足我国各种类型民事主体从事民事活动的需求、不能满足我国裁判机构妥当处理民事纠纷的需求,则不论其在体系构造、术语表达等形式理性方面达到何种高度,我们都无法奢望其在历史地位等方面达到我们所设定的期待。并且,民法典的历史地位还会受制于民法典所处的历史条件,取决于民法典是否"生逢其时",这已经超出了立法讨论的参与者可以主观努力的范围;民法典对民众的教育功能还会受制于民法典通过之后裁判者群体的裁判水平和职业素养,这也已经超出了立法讨论的参与者可以主观努力的范围。

在厘清了这三种类型的期待之间的关联和层次之后,我们还需要认识到,民法典的立法讨论还面临着时间极为紧迫的问题,立法机关的立法规划留给学界的时间已经不多。"慢工出细活",一部好的法典需要从容而有序的精雕细琢。在时间如此仓促的背景下,我国民法学界显然已经不可能对民法典的每个细节都展开充分的讨论和精细的雕琢。因此,我们需要重视田忌赛马的故事所带来的启示,区分立法讨论中不同问题的轻重缓急,为民法典的立法讨论确立合理的资源投放策略,即将民法典立法讨论的重点集中到与前述第三种类型的期待有关的问题上来。

在前述三种类型的、诸多学者所共享的期待之外,还有一种类型的期待是,对于学者个体而言,期待着民法典能够满足学者自己对于民法典的各个方面所建立起的个人想象。这种想象可能关乎民法典在以上三个方面能否达到学者自己所认知的标准,也可能关乎与以上三者无关的其他方面的内容。当前仍有一种声音,认为我国目前编纂民法典的条件仍不具备、目前不应编纂民法典,持这种观点的学者本质上是认为,现在如果编纂民法典,所编纂出的民法典必将无法达到或者很难达到其在上述几个方面所期待的水平。这样的心态,或可称为"立法完美主义"的心态。立法完美主义的心态,不单在反对现在编纂民法典的学者那里存在着,在赞同现在编纂民法典的学者那里也或多或少地存在着,他们按照自己对于民法典的期待提出了各种各样的立法建议,但并未虑及或者并不关心这些建议在如此仓促的民法典立法过程中是否存在实现的可能。还有一些学者,出于其个人所持的"反法典化"的立场,继续对"要不要编纂民法典"表达着自己的主张。不管是对民法典编纂持"立法完美主义"心态的学者,还是对民法典编纂持"反法典化"立场的学者,都忽略了或者选择性地遗忘了这样的客观现实：立法者已经确立了编纂民法典的目标，并且给出了清晰的时间表。“形势比人强”，面对客观现实，每一位民法典立法讨论的参与者，都应当暂时地放弃自己的个人好恶、搁置自己的个人想象，应当冷静地思考，在这极为有限的时间里，我国如何才能编纂出一部相对更好一些的民法典来。

按照这样的思路，我们应当将民法典立法讨论中所会涉及的问题分成不同的类型，并根据不同类型问题对于前述第三个方面的期待能否实现的影响程度，对不同类型问题的轻重缓急作出基本的判断。

对于民法典编纂过程中所会涉及的问题，有学者提出，首先应当区分“纯粹民法学问题”和“民法问题”，并认为，纯粹的理论建构层面的问题，即所谓“纯粹民法学问题”，在立法时不应予以涉及，“应当把它开放给学界，可以长久地去进行讨论，一百年不行，一千年，一千年仍然不能形成共识，也没关系，它不影响法律规则的规则设计和规则的适用”。[10] 这样的观点得到了不少学者的赞同。笔者也赞同这样的分类。即使说对于具体哪些问题属于“纯粹民法学问题”可能会存在争论，但我们首先应当承认，确实有一些问题是与法律规则的规则设计和规则适用无关的问题。换句话说，是与民事主体从事民事活动和裁判机构处理民事纠纷完全无关的问题；在民法典编纂的过程中，我们应当时刻保持警惕，避免在立法讨论中掺入有关纯粹理论问题的争议，甚至投入很多的精力去围绕纯粹理论问题展开讨论。

对于“纯粹民法学问题”以外的那些问题，即那些会影响到法律规则的规则设计和规则适用的问题，或者说，那些会影响到民事活动和民事裁判的问题，我们也应注意到，不同的问题对于民事活动和民事裁判所能产生的影响的程度是不一样的。我们应当根据影响程度的不同，相应安排立法讨论中的资源投放顺序。

二、立法技术问题的三种类型及其重要性次序

在我国迄今为止的民法典立法讨论中，围绕着侵权责任法是否独立成编、人格权法是否独立成编、是否设单独的债法总则编等问题，展开了持久而广泛的争论，吸引了大量学者的参与、投入了大量的学术资源。此外还有知识产权法是否应在民法典中单独设编的问题，在《民法总则（草案）》公布后又出现了有关法人分类的讨论，还有一直以来从未平息的有关民商合一还是民商分立的争论。这些都是有关立法体例的争论，涉及的是民法典的宏观体系架构，编、章、节的安排。立法体例的问题，本质上属于立法技术问题的一种类型，其与单

---

〔10〕 王轶：《民法典编纂争议问题的梳理与评价》（2016 年 7 月 21 日在“天同无讼学院”的演讲）。

个法律规则的内容无关,不会影响到民事纠纷的处理,仅仅影响到众多法律规则的排列组合,其对于司法实务的影响仅限于在司法实务中是否便于"裁判者寻找法律依据"。[11]

除立法体例的问题之外,立法技术问题主要还包括以下两种类型:一是在确定了编、章、节等立法体例之后,某一具体的法律规则应放置在哪一编、哪一章、哪一节之中及置于哪一条之前、哪一条之后的问题;二是如何使用语言文字和标点符号将一个具体的法律规则准确地表达成为法律条文的问题。

其中,某一具体的法律规则应放置在哪一编、哪一章、哪一节之中以及置于哪一条之前、哪一条之后的问题,同样不会影响到该法律规则的规则设计,在规则适用上,一是会影响到在司法实务中寻找法律规则的便捷程度,二是可能会影响到法律规则的解释,因为,在进行法律解释时,体系解释是一个非常重要的解释方法。[12] 例如,《合同法》第9条第1款规定,"当事人订立合同,应当具有相应的民事权利能力和民事行为能力",这一条文处在第2章"合同的订立"中,而"合同的订立"这一章要解决的问题主要是合同是否成立、如何成立的问题,若不是有第47条的明确规定,第9条第1款所处的体系位置很容易让人误以为当事人是否具有相应的民事行为能力是在判断合同是否成立时应考虑的因素。又如,《物权法》第115条规定,"主物转让的,从物随主物转让,但当事人另有约定的除外,"这一条文规定在《物权法》第9章"所有权取得的特别规定",条文所处的体系位置很容易让人误以为该条的意思是"当主物的所有权发生基于法律行为的变动时,除当事人另有约定外,从物的所有权当然发生变动,不问就从物是否完成了交付或登记",然而,正确的解释结论应是:买卖合同等有关主物转让的合同中未明确约定出卖人应移转从物所有权时,除当事人另有约定外,出卖人也负有移转从物所有权的义务,至于从物的所有权,仍应在完成从物本身的交付或登记后,才发生所有权的变动(在登记实务中没有被纳入登记范围的不动产除外)。[13] 又如,《民法总则(草案)》一审稿第115条后段规定,"行为人非依法律规定或者取得对方同意,不得擅自变更或者解除民事法律行为,"这

---

〔11〕 王轶:《民法原理与民法学方法》,法律出版社2009年版,第187页。

〔12〕 当然,条文所处的体系位置并不必然影响到法律条文的解释,特别是如果法律条文的文义表述得足够清晰的话。例如,《合同法》第133条规定,"标的物的所有权自标的物交付时起转移,但法律另有规定或者当事人另有约定的除外"。该条处在《合同法》有关买卖合同的第九章之中,但该条文的文义已经非常清晰地表明了其是有关所有权变动的规则。

〔13〕 最高人民法院《关于适用〈中华人民共和国担保法〉若干问题的解释》第63条有关从物的抵押权设立的规则、第91条有关从物的质权设立的规则、第114条有关留置权产生的规则,均与这一结论相一致。我国台湾地区"民法"第68条第2款规定"主物之处分,及于从物",台湾地区学者对该款的解释也是如此,参见王泽鉴:《民法物权》(第2版),北京大学出版社2010年版,第43~44页。

一句话所表达的规则与《合同法》第8条第1款后段的规则基本相同，但是，《民法总则（草案）》一审稿第115条后段的前一句话是“民事法律行为自成立时生效，法律另有规定或者当事人另有约定的除外”，因而，第115条后段所处的体系位置（位于第115条前段之后），很容易让人误以为，在民事法律行为生效之后，行为人才“不得擅自变更或者解除民事法律行为”，《民法总则（草案）》二审稿第129条的内容与之相同，只是将两句话分成了两款，仍然存在引发误解的可能；而《合同法》第8条第1款后段的前一句话是“依法成立的合同，对当事人具有法律约束力”，从而，能够让人准确地理解到，在合同成立之后，当事人就“不得擅自变更或者解除合同”了。

如何使用语言文字和标点符号将一个具体的法律规则准确地表达出来的问题，影响的也是在司法实务中能否进行准确的法律解释的问题。例如，《物权法》第230条第1款规定，“债务人不履行到期债务，债权人可以留置已经合法占有的债务人的动产，并有权就该动产优先受偿”，该款规定“债务人的动产”，很容易让人误以为，“只有在所占有的动产是债务人享有所有权的动产时，债权人才享有留置权”。但是，《合同法》第264条有关承揽人留置权的规定、第315条有关承运人留置权的规定、第380条有关保管人留置权的规定、第422条有关行纪人留置权的规定，都仅以对方当事人不履行报酬或费用支付义务为要件，不以对方当事人对标的物享有所有权为要件。因此，第三人享有所有权的动产可以成为留置的对象，至少是不应当对此予以彻底否定。[14] 由此可见，《物权法》第230条第1款有关“债务人的动产”的表述，未能准确地表达相应的法律规则。又如，《担保法》第35条规定，“抵押人所担保的债权不得超出其抵押物的价值。财产抵押后，该财产的价值大于所担保债权的余额部分，可以再次抵押，但不得超出其余额部分”。在《物权法》的立法过程中，立法者已经就“抵押人所担保的债权是否超出其抵押物的价值，应当交由债权人在决定是否接受该标的物用于设定抵押时自行判断，法律不应予以干涉”达成了共识，但立法者暂时难以找到一种妥当的方式将这一共识准确地表达为法律条文，[15] 因而，在《物权法》中没有明确地将这一共识表达出来，以至于现在司法实务中仍有不少人在按照《担保法》第35条的文义进行理解。

在这三种类型的立法技术问题中，我们应当将关注的重点放在可能会影响到法律规则的解释的问题上，尽量减少在司法实务中法律规则被错误理解和错误适用的可能性。司法实务中寻找法律规则的便捷当然也很重要，但与避免错

---

〔14〕 例如，有学者主张，“应当有条件地承认第三人的动产可作为留置物”。参见崔建远：《物权法》（第3版），中国人民大学出版社2014年版，第586页。

〔15〕 参见崔建远：《物权法》（第3版），中国人民大学出版社2014年版，第468页。

误理解和防止错误适用相比,重要性相对低一些。而立法体例的问题,相比之下,重要性最低,只要我们能够将法律条文以一个大致清晰的脉络和顺序组合在一起,就已经大体上能够满足司法实务的要求,至于某一单行法是否一定要进入民法典的体系之内,或者某一部分是否一定要在民法典中独立成编,都不会对司法实务产生大的影响。但是,令人遗憾的是,一直以来,民法学界都在立法体例的问题上投入了太多的精力,反而影响了那些更为重要的问题的讨论。

三、解释选择问题的两种类型及其重要性次序

长期以来,我国民法学界还围绕着是否应采纳承认物权行为独立性理论的问题展开了广泛的争论,这涉及的是采用一种什么样的分析框架和思维工具去理解和解释生活世界中所发生的事实(如交易)的问题。有学者将之称为"解释选择问题"。〔16〕只要是在承认物权行为独立性之后不进一步去承认物权行为的无因性,在是否承认物权行为独立性的两种理论中,选择采用其中哪一种理论来对当事人之间的交易进行分析,涉及的只是分析者个人的主观好恶和思维习惯的问题,对于交易当事人之间的利益关系并不会有必然的、直接的影响。

我国民法学界通常认为,是否承认物权行为的独立性与无权处分所订立的合同的法律效力之间有着较为紧密的关联,但是,二者之间的关联并不是绝对的、直接的。主张合同订立时出卖人无处分权不影响合同的效力,"不以承认物权行为为必要",〔17〕也就是说,在不承认物权行为独立性时,仍然可以得出无权处分不影响合同效力的结论。只不过,这一结论的得出,在逻辑上相对而言没有那么顺畅、没有那么完美。然而,为了实现对当事人之间的利益关系进行公平合理的安排而牺牲逻辑上的顺畅和完美,在民法中并不鲜见。例如,按照民法理论对物与物的成分的严格区分,当A物未经所有权人甲的同意而成为B物的成分时,即使仅是成为B物的非重要成分,A物也应已经丧失其自己作为独立的物的品性,因而不再属于民法中独立的客体,从而A物上原有的所有权相应消灭,这样,逻辑推理的结果便是原所有权人甲不能主张原物返还请求权;但是,对于这种场合,民法在对甲与B物的所有权人之间的利益进行衡量之后所得出的结论却是甲仍保有A物的所有权、仍可主张原物返还,〔18〕这样的思维,也是为了实现妥当的利益安排结论而牺牲了对于逻辑完美的追求。

因此,选择采用哪一种分析框架去进行分析,更多的只是影响到分析和推理的过程;"条条道路通罗马",只要能够在对当事人之间利益关系的处理上实

〔16〕 王轶:《民法原理与民法学方法》,法律出版社2009年版,第92页。

〔17〕 梁慧星:《民法总论》(第4版),法律出版社2011年版,第215页。

〔18〕 参见王泽鉴:《民法物权》(第2版),北京大学出版社2010年版,第44~45页。

现同样的公平合理的结果，我们没有必要为采用哪一种分析框架的问题而花费过多的精力去展开争执；在立法者选择其中一种分析框架之后，只要能够实现在民法典的各个部分中将所选择的分析框架“一以贯之”，不要出现前后矛盾，就可以了。

与选择采用哪一种分析框架对生活世界中所发生的事实进行理解和解释的问题相似，我们有时还会面对着选择哪一个术语对生活世界中所存在的事物或所发生的事实进行描述和指代的问题。例如，对于自然人和法人之外所存在的“第三主体”，在法律条文中是使用“其他组织”“非法人组织”还是其他术语来加以指代？对于以意思表示为要素、以发生私法上法律效果为目标的表示行为，在法律条文中是使用“法律行为”还是“民事法律行为”还是其他术语来加以指代？又如，对于两个及两个以上的民事主体作出相互对立的意思表示而订立的双方或多方法律行为，我们是使用“合同”还是使用“契约”来加以指代？对于继续性合同的非正常的结束，是如《合同法》那样使用“解除”还是如我国台湾地区“民法”那样使用“终止”来加以指代？对于赠予合同中一般情况下赠予人在移转赠予财产的权利之前反悔的权利，是称为“解除”还是如《合同法》那样称为“撤销”？如此等等，不胜枚举。

对于术语的使用，只要能够在民法典的各个部分中实现术语使用的前后一致，并且法律共同体的不同成员在理解术语的内涵和外延上能够达成一致，从而法律人之间可以实现相互的交流和理解、避免在司法实务中法律规则被误解和误用，就已经足以实现术语作为交流工具的实用价值。至于所选择的术语是否能够非常形象和非常精确地描述和表达我们对于其所指代的那类事物或事实的理解，则是相对而言没有那么重要的问题。比如，“其他组织”一词，在最初出现时，仅是在通用汉语的层面上加以使用，其中的“其他”一词仅指其所处语境中已经列举的事物以外的其余类型，但在后来随着不同单行法及司法解释的反复使用，“其他”与“组织”两个词语相互结合而使“其他组织”一词成为一个具有特殊指代意义的专业术语，虽然该术语既不精确，也不形象，但仍不妨碍我们在大致相同的内涵和外延上对其加以理解和共同使用。又如，对于物的成分的两种类型，有的学者称为“重要成分”和“非重要成分”，有的学者称为“本质成分”和“非本质成分”，还有学者偏好使用其他的术语；不管是“重要成分”，还是“本质成分”，还是学者所使用的其他术语，都无法精确和形象地描述这种成分的内涵，但这并不会非常严重地妨碍我们在讨论中实现相互的理解和交流。

四、“一般规定”的重要性甄别

在立法体例的确定、分析框架的采用、术语的选择等问题之外，有的学者还非常关心基本原则的问题。这些年以来，我国立法形成了在第一章中规定“总则"或"一般规定"的习惯,在其中对该部法律的立法目的、基本原则等内容加以归纳。在《民法总则(草案)》的起草和讨论过程中,同样也在第一章上花了不少的工夫,并在一审稿和二审稿中加入了"应当保护环境、节约资源,促进人与自然和谐发展"(第7条)等新颖的内容。

对于在法典或单行法中对基本原则或一般规定的表达,我们需要思考的问题是,其有着什么样的现实意义?在20世纪80年代起草《民法通则》时,将平等、自愿、公平、保护公民法人的合法民事权益等价值取向在《民法通则》的第一章中表达出来,在当时特殊的历史背景下,有着确立和普及私法理念的重大现实意义。但在今天,平等、自愿、公平等词汇作为一个抽象的口号总体上已经深入人心,在法典中加入类似表达的普及教育意义已经大为减弱,更值得我们关注的是在司法实践中基本原则被泛化、被滥用的问题。尤其是公平原则,当前,在裁判文书中直接引用公平原则进行裁判的现象广泛存在,但是,何为公平,每个人都有自己的判断,因此,裁判者跳过具体的法律规则而直接援用公平原则进行裁判,无异于自己充当了立法者的角色,将自己对于公平的理解凌驾于了立法者之上。

因此,对于民法的基本原则,当前最迫切的工作是,要明确区分两种类型的基本原则,一种是不能用于司法裁判、不能在裁判文书中援用的基本原则;另一种是可以用于司法裁判、可以在裁判文书中援用的基本原则。平等原则、公平原则,以及新加入的"保护环境、节约资源,促进人与自然和谐发展"的原则,应当由立法者将之落脚到具体的法律规则中去,裁判者只能适用体现了这些基本原则的具体法律规则进行裁判,不能直接援用基本原则进行裁判。对于诚实信用原则、公序良俗原则等,裁判者也应当贯彻"禁止向一般条款逃逸"的规则,避免绕开具体法律规则转而适用基本原则来达成裁判者内心所预设的裁判结果。

在《民法总则》有关基本原则的规定中,若能通过一种妥当的方式将裁判活动中所应遵循的上述规范准确地传达给裁判者,则可称得上是"有益条款"。若宣示某种价值取向但不足以误导司法实务,则可谓"无害条款"。"无害条款"典型的如《民法总则(草案)》一审稿与二审稿第9条的内容:"民事主体合法的人身、财产权益受法律保护,任何组织或者个人不得侵犯。""民事主体行使权利的同时,应当履行法律规定的或者当事人约定的义务,承担相应责任。"如果说该条第1款有关合法权益受法律保护的宣示还具有某种现实意义的话,第2款的规定就显得有些多余,义务应当履行,是法治的最基本精神,在现实中也不存在任何争议,因而第2款的规定也属于"无害条款"。《民法总则(草案)》一审稿与二审稿第11条的内容也是一例:"其他法律对民事关系另有特别规定的,依照其规定。"在进行法律的解释和适用时,应当将全部有效的法律条文作为一个整体来加以解释和适用,因此,《民法典》或《民法总则》以外的其他法律中的规定，当然也应适用，并且，还应适用“特别法优先于普通法”或“新法优先于旧法”的原则。因此，《民法总则（草案）》一审稿与二审稿的第11条并不会如有的论者所想象的那样具有某种独特的价值。与之相类似的还有《民法总则（草案）》中对于民事权利所作的一般规定中的某些条文，例如，二审稿第124条规定，“法律对数据、网络虚拟财产的保护有规定的，依照其规定。”相对于一审稿第104条将网络虚拟财产界定为物权的客体、第108条中将数据信息界定为知识产权的客体而言，二审稿第124条是有意义的，因为其没有再坚持一审稿第104条和第107条的极富争议的表达。但是，单就二审稿第124条的内容本身而言，其也属于“无害条款”，仅表达出“立法者注意到了数据、网络虚拟财产的现象”而已。第125条有关“法律对未成年人、老年人、残疾人、妇女、消费者等的民事权利有特别保护规定的，依照其规定”的表述也是如此。

在“有益条款”和“无害条款”之外，若有关基本原则或一般规定的表述会给裁判者形成误导，使裁判者错误地滥用基本原则，则可称为“有害条款”。《民法通则》第4条和《合同法》第5条有关公平原则的表述，在语句结构上与同一法律中关于诚实信用原则、公序良俗原则的表述相似，故而未能清晰地向裁判者传达出公平原则与诚实信用原则、公序良俗原则之间在法律适用上的重大差异，从司法实务的实际情况来看，其可谓已经不再属于“无害条款”而是已经成为误导裁判的“有害条款”。又如，《民法总则（草案）》一审稿第6条第2款规定“民事主体从事民事活动，应当自觉维护交易安全”，后因一些讨论者提出，“维护交易安全主要适用于商事活动”，[19] 于是二审稿将有关交易安全的表述改至“法人”一章中关于“营利法人”的一般性规定（第87条）中，规定“营利法人从事经营活动，应当遵守商业道德，维护交易安全……”但是，维护交易安全是法律的使命、执法者的任务，应当由立法者在具体制度设计上以维护交易安全为重要的制度目标，但却不应是包括营利法人在内的任何民事主体在从事交易活动时必须主动去追求的目标；参与交易的民事主体只需要遵守法律、履行法定或约定的义务、诚实守信、尊重公序良俗。不管是一审稿第6条第2款还是二审稿第87条，都容易引发“民事主体有义务去维护交易安全”的误解，因此，也属于“有害条款”。

总之，在对基本原则或一般规定进行表达时，我们应当尽量避免“有害条款”；“无害条款”则可写可不写，写了也没关系；若能写入“有益条款”则更好，不能写入则交给法学教育去弥补。

---

〔19〕 全国人民代表大会法律委员会：《关于〈中华人民共和国民法总则（草案）〉修改情况的汇报》（2016年10月31日在第十二届全国人大常委会第二十四次会议上）。

五、不同类型的价值判断问题及其重要性次序

在民法典的编纂中,最为重要的问题是当事人之间的利益关系如何安排、当事人相互冲突的利益之间何者应当优先保护的问题,即“价值判断问题”。[20]例如,在《合同法》出台之后至今的十多年间,我国民法学界围绕着无权处分所订立的合同的效力展开了非常广泛而深入的讨论,这涉及的正是合同双方当事人以及被处分标的物的权利人这三方当事人之间的利益如何安排的问题,其核心是出让人和受让人之间的利益何者得到优先保护的问题。

“价值判断问题”与“价值取向问题”不同。价值取向问题是抽象的、宏观的,例如,民法是以自由还是管制为基本的价值取向?民法是以平等对待民事主体还是差别对待民事主体作为基本的价值取向?立法者对于价值取向问题所作的结论,往往是通过对于“基本原则”的规定而在法律中表达出来。“价值判断问题”则是具体的、微观的,涉及的是在一个具体的场景中具体的当事人之间相互冲突的特定利益关系应当如何协调、具体哪一方当事人的利益应当得到优先保护的问题,例如前述的“无权处分对于合同的效力是否产生影响”,又如“请求权或形成权的行使是否应受到时间的限制”,“行为人承担责任是否以具有过失作为前提”,等等。立法者对于价值判断问题所作的结论,通常是通过具体的法律规则来加以表达。在对价值判断问题作出结论的过程中,需要对抽象的、宏观的价值取向加以考虑,因此,有学者提出,民法价值判断问题的实体性论证规则是,“在没有足够充分且正当理由的情况下,应当坚持强式意义上的平等对待”,“在没有足够充分且正当理由的情况下,不得主张限制民事主体的自由”,[21]这两项论证规则的背后就是指向了平等和自由的价值取向。不过,在很多的价值判断问题的分析过程中,不一定只是简单的价值取向的具体应用,例如,无权处分场合受让人在具备哪些条件时可以取得标的物的所有权,是否要以“以合理的价格转让”、是否要求“价款已经支付”,等等,虽然在整体上仍然是所有权绝对和维护交易安全这两种价值取向的对决,但是单纯从价值取向层面去比较和讨论已经无法得出结论,而是进入到了非常细致的利益衡量的层面。

民法中的绝大多数法律条文,都是立法者表达其价值判断结论的条文,这些条文会直接地成为裁判的根据、直接地影响当事人之间的利益,最值得我们关注和讨论。然而,民法典的容量有限,而民法调整的生活世界中所存在的利益关系是无穷的,民法典不可能对生活世界中当事人之间所有的利益关系都给

---

〔20〕　王轶:《民法原理与民法学方法》,法律出版社2009年版,第32页。

〔21〕　王轶:《民法原理与民法学方法》,法律出版社2009年版,第38、48页。

出协调的规则。另外，与刑法中坚持罪刑法定原则、刑法没有规定就不能对行为加以定罪不同，对于民事案件的法官而言，不论案件中所呈现出的法律问题能否在民法典中找到相应的法律规则，都必须对进入民事诉讼程序的案件作出妥当的裁判，因此，民法学发展出了丰富的法律解释方法和漏洞填补方法；有了法律解释方法和漏洞填补方法的辅助，也就不需要民法典事无巨细地为所有的利益关系的协调都给出规则。所以，对于价值判断问题，我们还需要进一步区分不同的类型。

有的价值判断问题，立法没有给出直接的回答，我们可以通过法律解释来加解决。例如，自然人被宣告死亡后的法律效果，《民法通则》中未作明确规定，构成法律漏洞，最高人民法院在《关于贯彻执行〈中华人民共和国民法通则〉若干问题的意见（试行）》第 37 条前段对此作了漏洞补充，《民法总则（草案）》一审稿第 47 条前段、二审稿第 49 条前段对之给予了认可和采用，但是，婚姻关系的消灭，是对双方都发生效力，还是仅对被宣告死亡之人的配偶发生效力？有论者提出，应仅对其配偶发生效力，被宣告死亡之人在失踪之后另行与他人结婚的，仍应构成重婚，因此，一审稿第 47 条前段、二审稿第 49 条前段的内容仍不完备。笔者赞同“仍应构成重婚”的结论，但并不认为一审稿第 47 条前段、二审稿第 49 条前段就必须在表述上对此加以明确。当然，如果能够加以明确则更好，但不能加以明确也没有关系，可以通过目的解释得出同样的结论。又如，《合同法》第 47 条第 2 款、第 48 条第 2 款均规定，“合同被追认之前，善意相对人有撤销的权利，”这是否意味着，在合同被追认之前，善意相对人所作出的不愿受合同约束的任何意思表示，都构成撤销？赋予善意相对人以撤销权的目的在于保护善意相对人免受合同效力待定状态的损害，[22] 因此，如果善意相对人一直不知道导致合同效力待定的事实（不知道其缔约对方是限制行为能力人或无权代理人），从而不知道自己享有撤销权，而只是出于单纯的反悔，其所作出的不愿受合同约束的意思表示就不能构成此处所称的“撤销”。但这是否意味着我们应当对完整沿用了《合同法》第 47 条第 2 款和第 48 条第 2 款内容的《民法总则（草案）》一审稿第 123 条第 2 款、二审稿第 138 条第 2 款，一审稿第 151 条第 2 款、二审稿第 166 条第 2 款的内容作进一步地补充、增加相应的限定语？同样，如果能够作进一步地补充当然更好，但不能加以补充也没有关系，可以通过目的解释得出这样的结论。

有的价值判断问题，立法没有给出回答，我们可以通过简单的类推适用来加以解决。例如，《物权法》第 142 条规定了土地上的建筑物、构筑物及其附属

---

〔22〕 *Brox/ Wolf-Dietrich*, Allgemeiner Teil des BGB, 35. Aufl., Muenchen: Verlag Franz Vahlen, 2011, Rn. 283.

设施的所有权归属的认定规则,该条仅涉及建设用地使用权,但基于建设用地使用权与宅基地使用权在制度目的上的相似之处,该条可以类推适用于宅基地使用权的场合。又如,从《合同法》规定的合同的履行、合同的权利义务终止、违约责任等内容来看,《合同法》所规范的是当事人之间设立、变更、终止债权债务关系的合同,如果我们对《合同法》的适用范围作这种理解,则《合同法》不能直接适用于《物权法》中所规定的抵押合同、质权合同等合同,但对于有关抵押合同、质权合同等类型的合同的订立、效力等问题,仍不妨类推适用《合同法》中的相关规定。并且,这些场合的类推适用,是没有争议的(至少是争议非常小的),因而,法律没有规定相应的规则,也不会给司法实务带来大的障碍。

有的价值判断问题,立法没有给出回答,我们可以通过适用法学理论中的通说来加以处理。例如,对于先占,《物权法》中没有加以规定,但对于先占的构成要件和法律后果,学说已经形成了通说,所以,《物权法》施行近十年以来,司法实务也并未因为法律没有规定先占制度而面临大的障碍。有关添附的问题也是如此。又如,对于以单方虚伪表示或通谋虚伪表示而实施的法律行为的效力,我国的民事立法和司法解释一直以来都没有设置明确的规则,这也并未妨碍这些年我国的司法实务在碰到有关单方虚伪表示或通谋虚伪表示的案件时按照法学通说来作出正确的处理。

甚至有的价值判断问题,虽然立法曾给出过回答,但后来的法学通说变化之后,法律共同体全部按照变化之后的法学通说来解释原有的法律条文,即使不进行法律的修正,也不会给司法实务带来大的障碍。最典型的例如,台湾地区"民法"第 125 条前段规定"请求权,因十五年间不行使而消灭",第 126、127 条等也都是关于"请求权消灭"的规则,但是,经过学说演变之后,台湾地区司法实务对于时效经过的法律后果改采"抗辩权发生"而不再是"请求权消灭",司法实务也并未感觉到法律条文中的"请求权消灭"的表述给实务工作带来了什么障碍,因而,在立场变化之后,虽历经多次"民法"修正,这些条文中的表述也一直未予修改。

有的价值判断问题,则是既无法通过法律解释来解决,也无法通过类推适用来处理,在短时间之内也无法形成法学的通说。例如,对于同一标的物上并存的抵押权和承租人的租赁权之间的关系,《物权法》第 190 条作了规定,但该条并未回答抵押合同订立之后、抵押权设立之前所产生的承租人租赁权与抵押权之间的优先次序问题,并且这一问题无法通过法律解释或类推适用来解决。[23] 在《民法总则》的起草中,大量的问题都是属于这种类型的问题,其中争

〔23〕 参见程啸:《抵押财产出租时抵押权与租赁权的关系——对〈物权法〉第 190 条第 2 句的理解》,载《法学家》2014 年第 2 期。

议较大的有，胎儿利益的保护问题、某些类型的民事法律行为的效力认定（特别是显失公平制度的构成要件）、表见代理的构成要件、间接代理是否应适用于所有的交易关系甚至适用于一般的民事活动、诉讼时效制度的适用范围，等等，并且，在这些争议较大的问题之外，还有不少的隐藏问题有待于我们去发现和整理。

有的问题，甚至因为涉及其他部门或其他领域等原因而无法通过法律共同体内部的讨论和形成通说来处理。最典型的是住宅建设用地使用权期间届满后续期时是否应当缴纳费用的问题，《物权法》第 149 条留下了一个“故意的法律漏洞”，[24]但这个问题无法通过法学方法论中的漏洞填补方法去加以补充，只能等待立法者作出决断。民事行为能力分层中的年龄界线、诉讼时效期间的长短等涉及时间、期限、数字等的问题，也是不宜通过法学通说来处理、应当由立法者作出决断的问题。

在这几种类型的价值判断问题中，显然，那些无法通过法律解释、类推适用或法学通说来加以解决的问题，应是立法的重点。在民法典编纂的过程中，民法学界应当集中精力关注这种类型的价值判断问题的讨论，并推动立法者及时地作出决断。至于那些可以通过法律解释、类推适用或法学通说来加以解决的价值判断问题，若能在立法时作出清晰准确的规定，当然更好，但若未能加以规定，也不会有很大的关系。在那些可以通过法律解释、类推适用或法学通说来加以解决的问题之中，在立法时又应首先关注那些需要通过较为复杂的法律解释或类推适用才能加以解决的问题，因为在司法实务中，有一大批裁判者目前仍没有能力去进行复杂的法律解释或类推适用的思维，从而容易引发法律适用的错误。无论如何，立法只是法治的起点，而不是终点。民法典不可能在有限的篇幅内为生活世界中所有可能产生的价值判断问题都给出答案，有的问题，必然会需要由裁判者运用法律解释方法、类推适用方法或法学通说去加以解决。这也提示我们，加强法律共同体的建设，推动法律共同体在法律解释、漏洞填补、法学学说等方面形成更多的共识，并大力提高裁判者运用法律解释方法、类推适用方法或法学通说来进行裁判的能力，是在民法典编纂之外的另一项极为重要并且非常迫切的任务。

六、结语

立法工作是一门妥协的艺术。如果立法讨论的每一位参与者都按照自己对于一部完美民法典的想象去表达自己的立场，最终出台的民法典可能会是这

---

〔24〕 参见全国人民代表大会常务委员会法制工作委员会编：《中华人民共和国物权法释义》，法律出版社 2007 年版，第 332～333 页。

一处符合了某位讨论者的想象、另一处体现了另一位讨论者的想象,而加总在一起的整体,可能与每一位讨论者的期待都相去甚远。

因此,立法讨论者应当在对民法典的期待上与现实相妥协、相互间妥协,以实用作为民法典立法的首要目标,即民法典应当要能够满足我国各种类型民事主体从事民事活动的需求、能够满足我国裁判机构妥当处理民事纠纷的需求,归根到底是要能够满足裁判机构妥当处理民事纠纷的需求。具体来说,要让裁判者在面对那些无法通过法律解释、类推适用和法学通说来处理的价值判断问题时,能够在民法典中找得到立法者的结论,并且法律条文要能够准确表达立法者对于这些问题所作出的结论。

至于民法典的宏观体系架构与编章节的安排、分析框架的采用与术语的使用、基本原则的表达与价值取向的宣示等,虽然对于民法典的趋于完美而言也很重要,但如果我们将过多的精力投入到这些问题的讨论,而忽视或减少了对于价值判断问题的讨论,则无异于舍本逐末,最终在结果上可能难免因小失大。

《民法总则（草案）》修改建议稿

李宇*

【**总说明**】2016年7月5日，《民法总则（草案）》经全国人大常委会第一次审议后，向社会公开征求意见。本文所列修改意见，在该草案上直接以修订格式标出（下划线为增加的内容，双下划线为移动的内容），并附具修改说明。重排条序，并为每条增补条名。立法有别于学术。所提修改意见，以求取立法上的最大公约数为宗旨，而非苛求理论上的圆满。此外，有论者认为现今草案过于保守，未纳入商法等规范。此说不值赞同。民法典维持保守风格，保持立法节制，反而有利于为商事活动及其他新兴事物留出充足空间。民法总则并无纳入商法通则或总则规范之必要。所谓商法的总则性内容，欠缺独立的规范意义。商法的所谓基本原则和法源规范，均为民法基本原则和法源规范所涵盖，某些原则（如外观主义、交易安全）则不适于转化为法定原则；各种商人，已为企业制度、个体工商户制度等所涵括，无抽象规定商人之必要；商事登记及商号，散见于各种企业登记法规、个体工商户登记规章之中，整合为一部单行的商业登记法即为已足；营业转让，在现行法下已有功能相当的交易方式足以代替（例如股权转让、合并等），另设制度，徒生理论和实践中的混乱；商事账簿制度，现行会计法足可涵盖。经理人和代办商、商行为，或用强制性规定，或用任意性规定，用前者则妨碍营业自由、滥设过度管制，用后者则难察交易典型、徒增特约成本。理论上既认为商人有更强自治能力，则更应预留自治余地。诸如竞业禁止、利息给付、报账义务等商行为规范事项，由其自行约定，最能契合实际。即使有少量任意性规范确有必要，纳入民法典合同编即可。且《民法总则（草案）》关于职务代理等规定，亦可适用于经理人与代办商的授权问题。现行民法中虽有少数规范存在商化不足或商化过度现象，但均属于民法典规范完善问题，不足以成为另立商法通则的理由。

---

* 李宇，上海财经大学法学院讲师，中国社会科学院研究生院民商法学博士。

目　　录

第一章　法例~~基本原则~~

　　第一节　立法目的和调整对象

　　第二节　基本原则

　　第三节　法律适用

第二章　自 然 人

　　第一节　民事权利能力和民事行为能力

　　第二节　监 护

　　第三节　宣告失踪和宣告死亡

　　第四节　住所

　　第~~四~~五节　个体工商户、农村承包经营户

第三章　法 人

　　第一节　一般规定

　　第二节　营利性法人

　　第三节　非营利性法人

第四章　非法人组织

第五章　民事权利

第六章　民事法律行为

　　第一节　一般规定

　　第二节　意思表示

　　第三节　民事法律行为的效力

　　第四节　民事法律行为的附条件和附期限

第七章　代 理

　　第一节　一般规定

　　第二节　~~委托~~意定代理

　　第三节　代理的终止

第八章　民事责任

第九章　诉讼时效和除斥期间

　　第一节　诉讼时效

　　第二节　除斥期间

第十章　期间的计算

第十一章　附则

第一章　法例~~基本原则~~

第一节　立法目的和调整对象

第一条　[立法目的]

为了保护自然人、法人和非法人组织的合法权益,调整民事关系,维护社会和经济秩序,适应中国特色社会主义发展要求,根据宪法和我国实际情况,制定本法。

第二条　[调整对象]

民事法律调整作为平等民事主体的自然人、法人和非法人组织之间的人身关系和财产关系。

第二节　基本原则

第三条　[平等原则]

民事主体的法律地位一律平等。

第四条　[意思自治原则]

民事主体从事民事活动,~~应当~~遵循意思自治~~自愿~~原则,按照自己的意思设立、变更和终止民事关系。

第五条　[公平原则]

民事主体从事民事活动,应当遵循公平原则,合理确定各方的权利和义务。

第六条　[诚实信用原则]

民事主体~~从事民事活动~~行使权利、履行义务,应当遵循诚实信用原则。

~~民事主体从事民事活动,应当自觉维护交易安全。~~

【修改理由】维护交易安全,难以成为法定义务。且交易安全之保障,是由民法通过善意取得、表见代理等制度实现,而非通过对民事主体课加一项“维护交易安全”的一般义务。且此项一般义务,究竟如何“自觉维护”、何为“交易安全”,含义不明,无法适用。与诚实信用原则有何关系,亦难以厘清。建议删除。

第七条　[绿色原则]

民事主体从事民事活动,应当保护环境、节约资源,促进人与自然和谐发展。

第八条　[遵守法律和公序良俗原则]

民事主体从事民事活动,应当遵守法律,不得违背公序良俗,不得损害他人合法权益。

第九条　[权利保护原则]

民事主体~~合法的人身、财产~~的民事权益受法律保护,任何组织或者个人不得侵犯。

~~民事主体行使权利的同时,应当履行法律规定的或者当事人约定的义务,承担相应责任。~~

【修改理由】(1)第1款:民事主体的权益不限于人身、财产权益。似宜采此前草案稿中较宽泛的"民事权益"一语。(2)第2款:民事义务的履行和民事责任的承担,第156条已有规定,本条与之重复。且本条规定原为民事权益保护原则(私权神圣原则),增设第2款规定,反而导致本条内容模糊。

第三节　法律适用

第十条　[民法的适用]

处理民事纠纷,应当依照法律规定;法律没有规定的,可以适用习惯,但是不得违背公序良俗。

第十一条　[特别规定]

其他法律对民事关系另有特别规定的,依照其规定。

第十二条　[民法的地域适用范围]

在中华人民共和国领域内的民事活动,适用中华人民共和国法律,中华人民共和国法律另有规定的除外。

第二章　自然人

第一节　民事权利能力和民事行为能力

第十三条　[民事权利能力及其起止时间]

自然人从出生时起到死亡时止,具有民事权利能力,依法享有民事权利,承担民事义务。

第十四条　[民事权利能力平等]

自然人的民事权利能力一律平等。

第十五条　[自然人出生时间和死亡时间]

自然人的出生时间和死亡时间,以出生证明、死亡证明记载的时间为准;没有出生证明、死亡证明的,以户籍登记的时间为准。有其他证据足以推翻以上时间的,以相关证据证明的时间为准。

第十六条　[胎儿利益保护]

涉及遗产继承、接受赠予<u>、请求损害赔偿</u>等胎儿利益的保护,胎儿视为具有民事权利能力。但是,胎儿<u>死产</u>~~出生时未存活的~~,其民事权利能力自始不存在。

【修改理由】(1)本条较此前草案稿增加列举式用语,并加一"等"字。但容易产生究竟为等外等或等内等的疑义。本条立法目的,在于对胎儿利益采概括保护主义,为避免司法实践对列举规定作限缩解释,建议增列保护事项,或删除例示事项。(2)“出生”意指出而生存,即脱离母体并存活,果如此,则胎儿已因出生而具有权利能力,嗣后因死亡而丧失权利能力(本草案第13条),无适用本条之余地。这显然不是本条的本意。用“死产”一语,较符合条文本意。我国台湾地区“民法”第7条称“胎儿以将来非死产者为限,关于其个人利益之保护,视为既已出生”,可供参考。

第十七条 [完全民事行为能力人]

十八周岁以上的自然人是成年人,为完全民事行为能力人,可以独立实施民事法律行为。

第十八条 [限制民事行为能力的未成年人]

六周岁以上不满十八周岁的未成年人,为限制民事行为能力人,可以独立实施纯获利益的民事法律行为或者与其年龄、智力相适应的民事法律行为;实施其他民事法律行为由其法定代理人代理,或者征得其法定代理人的同意。

第十九条 [视为完全民事行为能力人]

十六周岁以上不满十八周岁的未成年人,以自己的劳动收入为主要生活来源的,视为完全民事行为能力人。

第二十条 [无民事行为能力的未成年人]

不满六周岁的未成年人,为无民事行为能力人,由其法定代理人代理实施民事法律行为。

第二十一条 [无民事行为能力的成年人]

不能辨认自己行为的成年人,为无民事行为能力人,由其法定代理人代理实施民事法律行为。

六周岁以上的未成年人不能辨认自己行为的,适用前款规定。

第二十二条 [限制民事行为能力的成年人]

不能完全辨认自己行为的成年人,为限制民事行为能力人,可以独立实施纯获利益的民事法律行为或者与其智力、精神健康状况相适应的民事法律行为;实施其他民事法律行为由其法定代理人代理,或者征得其法定代理人的同意。

第二十三条 [法定代理人]

无民事行为能力人、限制民事行为能力人的监护人是其法定代理人。

第二十四条 [无民事行为能力和限制民事行为能力的认定]

不能辨认或者不能完全辨认自己行为的成年人的利害关系人,可以向人民法院申请认定其为无民事行为能力人或者限制民事行为能力人。

被人民法院认定为无民事行为能力人或者限制民事行为能力人的,根据其智力、精神健康恢复的状况,经本人、利害关系人或者有关组织申请,人民法院可以认定其恢复为限制民事行为能力人或者完全民事行为能力人。

前款规定的有关组织包括：本人住所地的居民委员会、村民委员会、学校、医疗卫生机构、妇女联合会、残疾人联合会、依法设立的老年人组织、民政部门等。

第二节　监　护

~~第二十五条　父母对未成年子女负有抚养、教育和保护的义务。~~

~~子女对无民事行为能力或者限制民事行为能力的父母负有赡养、照顾和保护的义务。~~

【删除理由】本条属于婚姻家庭编的内容。且第二款规定错误。子女对父母的赡养义务，不限于对无行为能力或限制行为能力的父母。

第二十五条　[未成年人的监护人]

未成年人的父母是未成年人的监护人。

未成年人的父母可以通过遗嘱指定未成年人的监护人；其父、母指定的监护人不一致的，以后死亡一方的指定为准。

未成年人的父母已经死亡或者没有监护能力，或者父母遗嘱指定的监护人未及时开始履行监护职责的，由下列人员中有监护能力的人依次担任监护人：

(一)祖父母、外祖父母；

(二)兄、姐；

(三)其他愿意承担监护责任的~~个人~~自然人或者有关组织，经未成年人住所地的居民委员会、村民委员会或者民政部门同意的。

第二十六条　[成年人的监护人]

无民事行为能力或者限制民事行为能力的成年人，由下列人员中有监护能力的人依次担任监护人：

(一)配偶；

(二)父母；

(三)子女；

(四)其他愿意承担监护责任的~~个人~~自然人或者有关组织，经被监护人住所地的居民委员会、村民委员会或者民政部门同意的。

第二十七条　[监护人的协议确定]

监护人可以协议确定。协议确定监护人的，应当尊重被监护人的意愿。

第二十八条　[监护人的指定]

对担任监护人有争议的，由被监护人住所地的居民委员会、村民委员会或者民政部门指定，有关当事人对指定不服的，可以向人民法院提起诉讼；有关当事人也可以直接向人民法院提起诉讼，由人民法院指定。

居民委员会、村民委员会、民政部门或者人民法院指定监护人,应当根据最有利于被监护人的原则,尊重被监护人的意愿。

第二十九条 [临时监护人]

依照前~~本~~条第一款规定指定监护人前,被监护人的人身、财产及其他合法权益处于无人保护状态的,由被监护人住所地的居民委员会、村民委员会、法律规定的有关组织或者民政部门依次担任临时监护人。

~~监护人被指定后,不得擅自变更;擅自变更的,不免除被指定的监护人的监护责任。~~

第三十条 [居民委员会、村民委员会、民政部门担任监护人]

无本法第二十六条、第二十七条规定的具有监护资格的人的,监护人由被监护人住所地的居民委员会、村民委员会~~或者~~担任;居民委员会、村民委员会未及时开始履行监护职责的,由被监护人住所地的民政部门担任。

【修改理由】并列规定居民委员会、村民委员会或民政部门担任监护人,遇有各自推诿的情形,将难以确定监护人。建议明确顺位,避免推诿。

第三十一条 [监护人不得擅自变更]

监护人~~被指~~确定后,不得擅自变更;擅自变更的,不免除~~被指定的~~该监护人的监护责任。

第三十二条 [成年监护]

具有完全民事行为能力的成年人,可以与近亲属、其他愿意承担监护责任的~~个人~~自然人或者有关组织事先协商,以书面形式确定自己的监护人。监护人在该成年人丧失或者部分丧失民事行为能力时,承担监护责任。

第三十三条 [特别监护人]

监护人与被监护人之间存在利益冲突,或者监护人依法不得代理时,人民法院可以因监护人、被监护人、其他利害关系人或者被监护人住所地的居民委员会、村民委员会或者民政部门的申请,为被监护人选任特别监护人。

【增设理由】在某一事项中,因监护人有利益冲突或者依法不得代理,尚未到撤换监护人的程度,但也不宜由该监护人处理该事项,此时即有必要选任特别代理人以处理该事项。参考我国台湾地区"民法"第1098条第2项、《德国民法典》第1795条及第1796条、1994年《魁北克民法典》第190条。

第三十四条 [监护人的权利和责任]

监护人依法行使监护的权利,受法律保护。

监护人不履行监护职责或者侵害被监护人合法权益的,应当承担责任。

第三十五条 [监护职责]

监护人应当按照最有利于被监护人的原则履行监护职责,保护被监护人的人身、财产及其他合法权益;除为被监护人利益外,不得处分被监护人的财产。

未成年人的监护人履行监护职责,应当根据被监护人的年龄和智力状况,在作出与被监护人权益有关的决定时,尊重被监护人的意愿。

成年人的监护人履行监护职责,应当最大限度地尊重被监护人的意愿,保障并协助被监护人独立实施与其智力、精神健康状况相适应的民事法律行为。

第三十六条　[共同监护人]

监护人有数人的,对于被监护人重大事项的处理意思不一致时,可以申请人民法院根据最有利于被监护人的原则,裁定由其中一个监护人处理。

人民法院作出裁定前,应当听取被监护人的意见,但监护人不能表达意见的除外。

【增设理由】监护人由近亲属担任的,往往存在监护人为二人以上的情形,如其意思不一致,将有损被监护人的利益。法律上宜设置相应解决方法。参考我国台湾地区"民法"第1097条第2项。

第三十七条　[监护人辞任]

自然人担任监护人,有下列情形之一的,可以向被监护人住所地的居民委员会、村民委员会或者民政部门辞任;监护人由人民法院指定的,向人民法院辞任:

(一)年满七十周岁;

(二)因疾病或者身心障碍不能履行监护职责;

(三)居所与被监护人居所距离较远,不便监护;

(四)有其他重大事由。

居民委员会、村民委员会、民政部门或者人民法院同意监护人辞任的,应当根据最有利于被监护人的原则依法为其指定新监护人。

【增设理由】监护人有重大事由不能履职时,应允许其辞任,以保护被监护人利益。参考我国台湾地区"家事事件法"第122条。

第三十八条　[监护人资格的撤销]

监护人有下列情形之一的,人民法院根据有关人员或者组织的申请,撤销其监护人资格,并根据最有利于被监护人的原则依法为其指定新监护人:

(一)实施严重损害被监护人身心健康行为的;

(二)怠于履行监护职责,或者无法履行监护职责并且拒绝将监护职责部分或者全部委托给他人,导致被监护人处于危困状态的;

(三)有严重侵害被监护人合法权益的其他行为的。

前款规定的有关人员和组织包括:其他有监护资格的人员,被监护人住所地的居民委员会、村民委员会、学校、医疗卫生机构、妇女联合会、残疾人联合会、依法设立的老年人组织、民政部门等。

有关人员和组织未及时向人民法院提出撤销监护人资格申请的,民政部门应当向人民法院提出申请。

第三十九条 [监护职责的中止和临时监护人]

人民法院撤销监护人资格之前,可以视情况先行中止其履行监护职责,由被监护人住所地的居民委员会、村民委员会、法律规定的有关组织或者民政部门担任临时监护人。

【增设理由】草案2016年2月2日征求意见稿设有本条规定(第33条),后被删除。撤销监护之诉,必耗费相当时间,有必要规定法院中止监护的权限以及临时监护的设置,以防止诉讼期间原监护人继续损害被监护人权益。建议保留本条。

第四十条 [监护人资格的恢复]

原监护人被人民法院撤销监护人资格后,确有悔改情形的,经其申请,人民法院可以视情况恢复其监护人资格,人民法院指定的新监护人与被监护人的监护关系同时终止。

第四十一条 [监护关系的终止]

有下列情形之一的,监护关系终止:

(一)被监护人取得或者恢复完全民事行为能力的;

(二)监护人丧失监护能力的;

(三)被监护人或者监护人死亡、终止、被宣告破产的;

(四)监护人辞任或者被撤销监护人资格;

(五)由人民法院认定监护关系终止的其他情形的。

监护关系终止后,被监护人仍然需要监护的,应当依法另行确定监护人。

【修改理由】(1)各项中"的"的删除,系按照《立法技术规范(试行)(一)》(法工委发〔2009〕62号)第8.4.2条:"所列项是主谓结构时,视为名词性短语,不用'的'。示例:有下列情形之一的,委托代理终止:(一)代理期间届满或者代理事务完成;(二)被代理人取消委托或者代理人辞去委托;(三)代理人死亡……"(2)现行法及本草案均规定组织可以担任监护人,则监护关系终止的情形,也应包括组织终止;另在法人被宣告破产的情形,距离终止尚有一段时间(须经破产清算后办理注销登记始告终止),但一经宣告破产,即已不适于担任监护人,亦应列为监护关系终止事由之一。

第四十二条 [监护人变更、监护终止时被监护人财产的移交和结算]

监护人变更时,原监护人应当立即将被监护人的财产移交于新监护人。

监护关系终止且被监护人不需再受监护时,原监护人应当立即将被监护人的财产交还于被监护人;被监护人死亡的,交还于被监护人的继承人。

在前两款规定情形,原监护人应当于监护关系终止时起二个月内,对被监护人的财产进行结算,做成结算书,送交新监护人、被监护人或者其继承人。新监护人、被监护人或者其继承人未承认结算书前,原监护人的责任不免除。

监护人死亡或者丧失民事行为能力的,被监护人财产的移交和结算,由监护人的继承人或者法定代理人办理;无继承人或者继承人有无不明的,由新监护人径行办理结算。

【增设理由】监护人变更后的衔接事务以及监护关系终止后的善后事务,宜由法律设置规范,以利于被监护人利益的保护。参考我国台湾地区"民法"第1107、1108条,2013年《匈牙利新民法典》第4:243条。

第三节 宣告失踪和宣告死亡

第四十三条 [宣告失踪]

自然人下落不明满二年的,利害关系人可以向人民法院申请宣告其为失踪人。

自然人下落不明的时间,从失去该自然人音讯之日起计算。战争期间下落不明的,下落不明的时间自战争结束之日起计算。

第四十四条 [财产代管人]

失踪人的财产由其配偶、父母、成年子女或者其他愿意担任财产代管人的人代管。

代管有争议,没有前款规定的人,或者前款规定的人无代管能力的,由人民法院根据有利于保护失踪人财产的原则指定的人代管。

无民事行为能力人、限制民事行为能力人失踪的,其监护人即为财产代管人。

【修改理由】法院指定代管人的原则以及限制行为能力人、无行为能力人失踪时的代管人问题,司法解释已有明文(最高人民法院《关于贯彻执行中华人民共和国民法通则若干问题的意见》第30条"人民法院指定失踪人的财产代管人,应当根据有利于保护失踪人财产的原则指定。……无民事行为能力人、限制民事行为能力人失踪的,其监护人即为财产代管人"),建议上升为法律,以便于适用。财产代管制度目的在于解决失踪人财产的保护问题,无行为能力人、限制行为能力人已有监护人代管其财产,自无另行指定财产代管人之必要。

第四十五条 [代管人为法定代理人]

失踪人的财产代管人,在代管事项范围内,是失踪人的法定代理人。

【增设理由】现行《民法通则》规定代理的类型包括指定代理。财产代管人属于指定代理人的一种。本草案已废除指定代理制度,如不明文规定财产代管人法律地位,将导致法律适用发生困扰。财产代管人的权限非由失踪人授予,故其代理应属法定代理范畴。依民法原理,失踪人的财产管理人为其法定代理人(参见史尚宽:《民法总论》,中国政法大学出版社2000年版,第520页)。依大陆法系传统立法例,为失踪人等设立保佐制度,大致相当于我国的失踪人财产代管制度。保佐人代为管理失踪人等被保佐人的财产,其法律地位为被保佐人的法定代理人。例如《德国民法典》第 1915 条第 1 款(保佐准用关于监护的规定;第 1793 条规定监护人为法定代理人)。另,代管人的法定代理权仅限于代管事项范围内,不影响失踪人在其他地方所为法律行为的效力,自不待言。

第四十六条 [失踪人财产的管理]

财产代管人应当及时做成失踪人财产清册,妥善管理失踪人的财产,维护其财产权益。

失踪人所欠税款、债务和应付的其他费用,由财产代管人从失踪人的财产中支付。

财产代管人因故意或者重大过失造成失踪人财产损失的,应当承担赔偿责任。

第四十七条 [财产代管人的变更]

财产代管人不履行代管职责、侵害失踪人财产权益或者丧失代管能力、死亡、终止、被宣告破产的,失踪人的利害关系人可以向人民法院申请变更财产代管人。

财产代管人有正当理由的,可以向人民法院申请另行确定财产代管人。

【修改理由】代管人的变更,与监护人的变更有类似之处。本草案关于监护关系终止情形,列举了监护人丧失监护能力、死亡等,财产代管人的变更事由,也宜作相应修改。

第四十八条 [失踪宣告的撤销]

被宣告失踪的人重新出现,经本人或者利害关系人申请,人民法院应当撤销失踪宣告。

被宣告失踪的人重新出现,有权要求财产代管人及时向其移交有关财产并报告财产代管情况。

第四十九条 [失踪人死亡时的财产移交]

失踪人死亡或者被宣告死亡的,财产代管人应当将失踪人的财产及时移交于其继承人;另有遗嘱执行人或者遗产管理人的,应当移交于遗嘱执行人或者遗产管理人。

【修改理由】现行法未规定宣告失踪和死亡、宣告死亡之间的衔接制度。失踪人的下落不明状态再继续二年,即满足宣告死亡的条件,失踪人如被宣告死亡,或者在失踪期间确知失踪人已自然死亡的,即发生死亡的法律后果,由失踪人的继承人等接受遗产。此处即有必要确立代管人移交财产的规则,以使继承、遗嘱执行、遗产债务清偿等事务顺利进行。

第五十条　［宣告死亡］

自然人有下列情形之一的，利害关系人可以向人民法院申请宣告其死亡：

（一）下落不明满四年的；

（二）因意外事件，下落不明满二年的。

因意外事件下落不明，经有关机关证明该自然人不可能生存的，申请宣告死亡不受二年时间的限制。

下落不明的时间计算，适用本法第三十七条第二款的规定。

第五十一条　［宣告失踪不是宣告死亡的必经程序］

对同一自然人，有的利害关系人申请宣告其死亡，有的申请宣告其失踪，符合本法规定的宣告死亡条件的，人民法院应当宣告死亡。

第五十二条　［宣告死亡的日期］

被宣告死亡的人，人民法院宣告死亡的判决作出之日或者判决确定的日期视为其死亡的日期。

第五十三条　［宣告死亡不影响民事法律行为效力］

自然人被宣告死亡的，不影响其在被宣告死亡后实施的民事法律行为的效力。

第五十四条　［死亡宣告的撤销］

被宣告死亡的人重新出现，经本人或者利害关系人申请，人民法院应当撤销死亡宣告。

有证据证明被宣告死亡的人的死亡日期不同于宣告死亡日期的，经利害关系人申请，人民法院应当撤销死亡宣告。

【修改理由】在自然死亡日期不同于宣告死亡日期的情形，应以自然死亡为准发生继承等法律后果。例如，被宣告死亡的人于宣告后结婚而自然死亡的，其配偶有权继承其财产。此时即可能和此前因宣告死亡而取得遗产之人发生权利冲突。如有证据证明自然死亡日期，自应撤销宣告死亡判决，以正确处理相应纠纷。参考2003年《柬埔寨民法典》第44条第1款。

第五十五条　［死亡宣告和撤销死亡宣告对婚姻关系的效力］

被宣告死亡的人与配偶的婚姻关系，自死亡宣告之日起消灭。死亡宣告被撤销，其配偶未再婚的，夫妻关系自撤销死亡宣告之日起自行恢复，任何一方不愿意自行恢复的除外；其配偶再婚的，夫妻关系不自行恢复。

第五十六条　［撤销死亡宣告对收养关系的效力］

被宣告死亡的人在被宣告死亡期间，其子女被他人依法收养的，在死亡宣告被撤销后，不得仅以未经本人同意而主张收养关系无效。

第五十七条　［撤销死亡宣告对财产关系的效力］

被撤销死亡宣告的人有权请求返还财产。依照继承法取得其财产的自然人、法人或者非法人组织,应当返还原物;无法返还原物的,应当给予补偿。利害关系人隐瞒真实情况,致使他人被宣告死亡而取得其财产的,除应当返还原物外,还应当对由此造成的损失承担赔偿责任。

第四节　住所

第五十八条　[住所的确定]

自然人以户籍登记的居所为住所;经常居所与住所不一致的,经常居所视为住所。

自然人连续居住一年以上的居所,为经常居所。但住医院治疗的除外。

【移动及修改理由】(1)原第24条移至此处。本条关于住所的规定,不属于“民事权利能力和民事行为能力”的内容,与节名不符。建议另设一节,作为第四节“住所”。(2)《最高人民法院关于贯彻执行中华人民共和国民法通则若干问题的意见(试行)》第9条对经常居住地设有定义,建议上升为法律规定,以免发生解释上的争议。

第五十九条　[无民事行为能力人和限制行为能力人的住所]

无民事行为能力人和限制民事行为能力人,以其法定代理人的住所为住所。

【增设理由】无行为能力人、限制行为能力人,由法定代理人代受意思表示、代收法律文书,故为保护无行为能力人、限制行为能力人的利益,立法例上一般规定以其法定代理人的住所为住所(例如我国台湾地区“民法”第21条、我国《澳门民法典》第86条、《瑞士民法典》第25条)。现行法及本草案规定自然人以其户籍登记居所为住所,在未成年人由父母以外之人监护的情形,以及成年人监护的情形,被监护人的户籍登记居所与监护人住所往往不一致,如适用上述一般规定,将导致不利于无行为能力人、限制行为能力人的情况发生,例如法定代理人无法代收法律文书等。故建议增设本条规定。

第六十条　[居所视为住所]

在中华人民共和国领域内无住所的,其居所视为住所。

【增设理由】以户籍登记的居所为住所,不适合于在我国无户籍登记的外国人、无国籍人等,宜另设规定。参考我国台湾地区“民法”第22条第2款规定。

第四五节　个体工商户、农村承包经营户

第六十一条　[个体工商户]

自然人经依法登记,从事工商业经营的,为个体工商户。个体工商户可以起字号。

第六十二条　[农村承包经营户]

农村集体经济组织的成员,依法取得农村土地承包经营权,从事家庭承包经营的,为农村承包经营户。

第六十三条　[个体工商户和农村承包经营户的债务承担]

个体工商户的债务,个人经营的,以个人财产承担;家庭经营的,以家庭财产承担;无法区分个人经营和家庭经营的,以家庭财产承担。

农村承包经营户的债务,以家庭财产承担。

第三章　法人

第一节　一般规定

第六十四条　[法人的定义]

法人是具有民事权利能力和民事行为能力,依法独立享有民事权利和承担民事义务的组织。

第六十五条　[法人的成立]

法人应当依法成立。

法人应当有自己的名称、组织机构和住所。法人成立的具体条件和程序,依照法律的规定。

设立法人,法律规定须经有关机关批准的,依照其规定。

第六十六条　[法人的民事权利能力和民事行为能力]

法人的民事权利能力和民事行为能力,从法人成立时产生,到法人终止时消灭。

第六十七条　[法人独立承担民事责任]

法人以其全部财产独立承担民事责任。

第六十八条　[法定代表人]

依照法律或者法人章程规定,代表法人从事民事活动的负责人,为法人的法定代表人。

法定代表人以法人名义从事的民事活动,其法律后果由法人承受。

法人的章程或者权力机构对法定代表人的代表权范围的限制,不得对抗善意第三人。

第六十九条　[法定代表人致人损害的责任]

法定代表人因执行职务造成他人损害的,由法人承担民事责任。

法人承担民事责任后,根据法律或者法人章程的规定,可以向有过错的法定代表人追偿。

第七十条　[临时法定代表人]

法定代表人缺位,法人未及时选任新法定代表人的,经法人的成员或者利害关系人申请,人民法院可以指定临时法定代表人。

【增设理由】法定代表人因辞职、被免职等原因缺位时,如法人怠于选任新的法定代表人或者因成员未能作出选任新代表人的决议,将损害法人的成员、债权人或其他利害关系人的权益。此时应有特别处理机制以保护利害关系人的利益。建议增设选任临时法定代表人的规定,其理同2016年2月《民法总则(征求意见稿)》关于临时监护人的规定。并参考2003年《柬埔寨民法典》第60条。

第七十一条 [法定代表人利益冲突时的回避]

就法定代表人与法人之间存在利益冲突的事项,法定代表人无权代表法人。

在前款规定情形,法人的权力机构或者执行机构可以指定特别代表人实施相应的行为。

【增设理由】法定代表人权力过大的问题,在实践中较为突出,尤其表现在法定代表人与法人之间存在利益冲突的情形,如法定代表人与法人之间的诉讼。有必要设置相应的回避制度。在此情形,法人可另行授权他人。按照我国民法立法及学说,代表人非代理人。关于代理人利益冲突行为,法律设有自己代理、双方代理禁止之规定。代表人的利益冲突行为与之类似,亦应设相应规定。现行《公司法》第16条规定的关联股东表决回避制度,《慈善法》第14条第2款规定"慈善组织的发起人、主要捐赠人以及管理人员与慈善组织发生交易行为的,不得参与慈善组织有关该交易行为的决策,有关交易情况应当向社会公开",以及《基金会管理条例》第23条第3款规定"基金会理事遇有个人利益与基金会利益关联时,不得参与相关事宜的决策;基金会理事、监事及其近亲属不得与其所在的基金会有任何交易行为",同此法理。2003年《柬埔寨民法典》第61条、《泰国民商法典》第74条明文规定法人代表在利益冲突事项中无代表权,2013年《匈牙利新民法典》第3:115条第2款规定法定代表人不得实施利益冲突交易,可供参考。

第七十二条 [法人的住所]

法人以登记的住所为住所。

法人的主要办事机构所在地与住所不一致的,其主要办事机构所在地视为住所。

法人依法不需要办理登记的,其主要办事机构所在地为住所。

第七十三条 [变更登记]

法人在其存续期间登记事项发生变化的,应当依法向登记机关申请变更登记。

第七十四条 [法人登记的效力]

法人的实际情况与其登记的事项不一致的,不得对抗~~信赖登记的~~善意第三人。

【修改理由】民法善意第三人概念,即已含有信赖登记(或其他表象)之意。所谓“善意第三人”,指信赖登记簿的记载、不知该记载与实际法律状况不符的第三人。如现行《物权法》第 106 条关于善意取得的规定,并未额外规定“信赖登记”。添加“信赖登记”字样,易使人误解为除善意之外另有信赖要件、进而要求第三人证明自己信赖登记,不利于善意第三人的保护,与立法目的不符。建议删除。

第七十五条 [法人登记信息的公示]

登记机关应当通过信息公示系统依法及时公示法人登记的有关信息。

法人因合并、分立等需要依法公告的,并应当在信息公示系统中公示、在法人住所公告。

【修改理由】依照现行《公司法》第 173、174、177 条的规定,公司合并、分立、减资的,应在报纸上公告,以使债权人能够主张权利。但从实际操作来看,在报纸上公告通常起不到使债权人实际知悉的作用,一般人并不会随时关注报纸上关于某一法人合并分立的信息,且法律也未明确规定在何种报纸上公告,操作性较弱。我国现今已建立全国统一的企业信息公示系统,极大地方便了企业信息查询。有必要进一步扩大该系统的功能,原先要求在报纸上公告的事项,完全可以在信息公示系统中公示,效果更佳,更有利于真正保护债权人。

第七十六条 [法人组织机构决议的无效和撤销]

法人的权力机构、决策机构或者执行机构的决议内容违反法律、行政法规的效力性强制性规定的,该决议无效。

法人的权力机构、决策机构或者执行机构的决议程序违反法律、行政法规的强制性规定或者法人章程规定,或者决议内容违反法人章程规定的,法人各组织机构的成员可以请求人民法院撤销。成员自知道或者应当知道决议之日起三个月内或者自决议作出之日起一年内未行使撤销权的,其撤销权消灭。

确认决议无效或者撤销决议的判决,对法人及其权力机构、决策机构、执行机构的全体成员均有约束力。

决议被确认无效或者被撤销的,不得对抗因作出或者执行该决议而取得权利的善意第三人。

【增设理由】(1)本条规定来源于《公司法》第 22 条。《民法总则草案》(2015 年 8 月 28 日民法室室内稿)对社团法人设有本条规定(第 79 条),后被删除。鉴于本法第 88 条第 2 款已恢复室内稿第 84 条关于捐助法人决议撤销的规定,同理,也应恢复关于其他法人决议撤销、无效的规定,以免遗留法律漏洞。

考虑到法人组织机构决议的无效、撤销,系各种法人的共同规范,宜设置于法人一般规定,以免重复。(2)建议在现行法及草案基础上,增设本条第3、4款。依组织法原理,无效确认判决、撤销判决的效力,及于法人及其全体成员。关于决议无效或撤销对第三人的效力,系《公司法》第22条实务中极具争议性的问题,立法上宜予明确。我国澳门民法典第167条规定,可供参考。

第七十七条 [表决回避]

对于法人组织机构的表决事项,组织机构成员与法人之间存在利益冲突的,该成员不得参与表决,也不得代理其他成员表决。

【增设理由】现行《公司法》第16条规定的关联股东表决回避制度,有必要扩展至一切法人。本草案规定的各类法人组织机构包括权力机构、决策机构、执行机构,均有必要适用表决回避制度。我国台湾地区"民法"第52条第4项、我国澳门民法典第164条、《瑞士民法典》第68条对于社团法人成员的排除表决有类似规定。

第七十八条 [法人的合并和分立]

法人合并~~、分立~~的,其权利和义务由合并~~变更~~后的法人享有和承担。

法人分立的,其权利和义务由分立后的法人连带享有和连带承担。

第七十九条 [法人的解散]

有下列情形之一的,法人解散:

(一)法人章程规定的存续期间届满或者法人章程规定的其他解散事由出现的;

(二)法人的权力机构决议解散的;

(三)法人依法被吊销营业执照、登记证书,责令关闭或者被撤销的;

(四)出现法律规定的其他情形的。

第八十条 [清算义务人]

法人解散的,清算义务人应当及时组成清算组进行清算。

法人的董事、理事等执行机构成员为清算义务人,但是法人章程另有规定,法人权力机构另有决议,或者法律另有规定的除外。

清算义务人怠于履行清算义务的,主管机关或者利害关系人可以申请人民法院指定有关人员组成清算组进行清算。

清算组应当将法人解散的事实以及清算组成员和联系方式在法人登记信息公示系统中公示、在法人住所公告。

【修改理由】依照现行《公司法》第185条规定,公司清算应在报纸上公告,以使债权人能够申报债权。但从实际操作来看,在报纸上公告通常起不到使债权人实际知悉的作用,一般人并不会随时关注报纸上关于某一法人解散和清算的信息,且法律也未明确规定在何种报纸上公告,可操作性较弱。我国现今已建立全国统一的企业信息公示系统，极大地方便了企业信息查询。有必要进一步扩大该系统的功能，原先要求在报纸上公告的事项，完全可以在信息公示系统中公示，效果更佳，更有利于真正保护债权人。并可参考《德国商法典》第 34 条(法人解散、清算人的人选及其代理权、清算人及其代理权的变更，应当载入商事登记簿)。

第八十一条　[清算组的法律地位]

在清算活动范围内，清算组具有法人执行机构的法律地位。

【增设理由】法人解散后，原执行机构即应停止执行职务，而由清算人全权负责清算事务，且法人不得从事与清算无关的活动。现行法对清算人(组)的法律地位未作规定，解释上将清算人理解为指定代理人的一种，亦无不可。但本草案已废除指定代理制度，如不明文规定清算人的法律地位，将导致法律适用发生困扰。考虑到清算人的职务性质及实际地位相当于执行机构，建议设此规定。据此，清算人所为法律行为，即为法人的行为。可参考《德国民法典》第 48 条第 2 款(清算人具有董事会的法律地位)、2012 年《捷克新民法典》第 193 条(清算人地位如同法人的执行机构)。

第八十二条　[清算程序和清算组职权]

公司的清算程序和清算组职权，适用公司法的有关规定。

公司以外的法人的清算程序和清算组职权，依照有关法律的规定；没有规定的，参照适用公司法的有关规定。

第八十三条　[清算中法人的地位]

清算期间，法人存续，但是不得从事与清算无关的活动。

第八十四条　[清算后剩余财产的处理]

法人清算后的剩余财产，根据法人章程的规定或者法人权力机构的决议处理，法律另有规定的除外。

第八十五条　[法人的终止]

清算终结，并完成法人注销登记时，法人终止；法人依法不需要办理登记的，清算终结时，法人终止。

第八十六条　[清算义务人的责任]

清算义务人怠于履行清算义务，造成法人财产损失的，应当在造成损失范围内对法人债务等承担责任。

清算义务人怠于履行清算义务，导致法人主要财产、账册、重要文件等灭失，无法进行清算的，对法人债务等承担连带责任。

清算义务人有二人以上的，互负连带责任。

【修改理由】清算义务人有数人而应承担责任时，究应负按份责任或连带责任，宜予明确，以利适用。参考《德国民法典》第 53 条。

第八十七条　[法人的破产]

法人被宣告破产的,依法进行破产清算并完成法人注销登记时,法人终止。

第八十八条　[法人的分支机构]

法人可以依法设立分支机构。法律规定分支机构应当办理登记的,依照其规定。

分支机构以自己的名义从事民事活动,由此产生的民事责任由法人承担。

第八十九条　[设立中法人]

设立人为设立法人从事的民事活动,其法律后果在法人成立后由法人承受;法人未成立的,其法律后果由设立人承受,设立人为二人以上的,承担连带责任。

~~第七十二条　法律对合作社法人有规定的,依照其规定。~~

第二节　营利性法人

第九十条　[营利性法人的定义]

以取得利润并分配给其股东或者其他出资人等成员为目的成立的法人,为营利性法人。

营利性法人包括有限责任公司、股份有限公司和其他企业法人等。

第九十一条　[营利性法人资格的取得]

营利性法人,经依法登记成立,取得法人资格。

第九十二条　[营利性法人的成立]

依法设立的营利性法人,由法人登记机关发给营利性法人营业执照。营业执照签发日期为营利性法人的成立日期。

第九十三条　[营利性法人的组织机构和法定代表人]

营利性法人的权力机构为成员大会。

营利性法人设董事会或者执行董事的,董事会或者执行董事为其执行机构,董事长、执行董事或者经理依照法人章程的规定担任法定代表人;未设董事会或者执行董事的,法人章程规定的主要负责人为其执行机构和法定代表人。

法律对营利性法人的组织机构、法定代表人另有规定的,依照其规定。

第九十四条　[营利性法人超越经营范围行为的效力]

营利性法人超越登记的经营范围从事经营活动的,依法承担相应的责任,但是除违反法律、行政法规的效力性强制性规定外,不影响民事法律行为的效力。~~有效。~~

【修改理由】除违反强制性规定外,法律行为尚可能因其他原因而无效。而本条规定的本意,是使超越经营范围原则上不成为影响法律行为效力的因素。建议修改表述。

~~第七十八条　营利性法人从事经营活动,必须遵守法律、行政法规,遵守社会公德、商业道德,诚实信用,接受政府和社会公众的监督,承担社会责任。~~

【删除理由】本条与本法第 6 条诚信原则、第 8 条遵守法律和公序良俗原则重复。社会公德属于公序良俗范畴,商业道德属于诚实信用的范畴。企业社会责任,是提倡企业于履行法定义务之外出资赞助慈善事业,并非以法律强制实施的法律义务、法律责任,不应在民法上规定。本条不具有行为规范和裁判规范的意义。建议删除。

第九十五条　[营利性法人成员的义务和责任]

营利性法人的成员应当遵守~~法律、行政法规和~~法人章程,依法行使成员权利,不得滥用成员权利损害法人或者其他成员的利益,不得滥用法人独立地位和成员有限责任损害法人债权人的利益。

成员滥用成员权利损害法人或者其他成员的利益的,应当依法承担赔偿责任。

成员滥用法人独立地位和成员有限责任,逃避债务,严重损害法人债权人的利益的,应当对法人债务承担连带责任。

【修改理由】本条来源于《公司法》第 20 条第 1 款,但未如《公司法》第 20 条第 2、3 款般规定法律后果,适用中可能发生是否可类推适用《公司法》第 20 条第 2、3 款规定的疑义。建议明文增设相应规定。另,遵守法律是民事主体的普遍义务,本法第 8 条已有规定,本条无须重复,且“依法行使”成员权利一句已含此意。

第九十六条　[合作社法人]

法律对合作社法人有规定的,依照其规定;未规定的事项,适用本节规定。

【移动及修改理由】此前草案将本条列为营利性法人一节的最后一条,体例上较为科学。依照现行《农民专业合作社法》第 16 条第 3 项、第 37 条规定,合作社的盈余向成员分配,符合本节关于营利性法人的定义。而如果将本条置于本章第一节,将发生合作社法人究竟属于营利性法人还是非营利性法人的疑问,不利于法律适用。另,我国现今实践中的营利性法人,主要包括公司、合作社、未采用公司制的国有企业法人和集体企业法人,而未采用公司制的国有企业法人和集体企业法人数量已不多,如不将合作社列入营利性法人,则本节规定的规范意义将大为减弱。故建议恢复此前草案规定,将本条移至本节,并明确本节规定对合作社法人的可适用性。

第九十七条　[特别法的适用]

本节没有规定的,适用公司法等有关法律的规定。

第三节　非营利性法人

第九十八条　[非营利性法人的定义]

为公益目的或者其他非营利目的成立的法人,为非营利性法人。

第九十九条　[禁止分配利润]

非营利性法人不得向其成员或者设立人分配利润。成员或者设立人接受分配的,应当附加利息返还。

【修改理由】非营利性法人违法分配利润的后果,宜予明确,以便为其他成员或设立人通过代表诉讼向接受分配者请求返还、法人的债权人通过代位权诉讼向接受者请求返还提供依据。

第一百条　[非营利性法人超越目的或业务范围行为的效力]

非营利性法人超越目的或者业务范围实施的民事法律行为无效。

【增设理由】关于营利性法人超越经营范围所为法律行为的效力,《民法总则(草案)》已吸收现行司法解释并加以完善。非营利性法人并无经营范围概念,而有法人目的和业务范围概念(例如现行《事业单位登记管理暂行条例》第8条第2款、《社会团体登记管理条例》第15条)。但对于超越法人目的或业务范围所为法律行为的效力,现行法未作规定。建议增设专门规定。按照现行法宗旨和现今立法趋势,营利性法人的经营范围限制因需适应市场经济活动的灵活性需要并顾及交易安全保障,原则上不影响超越经营范围所为法律行为的效力,而非营利性法人的目的和业务范围限制则无此考虑,故应采不同立场。立法例,如较新的2000年《土库曼斯坦民法典》第49条第1款规定:"非企业法人有权从事符合其宗旨的活动;企业法人有权从事法律不禁止的活动。"且规定非营利性法人超越其目的和业务范围的法律行为无效,也有利于保障非营利性法人的财产安全,促进非营利事业的健全发展。

第一百〇一条　[非营利性法人终止时剩余财产的处理]

为公益目的成立的非营利性法人终止时,不得向其成员或者设立人分配剩余财产;其剩余财产应当按照章程的规定或者权力机构的决议用于公益目的;不能按照法人章程规定或者权力机构的决议处理的,由主管机关主持转给宗旨相同或者相近的以公益为目的的法人,并向社会公告。

第一百〇二条　[事业单位法人资格的取得]

具备法人条件,为实现公益目的设立的事业单位,经依法登记成立,取得事业单位法人资格;依法不需要办理法人登记的,从成立之日起,具有事业单位法人资格。

第一百〇三条　[事业单位法人的组织机构和法定代表人]

事业单位法人设理事会的,理事会为其决策机构。事业单位法定代表人按照其章程的规定产生。

法律对事业单位法人的组织机构、法定代表人另有规定的,依照其规定。

第一百〇四条　[社会团体法人资格的取得]

具备法人条件,基于会员共同意愿,为实现公益目的或者会员共同利益等非营利目的设立的社会团体,经依法登记成立,取得社会团体法人资格;依法不需要办理法人登记的,从成立之日起,具有社会团体法人资格。

第一百〇五条　[社会团体法人的组织机构和法定代表人]

社会团体法人应当制定章程,设会员大会或者会员代表大会等权力机构。

社会团体法人应当设理事会等执行机构。理事长或者会长等主要负责人依照法人章程的规定担任法定代表人。

第一百〇六条　[社会团体法人组织机构的表决]

社会团体法人的权力机构的决议,应当由半数以上会员出席,经出席会员过半数通过,但社会团体法人章程另有规定的除外。

社会团体法人的执行机构的决议,应当由半数以上成员出席,经出席成员过半数通过,但社会团体法人章程另有规定的除外。

每一会员或者执行机构成员有一票表决权,但社会团体法人章程规定按照会员出资比例确定会员表决权的除外。

【增设理由】本条及以下建议增设的数条为社会团体法人内部关系的基本规范。现行法关于社会团体的主要规范为《社会团体登记管理条例》,该条例调整对象为社会团体的登记和行政管理事项,基本未涉及民事关系。目前立法机关也无社会团体法的立法计划。民法总则如不设规定,将导致社会团体法人在内部民事关系方面无法可依。此外,在民法典中设置社团法人(主要是非营利性社团法人,相当于我国法的社会团体法人,营利性社团法人多由特别法规定)的详细规范,也是各国民法典的通例。本条所涉组织机构决议是社会团体法人治理的主要途径,似应在民法总则中设置基本规范。

第一百〇七条　[社会团体法人的会员资格]

社会团体法人的会员资格不得转让和继承,但社会团体法人章程另有规定的除外。

【增设理由】营利性法人的成员权益或资格的转让、继承,特别法均已明确。非营利性法人中,机关法人、事业单位法人、捐助法人均无此问题。唯有社会团体法人成员资格的可转让性、可继承性,欠缺法律规范,宜设明文。参考我国《澳门民法典》第168条第1款、《德国民法典》第38条、《瑞士民法典》第70条第3款。

第一百〇八条　[社会团体法人会员的退社]

社会团体法人的会员可以随时退社,但社会团体法人章程规定年度终了时或者经提前通知方可退社的除外。

社会团体法人章程规定的退社的提前通知期限,不得超过三个月;超过三个月的,缩短为三个月。

【增设理由】营利性法人成员的退出,特别法已有规定。非营利性法人中,机关法人、事业单位法人、捐助法人均无此问题。唯有社会团体法人会员的退社,欠缺法律规范,宜设明文。参考我国台湾地区“民法”第54条、我国《澳门民法典》第155条第3款、《德国民法典》第39条。

第一百〇九条 [社会团体法人会员的除名]

社会团体法人的章程可以规定将会员除名的事由。

社会团体法人的章程未规定除名事由的,有正当理由并经社会团体法人的权力机构决议,可以除名。

为除名而召开会议的,社会团体法人应当至少提前七日通知拟被除名的会员参加会议、告知其会议表决事项,并在会议上给予该成员辩解的机会。

【增设理由】除名,同前条所称退社问题类似,宜设明文。参考《瑞士民法典》第72条、2003年《柬埔寨民法典》第91条。

第一百一十条 [退社和除名的效力]

已退社或者被除名的社会团体法人会员,对于法人的财产丧失请求权,但非公益目的的社会团体法人的章程另有规定的除外。

已退社或者被除名的社会团体法人会员,对于退社或者被除名前应分担的出资,仍有清偿义务。

【增设理由】退社和除名的效力,为前二条的配套规定。参考我国台湾地区“民法”第55条、我国《澳门民法典》第169条、《瑞士民法典》第74条。

第一百一十一条 [捐助法人资格的取得]

具备法人条件,为实现公益目的,以捐助财产设立的基金会等,经依法登记成立,取得捐助法人资格。

依法设立的宗教活动场所,具备法人条件的,可以申请法人登记,取得捐助法人资格。

第一百一十二条 [捐助章程]

捐助法人应当制定捐助章程,但以遗嘱捐助的除外。

捐助章程应当载明捐助目的和捐助财产。

以遗嘱捐助方式设立捐助法人,未指定遗嘱执行人的,利害关系人或者主管机关可以申请人民法院指定遗嘱执行人。

【修改理由】《民法总则草案》(2015年8月28日民法室室内稿)第82条对捐助章程设有详细规定,建议保留。

第一百一十三条　[捐助法人的组织机构和法定代表人]

捐助法人应当设理事会、民主管理组织等决策机构、执行机构。理事长等主要负责人依照法人章程的规定担任法定代表人。

捐助法人应当设监事会等监督机构。

第一百一十四条　[捐助人的权利]

捐助人有权向捐助法人查询捐助财产的使用、管理情况,并提出意见和建议,捐助法人应当及时、如实答复。

第一百一十五条　[捐助法人组织机构决议或法定代表人决定的无效和撤销

捐助法人的法定代表人作出的决定内容违反法律、行政法规的效力性强制性规定的,该决定无效。

捐助法人的决策机构、执行机构作出的决议或者其法定代表人作出的决定程序违反法律、行政法规的强制性规定或者捐助法人章程规定,或者决议、决定内容违反捐助法人章程的,捐助人等利害关系人或者主管机关可以请求人民法院予以撤销。

【修改理由】(1)捐助法人决定的无效问题,似应一并规定。参考《公司法》第 22 条第 1 款。(2)本条第 2 款为捐助法人特设,旨在赋予捐助人等利害关系人撤销权,此与决议撤销的一般规则不同。

第一百一十六条　[机关法人]

有独立经费的机关、承担行政职能的法定机构从成立之日起,具有机关法人资格,可以从事为履行职能所需要的民事活动。

第一百一十七条　[机关法人撤销后的责任承担]

机关法人被撤销的,法人终止,其民事责任由继续履行其职能的机关法人承担;没有继续履行其职能的机关法人的,由撤销该机关法人的机关法人承担。

第四章　非法人组织

第一百一十八条　[非法人组织的定义]

非法人组织是不具有法人资格,但是依法能够以自己的名义从事民事活动的组织。

非法人组织包括个人独资企业、合伙企业~~、营利性法人或者非营利性法人依法设立的分支机构~~等。

【修改理由】法人的分支机构,属于法人的一部分,并非法人以外的另一主体。法人分支机构的设立、行为名义及责任承担,法人一章已有明文规定(第 70 条),无须列入非法人组织。且本章规定非法人组织的解散、清算,亦不可能适用于法人的分支机构。另需附带说明的是,本草案不必采纳某些论者关于将“设立中法人”列入非法人组织的建议。因为设立中法人的民事责任承担,已在法人一章设有规定,并且本章关于非法人组织登记、解散、清算等规定,均不可能适用于设立中法人。

第一百一十九条 [非法人组织的登记]

非法人组织应当依法登记。

设立非法人组织,法律规定须经有关机关批准的,依照其规定。

第一百二十条 [非法人组织成员或设立人的责任]

非法人组织的成员或者设立人对该组织的债务承担无限责任;成员或者设立人有二人以上的,承担无限连带责任。法律另有规定的,依照其规定。

【修改理由】成员或设立人往往为数人,宜明文规定各负连带责任。参考我国《澳门民法典》第189条第1款。

第一百二十一条 [非法人组织的代表人]

非法人组织可以确定一人或者数人代表该组织从事民事活动。

第一百二十二条 [非法人组织的住所]

非法人组织以登记的住所为住所。

非法人组织的主要办事机构所在地与住所不一致的,其主要办事机构所在地视为住所。

第一百二十三条 [非法人组织的解散]

有下列情形之一的,非法人组织解散:

(一)章程或者组织规章规定的存续期间届满的;

(二)章程或者组织规章规定的其他解散事由出现的;

(三)设立人或者其成员决定解散;

(四)出现法律规定的其他情形的。

【移动理由】将原第1项移作第3项,以与第64条各项顺序一致。

第一百二十四条 [非法人组织的清算和终止]

非法人组织解散的,应当依法进行清算。清算终结,并完成注销登记时,非法人组织终止。

第一百二十五条 [参照适用法人规定]

非法人组织除适用本章规定外,参照适用本法第三章第一节的有关规定。

第五章 民事权利

第一百二十六条 [一般人格权]

自然人的人身自由、人格尊严受法律保护。

第一百二十七条 [特别人格权]

自然人享有生命权、健康权、身体权、姓名权、肖像权、名誉权、荣誉权、隐私权、婚姻自主权等权利。

法人、非法人组织享有名称权、名誉权、荣誉权等权利。

第一百二十八条 [婚姻家庭权利]

自然人因婚姻、家庭关系产生的人身权利受法律保护。

第一百二十九条 [财产权]

民事主体依法享有的收入、储蓄、房屋、生活用品、生产工具、投资及其他财产权利受法律保护。

第一百三十条 [物权]

民事主体依法享有物权。

物权是权利人依法对特定的物享有直接支配和排他的权利,包括所有权、用益物权、担保物权。

第一百三十一条 [物权客体]

物包括不动产和动产。法律规定具体权利或者网络虚拟财产作为物权客体的,依照其规定。

第一百三十二条 [债权]

民事主体依法享有债权。

债权是因合同、~~单方允诺、~~侵权行为、无因管理、不当得利以及法律的其他规定,权利人请求特定义务人为一定行为的权利。

【修改理由】此前草案稿均未规定单方允诺。作为债的发生原因之一的单方允诺,实际上只有悬赏广告。《合同法司法解释(二)》第3条及最高人民法院公报案例(《最高人民法院公报》1995年第2期李珉诉朱晋华、李绍华悬赏广告酬金纠纷案)对悬赏广告已采契约说,最高人民法院《民事案件案由规定》将悬赏广告纠纷列为合同纠纷(案由73),均未有不妥。我国台湾地区"民法"债编1999年修正时亦明示采契约说。民法典不必规定单方允诺,以免徒增理论和实务上的复杂性。且民法典如不设债法总则,则势必无处规定单方允诺,致遗留法律漏洞。反之,如采契约说,则可在合同编将悬赏广告作为有名合同之一加以规定,如此,既与现行法保持一致、减少法律变化对实践的冲击,又可在适当位置为悬赏广告详定规则,兼顾立法的科学化、体系化要求。建议恢复此前草案规定。

第一百三十三条 [无因管理]

没有法定的或者约定的义务,为避免他人利益受损失进行管理或者服务的,有权请求受益人偿还由此而支付的必要费用。

第一百三十四条 [不当得利]

没有合法根据,取得不当利益,造成他人损失的,应当将取得的不当利益返还受损失的人。

第一百三十五条 ［知识产权］

民事主体依法享有知识产权。

知识产权是指权利人依法就下列客体所享有的权利：

（一）作品；

（二）专利；

（三）商标；

（四）地理标记；

（五）商业秘密；

（六）集成电路布图设计；

（七）植物新品种；

（八）数据信息；

（九）法律、行政法规规定的其他客体~~内容~~。

第一百三十六条 ［继承权］

自然人依法享有继承权。

第一百三十七条 ［股权和其他民事权利］

民事主体依法享有股权或者其他民事权利。

第一百三十八条 ［民事权利的特别保护］

法律对未成年人、老年人、残疾人、妇女、消费者等的民事权利有特别保护规定的，依照其规定。

第六章 民事法律行为

第一节 一般规定

第一百三十九条 ［民事法律行为的定义］

民事法律行为是指自然人、法人或者非法人组织通过意思表示设立、变更、终止民事权利和民事义务的行为。

第一百四十条 ［民事法律行为的成立］

民事法律行为可以基于单方的意思表示成立，也可以基于双方或者多方的意思表示一致成立。

法人、非法人组织的决议行为应当依照法律或者章程、组织规章规定的程序和表决规则成立。

【修改理由】非法人组织的组织文件包括章程和组织规章（第96条）。此处宜予补全。

第一百四十一条 ［民事法律行为的形式］

民事法律行为可以采用书面形式、口头形式或者其他形式~~；~~。

法律规定或者当事人约定采用特定形式的,应当当事人未采用特定形式的,民事法律行为不成立。法律另有规定的,依照其规定。

【修改理由】法律行为不具备法定或约定形式的后果,立法例上有无效与不成立之分。宜予明确,以杜绝争议。依现行《合同法》第 36、37 条的反面解释,未采用法定或约定形式的合同不成立,但已履行主要义务的除外。本条的修改建议,与此一致。

第一百四十二条　[民事法律行为的生效]

民事法律行为自成立时生效,法律另有规定或者当事人另有约定的除外。行为人非依法律规定或者取得对方同意,不得擅自变更或者解除民事法律行为。

第二节　意思表示

第一百四十三条　[对话方式意思表示的生效]

以对话方式作出的意思表示,相对人了解其内容时生效。~~以非对话方式作出的意思表示,到达相对人时生效。~~

第一百四十四条　[非对话方式意思表示的生效]

以非对话方式作出的意思表示,到达相对人时生效。向无民事行为能力人或者限制民事行为能力人作出的意思表示,到达法定代理人时生效,但该意思表示使限制民事行为能力人纯获利益的,或者相应民事法律行为与限制民事行为能力人年龄、智力相适应的,或者已征得其法定代理人同意的,到达限制民事行为能力人时生效。

以非对话方式作出的采用数据电文形式的意思表示,相对人指定特定系统接收数据电文的,该数据电文进入该特定系统时生效;未指定特定系统的,相对人知道或者应当知道该数据电文进入其系统时生效。当事人对采用数据电文形式的意思表示的生效时间另有约定的,按照其约定。

以公告方式作出的意思表示,公告发布时生效。

【修改理由】非对话方式的意思表示,在相对人为无行为能力人或限制行为能力人时,因其无受领意思表示的能力,不应适用“到达相对人时生效”的一般规则,而有必要特别规定意思表示于到达法定代理人时生效。又,限制行为能力人可以独立实施的法律行为,或者已经法定代理人同意实施的法律行为,自不必另以到达法定代理人为生效时点。参考《德国民法典》第 131 条、我国台湾地区“民法”第 96 条。

第一百四十五条　[无相对人的意思表示的生效]

无相对人的意思表示,表示完成时生效,法律另有规定的除外。

【分条理由】对话、非对话方式作出的意思表示,均属于有相对人的意思表示,逻辑上不宜与无相对人的意思表示同处一条。

第一百四十六条 [明示和默示意思表示]

行为人可以明示或者默示作出意思表示。

沉默只有在有法律规定、当事人约定或者习惯时,方可以视为意思表示。

第一百四十七条 [意思表示的撤回]

行为人可以撤回意思表示。撤回意思表示的通知应当在意思表示到达相对人前或者与意思表示同时到达相对人。

第一百四十八条 [意思表示的解释]

有相对人的意思表示的解释,应当按照所使用的词句,结合相关条款、行为的性质和目的、习惯~~、相对人的合理信赖~~以及诚实信用原则,确定意思表示的含义。

无相对人的意思表示的解释,不能拘泥于所使用的词句,而应当结合相关条款、行为的性质和目的、习惯以及诚实信用原则,确定行为人的真实意思。

【修改理由】按照民法原理,有相对人的意思表示,非以任何一方的理解或信赖为标准,应依理性人的客观立场,认定双方共同认可的客观意义,并不从受领人角度出发。立法例,如我国《澳门民法典》第 228 条第 1 款:"法律行为意思表示之含义,以一般受意人处于真正受意人位置时,能从表意人之有关行为推知之含义为准。"本款要求"应当按照所使用的词句"解释,已含此义。另加"受领人的合理信赖"一语,与此矛盾,且何为"合理信赖",难以界定,无法适用,增加法官滥用判断的空间。

第一百四十九条 [有效解释优先]

意思表示有两种以上解释的,使意思表示有效的解释优先于使意思表示无效的解释。

【增设理由】前条列出意思表示解释的一般基准。对于某些已较为成型、规则化的意思表示解释法则,不妨另设明文,以利适用。"有效解释优先"规则,系立法例上的通例(例如 2016 年《法国新债法》第 1191 条、《欧洲民法典(草案)》第二编第 8:106 条)。

第三节 民事法律行为的效力

第一百五十条 [民事法律行为的有效要件]

具备下列条件的民事法律行为有效:

(一)行为人具有相应的民事行为能力;

(二)意思表示真实;

(三)不违反法律、行政法规的效力性强制性规定,不违背公序良俗。

第一百五十一条　[无民事行为能力人的行为]

无民事行为能力人实施的民事法律行为无效。

第一百五十二条　[限制民事行为能力人的行为]

限制民事行为能力人实施的民事法律行为,经法定代理人同意或者追认后有效,但是纯获利益的民事法律行为或者与其年龄、智力、精神健康状况相适应的民事法律行为,不需经法定代理人同意或者追认。

相对人可以催告法定代理人自收到通知之日起一个月内予以追认。法定代理人未作表示的,视为拒绝追认。民事法律行为被追认前,善意相对人有撤销的权利。撤销应当以通知的方式作出。

第一百五十三条　[无意识状态下的民事法律行为]

完全民事行为能力人在神志不清的状态下所实施的民事法律行为无效。

【增设理由】自然人虽非无行为能力人,但如在神志不清(无意识)状态下实施法律行为,亦应无效。最高人民法院《关于贯彻执行〈中华人民共和国民法通则〉若干问题的意见(试行)》(以下简称《民通意见》)第 67 条第 2 款规定:“行为人在神志不清的状态下所实施的民事行为,应当认定无效。”建议上升为法律规定。

第一百五十四条　[真意保留]

行为人无意受其意思表示约束,而作出意思表示的,其意思表示不因此而无效,但相对人明知行为人无意受其意思表示约束的除外。

【增设理由】真意保留,即单方虚伪表示,与双方虚伪表示相对应。下一条已规定双方虚伪表示。建议增设本条,以保持体系上的完整,并为涉及真意保留的案型提供裁判依据。

第一百五十五条　[虚假行为和隐藏行为]

行为人与相对人串通,以虚假的意思表示实施的民事法律行为无效,但是双方均不得以此对抗善意第三人。

行为人以虚假的意思表示隐藏的民事法律行为,依照有关法律规定处理。

第一百五十六条　[重大错误]

基于意思表示重大~~误解~~错误实施的民事法律行为,作出错误意思表示的行为人有权请求人民法院或者仲裁机构予以撤销。

行为人作出意思表示时,其表示内容有错误或者表示行为有错误,而行为人如果知道相应的真实情况即无意作出该意思表示,且一般人处于行为人位置时也无意作出该意思表示的,为意思表示重大错误。

对方当事人的资格或者标的物的性质,在交易上认为重要的,关于该资格或者性质的意思表示错误,视为意思表示内容的错误。

【修改理由】关于重大误解,现行《民法通则》未设定义,但《民通意见》第 71

条设有判断标准,《民法总则草案》(2015 年 8 月 28 日民法室室内稿)曾予采纳。考虑到本草案已对显失公平确立具体判断标准,重大误解等其他可撤销法律行为亦宜确立具体标准。建议将《民通意见》条文上升为法律规定,并加以完善。(1)重大误解概念为《民法通则》所采用,相当于国际上通行的“错误”概念,但“误解”一词,文义上是从意思表示受领方的角度着眼;“错误”一词,则是从意思表示作出方的角度着眼,应以“错误”一词更为精确。考虑到概念的延续性和通俗性,似可考虑改用“重大错误”或“意思表示重大错误”概念。《瑞士债务法》第 23、24 条称重大错误,我国《澳门民法典》第 240 条称重要错误,可供参考。(2)《民通意见》第 71 条对重大误解的构成要件,采“造成较大损失”标准,与意思表示错误制度的本意不尽相符。民法对意思表示错误一方赋予撤销权,目的在于校正意思表示不真实的状态,而非补偿意思表示错误行为的损失。建议修改,对于内容错误和表示错误,以行为人如知道真实情况(主观要件)且一般人处于行为人位置时(客观要件)即无意作出该意思表示为标准。参考我国台湾地区“民法”第 88 条第 1 款、我国《澳门民法典》第 240 条、《德国民法典》第 119 条第 1 款并酌改表述。(3)关于当事人资格和标的物性质的错误,一般认为属于动机错误,原则上不影响法律行为效力,但如交易上认为重要的,仍视为意思表示内容错误,发生可撤销的效果。参考我国台湾地区“民法”第 88 条第 2 款、《德国民法典》第 119 条第 2 款。(4)某些立法例规定表意人有过失时无撤销权,本条不采。意思表示错误制度旨在确保意思自治,补救意思表示瑕疵。因表意人有过失即剥夺其撤销权,是对表意人处以过度之制裁,与私法自治原则和撤销权制度的本意不符。表意人有过失的,于撤销其意思表示后应向相对人承担损害赔偿责任,足以保护相对人之利益。

第一百五十七条 [误传]

意思表示因传达人传达错误的,可以比照前条规定撤销。

【增设理由】按照民法原理,误传,系因传达人(使者或电报机关等)传达错误所致,与表意人自己所造成的错误并不相同,但其结果应为相同。《民通意见》第 77 条规定传达错误:“意思表示由第三人义务转达,而第三人由于过失转达错误或者没有转达,使他人造成损失的,一般可由意思表示人负赔偿责任。但法律另有规定或者双方另有约定的除外。”但本条未明确传达错误是否构成可撤销事由。建议上升为法律规定,并酌加修改。并参考我国台湾地区“民法”第 89 条。

第一百五十八条 [欺诈]

一方故意告知对方虚假情况,或者故意隐瞒依据法律规定、双方约定或者交易习惯有义务告知的真实情况~~以欺诈手段~~,使对方在~~其~~违背其真实意思的情况下实施的民事法律行为,受欺诈方有权请求人民法院或者仲裁机构予以撤销。

【修改理由】关于欺诈，现行《民法通则》未设定义，但《民通意见》第 68 条设有判断标准，《民法总则草案》(2015 年 8 月 28 日民法室室内稿)曾予采纳。考虑到本草案已对显失公平确立具体判断标准，欺诈等其他可撤销法律行为亦宜确立具体标准。建议将《民通意见》条文上升为法律规定，并加以完善。依据民法原理和立法例上的通例，欺诈分为积极欺诈(故意告知虚假情况)和消极欺诈(故意隐瞒真实情况)，但消极欺诈仅在一方负有告知义务而故意不告知的情形方可构成。告知义务的发生根据须有限定，以免妨碍私法自治。故建议作相应修改，以免实务上发生误用。

第一百五十九条　[第三人欺诈]

第三人实施欺诈行为，使一方在违背其真实意思的情况下实施的民事法律行为，对方知道或者应当知道该欺诈行为的，受欺诈方有权请求人民法院或者仲裁机构予以撤销。

第一百六十条　[胁迫]

一方或者第三人以~~胁迫手段~~非法损害对方或者他人民事权益相威胁，迫使对方在违背其真实意思的情况下实施的民事法律行为，受胁迫方有权请求人民法院或者仲裁机构予以撤销。

【修改理由】关于胁迫，现行《民法通则》未设定义，但《民通意见》第 69 条设有判断标准，《民法总则草案》(2015 年 8 月 28 日民法室室内稿)曾予采纳。考虑到本草案已对显失公平确立具体判断标准，胁迫等其他可撤销法律行为亦宜确立具体标准。建议将《民通意见》条文上升为法律规定，并加以完善。《民通意见》第 69 条所解释的胁迫，仅指给“公民及其亲友”或“法人”造成损害相要挟的行为，对象过于狭窄，建议扩张为他人。我国《澳门民法典》第 248 条第 2 款、1992 年《荷兰新民法典》第 3:44 条第 2 款、美国《路易斯安那民法典》第 1960 条明文规定胁迫得针对表意人或第三人之人身、名誉或财产，可供参考。

第一百六十一条　[显失公平]

一方利用对方处于困境、缺乏判断能力或者对自己信赖的等情形，致使民事法律行为成立时显失公平的，对~~受损害~~方有权请求人民法院或者仲裁机构予以撤销。

【修改理由】显失公平的主观要件中使用“等”字，易发生此语究竟为等外等或等内等的解释歧义。显失公平法律行为的撤销，系对意思自治的干预，宜由法律明文规定。主要国家和地区的立法例上均不采等字，而是穷尽性地列举其主观要件。另，显失公平制度的本意在于保护对方当事人，利用对方处于困境等情形而实施显失公平行为者，不享有撤销权，但该行为人，也可能受有损害。为免误解误用，建议明确撤销权人为“对方”。

第一百六十二条 [不得对抗善意第三人]

民事法律行为因重大~~误解~~错误、欺诈、显失公平被撤销的,不得对抗善意第三人。

第一百六十三条 [撤销权的消灭]

有下列情形之一的,撤销权消灭:

(一)当事人自知道或者应当知道撤销事由之日起一年内没有行使撤销权的;

(二)当事人受胁迫,自胁迫行为终止之日起一年内没有行使撤销权的;

(三)当事人知道撤销事由后明确表示或者以履行义务、行使权利、转让权利、提供担保等自己的行为表明放弃撤销权的;

(四)当事人自民事法律行为成立~~发生~~之日起五年内没有行使撤销权的。

【修改理由】(1)依民法原理,默示放弃撤销权的行为,包括履行法律行为所生义务、行使或转让法律行为所生权利、为法律行为所生义务提供担保等行为。有立法例明文例示此类行为(例如2003年《柬埔寨民法典》第362条)。建议采用例示规定,以利适用。(2)本法对于法律行为,用成立、生效等概念,而不用"发生"一语。

第一百六十四条 [违反强制性规定]

违反法律、行政法规的效力性强制性规定的民事法律行为无效。

第一百六十五条 [违背公序良俗]

违背公序良俗的民事法律行为无效。

【分条理由】违法行为无效和背俗行为无效,系两项不同的规则,各自的规范目的、适用方法均有重大差异,似宜分别规定,这也与现行《合同法》相符(第52条第4、5项),亦属立法例上的通例(例如《德国民法典》第134、138条,我国台湾地区"民法"第71、72条)。分开规定,有助于司法实践中准确适用条文,避免笼统混用条文的做法;同时便于司法案例的分别检索和统计分析,对司法实务和理论研究均有重要益处。

第一百六十六条 [恶意串通]

行为人与相对人恶意串通,损害他人合法权益的民事法律行为无效。

第一百六十七条 [无效民事法律行为的转换]

无效的民事法律行为,具备其他民事法律行为的有效条件,并因其情形,可以认为当事人若知道其无效即愿意实施其他民事法律行为的,其他民事法律行为仍为有效。

【增设理由】无效民事法律行为转换制度,现行法未作规定。大陆法系民法为尊重当事人之意思,促成法律行为之目的实现,而有无效法律行为转换制度(例如我国台湾地区"民法"第112条、我国《澳门民法典》第286条、《德国民法典》第140条、1992年《荷兰新民法典》第3:42条)。无效的民事法律行为,若具备其他民事法律行为之要件,并因其情形,可认当事人若知其无效即欲为其他民事法律行为者,则作为其他民事法律行为,认可其有效。无效民事法律行为转换制度,有助于增进私法自治,尽可能挽救民事法律行为的效力,减少社会经济成本的耗费。建议增设。

第一百六十八条　[自始无效]

无效的或者被撤销的民事法律行为,~~从民事法律行为开~~自始~~时起~~就没有法律约束力。

【修改理由】同《合同法》第56条第1句,较为简洁,建议采用。

第一百六十九条　[部分无效]

民事法律行为部分无效,不影响其他部分效力的,其他部分仍然有效。

第一百七十条　[无效、撤销或确定不生效的后果]

民事法律行为无效、被撤销或者确定不发生效力后,行为人因该行为取得的财产,应当予以返还;不能返还或者没有必要返还的,应当折价补偿。有过错的一方应当赔偿对方由此所受到的损失,以使对方处于如同民事法律行为未实施时的地位;各方都有过错的,应当各自承担相应的责任。~~法律另有规定的,依照其规定。~~

【修改理由】(1)民事法律行为无效、被撤销时的损害赔偿,性质为消极利益的赔偿,标准为使赔偿权利人恢复行为实施前的地位。宜予明确,以利适用。可参考《国际商事合同通则》第3.18条。(2)民事法律行为无效、被撤销的后果,本条已规定完整,并不存在其他相异的法律规定。本条最后一句容易引起疑义,建议删除。即使将来有另作规定的可能,依照特别规定优先于普通规定的原则,亦不妨碍特别规定的适用。

第四节　民事法律行为的附条件和附期限

第一百七十一条　[附条件民事法律行为]

民事法律行为可以附条件,但是依照其性质不得附条件的除外。

附生效条件的民事法律行为,自条件成就时生效。

附解除条件的民事法律行为,自条件成就时失效。

第一百七十二条　[条件成就和不成就的拟制]

附条件的民事法律行为,当事人为自己的利益不正当地阻止条件成就的,视为条件已成就;不正当地促成条件成就的,视为条件不成就。

第一百七十三条　[附期限民事法律行为]

民事法律行为可以附期限,但是依照其性质不得附期限的除外。

附生效期限的民事法律行为,自期限届至时生效。

附终止期限的民事法律行为，自期限届满时失效。

第七章　代理

第一节　一般规定

第一百七十四条　[可代理的民事法律行为]

自然人、法人和非法人组织可以通过代理人实施民事法律行为。

依照法律规定、当事人约定或者民事法律行为的性质，应当由本人亲自实施的民事法律行为，不得代理。

【移动理由】第 2 款原为下一条的第 2 款。本款旨在明确何种法律行为不得代理，正属于本条第 1 款的例外。建议移至本条。

第一百七十五条　[直接代理]

代理人在代理权限内，以被代理人名义实施的民事法律行为，对被代理人发生效力。

第一百七十六条　[间接代理]

代理人在代理权限内以自己的名义与第三人实施民事法律行为，第三人知道代理人与被代理人之间的代理关系的，该民事法律行为直接约束被代理人和第三人，但是有~~确切~~证据证明该民事法律行为只约束代理人和第三人的除外。

第一百七十七条　[意定代理和法定代理]

代理包括~~委托~~意定代理和法定代理。

~~委托~~意定代理人按照被代理人的授权~~委托~~行使代理权。法定代理人依照法律的规定行使代理权。

法定代理，本章没有规定的，适用本法和其他法律有关规定。

【修改理由】《民法通则》用委托代理概念，学说上普遍认为有失准确，妥当的概念应为意定代理。因此种代理赖以发生的基础关系并不限于委托，还包括雇用、合伙等关系。并且，本草案已规定职务代理(第 150 条)，职务代理无法归入委托代理范畴。意定代理概念则可涵盖职务代理，因为职权系以意思表示(章程、合伙协议等)而授予，所生的代理权仍以意思表示为来源。鉴于意定代理概念较为理论化，亦可考虑采用“授权代理”概念，可以揭示出此种代理相对于法定代理的特性：代理权非来自法律规定，而是来自被代理人的授权。相应地，授权委托书概念径称为“授权书”即可。

第一百七十八条　[代理行为的瑕疵]

代理人实施的民事法律行为，因意思欠缺、受欺诈、受胁迫或者知道、应当知道第三人欺诈等事实，影响该民事法律行为的效力的，上述事实的有无，应当根据代理人的情况予以认定；但意定代理人的民事法律行为是按照被代理人意思而实施的,应当根据被代理人的情况予以认定,被代理人知道上述事实的,不得主张代理人不知。

【增设理由】按照民法原理,代理行为,非被代理人的行为,而是代理人的行为,故代理人所为法律行为,如因意思欠缺(虚假表示、重大错误等)、受欺诈、受胁迫等事实,致使法律行为无效或可撤销的,应由代理人决定,被代理人有无上述事实,在所不问。例如甲的代理人乙,以甲的名义与相对人丙串通实施虚假表示行为,则依本法所定虚假行为规则,该行为无效,而甲不得以其本人未与丙实施虚假表示为由主张该行为有效。但上述规则存在例外,即当代理人系依被代理人意思而为法律行为时,既系出于被代理人自己之意思,影响法律行为效力的上述事实之有无,自应由被代理人而决定。现行法对此规则,未设规定。参考我国台湾地区"民法"第105条、我国《澳门民法典》第252条、《德国民法典》第166条。

第一百七十九条 [代理人的民事责任]

代理人不履行职责,造成被代理人损害的,应当承担民事责任。代理人和第三人恶意串通,损害被代理人合法权益的,由代理人和第三人承担连带责任。

第二节 ~~委托~~意定代理

第一百八十条 [意定代理的形式]

~~委托~~意定代理可以采用书面形式、口头形式或者其他形式;法律规定或者当事人约定采用特定形式的,应当采用特定形式。

授权~~委托~~书应当载明代理人的姓名或者名称、代理事项、权限和期间,并由被代理人签名或者盖章。

第一百八十一条 [代理人的民事行为能力]

代理人为限制民事行为能力人的,不影响代理行为的效力。

【增设理由】依据民法原理,限制行为能力人得为代理人,因代理行为对被代理人发生效力,代理人自己并不承受代理行为的法律后果,不致因代理行为蒙受不利,且被代理人既授权限制行为能力人为其代理人,自当由其自行承担相应的风险。《民法总则草案》(2015年8月28日民法室室内稿)第124条设有此规定,后被删除。建议恢复。

第一百八十二条 [共同代理人]

数人为同一~~委托~~授权事项的代理人的,应当共同行使代理权,法律另有规定或者~~当事人另有约定~~被代理人另有表示的除外。

【修改理由】本条但书所称"当事人另有约定",易生疑义:是指各代理人之间另有约定,还是被代理人与其中一个代理人之间另有约定,又或是被代理人与全体代理人之间另有约定?再者,按照我国现行法和通说见解,代理权的授予系单方行为，与基础关系不同，因此，此处似不宜规定代理人与被代理人之间另有约定，而径规定“被代理人另有表示”即可。参考我国台湾地区“民法”第168条规定(“代理人有数人者，其代理行为应共同为之。但法律另有规定或本人另有意思表示者，不在此限”)。

第一百八十三条 ［代理行为违法的责任］

代理人知道或者应当知道代理的事项违法仍然实施代理行为，或者被代理人知道或者应当知道代理人的代理行为违法未作反对表示的，被代理人和代理人应当承担连带责任。

第一百八十四条 ［自己代理和双方代理］

代理人不得以被代理人的名义与自己实施民事法律行为，法律另有规定或者被代理人同意、追认的除外。

代理人不得以被代理人的名义与其同时代理的其他人实施民事法律行为，法律另有规定或者被代理的双方同意、追认的除外。

第一百八十五条 ［复代理］

代理人需要转授权~~委托~~第三人代理的，应当取得被代理人的同意或者追认。

转授权~~委托~~代理经被代理人同意或者追认的，被代理人可以就代理事务直接指示转授权~~委托~~的第三人，代理人仅就第三人的选任及其对第三人的指示承担责任。

转授权~~委托~~代理未经被代理人同意或者追认的，代理人应当对转授权~~委托~~的第三人的行为承担责任，但是在紧急情况下代理人为了维护被代理人的利益需要转授权~~委托~~第三人代理的除外，代理人仅就第三人的选任及其对第三人的指示承担责任。

【修改理由】紧急代理的情形，代理人的责任不应大于也不应小于经被代理人同意或追认的情形。本条第3款的但书，似宜明确紧急代理情形的代理人责任范围，以免引起歧义，致被误认为紧急代理时代理人一概不承担责任。

第一百八十六条 ［职务代理］

执行法人或者非法人组织工作任务的人，就其职权范围内的事项，以法人或者非法人组织的名义实施民事法律行为，对法人或者非法人组织发生效力。

法人或者非法人组织对其工作人员职权范围的限制，不得对抗善意第三人。

第一百八十七条 ［无权代理］

行为人没有代理权、超越代理权或者代理权终止后，仍然实施代理行为，未经被代理人追认的，代理行为无效。

相对人可以催告被代理人自收到通知之日起一个月内予以追认。被代理人未作表示的,视为拒绝追认。无权代理人实施的行为被追认前,善意相对人有撤销的权利。撤销应当以通知的方式作出。

无权代理人实施的行为未被追认的,善意相对人有权要求无权代理人履行债务或者就其受到的损害要求无权代理人赔偿,但是赔偿的范围不得超过代理行为有效时所能获得的利益。

相对人知道或者应当知道代理人无权代理的,相对人和代理人按照各自的过错承担责任。

第一百八十八条　[表见代理]

行为人没有代理权、超越代理权或者代理权终止后,仍然实施代理行为,相对人有理由相信行为人有代理权的,代理行为有效,但是有下列情形之一的除外:

(一)行为人伪造他人的公章、合同书或者授权~~委托~~书等,假冒他人的名义实施民事法律行为的;

(二)被代理人的公章、合同书或者授权~~委托~~书等遗失、被盗,或者与行为人特定的职务关系已经终止,并且已经以合理方式公告或者通知,相对人应当知悉的;

(三)法律规定的其他情形。

第三节　代理的终止

第一百八十九条　[意定代理的终止]

有下列情形之一的,~~委托~~意定代理终止:

(一)代理期间届满或者代理事务完成的;

(二)意定代理权所依据的法律关系终止;

(三)被代理人~~取消委托~~撤回授权或者代理人~~辞去委托~~放弃代理权的;

(四)代理人丧失民事行为能力的;

(五)代理人或者被代理人死亡的;

(六)作为代理人或者被代理人的法人、非法人组织终止的。

【修改理由】意定代理权所依据的基础关系(例如委托合同、劳动合同、合伙合同)终止时,代理权亦随之终止。因此增补本项规定。参考我国台湾地区"民法"第108条第1款、《德国民法典》第168条第1句。另,意定代理权称"撤回",较《民法通则》所称的"取消"精确,故改为"撤回授权"。

第一百九十条　[代理权的撤回和限制]

被代理人可以随时撤回或者限制代理权,但以不损害代理人基于代理权所依据的法律关系享有的权益为限。

【增设理由】代理权的授予系单方法律行为,且原则上代理行为仅对被代理人发生效力，与代理人并无利害关系，因此被代理人可以随时撤回或限制代理权，此系立法例上的通例。但在例外情形，亦可能因基础关系之存在而使代理人享有权益（例如独家代理合同），故代理权的撤回和限制不得损害代理人权益，否则不发生撤回或限制的效力。代理权的撤回和限制，仅限于意定代理的情形，因撤回和限制系民事法律行为，法定代理中的被代理人不具有完全行为能力，不得独立实施，自不待言。参考我国台湾地区“民法”第 108 条第 2 款、《瑞士债务法》第 34 条第 1 款、《德国民法典》第 168 条第 2 句。

第一百九十一条　［交还授权书的义务］

意定代理终止的，代理人应当将授权书交还被代理人或者其继承人、权利义务承受人，不得留置。

【增设理由】授权书的返还，不论授予代理权的基础关系为何，代理人均有此义务。参考我国台湾地区“民法”第 109 条、我国《澳门民法典》第 260 条。

第一百九十二条　［被代理人死亡后的代理行为有效］

被代理人死亡后，有下列情形之一的，~~委托~~意定代理人实施的代理行为有效：

（一）代理人不知道并且不应当知道被代理人死亡的；

（二）被代理人的继承人均予以承认的；

（三）授权中明确代理权在代理事项完成时终止的；

（四）在被代理人死亡前已经实施，在被代理人死亡后为了被代理人继承人的利益继续完成的。

作为被代理人的法人、非法人组织终止的，参照适用前款规定。

第一百九十三条　［法定代理的终止］

~~有下列情形之一~~监护关系、财产代管关系等终止的，法定代理终止。~~：~~

~~（一）被代理人取得或者恢复完全民事行为能力的；~~

~~（二）代理人丧失民事行为能力的；~~

~~（三）被代理人或者代理人死亡的；~~

~~（四）有法律规定的其他情形的。~~

【修改理由】本条来源于现行《民法通则》第 70 条。《民法通则》仅规定法定代理终止情形而未规定监护关系终止情形。但本草案在新增关于监护关系终止情形的第 36 条后，本条仍采列举式规定，即与第 36 条重复。监护关系终止的，法定代理当然随之终止，因此本条仅需作概括式规定即可。另，法定代理的发生事由除监护关系外，尚有失踪人的财产代管关系、夫妻关系（夫妻的家事代理权为法定代理权之一种）等。故建议改为“监护关系、财产代管关系等终止的”，法定代理终止。

第八章 民事责任

第一百九十四条 [民事责任的承担]

民事主体应当依照法律规定或者当事人约定履行民事义务。

民事主体不履行或者不完全履行民事义务的,应当依法承担民事责任。

第一百九十五条 [多数人责任]

二人以上不履行或者不完全履行民事义务的,应当依法分担责任或者承担连带责任。

承担连带责任,以当事人明示约定或者法律规定的为限。

【修改理由】本稿新增按份责任和连带责任的规定。一个前提性问题是,何种情形下发生按份责任、何种情形下发生连带责任。按照《民法通则》第87条规定和通说见解,连带责任的发生,限于当事人明示约定和法律规定的情形(并可参考我国台湾地区"民法"第272条:数人负同一债务,明示对于债权人各负全部给付之责任者,为连带债务。无前项之明示时,连带债务之成立,以法律有规定者为限")。就法理而言,法律直接规定多数债务人对债权人承担连带清偿义务,以特殊保护债权人之利益,应属于例外。因此建议增设第2款规定。

第一百九十六条 [按份责任]

二人以上依法承担按份责任的,责任人按照各自责任份额向权利人承担民事责任。

第一百九十七条 [连带责任]

二人以上依法承担连带责任的,每一个责任人应当向权利人承担全部民事责任。责任人实际承担责任超过其应当承担份额的,可以向其他连带责任人追偿。

第一百九十八条 [民事责任方式]

承担民事责任的方式主要有:

(一)停止侵害;

(二)排除妨碍;

(三)消除危险;

(四)返还财产;

(五)恢复原状、修复生态环境;

(六)修理、重作、更换;

(七)赔偿损失;

(八)支付违约金;

(九)消除影响、恢复名誉;

(十)赔礼道歉。

前款规定的承担民事责任的方式,可以单独适用,也可以合并适用。

第一百九十九条　[不可抗力免责]

因不可抗力不能履行民事义务的,不承担民事责任,法律另有规定的除外。

不可抗力是指不能预见、不能避免并不能克服的客观情况。

第二百条　[自助行为]

为保护自己权利,扣留或者毁损义务人的财物,或者拘束义务人的自由的,行为人不承担民事责任,但以不及受人民法院或者其他有权处理的机关保护,并且若非即时实施则请求权无法行使或者其行使有显著困难的为限。

【增设理由】现代法律关于权利保护,以公力救济为原则。但绝对禁止私力救济,有时难免对权利人保护不周。因法院非到处都是,而其他机关亦非随处均有,因而遇紧急之情形来不及请求公力救济时,作为例外容许自助行为。我国民法对于自助行为未有明文规定,但在实际生活中权利人采自助行为以实现其权利,且被免除侵权责任的实例,时亦有之。自助行为亦为法院裁判所认可。建议增设本条。

第二百〇一条　[自助行为人的义务与责任]

依照前条规定,扣留他人财物或者拘束他人自由的,应当即时向人民法院或者其他有权处理的机关请求处理。请求被驳回或者请求迟延的,行为人应当承担损害赔偿责任。

自助行为超过必要限度的,行为人应当承担相应的损害赔偿责任。

【增设理由】自助行为须不超过必要的限度,并且须及时请求国家机关予以处置。

第二百〇二条　[正当防卫]

因正当防卫造成损害的,不承担责任。正当防卫超过必要的限度,造成不应有的损害的,正当防卫人应当承担适当的责任。

第二百〇三条　[紧急避险]

因紧急避险造成损害的,由引起险情发生的人承担责任。如果危险是由自然原因引起的,紧急避险人不承担责任或者给予适当补偿。紧急避险采取措施不当或者超过必要的限度,造成不应有的损害的,紧急避险人应当承担适当的责任。

第二百〇四条　[受益人补偿]

为保护他人民事权益而使自己受到损害的,由侵权人承担责任,受益人可以给予适当补偿。没有侵权人、侵权人逃逸或者无力承担责任,受害人请求补偿的,受益人应当给予适当补偿。

第二百〇五条　[责任竞合]

因当事人一方的违约行为,损害对方人身、财产权益的,受损害方有权选择要求其承担违约责任或者侵权责任。

第二百〇六条 [民事责任优先]

民事主体因同一行为应当承担民事责任、行政责任和刑事责任的,承担行政责任或者刑事责任不影响依法承担民事责任;民事主体的财产不足以支付的,先承担民事责任。

第九章 诉讼时效和除斥期间

第一节 诉讼时效

第二百〇七条 [普通诉讼时效期间]

~~向人民法院请求保护民事权利的~~诉讼时效期间为五~~三~~年,法律另有规定的除外。

【修改理由】此前草案将普通诉讼时效延长为五年,较为妥当。延长为三年,意义不大。最高法院方面主张仅延长至三年,仅为法院减少案源考虑,未考虑到银行系统因诉讼时效过短而每年损失数千亿元的事实。时效仅延长至三年,仍不利于保护人民和企业的合法权益、不利于信用环境的改善。

第二百〇八条 [诉讼时效期间的起算和最长诉讼时效期间]

诉讼时效期间自权利人知道或者应当知道权利受到损害以及义务人之日起开始计算,法律另有规定的除外。但是,自权利受到损害之日起超过二十年的,~~人民法院不予保护~~诉讼时效期间届满;有特殊情况的,人民法院可以延长。

【修改理由】《民法通则》对诉讼时效的效力采胜诉权消灭主义。最高人民法院《关于审理民事案件适用诉讼时效制度若干问题的规定》改采抗辩权发生主义,并明文规定法院不得主动适用诉讼时效(第3条)。本草案既已采纳该司法解释规定,明文规定诉讼时效的效力,似不宜沿用《民法通则》"向人民法院请求保护民事权利""人民法院不予保护"之表述,以免误解。

第二百〇九条 [分期履行债务的诉讼时效起算]

当事人约定同一债务分期履行的,诉讼时效期间从最后一期履行期限届满之日起计算。

第二百一十条 [合同债权的诉讼时效起算]

未约定履行期限的合同,依照合同法第六十一条、第六十二条的规定,可以确定履行期限的,诉讼时效期间从履行期限届满之日起计算;不能确定履行期限的,诉讼时效期间从债权人要求债务人履行义务的宽限期届满之日起计算,但债务人在债权人第一次向其主张权利之时明确表示不履行义务的,诉讼时效期间从债务人明确表示不履行义务之日起计算。

【增设理由】最高人民法院《关于审理民事案件适用诉讼时效制度若干问题

的规定》第 6 条,建议上升为法律规定。

第二百一十一条 [民事法律行为被确认无效或撤销后请求权的诉讼时效起算]

民事法律行为被确认无效或者被撤销的,返还财产、赔偿损失请求权的诉讼时效期间从民事法律行为被确认无效或者被撤销之日起计算。

【增设理由】(1)最高人民法院《关于审理民事案件适用诉讼时效制度若干问题的规定》第 7 条第 3 款规定撤销情形的请求权时效起算,建议上升为法律规定。(2)法律行为无效情形下返还财产和赔偿损失请求权时效期间自何时起算,现行法欠缺明文规定,为理论和实务上的争议热点。有见解认为,法律行为无效为自始无效,当事人自始即得行使返还和赔偿请求权,故其时效应自法律行为成立时起算。但就实际而言,除某些显著违法或背俗的法律行为之外,法律行为是否无效,多有赖于法院或仲裁机构的事后判断,非当事人自始可知;若自始开始计算诉讼时效,至无效确认的判决或裁决生效之日,时效往往已经完成,对权利人殊为不利。就法律的实际适用状况而言,如未经法院或仲裁机构确认无效,法律行为一方当事人径以无效为由向对方请求返还或赔偿的,只要为对方所拒,必发生无效与否之争讼。而权利人事实上可得行使返还和赔偿请求权之时,即法律行为被确认无效之时。因此建议以无效确认之时为时效起算时点。

第二百一十二条 [人身损害赔偿请求权的诉讼时效起算]

人身损害赔偿请求权的诉讼时效期间,伤害明显的,从受伤害并知道或者应当知道义务人之日起开始计算;伤害当时未曾发现,后经检查确诊的,从伤势确诊并知道或者应当知道义务人之日起开始计算。

发生损害事件后出现加重损害的,诉讼时效自加重损害确诊之日起开始计算。

【增设理由】人身损害赔偿请求权的时效起算有其特殊性,现行司法解释设有特别规则,以更好地保护权利人,即《民通意见》第 168 条(人身损害赔偿的诉讼时效期间,伤害明显的,从受伤害之日起算;伤害当时未曾发现,后经检查确诊并能证明是由侵害引起的,从伤势确诊之日起算)。立法例上亦有类似规定,如《法国民法典》第 2226 条第 1 款规定:因造成身体伤害的事件,诉讼时效期间为 10 年,自最初的损害或加重的损害得到最后确定之日起计算。建议将现行司法解释规则上升为法律,并结合本法关于时效起算的新规定(知道义务人)酌加修改;另增设第 2 款规定加重损害情形的时效起算,以因应现代诸多事故损害潜伏期较长的情况。

第二百一十三条 [无因管理的诉讼时效起算]

管理人因无因管理行为产生的给付必要管理费用、赔偿损失请求权的诉讼时效期间,从无因管理行为结束并且管理人知道或者应当知道本人之日起计算。

本人因不当无因管理行为产生的赔偿损失请求权的诉讼时效期间,从其知道或者应当知道管理人及损害事实之日起计算。

【增设理由】最高人民法院《关于审理民事案件适用诉讼时效制度若干问题的规定》第9条,建议上升为法律规定。

第二百一十四条 [不当得利的诉讼时效起算]

返还不当得利请求权的诉讼时效期间,从当事人一方知道或者应当知道不当得利事实及对方当事人之日起计算。

【增设理由】最高人民法院《关于审理民事案件适用诉讼时效制度若干问题的规定》第8条,建议上升为法律规定。

第二百一十五条 [诉讼时效的效力]

诉讼时效期间届满的,义务人可以提出不履行义务的抗辩。

诉讼时效期间届满后,义务人自愿履行的,不受诉讼时效限制;义务人以承认义务、分期履行、部分履行、提供担保、请求延期履行、制定清偿计划等行为表示同意履行的,不得以诉讼时效期间届满为由抗辩。

第二百一十六条 [法院不得主动适用时效]

人民法院不得主动适用诉讼时效的规定。

第二百一十七条 [诉讼时效抗辩后不得抵销]

义务人提出诉讼时效期间届满的抗辩后,权利人不得行使抵销权。

【修改理由】时效期间届满后的抵销,宜设明文,以利适用。可参考《国际商事合同通则》第10.10条。

第二百一十八条 [诉讼时效中止]

在诉讼时效期间的最后六个月内,因下列障碍,不能行使请求权的,诉讼时效中止:

(一)不可抗力;

(二)无民事行为能力人或者限制民事行为能力人没有法定代理人,或者法定代理人死亡、丧失代理权或者丧失民事行为能力;

(三)继承开始后未确定继承人或者遗产管理人;

(四)权利人被义务人或者其他人控制;

(五)其他导致权利人不能行使请求权的障碍。

自中止时效的原因消除之日起满六个月,诉讼时效期间届满。

第二百一十九条 [法定代理情形的诉讼时效起算]

无民事行为能力人或者限制民事行为能力人与其法定代理人之间的请求权的诉讼时效,自该法定代理关系终止之日起开始计算。

第二百二十条 [诉讼时效中断]

有下列情形之一的,诉讼时效中断,从中断或者有关程序终结时起,诉讼时效期间重新计算:

(一)权利人向义务人提出履行请求的;

(二)义务人以承认义务、分期履行、部分履行、提供担保、请求延期履行、制定清偿计划等行为表示同意履行义务的;

(三)权利人提起诉讼。或者申请仲裁的;

(四)有与提起诉讼或者申请仲裁具有同等效力的其他情形的。下列事项,与提起诉讼具有同等效力:

1. 申请仲裁;

2. 申请支付令;

3. 申请破产、申报破产债权;

4. 为主张权利而申请宣告义务人失踪或者死亡;

5. 申请诉前财产保全、诉前临时禁令等诉前措施;

6. 申请强制执行;

7. 申请追加当事人;

8. 义务人被通知参加诉讼;

9. 在诉讼中主张抵销;

10. 其他与提起诉讼具有同等诉讼时效中断效力的事项。

【增设理由】最高人民法院《关于审理民事案件适用诉讼时效制度若干问题的规定》第13、16条,建议上升为法律规定,以免解释上发生困难。

第二百二十一条 [诉讼时效因提出权利保护请求而中断]

权利人向人民调解委员会或者其他依法有权解决相关民事纠纷的国家机关、事业单位、社会团体等组织提出保护相应民事权利的请求,诉讼时效从提出请求之日起中断。

【增设理由】最高人民法院《关于审理民事案件适用诉讼时效制度若干问题的规定》第14条,建议上升为法律规定。

第二百二十二条 [诉讼时效因报案、控告而中断]

权利人向公安机关、人民检察院、人民法院报案或者控告,请求保护其民事权利的,诉讼时效从其报案或者控告之日起中断。

前款规定的机关决定不立案、撤销案件、不起诉的,诉讼时效期间从权利人知道或者应当知道不立案、撤销案件或者不起诉之日起重新计算;刑事案件进入审理阶段,诉讼时效期间从刑事裁判文书生效之日起重新计算。

【增设理由】最高人民法院《关于审理民事案件适用诉讼时效制度若干问题的规定》第15条,建议上升为法律规定。

第二百二十三条　[诉讼时效中断及于剩余部分权利]

权利人主张同一权利中的部分权利的,诉讼时效中断的效力及于剩余部分权利,但权利人明确表示放弃剩余部分权利的除外。

【增设理由】最高人民法院《关于审理民事案件适用诉讼时效制度若干问题的规定》第11条,建议上升为法律规定。

第二百二十四条　[诉讼时效中断及于连带权利人和义务人]

对连带权利人或者连带义务人中的一人发生诉讼时效中断的,中断的效力及于全部连带权利人或者连带义务人。

第二百二十五条　[诉讼时效中断及于人的效力]

诉讼时效中断的效力及于当事人、继承人和受让人。

【增设理由】诉讼时效中断及于人的一般效力,宜有明文规定。可参考我国台湾地区"民法"第138条。

第二百二十六条　[诉讼时效因代位权诉讼而中断的效力]

债权人提起代位权诉讼的,对债权人的债权和债务人的债权均发生诉讼时效中断的效力。

【增设理由】最高人民法院《关于审理民事案件适用诉讼时效制度若干问题的规定》第18条,建议上升为法律规定。

第二百二十七条　[债权转让和债务承担中的诉讼时效中断]

债权转让的,诉讼时效从债权转让通知到达债务人之日起中断。

债务承担,构成原债务人对债务承认的,诉讼时效从债务承担意思表示到达债权人之日起中断。

【增设理由】最高人民法院《关于审理民事案件适用诉讼时效制度若干问题的规定》第19条,建议上升为法律规定。

第二百二十八条　[不适用诉讼时效的请求权]

下列请求权不适用诉讼时效:

(一)请求停止侵害、排除妨碍、消除危险;

(二)登记的物权人请求返还财产;

(三)请求支付赡养费、抚养费或者扶养费;

(四)依法不适用诉讼时效的其他请求权。

第二百二十九条　[诉讼时效的强制性]

诉讼时效的期间、计算方法以及中止、中断的事由由法律规定,当事人约定无效。当事人对诉讼时效利益的预先放弃无效。

第二节　除斥期间

第二百三十条　[除斥期间的定义和效力]

法律规定或者当事人约定的撤销权、解除权等权利的存续期间,为除斥期间。

除斥期间届满,当事人的撤销权、解除权等权利消灭。

第二百三十一条　[除斥期间的起算]

除斥期间自权利人知道或者应当知道权利产生之日起开始计算,法律另有规定的除外。

第二百三十二条　[约定除斥期间不得主动援引]

当事人约定的除斥期间,人民法院不得主动援引。

【增设理由】学说上一般认为,法院应主动适用除斥期间。但在约定除斥期间的情形,纯属当事人对其权利的自主安排,不含公共政策的考虑,法院不应主动适用,以充分尊重意思自治。2002 年《巴西新民法典》第 211 条明文禁止法院主动援引约定的除斥期间。我国《澳门民法典》第 325 条则区分除斥期间所设事宜是否属于当事人可处分的事宜,如为不可处分事宜,则法院应主动审查(第 1 款);如为可处分事宜,则同诉讼时效,须待当事人主张始得适用(第 2 款)。

第二百三十三条　[除斥期间不适用时效规定]

除斥期间不适用本法有关诉讼时效中止、中断和延长的规定。

第十章　期间的计算

第二百三十四条　[期间的计算]

民事法律所称的期间按照公历年、月、日、小时计算。

第二百三十五条　[按照小时计算期间]

按照小时计算期间的,自法律规定或者当事人约定的时间起算。

按照日、月、年计算期间的,开始的当日不计入,自下一日起算。

第二百三十六条　[按照月、年计算期间]

按照月、年计算期间的,最后一月与期间开始当日的相应日为期间的最后一日;最后一月没有相应日的,其结束日为期间的最后一日。

第二百三十七条　[期间的最后一日]

期间的最后一日是法定休假日的,以法定休假日结束的次日为期间的最后一日。

期间的最后一日的截止时间为二十四点;有业务时间的,到停止业务活动的时间截止。

第二百三十八条 [期间的计算方法]

期间的计算方法依照本法的规定,法律另有规定或者当事人另有约定的除外。

第十一章 附则

第二百三十九条 [与本数相关的用语]

民事法律所称的“以上”、“以下”、“以内”、“届满”,包括本数;所称的“不满”、“超过”、“以外”,不包括本数。

第二百四十条 [施行日期]

本法自 年 月 日起施行,《中华人民共和国民法通则》同时废止。

民法典应当如何制定？

——关于《民法总则(草案)》第一章的修改意见

耿林*

一、立法目的与任务："根据宪法"？(第1条)

任何一部法律通常都以立法目的与任务开头，是我国立法的一大特色。这也是社会主义的特色，因为无论是1964年的《苏俄民法典》还是1975年的《德意志民主共和国民法典》等都以立法任务、目的、调整对象以及基本原则开头。就法典的"规则"意义而言，其实这种做法完全没有必要，相应内容放在"立法说明"或"立法理由书"之中即已足。

但是，考虑到我国既有的立法特色，保留也差强人意。

不过，其中的"根据宪法" 一处表达，既是近来"学术"争论的热点问题之一，也是我国前述立法特色的一个升级版本。这种升级做法完全没有必要。主要理由如下：

第一，表述不科学。因为法典中大量的规则并不都是来源于宪法。比如，关于法律行为的规则，它们完全是一种人为设计的技术性规则，并没有直接的宪法依据，也无须宪法依据。虽然意思自治可以从宪法中的基本人权推导出来，但是作为实现意思自治的技术性手段，并不是宪法性问题。再如，行为能力中年龄标准的设定，也同样不是根据宪法做出的，否则难道把原先的"不满10周岁"的规定改为现《民法总则(草案)》(以下简称草案)的"不满6周岁"(草案第19条)，是因为以前的规定违宪吗?！如此种种，不一而足。宪法对国家生活的指导更多地体现在对公权力的配置以及对人权的保护上，而不是表现为面面俱到地从各个方面各个层面对社会关系加以调整，否则宪法怎么配称"公法"呢？宪法既然是"根本"大法，本应突出其"根本"性，而不应将其理解为公私兼

---

* 耿林，清华大学法学院副教授。

容的“全面”大法。

第二,政治不自信。有人动辄以政治正确性作为大帽子来压人。但是,我们一定要清晰地认识到,标识出“根据宪法”并不能说明立法的政治正确性。试问,坚持党的领导难道不是中国最重要的政治态度与要求吗?为什么不在第一条中也宣示一下呢?毫无疑问,因为我们对此有自信,因为我们深知,从规则的技术类别上看,它不应写在这里,不应出现在民法的规定里。这丝毫不会减损党的领导的重要性,也不会影响我们的政治正确性判断。可见,“根据宪法”被塞进民法典,是政治不自信的表现。

第三,如此标签未及问题本质。宪法对民法,亦即公法对私法的影响问题,在每一个国家都一样存在,这如同空气和水在地球上的存在一样。因为,如果撇开宪法仅就一般公法而言,私法需要考虑公共利益、宗族利益(历史上)、集体利益和国家利益等,这从来就是没有疑问的,根本就无须多言。这就如同我们没有必要在提及自然人时强调自然人是指活着的自然人一样。

然而,真正关系到宪法与私法关系的问题,即在涉及私法关系需要援引宪法做依据的时候,在规范适用的操作技术上,是直接适用宪法规定,还是把宪法规定通过解释进民法的某一具体条文含义中,从而间接适用宪法规范(因为此时在形式上直接适用的是民法规范本身),即所谓的直接效力说与间接效力说,这种标签式的表述对此问题却并不能予以回答。可见,对于真正的问题,这种标签式表述毫无益处。

第四,存在学术地盘之争的嫌疑。自盘古以来就清楚的公私法关系不需要学术界大张旗鼓、不惜笔墨纸张地摇旗呐喊,写与不写进民法典被看作一个学术问题,大有争地盘的嫌疑,自然与纯净的学术精神相违背。

是故,这种标签式用语当以删除为宜。

二、民事主体及民法调整对象:“作为民事主体”的“非法人组织”(第 2 条)

草案第 2 条既点明了民事主体,又规定了民法的调整对象,其中调整对象为重点。其实,调整对象问题的规则性也不强,完全可以留给学理去探讨。如果说在 1986 年制定《民法通则》时,法学的恢复首先面临的是学科划分争论的话,30 年后的今天这种基本认识已不成问题。而且,细节上准确的描述也非简单的表述所能胜任,加之该问题本身也实益不大,故不予规定是最佳选择。规定它,也差强人意。

问题较大的是顺带点明的“民事主体”。自然人与法人没有问题,问题出在“非法人组织”上。民事主体是能够独立享有民事权利与承担民事责任的权利义务的承担者。“非法人组织”是否具备,至少是否任何一个具体的“非法人组织”都具备独立承担者的资格呢?答案是否定的。比如经工商登记的法人的分支机构等民事诉讼法解释中列举的很多“非法人组织”，显然不具有独立承担责任以及享有权利的资格。草案第91条第2款所列举的情形也与此类似。赋予“非法人组织”以便利的诉讼资格或者如草案第91条所规定的那样“能够以自己的名义从事民事活动”，这与民事主体地位还是有很大差别的。同样，更复杂一些的问题是民事合伙，比如起字号的民事合伙以及合伙企业，它们是否具有法人资格？这是立法政策需要予以认真研究与回答的。总之，笼统地将“非法人组织”定性为民事主体，是不严谨的。同样的问题，在第1条中也存在。当然，主体规则的研究重点是在草案的第四章而非第一章。故这里也不会展开。

三、关于基本原则（第3~9条）

大批量基本原则入法在各国立法例中并不多见。较为系统表述原则的有学者起草的欧盟示范法（DCFR），该示范法也是把原则与规则明确区分开来的，并且还将原则区分为不同层次以及与此相关的主要适用领域。这一做法的目的在于揭示每一具体原则的适用准确性，尽量减少其不确定性，从而增强其“规则”意义，或对具体规则的精准指导（解释）。即便如此，DCFR还是把原则与具体条文的规则在形式上做了区分处理。相比之下，我国现行法以及草案对原则尚缺乏如此系统的研究与整理。以下简单予以评述。

1. 平等原则（第3条）。作为地位平等，平等原则原本就是民事主体的基本特征，尽管也有例外。故该原则若视为当然，也可不写进法典之中。

2. 自愿原则（第4条）。自愿原则本质上是基于人的自由和私人自治的意思自由。“自愿”这一30年前的用语，虽然通俗，但是带有当时背景的历史痕迹，尤其是字面含义较为狭窄，且更多具有消极自由的意义。然而，就该原则的基本含义来看，“按照自己的意思设立、变更和终止民事关系”，实际上则更多表达的是当事人积极创设各种私法上效果的意思。故该原则宜更直接地采用“自由”这一通用术语，放弃沿用“过时”的概念。这也体现了法治发展30年的进步。

3. 公平原则（第5条）与诚信原则（第6条）。诚信原则其实在很大程度上包含了公平的意义，反之亦然。因此一些调和不同国家立法用语的欧洲示范法有时会将二者作为一个概念并列使用，即公平与诚信原则。例如，UNIDROIT Principles（第4.8[3]；5.7[1]；5.3；6.1.6[3]等条款），PECL（第1:201条），DCFR（Princ. 42；第i. -1:102；Ⅲ. -1:103；Ⅲ. -1:106条）等都是这样使用的（good faith and fair dealing）。它们属于公正（Justice）的下位概念。这一合并的好处，自然是避免在适用时在二者之间做出含义区分的困难。

我国学理对此关注尚且不够。故该二原则宜合并规定，或仅规定诚信原则。

4. 人与自然和谐发展原则(第7条)。这是一个极具装饰作用的原则。与《德国民法典》后来修订时增加的第90a条关于动物不是物的规定,很有几分类似。因为,它看起来既是一个创新的条款,也符合时下的社会发展潮流。但是,在后面的具体条文中该原则是如何体现的?实务中该原则的具体法律效果是什么?这些也许是写进这一原则之前就必须研究清楚的。如果该原则仅仅适用于环境侵权之类的场合,就没有必要将其作为整个民法的基本原则。比如,在各种合同中,如果所约定的合同履行方式不符合人与自然和谐发展的原则,合同内容是否有效?是否应当变更?等等。如果没有对具体民法问题的适用有所思考,仅仅看重的是一个时髦的标签,就难以起到规范作用。总之,作为一项基本原则,这是一个需要深入研究与论证的提法。

5. 公序良俗原则(第8条)。公序良俗作为一项基本原则,从学界、实务界以及各国立法例的比较来看,均无疑问。它堪当基本原则,无须赘言。

但是,该条中值得指出的是"应当遵守法律"几个字的表述。遵守法律不是民法的基本要求。人们熟知的民法规则的任意性特征,它告诉人们,民法上的这些规则都不是必须遵守的。可见,在民法中提"应当遵守法律"其实是忽视了民法规则的本质,也会对社会起误导作用,让人们误以为所有的民法规定都不能违反。

其次,如果这一表述是想表达不得违反法律的强制性规定,那么它最好应当将此意思做更清楚的表述,此其一。其二,清楚表述之后,其内容也不应放在基本原则的位置,而应该放在"法律行为"部分的某一位置,比如像草案中所处理的那样放在法律行为效力部分的第121条。如果两处都作同样规定,显然系重复规定,且易影响对该原则的正确理解。故该表述如果进一步被表述为不得违反法律的强制性规定等,则也不宜在原则部分与法律行为部分做重复规定,规定在一处即可,而通常是规定在法律行为部分。

6. 权益保护原则(第9条)

该条实际上包含两个关联性不大的内容,一是民事权益保护原则,二是权利义务不可以分离。民事权益保护在《民法通则》和《合同法》中都有规定。但是,实际上这条规定的实践作用很小。对于《民法通则》制定之初的那个年代来说,由于法律规定十分不健全,用一些抽象原则来应急使用,尚有其时代必要性。然而时至今日,我国社会主义法律体系早已建成,实在没有必要再保留这种徒具形式的傀儡条款了。

就第2款的权利与义务不可分离的规定来说,该规定不仅在内容上与第1款不相协调,难以作为同一条,就其内容本身来说它也不应出现在民法总则的基本原则之中,而应移至第五章民事权利的某个位置,如果一定要写上这个条款的话。

最后，关于基本原则的次序，从调整事项的关联性上看，诚信原则应当与公序良俗原则在一起，因此第 8 条的位置应当前移至第 7 条，而不应像草案那样放在“人与自然的和谐发展”之后。

四、民法的法律渊源（第 10 条）

民法的法律渊源在很多民法典的立法例中都有规定。其中，最为简洁而常见的规定模式是，把民法法源分成法律、习惯、法理予以规定，其中《瑞士民法典》是典型。准此已言，第10 条表达出了法律与习惯，遗漏的是“法理”或称“条理”部分。后一民事法律渊源在我国法学理论中被普遍接受，在司法实务中也视为当然，在我国现阶段法律规定尚有较大不足的状况下显得尤为重要。所以，民法典制度没有必要对此予以回避。君不见，最高法院的很多“司法解释”其实正是根据“法理”做出的。

“法理”渊源的合理性显而易见。制定法很难周全到无所不包，成熟理论的贡献，包括对国外理论的借鉴，对法律适用来说必然就不可或缺。即便我们在法典的条文中予以回避，现实中都必须面对，因为我国既不能不公正地随意处理一个案件，也不能因为缺乏适当法律渊源而搁置一个案件。可见，大胆承认“法理”渊源是明智之举。

此外，该条文在习惯渊源的表述中，存在表述上的语病。该条第 2 分句写道：“法律没有规定的，可以适用习惯，但是不得违背公序良俗。”这里的主语是“我们”，是指“一个适用法律的人”，比如法官，只是主语被省略了。恢复之后就会发现，该分句中的但书一段主语不明。按语法规则，应该是从前省略。前段的意思是“法官可以适用习惯”；但是，如果按照正常语法来理解的话，该分句的后段就成了“但是法官不得违背公序良俗”。显然，这一文意在内容上不正确，因为该分句后段所要表达的应该是“该习惯不得违背公序良俗”。故该分句后段但书之后应增加主语“该习惯”。当然，最好的表述也许是：“法律没有规定的，可以适用习惯，但违背公序良俗的习惯除外。”

五、一般法与特别法关系（第 11 条）

该条规定的是民法总则与其他法律之间的适用关系。如果把民法总则看作一般法的话，那么该条就是关于民事一般法与民事特别法的适用关系规则。准此，则该条的一般法与特别法适用关系的指引并不完全正确。

因为，作为一般法，其与特别法的关系，并不是简单的特别法优于普通法问题，尽管这是我们常常挂在嘴边的一句话。但是，这句话却并没有完整诠释一般法与特别法关系的全部内容与要求。准确的理解应该包含两层含义：首先，一般法对所有特别法的普遍适用效力，特别是在解释上，特别法通常在原则上应与一般法保持一致;在这一前提之下,才是特别法优先于一般法的问题。正如《瑞士民法典》第1条第1项所规定的那样:“凡本法在文字上或解释上有相应规定的任何法律问题,一律适用本法。”因此,第11条简单地规定“其他法律对民事关系另有特别规定的,依照其规定”,在含义上并不完整。

六、法律的适用范围(第12条)

法律的适用范围分时、空、人之分。第12条规定了其中的“空”的适用范围。从完整性上说,至少对人的适用范围也应当在此予以明确,因为有关“时”的适用范围在我国的立法例中常常置于法律的末尾,草案第186条即是。

七、章名问题

最后谈一下第一章的章名。

草案中第一章的章名是“基本原则”。但是,就其内容来看,该章主要规定的是基本原则,此外还有立法目的与任务、调整对象、民法渊源、民法与特别法的关系、民法的适用范围等。从条文数来看,本章共12条,其中基本原则占7条,刚刚过半。可见,章名称之为“基本原则”有些勉强,不如叫“一般规定”之类的更准确些。

八、题记

以上修改意见,均未经展开论证,实有武断之嫌。怎奈,立法的匆忙与忽视充分的理论与实践论证,也许更甚于本章的修订意见。以此作为辩解,大有“以违法对抗违法”之嫌,类似于以暴制暴,却不知能否起到以毒攻毒之效。此为笔者的一大梦想。是为记。

《民法总则(草案)》("民事法律行为"章)修改意见

朱庆育[*]

立法进程安排紧凑,已难从容就所有条文内容及体例结构作通盘检讨、细致斟酌,兹仅就《民法总则(草案)》(以下简称草案)第6章"民事法律行为"中较为重要、明显的问题提出若干建议,以供参考。

一、概念使用

【存在问题】"民事法律行为"之称谓不妥。

【修改建议】将"民事法律行为"更名为"法律行为"。

【修改理由】《民法通则》命名"民事法律行为"系基于两点考虑:一是合法性考量。《民法通则》通过立法定义将"民事法律行为"指称合法有效的表意行为,辅以"民事行为"指称效力有瑕疵者。二是法域区分考量。《民法通则》以"民事"二字界定法域,强调民事领域的"法律行为"。

如今,这两点考虑已被证明不能成立:

首先,"民事法律行为是合法行为"的立法定义被草案放弃,同时被放弃的还有"民事行为"之概念。在草案中,"民事法律行为"被用作一切表意行为的通称。

其次,我国各部门法已基本成熟,除民法外,其他法律部门均未使用"法律行为"概念,其中,刑法称"犯罪行为",诉讼法称"诉讼行为",行政法称"行政行为",等等。加之草案第112条之定义已使用"意思表示"概念作界定,再加"民事"二字,不仅冗余,更致误导,令人误以为除"民事"法律行为外,尚有刑事法律行为等其他根据当事人"意思表示"发生相应法律效果的概念。[1]

---

* 朱庆育,浙江大学光华法学院教授。本文为作者于2016年7月19日在北京召开的"中国法学会《民法总则(草案)》立法专家咨询会"上的发言稿。

〔1〕 关于法律行为概念之系统梳理,请参见朱庆育:《法律行为概念疏证》,载《中外法学》2008年第3期。

二、具体条文

(一)第116条与第117条

【存在问题】(1)这两条以“有相对人的意思表示”和“无相对人的意思表示”为基本分类标准,但第116条规范的是有相对人的意思表示中的进一步分类(对话与非对话意思表示),第117条则将非对话意思表示的特殊形式(数据电文、公告)与无相对人的意思表示置于同条。条文编排逻辑有欠严谨。(2)第116条将对话意思表示生效时点表述为“相对人了解其内容时”,欠妥。

【修改建议】第116条与第117条分别规范无相对人的意思表示与有相对人的意思表示,并重新表述对话意思表示的生效时点。

修改条文试拟如下:

第116条:无相对人的意思表示,表示完成时生效,法律另有规定的除外。

第117条:以对话方式作出的意思表示,能够合理期待相对人了解其内容时生效。以非对话方式作出的意思表示,到达相对人时生效。

以数据电文形式作出的意思表示,相对人指定特定系统接收数据电文的,该数据电文进入该特定系统时生效;未指定特定系统的,相对人知道或者应当知道该数据电文进入其系统时生效。当事人另有约定的,从其约定。

以公告方式作出的意思表示,公告发布时生效。

【修改理由】(1)有相对人与无相对人的意思表示是基本分类,对话与非对话是亚分类,非对话的特殊形式又位居其下。在体系密切程度上,所有有相对人的意思表示之间的密切程度高于无相对人的意思表示,故应分作两条规范,而不应把有相对人的意思表示割裂、又将无相对人的意思表示混杂其中。(2)以“相对人了解其内容”作为对话意思表示的生效时点,或者增加意思表示发出人的风险,或者增加举证难度,原因在于,相对人何时实际了解意思表示的内容,属于相对人的控制领域,表意人难以确知。以“能够合理期待相对人了解其内容时”作为生效时点,则既客观可知,又不必由表意人承受相对人怠于了解的风险。

(二)第121条

【存在问题】有效要件之列举既无必要,且重复累赘,于司法裁判寻找裁判依据有碍。

【修改建议】删除本条。

【修改理由】(1)第115条前句已确立生效一般原则:“民事法律行为自成立时生效,法律另有规定或者当事人另有约定的除外。”此可包含“成立即有效”之规则。第三节“民事法律行为的效力”要做的,就是逐一规定“法律另有规定”的情形,而不宜再正面概括规定“有效要件”。(2)第121条所列要件,已被全部分解为第122条以下条款，所不同的是，第121条系正面规定"有效"，第122条以下则是负面规定"无效"，规范视角不同，可能对于司法适用产生不同的影响与导向。司法适用时，对于法律行为，法官在确认已成立后，要审查的是"是否无效"，而非"是否有效"，因此，不必援引第121条作为有效的裁判依据，只有在出现效力瑕疵之时，才需要援引第122条以下作为无效依据。

(三)第123条第1款

【存在问题】但书所称"纯获利益"过于含糊宽泛。

【修改建议】将"纯获利益"更作"纯获法律利益"。

【修改理由】是否纯获利益，判断标准是在法律上是否纯获利益，基本判断依据则是是否因为所实施的法律行为而负担私法义务，此与是否因为所实施的法律行为而获得经济利益、社会利益等其他利益判断迥然有别，不宜混淆。

(四)第125条

【存在问题】(1)以"重大误解"相称，不妥。(2)未规定可撤销之错误要件，不妥。(3)未规定误传的撤销问题，不妥。(4)未规定重大误解人撤销后的损害赔偿问题，不妥。

【修改建议】修改条文试拟如下：

第125条：作出意思表示时，表示行为本身或表示内容发生错误，若能表明，未发生此等错误时，表意人依其惯常理性不致作此意思表示，表意人有权请求人民法院或者仲裁机构予以撤销。

形成意思表示时所考虑的法律交往中重要的人或物的性质错误，准用前款规定。

意思表示经由他人传达的，具备前述两款规定的撤销情形时，可依其规定撤销。

法律行为因错误被撤销后，信赖意思表示有效而遭受损害的一方，有权请求撤销权人赔偿，但不得超过意思表示有效时所获利益。

【修改理由】(1)"误解"重在对所接收信息的错误理解，仅是错误的一种情形，为周全计，宜改"重大误解"为"错误"。(2)称"基于重大误解实施的民事法律行为"，易将动机错误与表示错误混为一谈，从而泛化错误撤销制度的适用，故第1款与第2款分别就作出意思表示时的表示错误与形成意思表示时的动机错误作出规定，以表示错误撤销为原则，以动机错误撤销为例外。(3)误传的效果归于本人，故应与本人错误同样处置。(4)基于错误而撤销意思表示，令错误人有机会从自己的错误中摆脱，这是对错误人的法律优待，但信赖意思表示有效的相对人不应因此遭受不利，故而，错误人在享有撤销权的同时，应就其撤销权行使所带来的损害承担赔偿责任。此责任赔偿的是信赖利益损失，受损人不得优于意思表示有效时的利益状态。

(五)第129条

【存在问题】(1)仅称“利用”过于宽泛。(2)不宜将“对自己信赖”与“处于困境”“缺乏判断能力”并列规定为法定情形。

【修改建议】(1)“利用”更作“恶意利用”。(2)删去“对自己信赖”,增加“无经验”“明显的意志薄弱”情形。

修改条文试拟如下:

第129条:一方恶意利用对方无经验、处于困境、缺乏判断能力或者明显的意志薄弱等情形,致使法律行为成立时显失公平的,受损害方有权请求人民法院或者仲裁机构予以撤销。

【修改理由】(1)唯有不正当的“恶意”利用才能影响法律行为的有效性,否则可能泛化本条的适用。(2)“对自己信赖”并不构成影响交易公平性的主观不利因素,若以之为法律行为效力瑕疵因素,可能泛化本条的适用。参考德国经验,与所列“处于困境”及“缺乏判断能力”相似的主观不利因素还包括“无经验”与“明显的意志薄弱”,故一并列入。

(六)第131条

【存在问题】(1)第1项将重大误解与受欺诈等事由的撤销权等同处置,不妥。(2)第4项不宜与前三项并列。

【修改建议】(1)分别规定重大误解撤销与受欺诈及其他事由的撤销期间,后者维持1年,前者则缩短为3个月。(2)第4项列为本条第2款。

修改条文试拟如下:

第131条:有下列情形之一的,撤销权消灭:

(一)作出错误意思表示一方,自知道或应当知道撤销事由之日起三个月内没有行使撤销权的;

(二)因受欺诈、不利处境被恶意利用而作出意思表示一方,自知道或应当知道撤销事由之日起一年内没有行使撤销权的;

(三)因受胁迫而作出意思表示一方,自胁迫行为终止之日起一年内没有行使撤销权的;

(四)撤销权人知道撤销事由后明确表示或者以自己的行为表明放弃撤销权的。

前款第一至三项撤销权,自意思表示作出之日起五年内未行使者,撤销权消灭。

【修改理由】(1)因错误而撤销,本就是对错误人的法律优待,不宜享有与受欺诈等意志自由被侵害之人同等优越的法律地位。除错误人须负赔偿责任外,撤销期间亦应较短。(2)撤销权的起算采主观期间,需要设定最长期间与之配套。5年最长期间不宜与作为常态的主观期间同列一款。

(七)第 132 条

【存在问题】以“效力性强制性规定”为法律行为无效依据,不妥。

【修改建议】(1)删去“效力性强制性规定”之表述,重作规定。(2)“违背公序良俗的法律行为无效”之规定列为第 2 款。

修改条文试拟如下:

第 132 条:违反法律、行政法规强制性规定的法律行为无效,规范意旨不以之为无效者除外。

违背公序良俗的法律行为无效。

【修改理由】(1)某一强制性规定是否为“效力性强制性规定”,系法律解释的结果,即只有通过解释得知,法律行为对某一强制性规定违反将带来无效的后果,此强制性规定始得称为“效力性强制性规定”,而不是事先获知某项强制性规定为“效力性强制性规定”,然后判定违反的法律行为无效。换句话说,合乎逻辑的说法是“某项强制性规定之所以被称为效力性强制性规定,是因为违反此项规定的法律行为无效”,而不是“违反某项强制性规定的法律行为无效之所以无效,是因为此项强制性规定是效力性强制性规定”。作为解释结果的“效力性强制性规定”概念不宜和“公序良俗”并列为法律行为无效的依据。[2] 修改条文之所以称“规范意旨不以之为无效者除外”,是因为,何种强制性规定之违反将导致法律行为无效,系法律解释时通过探寻规范意旨而得出的结论。(2)违反强制性规定无效与违背公序良俗无效,裁判依据分别是具体的法律规则与一般的法律原则,并且,后者可直接作为无效依据,前者则为参引规范,须援引所违反的具体强制性规定方可形成完整的裁判依据。两项规定不宜并列,故分两款。

(八)第 133 条

【存在问题】如此泛化的无效规定,不妥。

【修改建议】本条删除。

【修改理由】“恶意串通而损害他人合法权益”之要件难以界定,将其作为一般性法律规则,容易导致泛化滥用。并且,有第 124 条通谋虚假行为及第 132 条公序良俗之规定,本条已无独立适用空间。

---

〔2〕 关于效力性强制性规定的概念及司法适用检讨,请参见朱庆育:《〈合同法〉第 52 条第 5 项评注》,载《法学家》2016 年第 3 期。

我国立法不宜正面、积极地规定法律行为的生效要件

——反思《民法总则(草案)》第121条的立法方式

易军*

《中华人民共和国民法总则(草案)》第121条规定,“具备下列条件的民事法律行为有效:(一)行为人具有相应的民事行为能力;(二)意思表示真实;(三)不违反法律、行政法规的效力性强制性规定,不违背公序良俗。”相较于《民法通则》第55条之规定,该条有一定的新变化:(1)为与该草案第112条不再如《民法通则》第54条那般将民事法律行为界定为“合法行为”相适应,草案第121条明确使用“有效”条件的措辞;(2)以“不违反法律、行政法规的效力性强制性规定”的表述取代“不违反法律”的表述;(3)以“公序良俗”的概念取代“社会公共利益”的概念。这些新变化有值得称道之处(第1、3点),亦有值得商榷之处(第2点)。撇开此不论,这两条在立法方式上一脉相承,即都采用了从“正面的”“肯定的”角度规定法律行为有效要件的方式。然而,无论是从实现更高程度体系性的角度,还是从更好地落实私人自治这一私法根本原则的角度来看,这一立法均值得商榷。

笔者的一个基本建议是,我国民事立法应该放弃这种从正面、积极地列举法律行为生效要件的方式,而应依世界各国民事立法通例,仅采取从反面、消极地规定法律行为生效不应有的内容的方式。如不必从正面专门规定“行为人具有相应的民事行为能力”,而只宜从反面规定“无行为能力为意思表示的,该意思表示无效”“限制行为能力人未征得法定代理人允许为单独法律行为,该行为无效”等内容;不宜专门规定“意思表示真实”,而只宜规定“与相对人串通做出的虚伪意思表示,无效”“表意人没有受其意思表示拘束的意思,而为意思表示的,该意思表示有效。但相对人明知该情形的,该意思表示无效”等内容。在立法已从反面规定了这些制度(如草案第122条以下)的情况下,还从正面、积极

---

* 易军,中国政法大学教授。

地规定法律行为生效要件全无必要。

之所以有如此主张，大体上是思忖到现行立法方式具有以下不足之处：

第一，这一立法方式掩盖了成立要件、有效要件与私人自治的关联关系，也颠倒了这两类要件在法律行为生效进程中的地位与作用。

成立要件规定虽然具有强制性，但其所为强制并非基于国家管制理念所设，法律行为成立仍属于私人自治的领域，而法律行为的有效要件则旨在限制自治（可区分为自我决定的“内在限制”与“外在限制”）。法律行为成立（要件）与私人自治的关联，跟法律行为有效（要件）与私人自治的关联判然有别。在私人自治居于原则地位的民法中，即以保障自治为原则，以限制自治为例外的民法中，法律行为成立（要件）与法律行为有效（要件）之间关系的真实写照其实是一般与特殊、常态与异态、主要与次要、支配性与从属性的关系。

依草案第121条背后的立法者思维，成立要件与有效要件显然是被作为同一位阶与层级的范畴而予以等量齐观。考虑到法律行为有效乃是满足有效要件的直接后果，这一思维其实是置有效要件于更重要的地位。这就没有科学地揭示出成立要件与有效要件在使法律行为生效过程中所占据的不同地位，质言之，没有认识到对法律行为生效，成立要件实居于基础性或支配性地位，而有效要件仅居于辅助性或从属性地位。相反，它在实质上降低了成立要件的作用，抬高了有效要件的作用，从而还颠倒了两者间在实践私人自治上的一般与例外关系。

第二，这一思维方式主导下的法律行为生效的整个制度构造在体系性上不精致，还存在较大的改进与提升空间。

根据这一立法背后的主导性思路，某一社会行为符合法律行为的成立要件成为法律行为后，其是否有效尚不明朗，只有再符合有效要件，才能具有并发生法律效力。这一思路认识到在成立要件与有效要件之间存在递进或次序关系，这是其具有合理性以及具有体系性的一面。但是，从更高程度的体系性的角度来看，这仅仅只是一种单向的线性发展关系，即“符合成立要件→符合有效要件→有效”。在此思维之下，成立要件的地位看似尊贵，实则十分卑微。成立要件在使法律行为成立后即功成身退，法律行为有效是符合有效要件的直接结果，成立要件对法律行为有效所发挥的作用其实被遮蔽了。法律行为生效宛如不是成立要件与有效要件合力的结果。不仅如此，递进关系只能表明成立要件与有效要件是共存、并列的，无法反映出对法律行为生效而言究竟两者孰轻孰重。因此，这一思路只认识到单个要素的个别作用，未能通盘完整地揭示它们的整体运作状况，还只是一种较简单、低层次的逻辑思维。

如果在承认两者在时间上有先后顺序的基础上，进一步地认识到它们间还存在一般与例外关系，就会清晰地认识到并承认成立要件直接参与了法律行为有效的过程并发挥着主导性作用。这是以一种整体而非孤立的视野来看待成立要件与有效要件如何共同作用催生出法律行为有效的结果。从表面上看,一般与例外之间似乎存在矛盾与对立,但它是依据一个统一的原则(私人自治)将成立要件与有效要件安放在一个经由枝分且在逻辑上互相关联在一起的理论框架中,从而把两者整合为一个有机整体,保持了要件体系内在的和谐一致。如果说以否定方式规定法律行为生效不应有的内容的思路是以简约的形式将各种促成或阻碍法律行为生效的元素组织成脉络清晰的统一体,那么现行立法思路只是将上述元素以搭积木的方式简单罗列,一锅烩出法律行为有效的结果。两者在逻辑程度上的差异实不可以道里计。现行立法思路虽然建立了法律行为要件的分类,但还未形成要件的体系;虽符合逻辑,但还未达到精致完备的程度。只有逻辑性强的要件体系才能胜任为个人依其自由意思创设与他人间的私法关系这一市民社会普遍性的行为模式提供制度性保障的重任。

第三,这一立法方式无法发挥法律行为生效进程中不同事实的举证责任分配的功能。

实体问题与程序问题无法完全剥离。实体法上成立要件与有效要件所涉事实在程序法上都是需要证明的待证事实。基于事理之必然(亦为各国立法之通例),主张法律行为(合同)上权利的当事人,只需证明当事人通过相应的意思表示就所有重要条款达成一致即可,他无须证明其他前提条件(法律行为缺乏此类条件就无效)。相反,主张法律行为无效的对方应对该法律行为无效的要件特征承担证明责任。民法的条文表述方式殊具意义,它能较鲜明地体现立法者在证明责任分配上的意图。世界各国即普遍通过实体法条文的形式构造来发挥证明责任分配的功能。鉴于此,各国民法不从正面积极地规定法律行为的有效要件,而仅从负面消极地规定法律行为生效不应有的事由,这较充分地彰显了立法者使否认法律行为效力者承担举证责任事实的立法态度。在我国,若在立法正面规定成立要件以后,又同样正面地规定有效要件,极易会使人误认为,有效要件事实的举证责任与成立要件事实的举证责任相同,容易使人误以为成立要件事实与有效要件事实的证明责任均应由同一主体承担。

第四,不正面规定法律行为的生效要件是世界各国民事立法之通例。

从立法例来看,世界各国民法几乎无例外地都是消极的、以负面列举的方式,规定法律行为(合同)所不应有的内容,而不是积极地规定法律行为所应有的内容。如《德国民法典》《日本民法典》《荷兰民法典》、"台湾地区民法"等,立法例几不胜枚举,从正面规定合同有效要件的立法仅有《法国民法典》第1108条。在这一点上,中国大陆民法总则实无必要成为世界范围内立法的"异类"。

第五,从立法技术层面来看,这一立法存在一些难以克服的明显缺陷。

其一,无论是《民法通则》第55条,还是草案第121条,对所谓有效要件的列举都是不全面的，只能算是例式性规定。如果一定要采取正面列举的方式，这个清单还可以拉得很长，如对于处分法律行为，应以“行为人有处分权”为有效要件；对于狭义无权代理行为，应以“本人同意”为有效要件；对于法定要式法律行为，应以“符合法定形式”为有效要件，等等。为什么立法唯独规定“具有相应的民事行为能力”“意思表示真实”“不违反强制性规定”“不违背公序良俗”四项而不及其他，此种厚此薄彼的处遇并不存在正当性理由。

其二，无论是《民法通则》第 55 条，还是草案第 121 条，在正面列举这四项有效要件以后，又都在其后进一步规定与之相关的制度，会造成立法上的重复。如草案第 121 条规定“行为人具有相应的民事行为能力”，第 122、123 条又专设条文，规定无行为能力人所为法律行为的效力、限制行为能力人所为法律行为的效力。草案第 121 条规定“不违反法律、行政法规的效力性强制性规定，不违背公序良俗”，第 132 条又专门规定，“违反法律、行政法规的效力性强制性规定或者违背公序良俗的民事法律行为无效。”

其三，由于采取正面、并列列举的立法方式，在表达方式上为兼顾与其他有效条件的表达相一致，会造成一些制度设计不完整。如草案第 121 条规定“不违反法律、行政法规的效力性强制性规定”，该款就没有设置诸如“但法律不以之为无效者，除外”之类的但书，没能发挥出授权民事法官针对公法规范是否否认其违反行为的私法效力进行法益权衡的功能。

因此，笔者的基本建议是，删除《中华人民共和国民法总则（草案）》第 121 条。

《民法总则（草案）》诉讼时效制度的修改建议

朱晓喆*

2016年6月第十二届全国人大常委会第二十一次会议初次审议了《中华人民共和国民法总则（草案）》（以下简称《民总草案》）。就该草案第九章“诉讼时效和除斥期间”的规则，笔者认为仍有改进和完善之处。

第一，作为一种民事权利的时间限制，诉讼时效适用或不适用于哪些民事权利，反映不同权利类型的性质及法律上的价值判断。我国民法理论上一般认为诉讼时效的适用对象限于请求权。[1] 债权请求权适用诉讼时效并无疑问，但物权请求权及身份法上的请求权是否适用诉讼时效一直有争论。《民总草案》第175条第2项规定“登记的物权人请求返还财产”不适用诉讼时效，由此反面推论，未登记的物权人的返还原物请求权应适用诉讼时效，例如未登记的不动产或动产的返还请求权，由此明确了以往理论和实践中争议不休的难题。但草案对于基于亲属关系所生之请求权仍有完善的必要。根据《民总草案》第175条第3项规定赡养费、抚养费或者扶养费的请求权不适用诉讼时效，体现了立法者对于家庭伦理关系的保护。如果上述理由成立，那么同样基于亲属关系产生的、比赡养费等财产权更重要的身份权，例如夫妻、亲子、兄弟姐妹等近亲属关系等，也不应该适用诉讼时效，我国民法理论上对此已有共识。自比较法看，《德国民法典》第194条第2款规定，亲属关系方面“旨在将来确立与该家庭关系相适应状态”的请求权不适用诉讼时效，例如：父母要求他人返还子女的请求权、建立婚姻关系生活共同体的请求权、未来之抚养费的请求权等。[2] 由此可见，一方面，基于亲属关系所生之请求权排除适用诉讼时效，是为了保护和维续“将来家庭关系状态”；另一方面，已经过去的抚养费等财产性请求权也适用诉讼时效。因此，《民总草案》第175条在亲属关系所生之请求权的诉讼时效适用

---

* 朱晓喆，上海财经大学法学院教授，博士生导师，比较民法与判例研究所所长。

〔1〕 梁慧星：《民法总论》（第3版），法律出版社2009年版，第243页。

〔2〕 Münchener Kommentar zum BGB/Grothe, 6. Aufl., 2012, § 194, Rn. 7f.

范围问题上有失明察。笔者建议,第 175 条第 3 项应增加“为恢复近亲属身份关系所生之请求权”不适用诉讼时效。

此外,形成权不适用诉讼时效,其时间限制为除斥期间。《民总草案》第九章第二节规定“除斥期间”完全是多此一举。各种形成权的样态及其规范目的不尽一致(如撤销权、解除权、优先购买权),除斥期间应根据各个形成权的类型来进行具体制度设计,没有必要抽象提炼作一般性的总则规定。况且,从《民总草案》第 177 ~ 179 条除斥期间的规定来看,也没有内涵创新。

第二,诉讼时效的期间设置应当体现不同请求权的价值权重。目前《民总草案》只规定了普通诉讼时效期间(3 年)和最长时效期间(20 年)。一方面,不再采取特别的短期时效期间,放弃《民法通则》第 136 条 1 年期间的规定;另一方面,也未有长期时效期间规定。在我国特别民商法中有零散规定,例如《合同法》《海商法》《票据法》《保险法》《个人独资企业法》等,有特别的短期时效(1 年)或长期时效(4 年或 5 年)的规定。但这些特别时效期间针对各该民商领域的具体问题,各有其立法目的和政策考量。而在民法的一般领域,也存在一些值得特殊对待的请求权,例如,(1)基于人身伤害所发生的损害赔偿请求权;(2)基于故意或重大过失造成他人损害的赔偿请求权;(3)基于继承财产发生的遗产回复请求权;(4)基于房地产交易所生之给付请求权。这些请求权较一般性的财产请求权更有保护之必要。《德国民法典》第 196、199 条对这类请求权均规定特别的长期时效期间(10 年或 30 年)。因此,笔者建议我国的民法总则也应体现请求权的差异性,尤其是突出特别的长期诉讼时效期间。

第三,为保持概念体系上的逻辑一致性和价值判断的融贯性,《民总草案》诉讼时效的一些规则仍需进一步理顺和调整。例如,第 169 条和第 170 条存在规范重复问题。如前所述,我国对诉讼时效的法律效果采“抗辩权发生说”,笔者揣测《民总草案》立法本意,第 169 条第 1 款是从义务人的角度规定行使抗辩权是义务人的自由;第 170 条又从法院审判角度规定不得主动适用诉讼时效。事实上,根据民法原理,抗辩(Einwendung)和抗辩权(Einrede)的区别在于:前者不待被告提出法院即可主动适用;而后者仅得由被告自由行使。[3] 可见,诉讼时效抗辩权的内涵已包括法院不得主动适用。《民总草案》第 170 条纯属赘文,应予删除。

再如,《民总草案》第 172 条规定“无民事行为能力人或者限制民事行为能力人与其法定代理人之间的请求权的诉讼时效,自该法定代理关系终止之日起开始计算”。从文义来看,本条是诉讼时效期间起算点的规定。于此设想的立法目的是:法定代理关系一般是基于近亲属或其他亲密关系而产生,如果在他

〔3〕 Medicus, Allgemeiner Teil des BGB, 10. Aufl., C. F. Müller 2010, S. 46 f.

们之间发生请求权(如监护人侵害被监护人利益),为免于破坏这种亲密关系,故而请求权的诉讼时效并不起算,直至法定代理关系终止之日才开始起算。但问题是,法定代理人与被代理人之间发生的请求权,可能在代理关系产生之前或之后:如果在法定代理关系建立以后产生请求权,通过阻止诉讼时效期间起算,可以达到上述规范目的;但如果是在法定代理关系建立以前双方已发生届期的请求权,则如何处置呢?因为该请求权的诉讼时效已经开始起算,从逻辑上说,不可能再"自该法定代理关系终止之日起开始计算"。由此可见,《民总草案》第172条的设计方案未能全面考虑法定代理关系当事人之间的请求权状况。从比较法来看,近亲属(配偶、父母、子女)以及监护人之间发生的请求权,在大陆法系国家的民法典中通常以诉讼时效中止或延期届满的方式来处理。《德国民法典》第207条、《法国民法典》第2236条、《瑞士债法典》第134条、《日本民法典》第159条及第159条之二以及《欧洲示范民法典草案》第Ⅲ-7:305条第2款,均有类似规定。我国最高人民法院《诉讼时效若干规定》第20条规定:"有下列情形之一的,应当认定为民法通则第一百三十九条规定的'其他障碍',诉讼时效中止:……(三)权利人被义务人或者其他人控制无法主张权利……"根据最高人民法院的解释,义务人与权利人之间存在监护与被监护的关系,权利人的意志被义务人控制而无法主张权利的,应适用此处诉讼时效中止的规定,也即属于《民法通则》第139条规定的"其他障碍"。[4] 可见,我国司法实务早已认可监护关系构成诉讼时效进行的中止障碍。《民总草案》立法者应借鉴上述比较法和我国司法经验,将法定代理关系的存在作为诉讼时效障碍(中止)的事由,而非时效期间的特别起算方式。具体方案可以将《民总草案》第172条的规范内容并入第171条作为一项。

第四,诉讼时效涉及其他民法制度,立法者应周密考虑并妥当协调它们相互之间的关系。笔者试举两例:

其一,《民总草案》第173条规定"权利人提起诉讼或者申请仲裁"导致诉讼时效中断。该项规定源自《民法通则》第140条"提起诉讼"导致诉讼时效中断。《诉讼时效若干规定》第13条进一步规定了申请仲裁、申请支付令、申请诉前财产保全等程序性事项与提起诉讼具有同样的效力。以起诉为重点考察,笔者认为,起诉等程序性请求应规定为诉讼时效中止事由。因为当事人起诉以后,可能发生的结果是:(1)如果诉讼程序完毕,权利人胜诉了,权利人的请求权就是经过司法机关裁判确认的请求权,很多国家都规定该请求权适用长期诉讼时效。我国《民事诉讼法》第239条规定2年申请执行期间并参照适用诉讼时效

〔4〕 奚晓明编:《最高人民法院关于民事案件诉讼时效司法解释理解与适用》,人民法院出版社2008年版,第344页。

的相关规定,其本质上就是特别的诉讼时效期间。[5] 总之,如果胜诉,则权利人的请求权适用一个独立的诉讼时效期间,不需要考虑原请求权的中止或中断。(2)如果起诉后,原告因实体原因而败诉了,意味着法院确认原告并不享有请求权,从而也没有诉讼时效中断的必要。(3)还有一种可能的情形,就是原告起诉后,因为程序原因导致该诉讼被驳回或撤诉,然而原告起诉本身已说明其通过诉讼主张请求权,应该给予一定的保护。但重新计算诉讼时效其实没有必要,只要将已经进行的诉讼期间扣除,诉讼时效在诉讼程序结束后继续计算即可(中止)。事实上,新近的立法趋势是将其改为诉讼时效中止或延期届满。典型代表是《欧洲示范民法典草案》第Ⅲ—7:302 条和 2002 年德国新债法改革后《德国民法典》第 204 条,均将起诉等程序事项改为时效中止事由。根据上述分析,笔者认为,宜将《民总草案》第 173 条"提起诉讼"及类似司法程序作为诉讼时效中止事由,并入第 171 条。

其二,尽管诉讼时效的限制对象是请求权,但产生请求权的民事法律关系(尤其是债务关系)还可能包含其他权利,例如从请求权、担保物权、抵销权、抗辩权、解除权等。完整的诉讼时效制度,应全面回答这些权利是否也受诉讼时效的影响,以杜争议。具体言之:(1)从给付请求权。如果主请求权经过诉讼时效,附带的利息、用益、费用等请求权,应该与主请求权同命运而罹于诉讼时效(参考《德国民法典》第 217 条)。(2)担保物权。作为一种对物性的支配权,担保物权本身并不适用诉讼时效(参考《德国民法典》第 216 条),而且其继续存在可以促使债务人履行已罹于诉讼时效的债务。[6] 与此不同,我国最高人民法院《关于适用〈中华人民共和国担保法〉若干问题的解释》第 12 条规定主债权经过诉讼时效后 2 年以内,担保权人行使担保物权人民法院应予支持。但《物权法》第 202 条又规定抵押权因主债权罹于诉讼时效即不予保护。上述法律矛盾现象,本可以借此次《民总草案》的立法时机进行消除和统一,遗憾的是,立法者似乎并未注意到这一问题。(3)抵销权、抗辩权。因为诉讼时效限制的是请求权,不应对权利人原已享有的其他权利如抵销权、抗辩权产生影响。我国司法实践中已对此发生较为混乱的认识,尤其是"诉讼时效完成后,是否可行使抵销权"成为疑难问题,[7]《民总草案》应消除歧义,对此规定"诉讼时效完成后,以请求权在首次可以主张抵销或者抗辩时尚未经过诉讼时效为限,不影响请求权人的

---

[5] 参见刘学在:《论执行时效制度之理解误区及其矫正》,载《北方法学》2014 年第 4 期;占善刚:《对我国民事申请执行期间制度的初步检讨》,载《南京师大学报》(社会科学版)2011 年第 1 期。

[6] Staudinger Kommentar zum BGB/Peters/Jacoby, 2009, § 216, Rn. 1.

[7] 参见黄勤武:《超过诉讼时效的债权可以行使抵销权》,载《人民司法》2011 年第 4 期;张媛媛:《诉讼时效期间届满的债权被抗辩时不可用于依法抵销》,载《人民司法》2012 年第 22 期。

抵销权或者抗辩权”(参考《德国民法典》第215条)。(4)解除权或减价权。诉讼时效完成后,请求权因义务人的抗辩而不得行使,如果恰好请求权人因义务人违约等事由还享有解除权或减价权,倘若请求权人仍得主张,可能发生代替给付义务或类似给付的后果(如解除后的恢复原状、损害赔偿,因瑕疵而主张减价),从而诉讼时效制度的权利限制作用将被架空,因此《民总草案》应对此规定诉讼时效的效果应及于请求权人同时享有的解除权或减价权(参考《德国民法典》第218条)。以上数项权利是否应受诉讼时效影响,并无统一答案,应视各该权利的性质和目的及其与请求权的关系而定。由此说明诉讼时效与其他民事权利相互牵涉时问题的复杂性。

总之,《民总草案》第九章诉讼时效制度在具体的规则设计、立法技术、逻辑体系和价值权衡方面仍有完善之必要。

专题：法国债法改革

专题:法国债法改革

引言

2016年2月10日,法国新债法(《法国民法典:合同法、债法总则和债之证据》)的正式颁布,标志着法国21世纪民法典债法编修改的第一阶段已胜利完成。该法令是自1804年《法国民法典》诞生以来,两个多世纪法国立法和司法经验的再总结,法国法学理论和学说的再表达。从结果看,债法通则重新构建了法国债法的规则体系、概念层次和结构逻辑;从过程看,它的起草和审议深入贯彻了维护法律安定性、可预见性的立法方针,体现着简单化、效率化和保护性的立法目标和技术路线。同时,该通则也是在经济全球化、欧洲法律一体化背景下的革新之作,显现了法国债法再法典化运动对继承传统和走向世界两个趋向的平衡智慧。因此,全面、深入地研究该立法成果,能为已经谙熟甚至囿于德国日耳曼系民法理论的中国民法学界提供一个更开阔的视角和新的思路,对我国未来民法典债法编的编纂意义重大。本专题特别约请了国内已获得法国私法博士学位或正在攻读法语私法博士的青年学者共襄盛举,对法国2016年新债法的条文进行了翻译和简评,以期为我国目前如火如荼的民法典编纂工作提供不同的参照系。

法国债法改革的历程和2016年立法评介

李世刚[*]

一、引言

2016年2月法国完成了债法现代化的第一阶段任务，迈出了法国民法改革中最为关键和最为艰难的一步。根据议会授权，法国政府于2016年2月10日颁布了于同年10月1日生效的《法国民法典：合同法、债法总则和债之证据》。由此《法国民法典》债法部分（特别合同法、侵权责任法除外）被全面修订，法国债法无论在体例还是内容上均发生了巨大变化，我们可以称之为“新债法”。

二、法国债法改革的进程与成果

债法改革，作为修订《法国民法典》修订的重要步骤，是新世纪法国民事立法全面现代化进程中的中间环节，承前（继承、担保、家庭财产制度等改革）启后（物权法改革、合同法分则改革），备受瞩目。

法国债法改革始于《卡特拉草案》。该草案也被称为“2005债法专家草案”，其全称是《债法（民法典第1101条到第1386条）与时效制度（民法典第2234条到第2281条）改革草案》，由法国巴黎第二大学教授皮埃尔·卡特拉（Pierre Catala）先生主持的专家起草小组完成。草案于2005年9月22日正式向法国司法部提交，法国债法改革正式全面拉开序幕。

鉴于债法改革涉及内容广泛而敏感，法国立法机关起初决定，以《卡特拉草案》为蓝本，分步骤地修订债法规则。于是该草案被分解成四个部分（时效制度、合同法总则、债法一般法则和民事责任）拟按次序提交两院审议。

---

* 李世刚，复旦大学法学院副教授。本文得到2016年度国家社会科学基金一般项目“法国新债法对中国民法典债编制定的启示与比较研究”（项目号：16BFX104）的资助。

其第一步骤,即关于民事领域中的时效制度改革,已经在 2008 年 6 月完成。[1] 按照原定计划,接下来立法机关应分别改革合同法则、债法一般法则和民事责任三个部分,并已经在立法层面有了诸多行动。例如,合同法总则部分曾于 2008 年 7 月提交到议会;就民事责任部分,2008 年 11 月法国上议院设立了"民事责任工作组"进行调研,并最终于 2009 年 7 月 15 日向法国上议院法律委员会提交了《资讯报告》。[2]

但是随着时间的推进与讨论的深入,对《卡特拉草案》在形式与内容上过于"守旧"风格的批判声音不断出现。

于是,在法国司法部支持下,由法兰西学院院士泰雷(François Terré)先生主持并完成了另外一套学者草案:《泰雷合同法草案》(2008 年)、《泰雷民事责任法草案》(2012 年)和《泰雷债法草案》(2013 年)。

在这两套学者草案的基础上,法国司法部也陆续提出了引起诸多争论的《司法部合同法草案》(2008 年)、《司法部债法总则与准合同法草案》(2011 年)。到了 2013 年 10 月司法部开始尝试将上述两个方案进行合并,并公布了一份《债法改革草案》。这个草案不涉及侵权责任法(它将侵权责任法的原有规范复制了过来,仅改变了条文编号)与特别合同规范。因此,无论内容还是结构它和 2006 年生效的债法改革方案基本一致。

2015 年 2 月 16 日法国议会通过了《(第 2015 - 177 号)关于简化与现代化国内商业与司法领域的法律与程序之法律》,[3] 其第 8 条授权政府以"法令"的方式修订《法国民法典》债法部分(特别合同法、侵权责任法除外),并明确了债法改革的宏观目标和具体制度的调整方向。随后法国司法部于 2015 年 2 月 25 日向社会公布了《关于合同法、债法总则与证据的改革法令(草案)》[以下简称《债法改革法令草案征求意见稿(2015)》]以征求意见。

次年(2016 年)2 月 10 日法国政府颁布了于同年 10 月 1 日生效的《关于合

---

[1] 2008 年 6 月 17 日第 2008 - 561 号法律。Cf. *Rapport n° 338* (*Sénat*, 2006 - 2007) *de MM. Jean - Jacques Hyest, Hugues Portelli et Richard Yung au nom de la mission d'information de la commission des lois du Sénat sur le régime des prescriptions civiles et pénales* (http://www. senat. fr/noticerap/2006/r06 - 338 - notice. html) 和 *Rapport n° 83* (*Sénat*, 2007 - 2008) *de M. Laurent Béteille au nom de la commission des lois du Sénat sur la proposition de loi portant réforme de la prescription en matière civile* (http://www. senat. fr/rap/l07 - 083/l07 - 083. html).

[2] Rapport d'information n° 558 (2008 - 2009) du 15 juillet 2009.

[3] Loi n° 2015 - 177 du 16 février 2015 relative à la modernisation et à la simplification du droit et des procédures dans les domaines de la justice et des affaires intérieures. https://www. legifrance. gouv. fr/affichTexte. do? cidTexte = JORFTEXT000030248562&categorieLien = id.

同法、债法总则与证据的改革法令》(以下简称《债法改革法令》),[4] 司法部于次日公布了相关的立法说明(以下简称债法改革法令之立法说明)。[5] 法国债法改革第一阶段任务完成;新债法内容集中在修订后的《法国民法典》第三卷的三编[第三编、第四编和第四编(二)]中。

这次修法对《法国民法典》第三卷中间部分[第三编、第四编、第四编(二)]的编章的题目与条文进行了全面的更换与调整,而其他部分的条文编号与内容仍维系原状,这体现了立法者希望修法工作能尽可能少地影响民法典与法律适用的稳定性的初衷。

依据《债法改革法令》修订后的《法国民法典》从其第三卷("取得所有权的不同方式")的第三编起集中规范新债法:第三编"债之渊源"(第1100条到第1303-4条[6])、第四编"债之通则"(第1304条到第1352-9条),第四编(二)"债的证明"(第1353条到第1386-1条),之后各编依次维持原民法典中有关各种有名合同的规范(由于特别合同不属于本次修订内容,其编章节目、条文号与内容均无变化)。其中,第三编"债之渊源"分成"合同"、"非合同责任"与"其他债之渊源"三个单元;第四编"债之通则"分成"债的类型"、"债的运转"、"债权人的诉权"、"债的消灭"与"返还"五个单元。

法国新债法体例有三个特点:一是"债之渊源"独立成编,在债法体例中扮演了重要角色;二是先原因("债之渊源")再结果("债之通则"),先具体再抽象,以体现思维逻辑的过程;三是所有的特别合同附在债法一般性规范的最后部分,呈开放态势。

三、本次法国债法改革中具体制度的调整方向

前述2015年2月16日议会授权政府立法的法律(第8条),要求政府依据授权之目的完成债法改革事项。据此,为了使法律现代化、简易化,改善文本的可读性,增强合同法、责任制度和证据法一般规则的可接受性,也为了确保司法的安全性和规范的有效性,法国政府应根据授权条款,通过法令的形式采取相关措施以在法律的领域完成以下事项:

---

[4] L' ordonnance n° 2016 - 131 du 10 février 2016 portant réforme du droit des contrats, du régime général et de la preuve des obligations a été publié ce matin au Journal Officiel. https://www.legifrance.gouv.fr/eli/ordonnance/2016/2/10/JUSC1522466R/jo/texte.

[5] Rapport au Président de la République relatif à l'ordonnance no 2016 - 131 du 10 février 2016 portant réforme du droit des contrats, du régime général et de la preuve des obligations, Journal officiel de la république français (11 février 2016).

[6] 除特别说明外,本文所引条文均为依据《法国债法改革法令》修订后的《法国民法典》中的条文。

1. 确立合同法的主要原则，如善意原则和合同自由原则；列举并定义合同的主要类型；细化与合同订立程序有关的规定（包括以电子形式签订合同的程序），以便明晰在合同磋商领域内有关要约与承诺（特别是涉及合同成立的时间和地点）、合同允诺以及优先协议等的规定。

2. 简化关于合同有效性的规定，它们包含合意、当事人的资格、代理和合同内容有关的规定，特别承认告知义务以及滥用权利条款的概念，并引入对一方当事人滥用另一方弱势地位损害后者权益的行为进行制裁的规定。

3. 肯定意思主义原则并明确其例外情形，指出适用于合同形式的主要规定。

4. 明晰有关合同形式以及合同有效条件中的合同无效与失效的规定。

5. 明确与合同解释相关的规定，并对专属于附和合同的规定进行详细说明。

6. 明确与合同对当事人双方以及第三人所产生的效力有关的规定，接受在情事发生不可预见的变化时对合同所作的变更。

7. 明晰与合同存续期间有关的规定。

8. 重组与合同不履行有关的规定并引入以通知的形式单方面解除合同的可能情形。

9. 使无因管理和非债清偿的有关规定现代化，并引入不当得利的概念。

10. 引入债的一般制度并使其规定更为清晰明确和现代化；特别是要明确那些与不同形式之债有关的规定，使附条件之债、附期限之债、合并之债（oligations cumulatives，也被译为“累积之债”）、选择之债、任意之债、连带之债、不可分之债相互区别开来；调整关于清偿的规定，明确其他会导致债务消灭的免除、抵销和混同的规定。

11. 重新整理所有变更债权债务关系的运转规则；在债权人主要诉权之外承认法律规定的清偿直接诉权；使与债权让与、债权更新和债权转移有关的规定现代化；认可债务的让与和合同的让与；明确与返还（恢复原状）有关的规定，特别是在合同溯及既往灭失情况下的有关规则。

12. 明确并简化所有关于债的证明的规定，为此，首先，应当阐明的是与举证责任、法律推定、既判力、对证据的约定以及对证据的采纳有关的规则；其次，需要明确以事实形式呈现的证据和以法律文书形式呈现的证据的可采纳性；最后，要细化可适用于不同形式的证据的制度。

13. 整理和修改所有条款的立法性质以使其能够确保修正案的实施并总结在上述第1～12项实施的成果。

可以说，授权政府立法的法律（第8条）所规定的上述13项，明确了此轮法国债法改革中具体制度的调整方向，也在整体上影印了改革的目标。

四、法国债法改革的目标

法国司法部在立法说明中对本轮债法改革目标做了详细的说明,我们将其归纳为三点,它很好地印证了前述法国民法改革的原因与目标。

(一)法律的稳定性

债法改革法令之立法说明强调,"法律的稳定性"是本轮债法改革"所追求的首要目标"。前述议会授权立法时也特别强调了此点。

为此,新债法首先"旨在增强合同法、债法和证明制度的可接受性及可读性"。在债法领域,《法国民法典》自1804年几乎未被修订过。"民法典优雅的风格是毋庸置疑的,但是这一风格并非对全体市民而言都是简单易懂的,而且其中的某些表达方式在今天看来早已过时。"因此应当采用现代的词汇和更为简明的表达以保持民法典简明、精确的特点。其次,新债法在结构上希望借助更为专业化的架构以简化民法典第三卷。再次,修法工作还摈弃了一些不仅存在于现行法典中且在历史上已经深植于法国法传统中却又没有明确定义的概念(比如作为之债、不作为之债和给付之债)。与此相反,对实务界而言,对某些必要法律机制的确认则显得十分必要(如完善合同订立规则等)。最后,法律的稳定性还要求对两百年来司法判例的发展加以考量。法国司法部特别指出:现行的法条无法解释实证法,因此需要案例以类推的方式对其加以解释,但是这样的类推可能是反方向的甚至是违反法律的。对于众多法律条款的解读也需参考法庭的判决甚至要借助于学术界的解释。此外,判例从其本质上来看是不稳定的,因此无法保证法律的稳定性,而只有成文法才能实现这一目的。新债法将欺诈性的隐瞒作为意思表示瑕疵的原因、不当得利制度成文化等均是例证。可以说,新债法中的"大部分内容都是判例法的法典化,重新修订那些在法国法格局中由来已久却一直未被成文化的规定"。[7]

(二)适应市场经济发展,增强法国法的吸引力

而新债法所追求的第二个目标是"从政治、文化和经济层面增强法国法的吸引力"。如何增加吸引力呢?立法者的答案是"提高效率和适应市场经济的发展"。[8] 例如,尽管存在众多的争论,法国新债法最终摒弃了"约因"这一概念,从而"认可并接受除了约因制度外还有其他的法律制度能够保证合同利益的平衡"的做法,其目的在于"使得法国在立法上与其他许多国家更为接近",促进法国债法"在国际合同中的适用"。[9] 又如,新债法承认了情事变更原则。

---

〔7〕《债法改革法令》之立法说明。

〔8〕《债法改革法令》之立法说明。

〔9〕《债法改革法令》之立法说明。

再如,在合同履行方面,为当事人安排了一些救济方法以避免通过法官来解决争议,如以通知方式单方解除合同,合同不履行之抗辩,接受不完全履行以换取价格的减让等。此外,新债法简化了会耗费大量时间和金钱的现实清偿提议(offres réelles)这一程序,尽管该程序能够防止债权人拒绝履行其义务,取而代之的是详细规定了法律效果的催告程序。

(三)坚守合同正义

当然,增强法国法的吸引力、提高效率以及适应市场经济的发展,是否意味着要抛弃平等的争议解决方式或者要放弃对弱者的保护呢?起草者对此持否定看法,他们认为,坚持合同正义是新债法追求的目标之一。改革应使法国合同法"更为公正且更加符合欧洲法律一体化的要求"。[10] 我们看到,合同自由原则、合同的强制力和善意原则同时被确立为合同法基本原则。新债法还制裁那些以暴力或与暴力相类似的手段滥用依附关系的行为以及附和合同中的滥用权利条款,从而保护较弱一方当事人的权益。[11]

此外,合同正义之目标的实现不仅仅体现在具体权利义务的安排与利益的分配,它还要求适用的法律必须具有可读性且能够为大众所接受,使普通人能够在不借助专业人士的帮助下实现这一目的。法律的稳定性既是新债法所要实现的目标之一也是为了另一个目标——合同正义而必要的手段之一。[12]

---

〔10〕《债法改革法令》之立法说明。

〔11〕《债法改革法令》之立法说明。

〔12〕《债法改革法令》之立法说明。

《法国民法典:合同法、债法总则和债之证据》法律条文及评注

秦立威等译注*

翻译与评注者(按条文序号):

秦立崴(法国巴黎二大私法博士,西南财经大学法学院副教授):第1100条至第1192条;

刘骏(比利时布鲁塞尔自由大学ULB私法专业博士生):第1193条到第1196条;第1199条到第1215条;

金伏海(法国巴黎二大私法专业博士生):第1197条、第1198条;第1216条到第1216-3条;第1306条到1340条;

李贝(法国巴黎二大私法博士,上海交通大学法学院博士后):第1217条到1231-7条;1304条至1305-5条;第1341条至第1341-3条;第1351条和第1351-1条;

李世刚(法国巴黎二大私法博士,复旦大学法学院副教授):第1300条至第1303-4条;第1342条至第1346-5条;第1352条至1352-9条;

韩京京(法国巴黎二大私法博士,福州大学法学院副教授):第1353条至第1386-1条;第1347条到第1350-2条

---

* 本次条文翻译和评注得到2016年度国家社会科学基金一般项目“法国新债法对中国民法典债编制定的启示与比较研究”(项目号:16BFX104)的资助。评注内容主要参考了法国司法部关于《债法改革法令》的立法说明,即Rapport au Président de la République relatif à l'ordonnance no 2016-131 du 10 février 2016 portant réforme du droit des contrats, du régime général et de la preuve des obligations, Journal officiel de la république français (11 février 2016),下载网址:https://www.legifrance.gouv.fr/eli/rapport/2016/2/11/JUSC1522466P/jo/texte。

第三编 债的渊源

第 1100 条

债产生于法律行为、法律事实和法律的唯一权威。

债可以生于一项自然义务的自愿履行或履行承诺。

第 1100 -1 条

法律行为是旨在产生法律上效力的意思表示。它可以是协议的意思表示,也可以是单方面的意思表示。

作为债发生的原因,并为实现其有效性与其应有之效力,法律行为得服从于规制合同的法律规则。

第 1100 -2 条

法律事实是指被法律赋予法定效力的举止和事件。

产生于法律事实之债,依具体情形而受涉及合同外责任或涉及其他债的渊源之次编中规则的规制。

评注:《法国民法典》第 1100 条至第 1192 条包含了这次债法改革的开篇基本概念和新债法体系逻辑设计“债的渊源”编及“合同”次编的前三章:“一般条款”、“合同的成立”和“合同的解释”。下文将按照编章节的结构层次进行立法解析。

根据法国 2015 年颁布的《关于在司法和国内商事领域现代化和简化法律与程序的法律》(2015 -177 号)第 8 条第 10 项之规定,新债法将“引入债的基本制度,明晰其规则;特别要细化涉及不同模式的债和不可分给付的法律规则,区分条件之债、兼有之债、选择之债、任意之债和连带之债;调整支付规则和明示源于债务返还、债务补偿或债的混同的其他债的免除形式的适用规则”。

正是依据这样的立法目标,法国新债法用学说中已经普遍接受的“债的渊源”替代了原《法国民法典》第三编标题“合同或一般协议之债”。并且,在债之渊源编内下设三个次编,即“合同”、“合同外责任”和“其他债的渊源”。由此,新债法首次在民法典中清晰地构建起债的渊源的立法体系结构,满足了立法工作须为公共咨询提供必要的知识指引的功能要求。

新债法给《法国民法典》第三编“债的渊源”配置了三个一般条款,即第 1100 条、第 1100 -1 条和第 1100 -2 条。主要是明确债的发生依据:法律行为、法律事实和法的唯一权威。自然义务得因义务人自愿承担的允诺或实际履行而获得如同法律行为般的债之效力。这三个“债的渊源”的一般条款与第三编下的三个次编构成了某种重叠或概念混合,即“债的原因”和“债的渊源”两概念的区分问题。一方面,合同、合同外责任(以侵权行为为主)和其他法定之债在学说上经常表达为“债的原因”或“债发生的依据”,其被“债的渊源”囊括,导致两概念混合或同一。另一方面,第1100－1条第2款明确法律行为是“债发生的原因”,由此推知法律事实和法律权威也应是债的原因,因此“债的原因”和“债的渊源”两概念同一化。

法律行为和法律事实这两个概念长期存在于《法国民法典》之外的法律学说和司法判例中,曾经被2005年卡特拉债法改革草案列入立法建议,但因其在法律定义的内涵和外延上以及其立法有用性上长期争议较大,并没有被写入2015年司法部正式提交给资政院的法案之中。新债法在被审议通过的最后一刻将法律行为和法律事实写入民法典,这一转折是很戏剧性的,但在比较法上的意义却十分显著。这一变化至少反映出《法国民法典》在坚持其简洁、实用的风格同时,也顾及其或然承担的民法理论体系的宣教功能。

需要强调的是,法国民法理论上的法律行为和法律事实两个基本概念并无上位概念,如民事行为或行为等。法律事实概念不仅指客观事件,也包括意思表示。只不过该意思表示并未产生行为人预见的法律效果(不包括法律行为不生效或无效的法律认定情形)而已,也就是我国民法学称的“事实行为”。

第一次编　合同

第一章　一般条款

第1101条

合同是两人或多人之间旨在设立、变更、转移或消灭债的合意。

第1102条

协商各方在法律限定的条件下,拥有缔约或不缔约的自由、选择相对缔约人的自由,以及决定合同的内容与形式的自由。

合同自由不得排除与公共秩序相关的法律规则之适用。

第1103条

依法缔结的合同在缔约各方之间具有相当于法律的地位。

第1104条

合同须善意地协商、缔结和履行。

本条款为公共秩序性强制规则。

第1105条

合同无论有无专属法律命名,均应服从于本次编一般规则之规制。

对于特定合同的特殊规则,本法设专门条款予以规定。

一般规则适用于特殊规则保留适用的范围之外。

第1106条

若缔约各方相互负担义务,则为双务合同。

若一人或多人单方面向一人或多人承担义务，则为单务合同。

第 1107 条

若合同各方均从对方获得对待给付利益，则为有偿合同。

若缔约一方仅向对方为给付利益而不期待或无从获得对方对待给付的，为无偿合同。

第 1108 条

若合同缔约各方均有义务向对方给付对等利益，则为交换合同。

若缔约人均接受，合同的效力取决于可能导致获益或受损的不特定的事件，则为射幸合同。

第 1109 条

无论缔约人采取何种表达方式，只要合同的缔结是通过同意的交换完成的，均属诺成合同。

合同的生效取决于法律规定的特定形式的，属要式合同。

以物的交付为合同缔结标志的，属要物合同。

第 1110 条

协议合同是指经过缔约各方自由协商达成的契约。

附合合同是指合同基本条件由缔约一方事前拟定，未经双方协商的契约。

第 1111 条

框架合同是指由缔约人仅先就其未来合同关系的基本特征达成合意，而合同的具体履行方式由未来实施合同予以明确的契约。

第 1111 – 1 条

即时履行的合同是指合同义务可以通过一次给付履行完成的合同。

持续履行的合同是指合同义务至少需要缔约一方在合同履行期限内为多次给付得完成的合同。

评注："合同"次编分为四章，即"一般条款"、"合同的成立"、"合同的解释"和"合同的效力"。如此简单的合同法立法结构，不仅与债法理论的知识体系不吻合，而且有立法缺漏之嫌。对照此次债法修改过程中的卡特拉草案、泰雷草案和司法部初期草案，目前新债法的合同一般制度是相当地简化。一方面是因为，2015 年颁布的《关于在司法和国内商事领域现代化和简化法律与程序的 2015 – 177 号法律》第 8 条宣示了此次法律修改的目的，是为了使法国合同基本法（总则）、债的制度和证据法实现其可读性的现代化、简化和改善，强化其可进入性。另一方面，新债法在合同一般制度之外，还设立了债的一般制度（第四编），二者事实上构成互补关系，共同构成法国债法的基本规则体系。

新债法明显受到《欧洲合同法原则》和《国际商事合同通则》的影响，采用了编年式的体例设计合同规则，即按照合同从产生到消灭的时间先后顺序编排各章节,表现出其外向性的一面。但是,在是否设立合同法的指导原则一章的问题上,较大的意见分歧使立法者最终选择更符合原民法典的篇章表达,将合同法第一章命名为“一般条款”,而不是“指导原则”。这样做的目的是既确立了合同自由、合同强制力与合同诚信三原则,又避免了法官将这些原则的法律效力理解为高于其他合同法规则的情况发生。因此,有别于国际、欧洲示范法和许多国家的合同法,法国民法典确立几个基本原则的意义仅限于协助法官对适用的法律规则进行解释与或然填补合同漏洞。

新债法的内向性还表现为相当程度上继承了原《法国民法典》对合同类型的划分,诸如双务合同与单务合同(第 1106 条),有偿合同与无偿合同(第 1107 条),交换合同与射幸合同(第 1108 条),诺成合同、要式合同和要物合同(第 1109 条)。这一点得到 2015 年颁布的《关于在司法和国内商事领域现代化和简化法律与程序的法律》(2015 - 177 号)第 8 条第 1 项规定的确认。不过,这种经典的合同分类仍需要在司法实践和学说研究中不断明晰其界限和联系,比如双务合同、有偿合同与交换合同的区别与联系。合同关系除了交易和慷慨之外,还有联合或结合,如组织合同或社团合同。因此,在新债法中预设的合同类型划分光靠继承法国民法的传统分类显然是不够的。当然,新债法从当代商业实践和判例法中发掘出附和合同、框架合同和持续履行的合同三种新类型,体现出立法者创新的意图。但应该看到,合同类型与商业模式的发展、革新,与缔约人的主观意愿等因素密切相关,法律规则事实上无法列举穷尽一切合同存在模式,无论是现在还是未来。因此,设置合同类型划分法律条款的意义,一方面在于尽可能为特定合同类型配置特别适用规则,另一方面需为尚未发现的有法律意义的合同类型预留出特殊立法或司法处置的空间和可能。

新债法对合同的定义使用了“合意”(un accord de volontés)和“债”(des obligations)两个概念。首先,这别于原民法典第 1101 条“协议”(une convention)用词,使“合同”与“协议”两个概念的含义存在距离。虽然同为“合意”,但学说方面一直有“协议”容量大于“合同”的观点,因为债可以通过协议设立、转移、变更和消灭,但非债行为同样可以通过协议约束,比如债务的免除。因此,“合同”只是“协议”的表现形式之一,合同调整的是债的关系。新债法显然确认了这种学说。但需要留意的是,《法国民法典》第 1100 - 1 条规定:“法律行为……可以是协议的意思表示,也可以是单方面的意思表示”。这一法条并未将法律行为局限于债法范畴,即便事实上它位于“债的渊源”一编条目下。由此是否可以反思法律行为和法律事实两概念应被放置于民法典更恰当的位置?

其次,新债法放弃了将合同义务描述为“给予”(à donner)、“做”(à faire)和“不做”(à ne pas faire)的传统,因为民法学说怀疑拿破仑法典的这一描述是一种技术错误。新债法释放了合同本来就具有的调控债的功能,即设立、变更、转移或消灭债。

新债法第1102条确立了合同自由的基本原则，但其第三款用“公共秩序”作为合同自由的限度。由于“公共秩序”这一概念的内涵和外延不甚明了，须由司法判例和学说加以明确。第1103条延续了原民法典暗喻式的经典表达，但显然合同条款的效力不可能高于法律或公共秩序性规则。法国民法为这种文字的优雅已然耗费了太多的智力解释和讨论，现在也不在乎仍维持原状了。第1104条确立了善意（诚实信用）原则，适用于合同的协商、缔结和履行三阶段，并强调善意属于公共秩序性规则，即具有强制性。我国的诚实信用原则还适用于合同履行完成后，这一点在法国新债法上未予确认。

第二章　合同的成立

第一节　合同的订立

第一次节　磋　商

第1112条

先合同磋商得自由地提起、进行和终止，但必须满足善意的要求。

磋商过程中犯有过错的，其损害赔偿不得以由于未达成协议而落空的期待利益为补偿对象。

第1112-1条

缔约一方负有将其所知晓的，并对相对缔约人的同意起决定性作用的信息告知对方的义务，除非后者有理由忽略该信息，或对前者抱有合理信任。

不过，这项信息义务不包括对给付价值的估算。

所谓具有决定性作用的信息是指与合同内容或缔约人的品性有直接且必要联系的信息。

由主张相对方应当告知其某一信息的当事人证明另一方负有此项义务，而负有告知义务的当事人对已经履行此义务承担举证责任。

当事人不得限制或者排除此项义务。

除了承担相应的责任以外，违反告知义务在符合第1130条及其后条款所规定的条件时，将导致合同无效的后果。

第1112-2条

当事人一方未经同意，擅自使用或泄露于磋商时获知的对方的秘密信息的，须承担民事基本法规定的法律责任。

第二次节　要约与承诺

第1113条

合同因缔约双方用以表达自己愿受约束的意思而为之要约和承诺的相遇

而成立。

该意思可依托于当事人的一种表示或一个清晰的行为。

第1114条

要约是向特定或不特定的人发出的,包含了未来合同实质要素,并表达了要约人愿意在对方承诺的情况下与之形成合同关系的意思表示。缺少前述条件的意思表示只能视为旨在提起磋商的要约邀请。

第1115条

要约在没有到达受要约人的情况下,可以被自由地撤回。

第1116条

要约不能在要约人设定的期限届满之前,或事先虽无时间设定但在一个合理期限内被撤销。

违反上述禁止性规定的要约撤销得阻却合同的订立。

此类要约撤销引起要约人依民事基本法所应承担的合同外责任,但合同期待利益的损失不在赔偿之列。

第1117条

要约在要约人设定的期限届满时,或事先虽无时间设定但在一个合理期限完结时失效。

要约随着要约人丧失缔约能力或死亡而失效。

第1118条

承诺是受要约人愿意在要约有效期限内与要约人形成合同关系的意思表示。

没有到达要约人的承诺可以被自由地撤回,只要撤回的通知先于承诺到达要约人。

与要约内容不符的承诺不具有效力,而是构成一个新的要约。

第1119条

由缔约一方提出的一般交易条件仅在其缔约相对人认知并接受的情况下产生效力。

缔约双方提出的一般交易条件不相符的,相关合同条款不生效力。

一般交易条件与特殊交易条件不相符的,视后者为约定交易规则。

第1120条

承诺不得默示,除非该沉默符合法律、习惯、商业关系或环境。

第1121条

合同自承诺到达要约人时成立。承诺到达地视为合同签订地。

第1122条

法律或者合同可以规定一个考虑期,即受要约人不能提前表示其承诺的期间;或者规定一个反悔期,即相关受益人可以撤回其同意的期限。

第三次节　优先契约和单方允诺

第 1123 条

优先契约是指用以约定当缔约一方决定与他人订立相关目标合同时,有义务向依约享有优先缔约权的契约相对人率先提出目标合同缔约建议的合同。

若优先契约的义务人违约与第三人订立目标合同,优先缔约权人可以取得所受损害之赔偿。若该第三人(在缔约时)知晓优先契约的存在和优先缔约权人的行权意思,则优先缔约权人可以请求宣告前述目标合同无效,或请求法官许可(直接)替代第三人在目标合同中的缔约地位。

第三人可以以书面形式请求优先缔约权人在指定的合理期限内申明该优先契约的存在及其是否仍愿意行使该权利。

书面请求意味着,若在指定的合理期限内未作回复,优先缔约权人将不再能够请求替代第三人缔约地位或主张该合同无效。

第 1124 条

单方允诺是指缔约一方,即允诺人,向另一方,即受益人,赋予一项能够使一个目标合同成立的选择权的合同,且该目标合同的实质要素已经确定,仅需受益人的同意即可成立。

单方允诺受益人选择权有效期内,允诺人撤销允诺的行为不能阻止其已经允诺的合同的成立。

违反单方允诺与第三人订立的合同,第三人知道单方允诺存在的,该合同无效。

第四次节　关于通过电子途径订立之合同的规定

第 1125 条

电子途径可以用来设置基于财产或服务的合同规则和信息。

第 1126 条

为订立一项合同所请求的信息或合同履行过程中传递的信息均可以通过电子途径传递,只要收信人已经接受了这种方式的使用。

第 1127 条

给一个经营者的信息可以通过电子邮件传递,只要该经营者已经告知了他自己的电子邮箱地址。

若信息必须记载于一种表格之上,该表格须通过电子途径交由应该填写它的人处置。

第1127－1条

任何以经营者身份,通过电子途径,建议财产提供或服务给付的人,须以适合信息的保存和复制的方式设置可适用的合同条款。

该要约人有义务维护其要约通过电子途径的可进入性。

此外,电子要约须表明:

1. 通过电子途径订立合同所需经历的不同阶段;

2. 允许受要约人在合同订立之前,检查数据提交过程中或然的错误并予以纠正的技术方法;

3. 订立合同所使用的语言必须包括法语在内;

4. 必要情形下,要约人提供的合同存储模式,以及进入被存储合同的条件;

5. 通过电子途径咨询要约人在特定情况下必须遵守的职业和商业规范的方法。

第1127－2条

只有受要约人在确认其订购之前,有可能检查其订购明细、交易总价格,并纠正或然的错误,以使其承诺获得正式表达的情形下,电子合同才有效地订立。

对已经到达要约人的订购信息,要约人应当及时通过电子途径确认收到。

订购信息、要约之承诺的确认信息,以及信息收到的回复,在相互联络的缔约人可以知晓的情况下,都视为收据。

第1127－3条

本法第1127－1条第1项至第5项所列经营者义务,以及第1127－2条前两款所列要约人之义务,对仅仅以电子邮件交流方式订立的财产提供或服务给付合同不适用。

此外,经营者之间订立的合同亦豁免于本法第1127－1条第1项至第5项所列经营者义务和第1127－2条所列要约人之义务。

第1127－4条

有关合同订立或履行的普通信件可以通过电子邮件方式寄送。

除非有相反证据,寄信日期由推定为可靠的电子化手段标明,只要这种手段满足最高行政司法机关(资政院)法令设定的要求。

第1127－5条

有关合同订立或履行的挂号信可以通过电子邮件方式寄送,只要该信件由第三人按照允许验证第三人身份、指明寄件人、保证收件人身份信息、以及建立是否信件已经交付收件人的程序寄送即可。

该信件的内容可依寄件人的选择,或由第三人将其打印于纸张上以便分发给收件人,或通过电子途径发送给收件人。后一种情形下,若收件人并非经营者,则该收件人必须已经要求通过此方式寄送信件,或在先前的意见交换中已然接受电子途径寄送信件方式的使用。

当寄信或收信日期由电子化手段标明时,如果这种手段满足最高行政司法机关(资政院)法令设定的要求,除非有相反证据,可推定其为可靠日期。

收信回执可以通过电子途径寄给寄件人,或采用其他能使寄件人保存该回执的措施。

本条款的适用方式由最高行政司法机关(资政院)的法令加以规定。

第 1127 – 6 条

本法第 1125 条和第 1126 条规定的情形之外,电子文档的交付依然为有效,只要收件人已经能够知晓该电子文档或已经签收。

若一项条款规定,书面文档应当被收件人阅读,则电子文档在本条第一款规定的条件下交付给利害关系人就相当于阅读。

评注:原《法国民法典》基本上没有关于合同订立过程的规则设计,从现代民法来看,这显然存在严重的法律安定性问题。因为合同磋商的过程不仅有其独立的法律规制意义,更对合同生效与否、合同内容有无瑕疵等问题有重要影响。长期以来,法国主要依赖判例经验来指导解决合同磋商和缔结的实践冲突,而判例所构成的规则既分散又不时出现矛盾意见,同案不同判不同理的情况经常发生。因此,法国新债法统一适用规则,补充上这一结构性缺失十分必要。一方面,新债法能够满足法官、律师等法务群体和商人群体具体实践的迫切需求,维护了合同法的安定性;另一方面,有助于外国人认知、理解法国合同法规则,并对相关问题建立起合理预见,从而保证了法国民法的可进入性和吸引力。

在合同磋商一节,立法者主要处理合同自由与自由滥用之间的平衡问题,换言之,既要保证合同自由,不能仅仅因为合同未签订而怪罪一方,也不能放纵违背善意和公平的做法。第 1112 条确立了磋商自由和善意磋商的对立统一原则。第 1112 – 1 条以较长篇幅设置前合同信息义务,并强调义务对等的原则。法国有关合同信息义务的规则主要基于司法判例和特别法(如消费法),同时也受到国际和欧洲私法一体化运动的影响。由于民法典发挥的是民事基本法的作用,因而新债法中和了消费主义特色的规则设计和经验,在该条第 2 款中明确:“这项信息义务不包括对给付价值的估算。”第 1112 – 2 条借鉴欧洲私法一体化的成果和本国判例经验,确立了先合同保密义务。

要约和承诺技术安排主要基于吸收司法判例的经验,首先保证缔约双方缔约意思和缔约内容的确实性和确定性(第 1113 条),采用到达主义的生效规则确定要约和承诺的效力,以及撤回权的行使(第 1114 条至第 1121 条)。值得注意的是第 1122 条吸收本国判例成果设置了延缓合同成立的“考虑期”和撤销合同的“反悔期”。此外,第 1116 条要约撤销权的行使似乎缺少了一个法定条件,即要约通知已经到达受要约人。否则,此条与第 1115 条要约的撤回发生逻辑矛盾。

准备合同和单方允诺是日常生活中常见的法律行为,新债法为此专设了一个次节,表现出立法者立足现实的初衷。由于优先契约涉及三方当事人,新债法在合同相对性常设和善意原则基础上设定了债务人忠实义务、第三人谨慎义务和优先权人勤勉义务,并规定了受害人主张赔偿、申请宣告合同无效或申请代位的权利。而单方允诺立法目的在于通过促成合同约束效力来保护善意行为人。值得注意的是,法国法将单方允诺定义为合同。因此单方允诺成为一种特殊的要约,特别之处在于允诺人丧失了通过撤销允诺阻却合同成立的自由。这同我国民法学说中将单方允诺定义为独立于合同之外的单方法律行为形成鲜明对照。

通过电子途径订立之合同的规则基本上保留了原民法典第 1369 - 1 条至第 1369 - 9 条的原文。该原文是根据 2000 年 6 月 8 日颁布的欧共体第 2000/31 号指令移转至法国国内法的。这次修改,立法者根据 1994 年 8 月 4 日《关于促进法语使用的第 94/665 号法律》,在《法国民法典》第 1127 - 1 条第 3 款第 3 项中要求:“订立合同所使用的语言必须包括法语在内。”

第二节　合同的生效

第 1128 条

合同生效必须具备以下条件:

1. 缔约各方的同意;
2. 缔约人具有法定缔约资格;
3. 合同内容合法且确定。

第一次节　同意

第一目　同意的存在

第 1129 条

对合同的有效同意必须以本法第 414 - 1 条所要求的表意人精神健康为必要条件。

第二目　同意的瑕疵

第 1130 条

若没有错误、欺诈和胁迫的出现,缔约一方就不会缔约或以不同的实质条件缔约的,则该错误、欺诈和胁迫导致了同意的瑕疵。

评价上述干扰同意的因素是否具有决定性特征,应当考查表意人的具体情形,以及同意被表达的客观环境。

第 1131 条

同意的瑕疵是合同相对无效的原因之一。

第 1132 条

法律或事实性质的错误若影响到主给付或相对缔约人的本质品性，他们就成为合同无效的原因，除非这种错误是不可谅解的。

第 1133 条

给付的本质品性是指已经被缔约各方在合同中明示或默示合意的或考虑过的品质。

影响缔约一方或他方给付的错误构成合同无效的原因。

对给付品质之上设立的射幸予以认可，则排除涉及该品质的错误。

第 1134 条

涉及相对缔约人本质品性的错误仅在该缔约人的身份是缔结该合同的必要条件时，得成为合同无效之原因。

第 1135 条

错误是基于对合同主给付或相对缔约人的本质品性所抱有的简单而奇特的动机的，不构成合同无效的原因，除非缔约各方将其视为他们同意的决定性因素。

但是，赠予的动机发生错误时，若赠予人无此动机则不会为赠予行为的，该错误是合同无效的原因。

第 1136 条

缔约一方并未误解合同给付的本质品性，仅对给付的价值发生错误并导致不准确的经济评估的，该错误不构成合同无效的原因。

第 1137 条

欺诈是指缔约一方通过诡计或谎言获取对方同意的事实。

缔约一方故意隐匿对缔约相对方的同意具有决定性作用的信息的行为亦构成欺诈。

第 1138 条

欺诈定性同样适用于缔约人的代理人、事务管理人、受雇人或保证人所为之行为。

通谋第三者的行为亦被视为欺诈。

第 1139 条

由于受欺诈而发生之错误总是可以谅解的，它是合同无效的原因，即便该错误仅仅涉及合同给付的价值或合同的简单动机。

第 1140 条

若缔约一方承担合同义务是源于一种强制的压力，足以使其对自己的或者其亲朋的人身和财产所面临的严重危害产生恐惧,则构成胁迫。

第1141条

法律途径的威胁不构成胁迫。但是,若法律途径偏离了其目标或者被用来获取明显过度的利益的,则构成胁迫。

第1142条

由缔约一方或第三人所实施的胁迫行为是合同无效的原因。

第1143条

若缔约一方利用缔约相对方的依赖状态,强制对方接受本不愿承担的义务,并以此获取明显过度的利益的,该滥用行为构成胁迫。

第1144条

合同无效之诉的期限,若为错误或欺诈的,自错误或欺诈被察觉之日起计算;若为胁迫,则自胁迫行为停止之日起计算。

第二次节　缔约资格和代理

第一目　缔约资格

第1145条

除法律规定的无缔约资格情形外,任何自然人均可缔结合同。

法人缔约资格的确定在遵守适用于各类法人的法律规则框架内,限于对公司章程所定义的经营目标的实现有用的契约,以及该性质契约的附属文件。

第1146条

以下情形为法律定义的无缔约资格:

1. 未经合法授权的未成年人;

2. 本法第425条意义上受保护的成年人。

第1147条

无缔约资格是合同相对无效的原因。

第1148条

无缔约资格人仅可缔结法律或习惯许可的普通合同,只要其是在正常的条件下订立的即可。

第1149条

由未成年人订立的普通合同可以仅仅因为损害的原因而被宣告无效。但是,若损害来自无法预见的事件,则不构成无效的原因。

未成年人所为之简单的成年宣告无法阻却其行为无效的认定。

未成年人仅可接受在其职业活动中已经实际承担的合同义务。

第1150条

受保护的成年人所订立的合同,除受本法第1148条、第1151条和第1352－4

条规制外,还受本法第 435 条、第 465 条和第 494 - 9 条规制。

第 1151 条

有资格缔约人可以主张所订立的合同对作为相对缔约人的受保护成年人有用且无损害,或主张对后者有利,以此来对抗无效之诉。

他还可以通过相对缔约人已成为或又成为有资格缔约人的确认文书,来对抗无效之诉。

第 1152 条

诉讼时效计算标准如下:

1. 对未成年人所为之行为,自该未成年人成年或获缔约授权之日起计算;

2. 对受保护成年人所为之行为,自该成年人已经认知该行为并达到能够有效重做的状态之日起计算;

3. 对处于受监护或个人事务受协助管理者或者受指定家庭看护者的继承人,若以前并未开始计算时效的,则自当事人死亡之日起计算。

第二目 代理

第 1153 条

法定代理人、司法指定代理人或协议代理人仅能在被授权的范围内行事。

第 1154 条

若代理人在授权范围内,以被代理人的名义,并为了被代理人的利益行事的,仅被代理人承担所缔结的合同义务。

若代理人宣称为他人利益行事,但却以自己的名义缔约的,该代理人须单独向相对缔约人承担义务。

第 1155 条

若代理人获得普通授权,其代理权仅及与保全性和管理性的行为。

若代理人获得特别授权,他仅可从事被特别授权范围内的行为以及相关辅助行为。

第 1156 条

无代理权或超越代理权的代理行为不能对抗被代理人,除非第三方缔约人有理由相信代理人确实拥有代理权,特别是该确信基于被代理人的行为或宣示。

若第三方缔约人先前忽略了代理人的行为属无权代理或越权代理的,他可以主张缔约行为无效。

作为代理行为无效原因的不可对抗性,在被代理人追认该代理行为效力的情形下,不得再援引。

第 1157 条

若代理人违背其代理权意旨侵害被代理人利益的,在第三方缔约人已经知道或不应忽略该背信行为的情形下,被代理人可主张代理行为无效。

第1158条

预备与协议代理人订立合同的第三人,质疑该代理人的代理权限的,可以以书面形式请求被代理人在其指定的合理期限内,确认该代理人有权订立该合同。

书面形式意味着:若在指定期限内未获确认回复,则代理人被视为已被授权订立该合同。

第1159条

法定代理或司法指定代理在其法律关系存续期内,发生剥夺被代理人缔约权并将其移交代理人行使的效果。

协议代理仍保留被代理人自主行使权利的资格。

第1160条

代理权因代理人丧失缔约资格或代理行为被法律禁止而终止。

第1161条

一个代理人既不得同时为合同双方当事人代理,也不得为被代理人利益之外的自己的利益行事。

以上情形下,代理行为无效,除非法律有特别规定,或者被代理人已作授权或追认。

第三次节　合同的内容

第1162条

合同不得以其约定条款或其目的排除公共秩序性规则的适用,无论合同目的是否为缔约各方知晓。

第1163条

债的标的是指当前或未来的给付。

给付必须是可能且确定或可确定的。

若给付可以从合同中推知,或者通过参考习惯或缔约各方以前的关系获知,则属于可确定的。否则,缔约各方必须重新就此达成合意。

第1164条

在框架合同中,缔约各方可以约定交易价格由缔约一方单方面确定。一旦交易价格遭到质疑,享有单方定价权的缔约人有义务解释确定相关金额的理由。

单方定价权被滥用时,法官可以应原告请求实施管辖,以支持当事人的损害赔偿请求,必要时可解除合同。

第1165条

在服务给付合同中,若缔约各方在合同履行前未能就交易价格达成合意,债权人可以单方确定交易价格，但须负担交易价格遭到质疑时，解释确定相关金额的理由之义务。单方定价权被滥用时，法官可以管辖缔约一方提出的损害赔偿之诉。

第1166条

若合同中给付的质量不确定或无法确定，债务人必须依照给付的性质、交易惯例和对待给付的金额，以确定符合缔约人合理期待的质量标准，并完成给付。

第1167条

若合同价格或其他要素的确定必须参考一个不存在、不再存在或不再可获知的指标，则以最相近的参考指标替换之。

第1168条

在双务合同中，合同给付平衡的缺失不是合同无效的原因，除非法律另有规定。

第1169条

有偿合同成立时，若债务人的对待给付是虚幻的或微不足道的，则该合同无效。

第1170条

任何旨在剥夺债务人实质义务的合同条款均被视为没有写。

第1171条

附和合同中，任何导致缔约各方权利义务关系过度失衡的条款均被视为没有写。

过度失衡的评定不得依照合同主标的或给付价格的一致性作出。

评注：新债法在合同生效部分的革新是引发激烈争议的立法内容之一，其中尤其以原因概念和制度的删除最受关注。原《法国民法典》确立的合同生效要件中，只有缔约双方的“同意”和“具备缔约资格”两项被保留，而“确定的标的”和“合法的原因”被“合同内容合法且确定”替代。那么，合同的内容包含合同标的是显而易见的。主要问题在于“原因”是否能够被“内容”所囊括？若能，新债法的修改仅仅属于新概念吸收老概念；若不能，原因逻辑是否真的被清除出合同生效要件？

20世纪90年代之前，关于“原因”概念的研究逐步从客观抽象的债的原因，即对待给付，或者获得对待给付之主观愿望，发展到被主客观二元原因理论所统一。原因二元性理论符合《拿破仑法典》的规则外观。一方面，债的原因是由合同的类型或性质决定的，体现为债的存在，而无须具体考察；另一方面，合同的原因是指缔约人主观而具体的意志，仅需考察其合法性即可。这样的原因理论在法国民法学界成为通说，直至改革完成前。

20世纪90年代以后,司法判例在适用原因理论方面发生了许多变化。不少判例在客观原因的分析当中,主动衡量缔约各方具体权利义务的平衡状态;而面对主观原因的研判,法官不满足于合法性的局限,努力探究缔约人真实的期待利益。由此,原因的经典二元理论事实上被打破了。其结果是,原因的司法分析变得包罗万象,扑朔迷离,难以预见。这种状况极大地影响了法国合同法的安定性、可进入性和吸引力。新债法在这个问题上做出了艰难的选择,虽残忍地删除了原因概念和制度,但更加符合欧洲私法一体化的大趋势。

新债法在"同意的瑕疵"部分依然承继法国民法传统的错误、欺诈和胁迫三类型,但具体的认定标准都明显吸收了判例经验成果和欧洲私法一体化的建议,采用了逆向意思推理,并结合缔约客观环境进行研判。错误的可谅解性是判定救济与否的关键,对给付或相对缔约人的实质属性发生的错误构成无效的充分理由。错误不仅及于表示,也溯及动机,如赠予。但对给付标的经济价值的估计错误是不可谅解的错误。

新债法在"欺诈"的认定上吸收判例法"沉默性欺诈"的成果,并对因欺诈而对标的物经济价值或简单的缔约动机发生的错误予以救济(错误属性下本不予救济)。而在"胁迫"的经典认定范围方面,将滥用经济依赖状态牟利的行为也并归胁迫范畴,是对判例法创造的"经济胁迫"的确认,极具法国特色。

缔约资格条款主要保持了原民法典的基本内容,但本着2015年《关于在司法和国内商事领域现代化和简化法律与程序的法律》(2015－177号)的精神,简化了规则的设计和具体表述方式,将无实际效果或已经由特别法典规定的内容删除,如原《法国民法典》第1314条和第1125－1条。特别是舍弃强制"撤销"(Rescision)合同的概念术语,统一采用"(使)无效"的表达,力图结束民法学说长期以来对拿破仑法典采用"撤销"与"无效"两概念的意义所存在疑虑和争执。"损害"(Lésion)概念虽得以保留,但一方面,将其从同意的瑕疵中移除,以纠正拿破仑法典最初的立法错误;另一方面,仅在缔约资格部分简单地带过,事实上削弱了"损害"概念在合同法中的地位,而将合同互换性给付的救济措施或置于缔约人缔约能力的完整性规则,或置于合同内容的公平性考量中。

原《法国民法典》设有代理制度,但相对于当代合同法的迅猛发展,已经显得过时了。而判例法虽然创造了不少规则,但并未形成确定和一致的代理制度。新债法一改原《法国民法典》代理规则零散不系统的状态,构建起目前较完整的代理制度框架。对无权代理和越权代理的处置体现出有层次感的打击强度安排,即从无对抗力到无效,从一般否定到特殊肯定(如表见代理)。其中表见代理的确立是判例法的经验成果。

"合同的内容"这一标题算得上法国民法典的革新之一,与欧洲私法一体化的做法相一致,具有法律教学的色彩。但何谓"合同的内容"?究竟该标题下应该设置哪些条款?法国新债法将债的标的、合同价格、合同质量和合同给付平衡(或权利义务平衡)等问题纳入其中,并无不当。但开宗明义的第1162条不仅禁止合同条款排斥公共秩序性规则,也禁止合同目的对抗强制性规则。合同内容是否当然包含合同的目的?若是,要求合同目的必须表示于合同文件当中;否则,该规则超越了合同内容的范畴。之所以如此规定,概因《法国民法典》原本有专门一节规定合同中的标的和原因。其中合法性要求本身就是公共秩序性规则发挥作用的结果。删除了原因概念的新债法依然不愿意舍弃对合同目的——这一"主观原因"概念替身的维持。

单方定价权是法国司法判例创制的规则,突破了传统的合同强制力公设的坚固壁垒,虽具争议但终于写进了民法典,限定在框架合同和服务合同类型内。为平衡该特权,法律要求单方权力人有义务向缔约合作方阐明定价依据和理由,并赋予相对缔约人在单方定价权被滥用的情形下请求解除合同和损害赔偿的权利。新债法在"合同的内容"部分的一大亮点是确认了多项自20世纪90年代以来法国最高法院的突破性判例规则,将合同平衡问题作为规制的重点,以维护当代经济生活变迁中的交易公正。值得注意的是,合同平衡的维护原先多是由法官借助"原因"概念和规则的创新解释实现的,不乏学说批判。今天能够写入民法典不能不说是革新力量的成功。当然,从条文当中还是能看到妥协的印记。第1168条与第1169、1170条构成某种不协调。若有偿合同可因无对价给付或对价微薄而不生效力,为何双务合同中给付平衡缺失不能成为无效的理由?虽然形式上可以说,合同给付平衡不是合同的法定生效条件,故缺失也不致无效的结果;但是法国法中的"视为没有写",从效果上看,恰恰是通过否定其存在而消灭其效力的措施。而双务合同与有偿合同多有重合,新债法在此呈现出条款的不和谐。

第1170条和第1171条涉及对滥用条款的制约。法国司法判例和特别法对合同中的责任限制条款和消费合同中的滥用条款问题有着长期的斗争经历,今天写入民法典的条款虽然简短,但意义重大。民事基本法确认上述合同平衡维护措施意味着规则从特殊走向一般和普遍。当然,第1171条第2款是对公共权力介入的某种中和,以弱化消费主义的特征。

第三节　合同的形式

第一次节　一般条款

第1172条

合同原则上须为诺成。

要式合同例外地服从于由法律确定的形式要求,否则归于无效,但可能修正的除外。

此外,法律要求特定合同的成立以物的交付为条件。

第1173条

出于满足证据或对抗性目的而要求的形式不阻却合同的生效。

第二次节　通过电子途径订立的合同的规则

第1174条

若合同的生效要求合同必须以书面形式订立,可以依据本法第1366条和1367条规定的条件,以电子形式建立和保存该书面;若合同的生效要求取得公证书,则依本法第1369条第2款之规定处置。

合同的生效要求债务人亲笔签署的,后者可以以电子形式签署,只要该行为实施条件本质上能够保障其亲力亲为。

第1175条

下列情形不适用前一法条之规定:

1. 涉及家庭和继承法的私署文书;

2. 涉及民事或商事属性的人的或物的担保的私署文书,除非署名人是为其职业需要而为之。

第1176条

若纸质书面合同服从可读性或推介性的特殊条件,电子书面形式也必须满足同等要求。

可拆解表单的书面要求可以由允许进入该表单并以同样途径将其转发的电子化手段满足。

第1177条

只要书面能够被收件人打印,则多版本合同寄送的要求视为被电子途径发送满足。

评注:新债法将原先民法典关于“债的证据”和各有名合同中有关合同形式的条款进行整理,统合至新设的“合同的形式”一节中,并体系化地区分作为生效要件的合同形式与作为对抗性要件的合同形式。同时,重申原《法国民法典》中关于“通过电子途径订立的合同”的规则。这种编排方式有利于增强《法国民法典》的可读性。

第四节　惩罚

第一次节　无效

第1178条

不能满足法定生效条件的合同无法律效力。无效必须由法官宣告,除非缔约各方合意确认存在此种状态。

无效的合同被视为从未存在。

已经履行的给付依照本法第1352条至第1352-9条规定的条件返还。

合同无效的法律后果之外，受害缔约人可依据合同外责任一般法的规定请求损害赔偿。

第1179条

若合同违反旨在维护社会基本利益的法律规则，其无效的后果是绝对的。

若合同仅违反旨在维护私人利益的法律规则，其无效的后果是相对的。

第1180条

合同绝对无效之诉可以由任何利害关系人以及检察院提起。

绝对无效不能通过合同确认函的方式规避。

第1181条

合同相对无效之诉仅能由受法律保护的缔约一方当事人提起。

相对无效可以通过确认函的方式规避。

若相对无效之诉有多位提告人，其中一位放弃提告的，不影响其他提告人的诉讼行动。

第1182条

确认函是由合同无效的利害关系人发出的放弃无效主张的法律文书。该文书（须）注明债的标的和影响合同的瑕疵。

确认函仅可于合同缔结后出具。

明知合同无效的原因却自愿履行，意味着确认放弃合同无效的主张。胁迫情形下，确认的表示仅得于胁迫终止后发出。

在不损害第三人权利的条件下，确认的表示包含对无效之诉对抗方式和例外情形的放弃。

第1183条

缔约一方可以以书面形式催告合同无效利害关系人，要么确认合同有效，要么在6个月的期限内提起合同无效之诉，否则诉权将丧失。无效的原因须同时终止。

催告的书面文书（须）注明：若在6个月期限届满前未为合同无效之诉，则合同将被视为被确认为有效。

第1184条

若无效的原因仅仅影响了单个或数个合同条款，除非该单个或数个条款构成缔约各方或缔约一方合同义务的决定性因素，不导致整个法律行为无效的后果。

若法律将合同某条款视为没有写，或者被违反的法律规则之立法目的要求维持合同效力的,合同得以被维持。

第1185条

合同无效的例外对完全未履行的合同不发生诉讼时效的约束。

第二次节　失效

第1186条

有效成立的合同因其某个实质性要素的消失而失效。

若多个合同的履行对实现一个整体操作是必要的,而其中一个合同却消失了,只要消失合同的履行构成了缔约一方同意(该整体操作)的决定性条件,且合同的消失导致(整体操作)履行不能的,所有关联合同均失效。

失效的认定仅仅适用于受失效打击的一方缔约人在表示其同意合同要约时知道整体操作的存在的情形下。

第1187条

失效终结了合同。

它可导致本法第1352条至第1352-9条规定的条件下的返还。

评注:法国现代民法理论认为合同无效的认定必须经过诉讼程序进行,因此导致合同无效的认定颇费时间。对于简单的合同关系,特别是缔约双方已有共识的情形下,消灭合同的效率过低。因此,新债法确定了两种合同无效的途径:司法判定无效和缔约人协议无效。同时,新债法根据现代合同法理论,将合同无效区分为绝对无效和相对无效,以强化对社会基本利益的维护,并给私人以更多处置自己事务的自由。第1184条确立了合同部分无效的规则,但并未解释其与“视为没有写”的区别。

合同失效制度源于法国司法判例和学说理论,强调合同成立后实质要素的消失,使合同目的或缔约合理期待无法实现。该逻辑也适用于合同组或合同链,因为其中的多个合同彼此相互依存,共同服务于一个整体经济操作。需要注意的是,法国司法判例曾援引“原因”消失来确认合同失效。因此,合同失效规则仍可理解为原因制度的替代表达。

第三章　合同的解释

第1188条

合同解释不应拘泥于术语的文字含义,而应依据缔约各方的共同意愿。

若缔约人意愿无法揭示,合同按照一个处于相同情势下的合理人所应表示的意思解释。

第1189条

所有合同条款得相互解释,以赋予每个条款符合行为整体协调性要求的含义。

若缔约各方意图通过订立多个合同以实施一项整体操作，这些合同应按照该整体性操作的功能解释。

第1190条

遇有疑问，自由协商订立的合同做出有利于债务人、不利于债权人的解释，附和合同做出不利于提供合同文本一方的解释。

第1191条

若合同条款有两种含义，优先采纳能够赋予该条款法律效果的意思为解释。

第1192条

清晰和明确的合同条款无须解释，否则构成歪曲。

评注：新债法根据《关于在司法和国内商事领域现代化和简化法律与程序的2015－177号法律》第8条第5项的规定，“明晰有关合同解释的相关法律条款，特别明确适用于附和合同的规则”。从内容上看，原《法国民法典》的9条合同解释规则被削减为现在的5条，其中4条基本保留了原《法国民法典》第1156条、第1157条、第1161条和第1162条的文义，并增加了司法判例确认的一条避免歪曲合同意思的规则作为现在的第1192条。这种简化主要是由相关解释规则在司法实践中的适用率决定的。

此外，新的解释规则还吸收了《欧洲合同法原则》和《欧洲合同法术语共同框架》等立法成果，引入“合理人”的客观外在参照系进行缔约人的意思探究。第1189条还确认了判例法和学说研究提出的合同整体和谐理念。

遗憾的是，新的合同解释规则没有层次化或顺序化解释规则的适用，简化的结果更抹去了原有规则的潜在逻辑顺序。所谓“清晰和明确”条款本身还不甚明了，法官自由裁量空间依然很大。

第四章　合同的效力

第一节　缔约人之间的合同效力

第一次节　拘束力

第1193条

合同仅在缔约人合意下或因法律允许的事由才可被变更或撤销。

第1194条

具有拘束力的内容不仅仅包括合同中明确表述的事项，而且还包括公平原则、习惯或法律赋予合同的所有后续结果。

第1195条

如果在合同订立时不可被预计的情势变化，使合同的履行对一没有接受承担该情况变化风险的缔约人来说非常昂贵,其可向共同缔约人要求重新磋商合同。在重新磋商过程中其继续履行债务。

重新磋商失败或受拒绝的情况下,缔约人可约定解除合同,依据他们确定的条件和日期,或共同向法官请求调整合同。在合理期限内仍未达成协议的,法官可在一方缔约人的请求下,变更或终止合同依据其确定的条件和日期。

评注:本节包括两小节即"拘束力"和"移转效力"。[1] 在此只谈"拘束力"(force obligatoire),"移转效力"因其重要性另有专门的讨论。

第1193条言及合同可经当事人一致同意或法律允许的原因修改或撤回。该条取自原《法国民法典》第1134条第2款;原《法国民法典》原第1134条第1款的规定"合法成立的合同在缔约人之间有相当于法律的效力"和第3款规定的"合同应诚信履行"现分处于合同次编第一章序言的第1103条和第1104条,各自成为独立的一条,其中措辞"合同有相当于法律的效力"表明了对法国法传统的遵循。

第1194条几乎完全沿袭原《法国民法典》第1135条的规定,"具有拘束力的内容不仅仅包括合同中明确表述的事项,而且还包括公平原则、习惯或法律赋予合同的所有后续结果",除了将第1135条中的"协议"(convention)替换为如今的"合同"(contract)。

本次改革的创新之一是民法典明确承认了"情事变更"(révision pour imprévision)制度,实际上该制度已经于20世纪初被行政法判例[2]所承认。第1195条规定背离了之前的"卡朋运河案"(Canal de Craponne)确立的判例,允许当合同订立时不可被预计的情况发生变化时,导致没有接受承担该情况变化风险的一方缔约人履行合同十分不利,其可以要求重新磋商合同以及法官的介入权力。在著名的"卡朋运河"一案中,1876年3月6日最高法院民事庭拒绝承认"情势变更"原则,产生该判例的案情大致是这样的:系争合同签订于16世纪末,承建、运营运河的卡朋先生与一些沿岸从事种植、养殖的居民订立合同,约定前者为后者提供灌溉用水,以每190公亩(ares)3索尔(sols)的价格;到了19世纪,运营该运河的企业提起诉讼称由于货币贬值、人工费用的增加,要求提高收费价格。埃克斯(Aix)法院将其提高到60分(centimes),但是其判决被最高法院撤销,最高法院(Cour de cassation)认为:"第1134条(合同的拘束力原则)

---

〔1〕 关于法国法上"合同在当事人之间的效力"还可参见李世刚:《法国合同法改革——三部草案的比较研究》,法律出版社2014年版,第155~169页。

〔2〕 1916年在"波尔多煤气"(Gaz de Bordeaux)案件中最高行政法院(Conseil d'État)首次承认了"情事变更"原则;C. E., 30 mars 1916; Voy. M. Long, P. Weil, G. Braibant, P. Delvolvé, B. Genevois, *Les grands arrêts de la jurisprudence administrative*, 20e éd., Paris, Dalloz, 2015, n° 29, pp. 170 et s.

确立的规则是普遍性的、绝对性的,其规范着继续性合同(contrat à exécution successive),法院不可考虑时间、境况因素以修改当事人的合同,以及在当事人已经自由接受的合同条款中替代一些新的条款,无论法院的判决看起来多么公平。"[3]在随后的判例中,最高法院一直是不承认情势变更的。但是在一些特殊法律领域,该制度是存在的,例如在继承和遗赠法上,原《法国民法典》第828条规定当继承分割的债务人获得了分期付款后,随着经济形势的变化,归于其的财产价值自分割以来减少或增加的比例超过1/4时,应付的余额依据相同的比例而增加或减少,除非当事人约定排除该变化;第900-1条及其以下规定受遗赠人可司法要求改变附于其已经接受的遗赠上的负担,由于情势的变化使这些负担的履行变得非常困难时。[4]

支持规定"情事变更"制度的论点主要有:第一,依据第1134条第3款,合同应该诚信履行,合同履行的情况发生重大变化仍要求严格履行合同有违诚信原则;第二,比较法上多承认该规则,[5]而法国法在这一点上显得例外、过时;第三,调整合同的可能性还可从第1135条得出,该条规定:"具有拘束力的内容不仅仅包括合同中明确表述的事项,而且还包括公平原则、习惯或法律赋予合同的所有后续结果。"最后,长期合同暗含着"情事变迁"条款(*rebus sic stantibus*)。

但是,最高法院的判例是审慎地决定不承认"情事变更"的,法律因素上是由于担心恶意的当事人趁机逃避他们的合同拘束以及法官专断地介入合同不利于维护交易安全。[6] 经济上的因素[7]是,有时调整合同是避免一方当事人破产的唯一方法,但会导致合同的不履行。相反在行政法上,最高行政法院承认该规则是为了避免公共服务的中断,公共服务的刚性需求需要合同的灵活性来保证。而在民商事合同中,如果在一个案件中调整合同,会导致一方缔约人不可能履行其在另外一些合同中负有的债务,以及因连锁反应导致不可预见和

---

[3] Cass. Civ. 6 mars 1876; F. Terré, Y. Lequette et H. Capitant, *Les grands arrêts de la jurisprudence civile*: *Tome 2*, *Obligations*, *Contrats spéciaux*, *Sûretés*, 13e éd., Dalloz, Paris, 2015, pp. 172 et s.

[4] F. Terré Y. Lequette et S. Gaudemet, *Les successions*, *Les libéralités*, Paris, Dalloz, 4e éd., n°s 364 et s., pp. 335 et s.

[5] 例如《荷兰民法典》第6.258条,《德国民法典》第313条,《意大利民法典》第1467条,《欧洲合同法原则》第6:111条,《共同参考框架草案》(DCFR)第Ⅲ.-1:110条等。比利时法上学说倡导该制度,但也仅被行政法判例承认,Voy. P. Van Ommeslaghe, *Traité de droit civil belge*, *Les obligations*, tome I, Bruxelles, Bruylant, 2013, n° 530, pp. 812 et s.

[6] F. Terré, P. Simler et Y. Lequette, *Les obligations*, 11e éd., Paris, Dalloz, 2013, n° 470, p. 521.

[7] *Idem.*

控制的后果。然而,法官恰恰是不适合着眼于国家经济状况,评估其调整合同的判决是否合适。应由更强大的立法者在合同正义显著失衡以及某类人会因此而破产的情况下,在评估某一选择的经济后果之后,来决定是否允许调整合同。

对这种不允许调整合同的保守立场,法国不少民法学者提出了批评,[8]主要论点有:第一,欧洲各国如德国、英国等都承认了该制度,且比较法上的经验表明,承认合同的调整并未导致所声称的不利;第二,依据合同的连带性(solidariste)[9]学说,合同不是对立意志的冲突或暂时的相容,而是要求缔约人为其共同利益而为一定的协作,这种连带关系要求缔约人在从缔约到合同终了的整个期间都协同合作并诚信地履行合同,以及处罚不诚信的滥用行为。受这种学说的启发,如果在给付因情事变化而显著失衡的情况下,不允许调整合同会造成一方当事人的破产。[10] 而且,确立情事变更原则有利于合同正义和合同的长久,而且从违约金调整方面的经验来看,法官是审慎地介入合同而并未危害交易安全。

然而,判例一贯坚持不承认情事变更并非偶然的产物,而这种拒绝也并未在实践中导致危害交易安全或有关合同情势变更的众多争议。事实上,法国法这方面潜在的逻辑是应由合同当事人自己依据合同适应条款来防范因政治、经济、社会和货币的不稳定而引起的不利后果。[11] 合同适应条款有多种,也可以是自动的,例如将产品或服务价格按照货币指数计算的条款。还有,"最优惠客户条款"[12](clause du client le plus favorisé)允许将已经订立的合同条款参照将来给予第三人的、更优惠的合同条款修正;类似的"竞争性要约条款"(clause de l'offre concurrente)允许一方缔约人向其共同缔约人主张其从第三人处收到的

---

〔8〕 F. Terré, Y. Lequette et H. Capitant, *op. cit.*, n° 5 et n° 6, pp. 179 - 180. 其中Denis Mazeaud教授是情势变更制度的积极倡导者,可参见他在Henri Capitant比较法协会上做的报告,Voy. D. Mazeaud, Rapport français—La révision du contrat, in *Le contrat : journées brésiliennes / Association Henri Capitant des Amis de la Culture Juridique Française*, Paris, Société de Législation comparée, 2008, pp. 553 et s.

〔9〕 该学说在20世纪二三十年代由德莫格教授(René Demogue)倡导, R. Demogue, *Traité des obligations en général*, t. 6, 1931, n° 3 ; D. MAZEAUD, Solidarisme et réalisation du contrat, in *Le solidarisme contractuel*, Economica, 2004, p. 57, spéc. n° 23 et s.

〔10〕 C. Thibierge-Guelfucci, Libres propos sur la transformation du contrat, *RTD civ.*, 1997, pp. 358 et s., n° 6 et s.

〔11〕 R. Fabre, Les clauses d'adaptation dans les contrats, *RTD civ.*, 1983, pp. 29 et s., n° 77 et s.

〔12〕 Voy. M. Fontaine, Les clauses de l'offre concurrente, du client le plus favorise et la clause du premier refus dans les contrats internationaux, *Droit et pratique du commerce international*, 1978, pp. 185 a 220.

更为优惠的要约,并相应地参照该要约而调整合同或合同的解除或终止。“艰难事件条款”(clause de hardship)[13]允许当事人在合同订立时不可被预见的事件发生并引起合同的严重失衡时,调整合同,该条款多应用于长期合同和不定期合同。还有“对标条款”[14](clause de benchmarking)允许服务合同的当事人比较其他服务提供者提供的价格后,协商调整服务提供者与该当事人议定的价格。

因此,法国法上合同一经订立并非是不变的。真正的争议在于,是法官来主动介入还是由当事人依据预先确定的模式来调整合同?最高法院坚持传统的观点:法官是合同的仆人,克制主动介入合同,但鼓励当事人在缔约时主动预见并在合同中加入一些调整条款,以应付日后出现的社会、经济情况等的重大变化。而且,相比法官的主动介入,当事人采取的调整条款会更加符合当事人的本意进而达到合同的平衡,因为只有当事人自己才是个案中合同正义、平衡的最佳决定者。可以看出,由于缔约人之间这些合同调整条款的存在,功能性类似“情事变更”制度,[15]法国法上合同是可被调整的,这方面判例的严格性并未损害交易安全。

然而,是否立法承认“情事变更”是法国法上非常具有争议的问题,主流学说认为至少应该在情势变更的情况下,给予当事人协商的权利以及在协商失败的情况下,允许不利一方当事人解除合同,[16]而关于法官可否直接调整合同则争议较大。债法改革正式条文出台之前各个草案中都或多或少采纳了这个主流观点。其中,《卡特拉草案》第1135-1条至第1135-3条规定,[17]在继续性合同或合同履行分期进行中,由于情势的变化,合同相互给付的初始平衡被打乱,以至于对于一方当事人合同利益完全丧失;在这种情况下,缔约人可请求大审法院法官命令重新谈判;非因恶意导致磋商失败,任何当事人一方可解除合同,而无须支付任何费用和赔偿。对其的批评有:[18]首先,适用范围太狭窄,限

---

[13] Y. Lequette, De l'efficacité de la clause de hardship, *Mélanges C. Larroumet*, Economica, 2009, pp. 267 et s.

[14] L. Szuskin et J.-L. Juhan, La clause dite de benchmarking dans les contrats de prestation de services ou comment rendre un contrat compétitif ?, *Révue Lamy Droit Civil*, 2004, n° 11, pp. 5 et s.

[15] 茨威格和克茨说,法国法更重视合同调整条款的发展 ; Zweigert and Koez, *An introduction to Comparative law*, Oxford, 3e Ed., 1998, p. 527.

[16] É. Savaux, L'introduction de la révision ou de la résiliation pour imprévision - Rapport français, *Revue des contrats*, 2010/01, p. 1057. *Idem.*, Frémissement en matière d'imprévision, *Revue des contrats*, 2011/01, p. 34.

[17] Projet Catala art. 1135-1 à 1135-3.

[18] D. Fenouillet, Les effets entre les parties. Les principes, in *Pour une réforme du droit des contrats* (sous la direction de François Terré), Paris, Dalloz, 2009, pp. 245-246.

于继续性合同或分期履行的合同。其次,要求合同的继续履行对一方当事人完全丧失合同利益,似显严格;而且“合同利益”这一术语比较模糊,也未强调情势变化需要不可预计的特征。在司法部的合同法草案中,第136条规定,如果不可预见的情况出现且当事人未接受该风险,导致合同履行极端昂贵时,一方缔约人可向其共同缔约人要求重新磋商,但磋商期间不停止履行合同;如果磋商失败,法官可在当事人都同意的情况下调整合同,如果当事人不同意,法官可依据其确定的条件和日期解除合同。相比之下,泰雷草案则更为大胆地直接赋予法官在缔约人重新协商失败的情况下的“调整权”(第92条)。[19]

最终,债法改革条文在参考各草案之后,在第1195条第1款确立了“情事变更”的适用要件:第一,必须是订立合同时无法合理预见的情势变化;第二,该变化使一方当事人履行合同十分昂贵;第三,该当事人并未接受承担该情事变化的风险。

该条第2款规定了“情事变更”的法效果:首先,出现情事变更,一方缔约人履行合同不利的,可向另一方当事人请求重新磋商合同。为避免可能出现的拖延措施,在重新协商期间,合同的拘束力不受影响,当事人应该继续履行合同。其次,在磋商失败或受拒绝的情况下,当事人可协议解除合同或共同协议请求法官调整合同。在此我们再次看到对法官介入的审慎考虑,也就是说,法官的介入权需要当事人的共同“授权”。最后,若经合理期间之后当事人仍未达成协议的,一方当事人可独自请求法官调整或终止合同。在此,可以顺便提及法国债法改革所采纳一种方法,即提取各个学者或政府草案的共同点,然后着重研究各草案呈现的不同点。

第二次节　权利移转的效力

第1196条

以所有权转让或者其他权利让与为标的的合同,转让的效力于合同缔结之际发生。

当事人之意思、标的物之性质或者法律均可使转让效力延后发生。

所有权转让,标的物的风险亦随之移转。然而,负有交付标的物义务的债务人据第1344-2条应自催告之时起负担标的物的风险,同时保留第1351-1条所定规则的适用。

第1197条

交付标的物的债务带来在交付之前、以理性人所具有之一切注意来保管标

---

〔19〕 Projet Terré, art. 92; F. Terré (sous la direction de), in *Pour une réforme du droit des contrats*, Paris, Dalloz, 2009, p. 23.

的物的义务。

第 1198 条

当二人先后自同一人处取得同一有体动产上的权利，在先且善意取得动产占有者优先取得该权利，即使其取得时间在后亦然。

当二人先后自同一人处取得同一不动产上的权利，在先且善意将其以公证书形式做成之取得名义公告于不动产登记簿者优先取得该权利，即使其取得时间在后亦然。

评注：新法第 1196 条是对具有移转所有权或者其他权利之效力的合同的规定。而第 1101 条给合同下的定义则仅仅涉及产生、更改、移转和消灭债的合同。显然，第 1101 条的合同定义不能涵盖第 1196 条所规定的合同，窃以为新债法的合同概念实际上是紊乱的。

第 1196 条规定的是包括所有权和其他权利在内的物权及准物权变动的模式——所有权或其他权利的移转于合同成立之时发生。这样的规定是对法国 1804 年《民法典》颁布以来的物权变动模式的一种更为清晰地描述，而并不意味着法国民法理论和实践在该领域的改变。长期以来，《法国民法典》第 711 条的规定使法国法上的物权变动模式未获得准确的定义，因为依照该条规定，财产所有权之取得和转让得依债之效果而达成。从其字面意思来看，法国法上物权变动是债权合同的效力，因此法国法在我国学理上素有所谓债权意思主义的"恶名"。其实《法国民法典》第 711 条在法国当今学理上被普遍视为错误的规定，因为债的效力是债权人对于债务人的请求给付，而与权利之移转本身无涉。

然而，《法国民法典》该条规定却是其来有自。由于《法国民法典》将特定物所有权的移转系于买卖（或赠予或互易）合同成立，使罗马法和法国古法上作为债权合同的买卖合同吸收了移转所有权的物权效力。在这个意义上，《法国民法典》第 711 条规定所有权的转让是债的效力，也就意味着，法国民法上所有权的变动仅仅是债权行为的效力。法国 19 世纪民法学理在该条的解释上普遍认为民法典规定了所有权转让根据债的效力而发生。中国民法理论通过对第 711 条的解读，认为法国法上的物权变动模式是债权意思主义，也可称作意思主义。法国物权变动模式于是在物债二分的大陆法系民法权利体系下似乎显得笨拙甚至愚蠢。

可是，法国民法学理二百年以来在物权变动模式的建构上并未脱离物债二分的逻辑。实际上，法国学理传统上认为，买卖合同下移转特定物标的物所有权的债务于合同成立之一刹那而完成或者说被履行；此际，合同当事人之间实施了民事交付（tradition civile）。[20] 这就意味着法国法上特定物的所有权转让

---

〔20〕 民事交付，系一纯粹观念化的交付，不同于拟制交付（tradition feinte ou fictive）。

行为包含两个合意,一为产生移转所有权债务的债权合意,二为拟制交易所对应的物权合意。在这一理解之下,《法国民法典》在物权移转模式上并没有彻底背离罗马法的传统。详言之,依据旧法第1138条1款,现实交付(livrer)标的物的债务仅仅由于合同当事人之间达成的合意而完成,而同条第2款则规定,即使交付(tradition)[21]行为没有实施,该债务也使所有权在买卖双方发生转移。法国19世纪的主流民法学理认为,立法推定出卖人现实交付标的物的义务在债权合意达成之时被履行,这并不意味着出卖人不再负有现实交付的债务,而只是指,在旧制度法制下移转所有权所必需的"民事交付"被认为在债权合意达成的同时也被履行。民事交付的存在可以从《民法典》第938条获得验证:该条规定,赠予合同标的物的所有权自合意达成之时起移转给受赠人,无待"其他交付",这里的其他交付只能是指民事交付之外的现实交付。《法国民法典》虽然未如罗马法和旧制度法制一般将作为物权变动原因的债权合同与作为形式要件的交付行为相分离,但是法国民法传统学理普遍认为立法者仍然推定民事交付条款存在于以移转所有权为目的的合同之中。1804年《民法典》的创新之处毋宁是将"民事交付"视作民法典的所有权移转模式的原则,而并不是取消源自罗马法且延续至旧制度法制的交付要件。

在德国法语境之下,《法国民法典》采纳的物权变动模式大致可以被解释为债权行为与物权行为被纳入同一个合同。[22] 旧法由于未在条文上将物债二分的逻辑清楚呈现,再加上第711条的表述错误,使法国民法的物权或准物权变动模式多少有些模糊不清。新法第1196条第1款则以十分明确的方式规定了以移转所有权或者其他权利为标的的合同。该条规定确认了20世纪中期以来形成的优势学理,依据该种理论,买卖合同本身产生移转所有权的效力,而移转所有权的债务由于缺乏交付之标的而无存在的可能性;买卖合同也产生出卖人所负的实际交付标的物、瑕疵担保与追夺担保债务,以及买受人所负的价金支付、收取标的物债务。通说认为,这种解释不仅适用于特定物买卖,也适用于种类物和未来物买卖。需要注意的是,法国法上具有物权移转效力的合同,并不能等同于德国法上的物权合同。因为,物权合同仅仅具有变动物权的效力,而法国法上具有物权变动效力的合同则可能不仅仅具有物权效力,还具有债权效力,比如买卖合同、赠予合同等。换句话说,在买卖或赠予合同,同一个合同不

---

[21] 第1138条第2款中的"交付"一词,字面含义既包括现实交付,也包括民事交付。但是,同条第1款使用了现实交付的用语,从上文文义一致来看,学理通常将第2款中的交付解释为仅指现实交付。学者间也有不同意见。

[22] 有学者认为,法国模式之下,物权合意为债权行为所吸收,物债合意在同一个行为中被一并表示出来。愚见以为,二种合意于同一个合同中一并表示,固然是法国模式的一个特征,但断难得出所谓物权合意被债权行为吸收,从而认定法国模式下的合同仍然是一个债权行为的结论。

仅产生债权债务关系,而且具有移转所有权的物权效力。还需注意的是,第1196条所规定的合同与第1101条所定义的合同存在重叠关系,因为后者包括当事人之间达成的以债之移转为标的的合同,而这类合同也属于第1196条的适用范围。

第1196条第2款规定了所有权延后移转的情形。该款表明,上款规定的所有权移转之纯粹合意原则是一项补充性规范。

第1197条使用英美法上的“理性人”来取代法国私法传统上沿袭自罗马法的“善良家父”概念。

第1198条处理一物二卖场合买受人之间的权利取得的冲突。第1款相当于旧法第1143条的规定,而第2款规定的是同一不动产先后两个取得人之间依照登记先后的顺序来确定何人取得该不动产之所有权,立约在后而登记在先者须为善意方能取得所有权。需要注意的是,本节的规定并没有涉及动产或不动产交易中前后手之间行为瑕疵而带来的交易安全保护的问题,也就是无权处分的问题。对此,对于动产所有权转让,法国法通过动产的善意取得制度,而对于不动产所有权转让,则通过强制公证、不动产登记的连续性要求再加上判例法上的“表见所有权”的协力来解决无权处分问题,于此不再赘述。

第二节　合同针对第三人的效力

第一次节　一般规定

第1199条

合同仅在缔约人之间产生债务。

在不影响本节的规定和第四编第三章规定适用的情况下,第三人既不可以要求合同的履行也不可以被要求履行合同。

第1200条

第三人应尊重合同所创造的法律状态。

其可主张该合同以证明一项事实。

第1201条

当缔约人缔结了一个表面合同以掩盖一个暗藏的合同,后一合同也被叫作“黑合同”(contre-lettre),该合同仅在当事人之间发生效力。“黑合同”不可对抗第三人,但第三人可主张该合同。

第1202条

所有以提高在司法助理机构[23]的转让协议中规定的价款为目的的“黑合

〔23〕 诸如公证员、司法执达员等。

同”无效。

任何以隐瞒一部分价款为目的的合同也无效,当这些合同涉及不动产买卖,客户或营业资产的转让,租赁权的让与,关于不动产一部或全部租赁承诺的受益,以及互易补足价款的一部或全部或包含不动产、营业资产或客户的财产分割的补足价款一部或全部。

评注:第一小节是关于一般规定,其中第1199条规范的是合同的相对性,除了措辞的变动外,基本上沿袭了原《法国民法典》第1165条的规定,即合同仅在当事人之间发生效力。第1200条规范的是合同(法律行为)的对抗性(opposabilité),即有效成立的合同可以对抗第三人,第三人应该尊重因该合同引起的权利义务变动,例如不可恶意串通一方缔约人损害另一方缔约人的权利。但是第三人可以主张该合同的存在以证明一项事实。

第1201条规范的是“虚伪表示”(simulation),只是对原《法国民法典》第1321条的规定修改了措辞,使表达上更清晰,实质内容则是一致的。当事人缔结的“表面合同”或“白合同”掩盖“隐藏的合同”或“黑合同”(contre - lettre),“隐藏的合同”仅在当事人之间发生法律效力,不可对抗第三人,但第三人可主张适用该“隐藏的合同”。

第1202条是规定一些特定情形下“虚伪表示”无效,即欺诈性“虚伪表示”。实际上,该条文完全沿袭了原《法国民法典》第1321 - 1条的规定,后者则完全自《税收法典》(Code général des impôts)原第1840条转化而来。

第1款,规定“所有以提高在司法助理机构[24]的转让协议中规定的价款为目的的‘黑合同’无效”,这属于绝对无效。因为这些司法助理机构的转让费,受行政机关的控制,避免这些司法助理机构的受让人支付过高的转让费用给其前任,为此转让费的确定应该考虑转让之前数年间,该司法助理机构的收入总额。如果价钱太高,司法部(chancellerie)可要求减少转让费,这关系到公共利益,因为如果受让人支付太高的转让费,最终很可能仍是由客户们来承担这笔费用。如果“黑合同”规定转让费的增加,则脱离了行政机关的控制,应为无效。[25]

第2款规定“所有掩饰一部分价款的合同无效”,这些合同涉及:不动产买卖,客户或营业资产的转让,租赁权利的转让,一部或全部不动产租赁承诺的或受益,以及互易的部分或全部补足价款或包含不动产、营业资产或客户的财产分割的部分或全部补足价款。这些情况属于税收欺诈,目的是少交税,也是绝

---

〔24〕 诸如公证员、司法传达员和上诉法院代理人(avoué d'appel),他们有权向政府推荐他们的继承人,并因此有权要求转让费。Voy. F. Terré, P. Simler et Y. Lequette, *op. cit.*, n° 556, p. 602.

〔25〕 *Idem.*

对无效。此外，这些行为还可能受到税收机关的行政处罚。

值得注意的是，该条规定的无效仅适用于"黑合同"，黑合同无效的后果是将当事人置于最初的状态，如同"黑合同"从未被订立一样，而不损及"白合同"的效力。因此买受人只需要支付"白合同"中显示的价款或不履行"黑合同"，如果"黑合同"得到履行，买受人可要求出卖人返还被隐瞒部分的价款。对此要求，出卖人不可主张适用法谚"任何人不可主张其卑鄙"（Nemo auditur propriam turpitudinem allegans）或"卑鄙者不得主张返还"（In pari causa turpitudinis cessat repititio）。最后，立法者是出于吓阻的目的，规定该无效仅涉及"黑合同"，而没有必要寻求"白合同"与"黑合同"之间是否有不可分性。[26]

第二次节 作保和为他人利益的合同（la stipulation pour autrui）

第 1203 条

仅可以个人名义为其个人而缔约。

第 1204 条

可作保（port-fort），通过保证第三人的行为。

允诺人（promettant）不承担任何债务，如果第三人完成了被保证的行为。在相反的情况下，其可被判决承担损害赔偿。

当为一项债之拘束（engagement）的追认而作保，该债务拘束自担保被做之日起溯及地发生效力。

第 1205 条

可为他人利益而缔约。

一方缔约人，"要求作出承诺的人"（stipulant），可使另一方缔约人即"允诺人"（promettant）承诺完成一项为第三人，即受益人（bénéficiaire）利益的给付。受益人可是尚未出生的人但应被明确的指明或在承诺履行时可被确定。

第 1206 条

自为他人利益的合同订立起，受益人对允诺人的给付享有直接的权利。

但当受益人还未接受时，要求作出承诺的人可自由撤销该为他人利益合同。

自从受益人的接受到达要求作出承诺的债权人或允诺人起，该合同不可被撤销。

第 1207 条

撤销仅可源自要求作出承诺的人，或在其去世后，其继承人。

要求作出承诺的人的继承人不可撤销该合同，自其催告受益人接受之日起

---

[26] F. Terré, P. Simler et Y. Lequette, *op. cit.*, p. 604, n° 556.

三个月之内。

如果该撤销没有附有一个新的受益人指定,依据情况该撤销使要求作出承诺的人或其继承人受益。

自从受益人或允诺人知道该撤销时起,该撤销发生效力。

当撤销以遗嘱的方式作出,其自死亡之日起发生效力。

最初被指定的第三人被认为从未受益于为其利益而订立的合同。

第1208条

接受可源自受益人或其去世后,其继承人。接受既可明示也可暗示。其甚至可在要求作出承诺的人或允诺人死亡之后发生。

第1209条

要求作出承诺的人本人可要求允诺人向受益人履行承诺。

评注:本次节在总结以往判例和学说发展的基础上,细化了《法国民法典》原有的两条规定。

第一,确认了"仅可以自己名义为其本人而缔约"的原则(第1203条)。该条与原《法国民法典》第1119条"一般而言,仅可以自己名义、为自己缔约"相比,措辞有所变化。首先,放弃了"禁止为他人约定"这一原则;第二,原第1119条中"一般而言"的措辞被放弃,该措辞意思是在该条文之后引入"禁止为他人约定"的例外:作保(原第1120条)和为他人利益的合同(原第1121条)。但是,事实上这两个制度并非"禁止为他人约定"的例外,承诺作保并不约束第三人,"为他人利益的合同"也须经受益人的同意才使其享受权利或负担义务。

第1204条第1款基本接纳了原第1120条关于"作保"的定义,即允诺人(promettant, le porte-fort)向受益人保证第三人的一项行为。严格而言,作保并不构成合同相对性的例外,因为第三人并不因作保人对受益人的承诺而受拘束。至于允诺人为什么敢承担风险而作保,往往是因为第三人与允诺人之间存在着某种特殊关系,允诺人有很大的可能获得第三人的同意或追认,更确切而言,允诺人几乎都是第三人的代理人,但超越了其所享有的代理权限,[27]例如意定代理人和作为法定代理人的监护人等。作保可包括三种情况:[28]第一,追认型作保,即允诺人保证第三人追认或同意一项已经协商和缔结的法律行为,这是作保的经典适用模式。例如,无权代理人向相对人保证被代理人的追认行

---

〔27〕 Jacques-Flour, Jean-Luc Aubert et Éric Savaux, *Les obligations*, *Tome* 1, *l'acte juridique*, 16ᵉ éd., Paris, Sirey, 2014, n° 464, p. 480.

〔28〕 Rapport au Président de la République relatif à l'ordonnance n° 2016 – 131 du 10 février 2016 portant réforme du droit des contrats, du régime général et de la preuve des obligations ; Voy. Jacques Flour, Jean-Luc Aubert et Éric Savaux, *op. cit.*, pp. 481 et s.

为,如被代理人未追认,其对相对人承担赔偿责任;第二,缔结型作保,即在允诺人向受益人保证第三人缔结另一项法律行为;第三,履行型作保,指允诺人向受益人保证第三人履行与其订立的合同,作为"担保"(garantie)。

第 1204 条第 2 款规定了作保的法律效果,如果第三人完成了允诺人对受益人所作承诺的行为,允诺人即被解除债务负担。相反的情况下,其应该负损害赔偿责任。仅在追认型作保的情况下,第三人的追认有溯及力。

随后,第 1205 条至第 1209 条规范了"为他人利益的合同",比原第 1121 条更详尽。首先,第 1205 条给出了定义,为他人利益的合同是指,要求作出承诺的人与承诺人约定,使承诺人对第三人即受益人履行一定的给付。该制度是合同相对性的例外,第三人因其并非当事人的合同而成为债权人,实践中比较常见的有为第三人利益的人寿保险和为第三人利益的附负担赠予。

第 1206 条规定了"为他人利益的合同"的法效果,第 1 款规定受益人可直接向允诺人请求履行承诺。第 2 款和第 3 款规定了"为他人利益的合同"的撤回,在受益人未接受之前,其可被自由撤回;相反,如果受益人接受该合同的意思表示到达允诺人或要求作出承诺的人任何一方,其即不可被撤回。值得注意的是,这种撤回权有着严格的属人性,在要求作出承诺的人生前,其债权人不可就此行使代位权,以及在其成为无民事行为能力时不可被其代理人行使。[29] 关于这一点,《保险法典》第 L132 -9 条第 1 段第 2 款有着类似的规定。

第 1207 条规范为他人利益的合同的撤回,第 1 款规定仅要求作出承诺的人和在其死后其继承人可撤回为他人利益的合同。为保护受益人、避免仓促的撤回,在要求作出承诺的人去世后,其继承人仅仅在催告受益人接受为其利益的合同三个月之后才可撤销之。第 1207 条第 1 款规定实际上分别取自现行《保险法典》第 L132 -9 条第 1 段第 1 款和第 3 款。[30] 依据第 1207 条第 2 款,该撤回视其情况,如果未附有一个新的受益人的指定,使要求作出承诺的人或其继承人受益。该撤回自从受益人知悉或允诺人知悉之日起,发生效力。撤回还可通过遗嘱作出,而自要求作出承诺的人死亡时发生效力。最后,被最初指定的受益人被视为从未受益于为其利益的合同。

第 1208 条规范为他人利益的合同中受益人的接受,接受可源自其本人或其死后,其继承人。该接受既可明示又可默示,还可因受益人直接向承诺人要求给付而得出。要求作出承诺的人或允诺人的死亡并不阻止该接受发生效力。

第 1209 条规定,要求作出承诺的人本人也可要求允诺人向受益人履行其

---

〔29〕 Jacques Flour, Jean – Luc Aubert et Éric Savaux, *op. cit.*, p. 497, n° 485 ; Art. L132 – 9, § 1, alinéa 2, du Code des assurances.

〔30〕 Article L132 – 9, § 1, alinéa 1re et 3, du Code des assurances.

所承诺的债务。

第三节　合同的期限

第1210条

永久性的合同拘束是禁止的。

永久性合同的各缔约人都可依据不定期合同规定的条件终止合同。

第1211条

为不确定期限而订立的合同,各缔约人都可随时终止合同,在遵守合同中规定的预先通知(préavis)期限,或在没有规定时,合理的期限的条件之下。

第1212条

定期订立的合同,每个缔约人都应履行合同直至合同届满。

任何人不可强求合同的续订(renouvellement)。

第1213条

如果缔约人在合同届满之前表明展期的意图,合同可被展期。合同的展期(prorogation)不可损害第三人的权利。

第1214条

不定期合同可因法律效果或当事人的协议而续订。

续订产生了一个内容与前一个合同一样的新合同,但合同期限是不确定的。

第1215条

在合同期限届满之前,定期合同的缔约人继续履行合同债务,构成默示的更新(tacite reconduction),产生与合同续订一样的法律效果。

评注:本节属于本次改革的创新点之一,以前《法国民法典》未有明确的规范,与2015年司法部的草案相比,本节也属于新增加的内容。

第1210条第1款确认"禁止永久性的合同拘束",该原则是判例从《法国民法典》中分散的各条文提炼归纳出的一般原则,诸如:第1780条第1款禁止终生的劳动合同(louage de services à vie),第1838条禁止营业期限超过99年的合伙(民事公司),第1709条禁止永久性租赁,第1944条禁止永久性寄存和第2003条禁止永久性委托。第2款规定了该禁止的后果,永久性合同的每个缔约人都可依据不定期合同规定的条件终止合同,换言之,将永久性的合同效力下降为不定期合同所拥有的效力。

第1211条规定,不定期合同的当事人可以依据合同规定的预先通知期间,如果未有规定则依据合理的期间,随时终止合同。该条是上一条"禁止永久性合同拘束"的逻辑结果,因为合同当事人不可能被无限期地拘束,这关系到合同自由。另外,这一规定也有一定的宪法价值,在1999年11月9日宪法委员会关于“民事联合体”(Pacte civil de solidarité)的决定中,宪法委员会认为“如果合同是当事人的共同法律,1789 年的《人权宣言》第 4 条规定的自由证成:民事不定期合同可被一方合同当事人单方面解除,但另一方当事人的信息权以及因合同关系解除可能导致的损害赔偿应该被保证”。

第 1212 条至第 1215 条规定了定期合同的相关规则。首先,第 1212 条规定定期合同的当事人应在合同到期之前履行合同,任何一方当事人不可强求合同的续订(renouvellement);相反,如果当事人在合同到期之前表明了延长合同的意图,合同可被延长,但是该延长不可损害第三人的利益(第 1213 条)。第 1214 条规定,定期合同还可因当事人的一致同意或法律的效果而被续订,续订产生了一个与之前合同内容一样的新合同,但是其合同期限是不确定的。最后,第 1215 条规定,定期合同到期时,合同当事人继续履行合同产生默示的更新(reconduction),其产生的法律效果等于合同的续订。

第四节　合同的转让

第 1216 条

合同一方当事人即出让人得经其对方当事人即承受人之同意,让与其合同当事人之资格于第三人即受让人。

承受人得事先表示同意,尤其是在未来的出让人与受让人间订立的合同中表示之,在此情形下,于出让人与受让人间订立的转让合同被通知给承受人或承受人知晓该转让之际,合同转让对承受人产生效力。

转让合同应当采用书面形式,否则无效。

第 1216 - 1 条

若承受人明确表示同意合同转让,则出让人所负债务因合同转让而向将来消灭。否则,出让人须对合同的履行连带责任,除非合同另有约定。

第 1216 - 2 条

受让人得对承受人提出与合同债务不可分离的抗辩,譬如无效、不履行抗辩权、解除或者关联债务之抵销。受让人不得对承受人提出于让与人自身相关之抗辩。

第 1216 - 3 条

受让人得以与合同债务不可分离之抗辩事由对抗承受人,譬如无效、不履行之抗辩、解除或关联债务间之抵销。受让人不得以专属于出让人之抗辩事由对抗承受人。

承受人得以其原可对抗出让人之一切抗辩事由对抗受让人。

评注:法国民法学理不采债权债务概括移转的理论,而倾向于承认合同转让的独立性。旧法对于合同转让制度未置一词,而新法首次对该制度予以规范,且将“合同转让”规定于合同分编,而不是债之通则部分;其居于合同期限制度之后、合同不履行制度之前,立法者的意图在于使合同转让在立法上成为一项合同法制度,而非债之通则制度。

新法未将合同转让视作债权让与与债务转让之叠加,而认合同转让之标的为合同一方当事人被第三人所替代,而合同关系却并未中断。合同转让在逻辑上属于合同效力之一环节,合同转让制度之设,在于使合同关系得以延续,甚至于防止合同不履行的发生,因此,新法关于合同转让的规定位于合同期限制度之后、合同不履行制度之前,可谓匠心独运。

新法第 1216 条将合同转让定位于合同当事人资格之移转。合同转让的生效,须以对方当事人的同意为要件,且须作成书面,否则无效。合同一方当事人即承受人可以是在转让合同订立之时作出同意合同转让的表示,也可以事前在合同订立时即作出同意该合同转让给第三人的表示。如果事前表示同意的承受人并没有参与合同转让行为,那么只有将转让行为通知给承受人,或者承受人表明知晓转让行为存在,转让行为才能对抗承受人。

第 1216 – 1 条规定转让行为对于承受人和出让人的效力。出让人只有在承受人同意的前提下才能向将来被解除其合同权利义务。若未取得承受人的同意,则出让人与受让人须对承受人承担连带履行合同的义务。该条规定也属于补充性规范。

第 1216 – 2 条和第 1216 – 3 条调整合同受让人与承受人的抗辩权以及附属于合同的担保权的命运。这部分规则与适用于债权让与、债务承担的相关规则保持一致。

第五节　合同的不履行

第 1217 条

在一方不履行合同或者履行瑕疵的场合,另一方可以选择:

——拒绝履行或者中止履行自身的债务;

——申请债务的强制履行;

——申请减价;

——要求解除合同;

——申请违约造成的损害赔偿金。

上述救济手段在不冲突的前提下可以并用;损害赔偿金的请求总是可以附带提出。

第 1218 条

在合同领域内,如果债务人于合同订立时对不在其控制范围内的某事件之发生不能合理预见,且采用必要的手段依旧不能避免其后果,并且该事件构成其履行债务的障碍,则可认定存在不可抗力。

如果履行障碍仅仅是暂时的,那么在迟延履行不足以导致合同解除的情形下,债务人可中止其债务的履行。如果该障碍是永久性的,合同自动解除,双方当事人依照第 1351 条和第 1351 -1 条规定的条件不再承担债务。

第一次节 履行抗辩

第 1219 条

在一方不履行其合同义务且该违约行为足够严重时,即使相对方的债务已届清偿期,后者也可以拒绝履行。

第 1220 条

如果合同一方能够证明对方极有可能不能按约履行债务,并且该违约行为足够严重,前者可以中止其债务的履行。中止履行的通知应当在最短期限内发出。

第二次节 强制履行

第 1221 条

在催告债务人履约之后,债权人可以要求债务的强制履行,履行不能或者债务人履行成本与债权人可得利益之间严重不成比例的情况除外。

第 1222 条

在催告债务人履约之后,债权人也可以在合理期限内,以合理的成本自行履行该债务,也可以在法官授权的情况下通过毁损恢复原状。由此产生的费用,债权人可以向其债务人索要。

债权人也可以通过诉讼途径要求债务人提前支付履行债务所要产生的必要费用。

第三次节 减价

第 1223 条

在催告债务人履约之后,债权人可以选择接受瑕疵履行,并且要求按履行比例减少价款。

在尚未支付价款的场合,当事人的减价决定需在最短期限内通知对方。

第四次节 解除

第 1224 条

合同解除可以是约定解除条款行使的结果,也可以是在严重违约的场合,通过债权人向债务人的通知或者法院裁决来实现。

第1225条

约定解除条款明确指出可能导致合同解除的义务类型。

只有在催告履行无效的情况下,合同才发生解除之后果,当事人有相反约定的除外。催告履行的通知必须明确提及约定解除条款才产生上述效力。

第1226条

债权人可以通过通知的方式解除合同,并承担由此产生的风险。除遇紧急状况外,债权人应当首先催告相对方,以便后者在合理期限内履行债务。

在催告履行通知中,债权人需要明确提出如果债务人不能如约履行,则其将依法解除合同。

如果违约状态持续,则债权人得以通知对方解除合同,并在通知中说明其解约理由。

债务人可以随时向法官提出解除异议。此时债权人需要证明债务人违约的严重程度。

第1227条

在任何情况下,合同解除请求都可以通过诉讼的方式提出。

第1228条

根据实际情况,法官可以认定通知解除的效力,或者做出合同解除的决定,也可以赋予债务人额外的履约期限,或者仅仅给予债权人一定的违约损害赔偿。

第1229条

合同解除产生合同终止的效果。

在约定解除的场合,合同解除根据解除条款约定的条件发生效力;在通知解除的场合,自债务人收到解除通知时起发生效力;在诉讼解除的场合,自起诉之日起发生效力;法官另行约定合同解除日期的除外。

如果合同双方的给付只有在完全履行的场合才有意义,当事人应就合同履行所接受的全部给付向对方返还。如果在合同履行的过程中,当事人从互相的给付中逐渐地获得预期效用,则合同解除之后的返还仅仅针对没有获得对价的给付。在后一种场合,合同解除被称为是面向未来的解除(résiliation)。

返还的规则由本法典第1352条至第1352-9条规定。

第1230条

合同的解除不影响争议解决条款的效力,也不影响例如保密条款、竞业禁止条款等即使在解除合同后依然需要遵守的合同条款效力。

第五次节　因违约导致的损害赔偿

第1231条

除非合同违约具有终局性,债权人只有在催告对方在合理期限内履行之后才能申请损害赔偿。

第1231-1条

债务人在债务不履行或者迟延履行的情况下需要承担违约损害赔偿金,除非他能证明其违约系不可抗力所致。

第1231-2条

除了以下条文列举的例外情况,债权人获得的损害赔偿金包括其所受损失以及可得利益的减少。

第1231-3条

债务人仅就合同订立时所预见到的或者可以合理预见到的损失进行赔偿。债务人对违约行为具有严重过错或者欺诈故意的不受此限。

第1231-4条

即使在债务人具有重大过错或者欺诈故意的场合,债务人也仅就违约的直接后果承担损害赔偿责任。

第1231-5条

如果合同约定了在一方不履行债务时需要支付的违约金,则损害赔偿金的确定既不能多于,也不能少于这一数额。

但是当约定的违约金明显过高或者过低时,法官可以依职权进行调整。

在债务部分履行的场合,法官可以依职权对违约金的数额按照债权人从部分履行中所获得的利益按比例减少。这一规定不影响上一条款规定的违约金调整权。

任何违反上述两款规定的约定均视为无效。

除非违约具有终局性质,债权人只有在催告对方履行债务之后才能取得违约金。

第1231-6条

因为金钱债务迟延履行所产生的损害赔偿金等于该笔债款从催告履行之日起算所产生的法定利息。

迟延赔偿金的获得并不以债权人证明其所受损失为必要前提。

如果由于债务人的恶意迟延给债权人造成了额外的损失,则后者在迟延赔偿金之外还可以要求单独的损害赔偿金。

第1231-7条

在任何情况下,即使没有当事人的特别请求或者判决的特别说明,赔偿金的判罚都将产生法定利息。除非法律另有规定或者法官另有裁决,法定利息从做出判决之日起开始计算。

如果二审法院完全维持了一审的判决,则赔偿金仍然从一审判决做出之日起产生法定利息。在其他情况下,法定利息从二审判决做出之日起开始计算。

二审法官始终可以做出与本条规定不同的决定。

评注:债法改革之前的民法典中,法律关于合同不履行的救济措施分散规定在法典的各个角落而没有形成系统的体系。在这一点上新法改革的进步是显而易见的:它将所有的违约责任承担方式整合起来独立成章,并在开首的1217条中对其进行列举。法条强调了债权人的自由选择权,并且在不发生冲突的情况下,这些救济手段可以并用。

随后的条文分别对履行抗辩、强制履行、减价、合同解除以及损害赔偿作出了规定。这些规定大致可分为三种类型:

1. 对既有规定的继受:例如新法关于违约损害赔偿部分的规定(第1231条~第1231-7条)。由于合同责任与侵权责任所具有的密切联系,立法者在债法改革中几乎原封不动地保留了1804年《法国民法典》关于违约损害赔偿的规定。关于这一部分的内容,法国立法者很有可能在后续的侵权责任部分的改革中一并规定。

2. 对法院裁判制度的采纳及变更:例如第1218条有关不可抗力的规定便采纳了司法实践中的定义,将客观事件的外在性、不可预见性以及不可克服性作为认定不可抗力的要件;同时履行抗辩权的规定(第1219条)也是对司法判决规则的继受。最后,1804年《法国民法典》仅仅承认合同的司法解除,而不允许一方当事人通过行使解除权单方解除合同。这一过于严苛的立场通过法院的判决已经得到改变,单方通知解除合同的方式在1998年通过最高院的判决已经予以确立。本次新法修订吸收了这一判例规则,但对其行使的规定加以细化,尤其要求解除权人在通知中对解除事由加以明确说明。这一动机说明义务旨在避免当事人对该权利的滥用。

3. 新法的创新性制度:这类规定主要体现在三方面。首先,法国法首次引入了不安履行抗辩制度(第1220条)。要行使不安抗辩权,当事人必须证明对方不履行债务是“极有可能”的,至于不履行债务的原因,法条没有做任何限制性的规定,因此也包括不可抗力的情形。法条要求债务不履行的后果,而不是债务不履行本身(这是同时履行抗辩权的形式要件)是“极为严重”的。两者的区别体现了立法者严格限制不安抗辩行使的意愿,因为权利人必须要证明由于对方不履约其可能遭受的重大损失。其次,关于强制履行部分的规定,增加了通过债务人之外的第三人来替代履行。区分两种情况:债务人未履行积极债务,或者债务人违反了消极的不作为义务。在后种情形,如果债权人需要通过拆毁来恢复原状,他必须事先得到法官的授权。而在现行的法国民法上,替代履行以法院的授权为前提。这一立法上的变化体现了法官在违约救济层面作用的减小和当事人单方权利的增大。最后,新法第一次将减价制度作为一般性的违约救济加以规定,在这之前,法国法关于减价的规定被认为仅仅针对商事合同领域。在一方瑕疵履行的情况下,债权人对于是否采用减价享有决定权,并且该权利的行使无须征求对方当事人的意见。同时这意味着瑕疵履行的违约方不能将减价决定强加给债权人。法条根据是否已经支付了价款区分了两种情况。在第一种情况下,债权人必须先行催告;而在第二种情况下,债权人应当向对方发出减价通知。关于减价的幅度,法条仅仅做出了"合比例"的要求而未做进一步的规定。

本部分的其他一些内容也值得关注。首先,法国法第一次将"履行成本与可得利益之间的严重不成比例"作为强制履行的形式障碍。在传统法国法上,强制履行是原则,其适用并不取决于该措施的经济价值:即使债务人的履行成本巨大而债权人的期待利益微不足道,只要债权人要求,债务人亦不能拒绝。这一立场长久以来都是法国合同法的标志,其背后体现了法国对于合同的一种道德化理解,而与英美法所倡导的经济进路相区别。而这次新法的改革最终将经济因素引入到了强制履行制度中来,显然是受到了英美法的影响,也是立法者追求法律经济效益的一个体现。其次,关于合同全部解除或者仅仅是面向未来的解除,法国法放弃了之前一时性合同或继续性合同的区分标准,转而采用了"有用性"标准:如果合同只有全部履行才具有意义,则合同解除要求完全恢复原状;如果合同的效用伴随合同的履行逐步产生,则合同仅仅面向将来解除。

第三次编　债的其他渊源

第 1300 条

准合同是完全自愿之行为,由此给本无权利获取利益却获得利益之人产生义务,有时行为人也对他人负有义务。

第一章　无因管理

第 1301 条

于事务之本人不知或者没有反对的情况下,本不负有义务但有意地且有益处地(utilement)管理他人事务之人,在完成管理的法律行为或者事实行为的过程中,负有一名受委托人所负担之全部债务。

第 1301 - 1 条

管理人管理事务应尽合理之人的全部注意义务;管理人应当持续管理事务直到事务之本人或其继承人能够亲自管理时为止。

根据实际情况,法官可以降低管理人因其过错或者过失而应向本人承担的赔偿金额。

第 1301 - 2 条

其事务已被有益(utilement)管理之人,应当履行管理人为其利益所签订的债务。

他(应当)清偿管理人为其利益而支出的费用,赔偿管理人因管理其事务而遭受的损害。

管理人预先支付的金额,自支付之日起计算利息。

第1301 -3 条

本人对管理予以承认的,为委托关系。

第1301 -4 条

管理人承担管理他人事务并具有个人利益的,不排除适用无因管理规则。

在此情况下,负担的债务以及费用按照各自在共同事务中的利益比例分担。

第1301 -5 条

如果管理人的行为不满足无因管理的要件,但对该事务之本人有利,该事务之本人应当根据不当得利的规则偿付管理人。

第二章 非债清偿

第1302 条

清偿须以债务为前提;所收为本不应清偿者,应予返还(restitution)。

自愿清偿自然之债的,不得主张返还。

第1302 -1 条

由于错误或者有意地(sciemment)接收本不应当向其清偿的,应当向清偿之人返还之。

第1302 -2 条

如果因为错误或者被强迫而清偿他人债务的,可诉请债权人返还,除非该债权人在清偿以后销毁了其凭证或者放弃了债权担保。

在错误支付他人债务的情况下,清偿人也可向真正的债务人主张返还。

第1302 -3 条

返还适用第1352 条到第1352 -9 条的规则。

过错导致清偿的,可减少返还(数额)。

第三章 不当得利(L’enrichissement injustifié)

第1303 条

在无因管理和非债清偿以外的情形,不当获得利益致使他人受有损失的,应以获益与受损二者中金额较少者为限,偿付(indemniter)因此受损之人。

第1303 -1 条

当获益既非来自于受损人对一项债务的实现,也非来自于他的赠予意图,获益是不当的(injustifié)。

第 1303 -2 条

如果损失来自于受损人为追求个人利益而完成的行为,不偿付。

如果损失来自于受损人的过错,法官可以降低偿付(数额)。

第 1303 -3 条

受损人如果享有另外一项诉权,或者该诉权遇到时效等法律上的障碍,不得以此(不当得利)为基础行使诉权。

第 1303 -4 条

就耗费之日所查实的损失,就请求之日所存在的获益,于判决之日(的价值)进行评估。

受益人为恶意的,偿付(数额)应等同于获益与损失二者中价值较高者。

评注:本次债法修订,已将体例重新调整,立法者以债的渊源为逻辑起点。位于"合同"及"非合同责任"之后的第三次编,系关于债的其他渊源的规定。该次编又分为三章,分别对应一种"准合同"。根据法国司法部的立法说明,本次节无意涵盖除合同外所有债的来源(法定之债和单方行为),而仅仅规范那些在既有法律运作中被视作"准合同"的债的来源:即修订前《法国民法典》第 1371 ~1381 条所规范的"无因管理"和"非债清偿",以及长期以来法国司法判例和学理所构建出来的"不当得利"制度。因此,这次债法修订第一次让人们从成文法层面全面认识了法国的不当得利制度。

不过,立法者并没有采用"准合同"作为这一单元的标题,一方面"准合同"的概念与功能在法国仍存有争议;另一方面立法者认为,"准合同"并不是除了合同和非契约义务以外其他的债的唯一来源,这一单元具有开放性。

该次编开篇即对"准合同"进行了定义,强调利益变动缺乏法律基础的特点(第 1300 条)。

第一章"无因管理",立法者用比较现代化的语言改造了原来的规定。例如第 1301 条针对无因管理的定义与构成的表述,相对于原来的第 1372 条而言,更为现代化也更贴近实务。又如针对管理人的义务,第 1301 -1 条将原来的第 1372 -1 条、第 1373 条和第 1374 条进行了整合,指出管理人应当以理性人的身份勤勉持续地管理他人事务。就本人的义务,第 1301 -2 条前两款使原来第 1375 条所规定的两种义务的表述更为现代化,第 3 款新增加垫付费用的返还义务,从而与《法国民法典》第 2001 条中委托人垫付费用的规定一致。此外,第 1301 -3 条、第 1301 -4 条、第 1301 -5 条处理了无因管理与相关制度的关系,均系法国司法判例做法的成文化。

第二章对原来的"非债清偿"规范进行了完善。在表述上,原来的第 1235 条被重新表述为第 1302 条,任何没有正当理由而被接受的清偿都应得到返还,自然之债除外(第 1100 条第 2 款)。立法者延续了原来有关非债清偿的三种类型,现第 1302 -1 条(原第 1376 条)规定了客观非债清偿和不完全相对非债清偿(错误清偿自己的债务);现第 1302 -2 条(原第 1377 条)规定了完全相对非债清偿(错误清偿他人的债务),其第 2 款认可了实践中一直利用不当得利制度来解决问题的做法,赋予债务人直接起诉获得错误清偿的人的权利。最后,第 1302 -3 条是关于返还的规定,除了适用返还的一般规则,本条第 2 款采纳了实践的做法:在清偿人因过错而清偿的情况下,相对人返还的数额可以扣减清偿人为了弥补其给相对人造成的损害的赔偿。根据司法部的说明,该条授权法官在必要的时候不仅要考虑所受损害的严重性更要考虑清偿人过错的严重程度,且扣减数额的计算方式非常灵活。

第三章是不当得利制度,由于整个草案放弃了约因概念,因此立法者也不使用法国学界常用的“无因得利”的表述,而使用了“不当得利”的表述。第 1303 条确立了不当得利的基本制度,同时强调,相比其他的准合同而言,不当得利返还仅具有辅从(助)性。后面的第 1303 -3 条更进一步解释了辅从性。第 1303 -1 条对“不当”要件进行了规定;第 1303 -2 条旨在进一步划清不当得利的边界,规定了受损人逐利行为以及过错在此领域的作用。最后,第 1303 -4 条规定了受损一方应得赔(补)偿的计算方法,它实际上是把赔偿视作一种价值返还,这与《法国民法典》第 549、555、566、570、571、572、574 条和第 576 条的做法保持了一致。该条还规定了在获益人为恶意的情况下确定赔偿数额的例外规则。

第四编　债法总则

第一章　债的形态

第一节　附条件之债

第 1304 条

当债务的存在取决于将来的不确定的事由时,该债务是附条件的。

在附生效条件的场合,债务于条件成就时生效。

在附解除条件的场合,条件成就导致债务的终止。

第 1304 -1 条

所附条件必须合法。否则债务无效。

第 1304 -2 条

如果债务所附条件之成就完全取决于债务人的主观意愿,则该债务无效。如果债务人在知情的情况下履行了债务,则该债务的无效将不能再被提起。

第 1304 -3 条

如果一方故意阻止生效条件的成就并从中获益,则该条件被视为已成就。

如果一方故意促成解除条件的成就并从中获益,则该条件被视为不成就。

第1304－4条

当所附条件完全出于一方利益考虑时,这一方当事人可以在条件尚未成就之时放弃享受该条件。

第1304－5条

在生效条件成就之前,债务人应当避免可能阻碍债务正常履行的所有行为;债权人可以采取一切保全措施,并且对债务人损害自己债权的欺诈行为做出回击。

在生效条件成就之前,可以对所为给付要求返还。

第1304－6条

在生效条件成就时债务生效。

但是,双方当事人也可以约定条件的生效溯及于合同订立之日。但是给付标的物的风险依旧由债务人来承担,其保有对该物的管理,并且享有条件成就之前产生孳息的所有权。

在生效条件不成就的场合,债务被视作从未存在。

第1304－7条

解除条件的成就溯及既往地发生消灭债务的效力。但是这一溯及力不影响保全行为与管理行为的效力。

当事人可以通过合同约定来排除解除条件的溯及力。同样的,如果双方在合同履行过程之中逐渐获得履行利益的,则解除条件的成就也不具有溯及力。

评注:对于附条件之债,本次新法改革作出了较大的调整。首先,新法取消了任意性条件(condition potestative)、混合性条件(condition mixte)以及偶成性条件(condition casuelle)。第1304－2条保留了原法第1174条关于债务人一方纯粹随意性条件禁止之限制,但对其适用作了进一步的限缩:在当事人自愿履行的场合,纯粹随意性条件之无效将不得再提起。其次,新法根据条件的制定是否纯粹出于一方的利益考量,还是符合双方的利益,对条件进行了全新的分类。这一分类的意义体现在新法第1304－4条:如果条件的制定"完全出于一方当事人的利益考量",则该当事人可以在条件成就之前选择放弃享有条件附款。最后,法国旧法规定除当事人另有约定,生效条件的成就具有溯及力,合同被认为自始有效。学界对于溯及力的批评使得此次的债法修改颠倒了原来的规则:生效的条件原则上不具有溯及力,当事人另有约定的除外。但即使是在双方当事人约定了溯及力的场合,这一约定也并不影响标的物灭失的风险、对该物的管理以及条件成就之前的孳息归属权。与生效条件不同,新法在解除条件的场合保留了条件成就的溯及既往规定。

第二节　附期限之债

第1305条

如果债务的清偿期取决于将来某一确定发生的事件(即使该事件发生的日期不确定),则该债务为附期限。

第1305-1条

期限可以采取明示或者默示的方式做出。

在双方无法达成合意的情况下,法官可以根据债务的性质以及合同双方当事人的情况确定期限。

第1305-2条

期限未至不得要求债务清偿,但已为给付不得要求返还。

第1305-3条

除非法律另有规定,或者当事人另有约定,或者从具体情况看期限的规定有利于债权人,债务人在原则上被认为是期限的受益人。

第1305-4条

如果债务人没有提供约定的担保,或者减少债务的担保时,其不再能要求享受该期限。

第1305-5条

债务人不能再享受期限的事实不能用来对抗其他债务人,即使是连带债务人。

评注:相比附条件之债,附期限的规定变动较少。第1305-2条规定了附生效期限合同的法律效力。但是在期限到来之前所做的给付不被认为是不当得利,不得要求返还。这与附生效条件的场合不同,根据新法第1304-5的规定,条件未成就期间所为的给付,可以要求返还。第1305-3条规定了期限与当事人利益之间的关系。原则上期限有利于债务人,但这只是一个简单的推定,可以通过相反证据来推翻。这意味着如果债务人提前履行债务而债权人不接受,则债权人必须举证证明其对所附期限享有利益。现行《法国民法典》第1188条仅仅规定了担保物价值减少的情形。而第1305-4条的规定补充了债务人不提供担保的情形。按照第1305-5条的规定,如果共同债务人中的一个在期限到来之前提前清偿,那么他对于其他的债务人在期限届满之前不享有求偿权。

第三节　复数债之关系

第一次节　多数客体

第一目　累积之债

第1306条

称累积之债者,谓债务以数宗给付为标的,且须数宗给付全部履行才能消灭债务。

第二目 选择之债

第 1307 条

称选择之债者,谓债务以数宗给付为标的,且其中一宗给付之履行即可消灭债务。

第 1307 - 1 条

在不同宗给付之间进行选择的权利归于债务人。

若未在约定的时间或合理的期限内进行选择,则对方当事人得于催告之后行使选择权或解除合同。

选择权之行使是确定的,且使债务失其选择之属性。

第 1307 - 2 条

若所选择之给付的履行不能系不可抗力所致,债务人免为给付义务。

第 1307 - 3 条

未进行选择的债务人,于其中一宗给付陷于履行不能的情形,得履行其余给付中之一宗。

第 1307 - 4 条

未进行选择的债权人,若其中一宗给付由不可抗力而致履行不能,则应满足于其余给付中之一宗的清偿。

第 1307 - 5 条

如数宗给付均陷于履行不能,则债务人仅于数宗给付均由不可抗力所致的情形得被免责。

第 1308 条

称任意之债者,谓债之标的为一特定的给付,但债务人得自行提出他种给付而使债务消灭。

若原已约定之给付由于不可抗力而陷于履行不能,则任意之债消灭。

评注:在债之复数客体方面,1804 年《法国民法典》仅有选择之债的规定,而新法规定了长期存在于判例中的累积之债与任意之债。

第二次节 多数主体

第 1309 条

拘束数债权人或数债务人之债于其间系当然可分。在其继受人之间亦可分,即便该债之关系为连带债务。如法律或合同未另有规定,当事人之间分担或分受的份额均等。

每一债权人仅对共同债权之应得部分享有权利;每一债务人仅对共同债务之应分担部分负担义务。

若系连带之债或系不可分之给付,则上述规则不适用于债权人与债务人间之关系。

第一目 连带之债

第1310条

连带之债可为法定,亦可为约定;连带之债不得推定之。

第1311条

连带债权之每一债权人均得请求并受领全部债权之清偿。债务人向连带债权人中之一人为清偿,则对所有债权人免其责任,而该受领清偿之债权人须令他债权人分受之。

债务人若未被数债权人中之一人诉追,则其可清偿连带债权人中之任一人。

第1312条

任何对连带债权人中之一人中断或中止诉讼时效的行为,对他债权人亦生效力。

第1313条

连带债务人中之任一人均负有清偿全部债务的义务。该数债务人中之一人为清偿,则他债务人均亦对债权人免其责任。

债权人得依其选择而向连带债务人中之一人为清偿的请求。债权人对连带债务人中之一人提起诉讼,并不妨碍其对他债务人提起同样的诉讼。

第1314条

对连带债务人中之一人为给付利息之请求时,他债务人应给付之利息亦同起算。

第1315条

连带债务人在债权人提起的诉讼中得以全体连带债务人共享之抗辩,譬如无效或解除,及专属于自身之抗辩,对抗之。该连带债务人亦不得以专属于他连带债务人之抗辩,譬如给予履行期限,对抗债权人。然而,若他连带债务人中之一人因提出专属于自身的抗辩,譬如抵销或债务免除,致其分担之份额消灭,则连带债务人得主张自连带债务中扣除该分担部分。

第1316条

债权人受领连带债务人中之一人所为之清偿并且同意免除其连带债务时,仍保有对其他连带债务人的债权,但被免除连带债务之债务人的分担部分应自连带债务中扣除。

第1317条

连带债务人相互之间,仅就各自的份额分担债务。

清偿超过自己分担部分的连带债务人得向他连带债务人请求清偿其各自

分担之部分。

如连带债务人中之一人陷于无支付能力状态,则其分担额由其他有支付能力之连带债务人按照比例分担之,包括已为清偿的债务人和享受连带债务免除的债务人。

第 1318 条

若产生债务之事实仅涉及连带债务人中之一人,则该人对于他债务人就债务负其责任。如其已清偿债务,则其不得向他连带债务人求偿。而如债务系由他连带债务人清偿,则其得向前述连带债务人求偿。

第 1319 条

连带债务人就债务不履行负连带责任。债务不履行所可归责之人应最终负其责任。

评注:多数人之债究应以连带之债或以按份之债为原则,在法国学理上素有争议,负责起草新债法草案的司法部选择维持 1804 年《法国民法典》的模式,即以按份之债为原则,可惜未说明维持传统模式的理由。依据新法第 1309 条的规定,债权或债务在当事人或其继承人之间以等额分享或分担为原则。

第 1311 条和第 1312 条阐释连带债权即积极连带的规则。而第 1313 条至第 1319 条则是关于连带债务即消极连带的规则。新法局限于对于旧法的清晰化,并未对立法和判例作出实质的改变。

第 1315 条在连带债务人得提出的抗辩上,区分所有连带债务人均得提出的抗辩、专属于被追偿的连带债务人得提出的专属于其自身的抗辩以及虽然专属于其他连带债务人故该被追偿的连带债务人不得提出、但其可主张自全部债务额中缩减之(前提是抗辩之效力在于使该部分债务归于消灭)。条文中列举了若干抗辩事由,此非无遗漏,目的仅在于使文义更加明晰。

第 1316 条维持了旧法关于在债权人仅对连带债务人中之一人表示免除债务的情形下债权人仍对其他连带债务人享有债权的规则。其余连带债务人得不负担该被免除之部分债务,须以债权人受该被免除部分债务之债务人的清偿为前提。依反对解释,如债权人未获该连带债务人之清偿,则其可以就全部连带债务向其他连带债务人追偿。

第 1317 条将旧法中关于连带债务人内部分担的规则予以简化,将其置于一个条文内规定。第 1318 条也维持了旧法的规则,即已清偿的连带债务人中之一人不得对连带债务之产生与其无涉的其他连带债务人追偿,而后者在清偿了连带债务后得就全部已清偿之债务向其他债务人追偿。

最后,第 1319 条设立一个全新的规定,旨在解决仅可归责于连带债务人中一人或数人的债务不履行之后果对于其他连带债务人的影响,将连带债务人对于债权人之关系与不履行之后果在连带债务人间的最终分担区分开来。

第二目 给付不可分之债

第1320条

依其性质或契约约定为给付不可分之债的每一债权人均得请求或受领全部债务之清偿,同时须告知他债权人;但其不得单独处分其债权或受领代位标的物之偿金。

给付不可分之债的每一债务人均对全部债务负其责任,但其得向他债务人追偿。

上述规则对于债权人与债务人的继受人同样适用。

评注:新法仅用一个条文即第1320条取代了旧法关于不可分之债的多个条文即第1217~1225条。修法的目的在于简化旧的规定,指明债之不可分性源于给付之性质或者当事人协议之约定,其特征是每一债权人均有权请求及受领全部债务之清偿,且每一个债务人均负有清偿全部债务之义务。本条第3款规定相关规则适用于债权人或债务人之继承人,目的在于避免债务的分割,这是不可分之债区别于连带之债的主要特征。

第二章 以债为标的之交易

第一节 债权让与

第1321条

债权让与是债权人以有偿或无偿的方式将其对债务人享有之债权的一部或者全部移转给第三人即受让人的合同。

债权让与的标的可以是一项或多项现实的或将来的、已确定的或可得被确定的债权。

债权让与的标的及于债权的从属权利。

债权让与的生效无须债务人的同意,除非合同约定债权是不可转让的。

第1322条

债权让与须作成书面,否则不生效力。

第1323条

在当事人之间,债权于让与合同成立之日发生移转。

自该时起债权移转得对抗第三人。在有异议时,移转日期由受让人举证证明之,其可采取任何证明方式。

然而,将来债权的转让须俟债权产生之日生效,该移转既在当事人间也对第三人发生效力。

第1324条

若债务人于债权让与之前并未表示同意,则债权让与仅于债务人受通知或其表明知晓该让与之际方产生对抗债务人的效力。

债务人得对受让人主张与债务不可分离之抗辩,比如无效、不履行抗辩权、解除或者关联债务间的抵销。债务人亦得主张在转让行为对其产生对抗效力前产生于其与出让人之间关系的抗辩,譬如履行期限之给予、债务之免除或者非关联性债务的抵销。

出让人与受让人就债权让与所产生的一切额外费用负连带责任,而债务人无须预先支付该费用。除非另有约定,该费用归受让人负担之。

第1325条

在同一债权的数受让人之间,受让日期在先者优先取得该债权;在先受让人可向债务人已对其为清偿的其他受让人追索。

第1326条

以有偿方式出让债权之人应担保债权及其从属权利的存在,除非受让人就其受让之债权承担全部风险,或者其已知晓债权之是否存在尚非确定。

出让人仅在其承诺之场合方担保债务人具支付能力,且该担保仅以出让人自债权让与所取得的价金为限。

若出让人担保债务人具支付能力,则此担保义务仅指立约之际的支付能力;而此担保义务可延伸至债务清偿期届至时的支付能力,但须由出让人明确表示之。

评注:债之移转一章的章名可直译为"以债为标的之交易"。本章分为四节,前两节规定的是债权债务的让与,而后两节则分别规定债之更新和债之指示。

新债法建构了迥异于旧债法的债权让与制度,可为此次债法改革最重要的革命性变化之一。1804年《法国民法典》规定的债权让与制度被规定于合同法分则之买卖合同一章中,紧随于买卖合同的条文之后。债权让与在立法者眼中被视为以债权为标的物的一种买卖合同类型。然而,债权让与不仅可以基于买卖合同,也可以基于赠予、出资合同等,债权让与合同也就不应该被局限于买卖合同的范畴。此外,债权让与合同的标的可以是具有不同发生原因的债权。基于上述考虑,立法者决定改变债权让与制度的位置,将其规定于债法通则之中。这实际上也符合法国民法教科书一贯的体例安排。

新法第1321条首先定义了债权让与及其适用范围,与以往的判例相同,被转让的债权可以是现实的债权或者将来的债权,可以是已确定的或者可得确定的债权,并且债权让与导致债权之从权利也一并被让与。

债权让与的当事人应当以书面方式订立合同,否则合同不能生效。旧法第1690条规定债权让与合同如未通知给债务人或者债务人未参与合同的订立,则其不得对抗第三人。此对抗第三人的要件长期以来被认为成本过高且无实际价值,因而饱受批评。新法第1323条规定债权让与于合同成立之时不仅在当事人之间产生效力,也产生对抗第三人的效力。这使法国民事普通法上的债权让与制度与法国法上的债权质押、债权信托让与以及营业性债权包转让制度保持一致。涉及未来债权的让与,立法作了例外的规定,即债权让与于未来债权发生之日起产生效力。

最后,债权让与只有在其被通知给债务人或者债务人参与让与合同的订立时才可对抗债务人。此对抗债务人的要件相比于旧法第1691条可谓大大松绑。这就意味着,如果债务人事先对于债权让与表示同意,这样的通知就不是必要的。

需要特别提及的是,旧法关于债权让与的规定仍然适用于除债权之外的其他无体财产权利的转让。《法国民法典》第三编第六卷“买卖”第八章的章名从“债权及其他无体权利之转让”改为“某些无体权利、继承权利以及讼争权利之转让”,旧法第1689条亦改为:“在权利或对第三人之诉权的转让中,出让人与受让人间的交付通过权利证书的交付而完成。”第1693条中的“一项债权或其他无体权利”也被改作“一项无体权利”。而第1692、1694条和第1695条则被删除。

第二节　债务转让

第1327条

债务人得经债权人之同意转让其债务。

第1327-1条

若债权人事先已对债务转让表示同意但其并未参与转让行为,则债务转让仅自债权人接受转让通知或知晓该转让行为之日起始得对抗债权人或由其主张之。

第1327-2条

若债权人对之明确表示同意,则原债务人之债务向将来消灭。否则,原债务人对于债务清偿须负连带责任,除非合同另有约定。

第1328条

新债务人与仍负担债务之原债务人均得对债权人提出与债务不可分离之抗辩,譬如无效、不履行抗辩权、解除或者关联债务间的抵销。上述债务人亦均得提出专属于自身之抗辩。

第1328-1条

如原债务人未被债权人免除其债务,则债权之担保仍然存续。于相反情形,第三人设定之担保须经其表示同意始继续存在。

若转让人被免除债务,则其他连带债务人仍然承担除去该债务人分担部分后余下的债务。

评注:债务转让,未见于1804年《法国民法典》,传统上也不为法国学理所接受,因为作为债务担保之债务人责任财产无法由于债务转让而随之移转,于是产生了技术上无法逾越的障碍。然而无论是外国立法例的规定,还是判例对于债务转让规则的创设,都使新债法终于接受了债务转让制度。

在关于债务转让的定义中,要求债务让与只有在债权人同意的前提下才能生效。同时,新法也明确规定,如果债权人虽事前表示同意但未参与债务转让行为,那么该债权人只能主张在其收到债务转让的通知或者其知晓债务转让之日债务转让始对其生效。债务转让产生债务消灭的效果,同样要求债权人的同意:只有在债权人明确表示同意的情形,债务人才会面向将来免除债务;否则债务出让人与债务受让人应对债权人负连带债务。

第三节　债之更新

第1329条

称更新者,谓其标的在于创设一项新债务以代替一项旧债务并使旧债务消灭的合同。

更新可存在于合同当事人之间的债务更新、债务人的更新或者债权人的更新之情形。

第1330条

更新不得推定之;更新之意思表示须以明确的方式出自于更新之行为。

第1331条

更新存在于旧债务与新债务均有效之情形,除非更新行为明确表明其系一有效之承诺替代一有瑕疵之承诺。

第1332条

以债务人更新方式出现的更新可于未得原债务人允许之情形下发生。

第1333条

以债权人更新形式出现的更新须获得债务人之同意。债务人得事先接受由原债权人指定新债权人。

更新于行为作成之日起得对抗第三人。于更新日期有争议的情形,由新债权人举证证明之,其可采用一切证明手段予以证明。

第1334条

旧债务消灭,从属权利亦一并消灭。

作为例外,原来的担保性权利得保留,以担保新债务,但须获得提供担保之第三人的同意。

第1335条

在债权人与连带债务人中之一人间达成的债务更新,产生解除其他连带债务人的债务的效果。

在债权人与连带保证中之一人间达成的债务更新,不产生解除主债务人之债务的效果。此债务更新解除他保证人的债务,但以所负债务为更新之标的的保证人的分担额为限。

评注:对于债之更新制度是否尚有存在价值,法国学理对此意见并未统一。司法部认为,实践积累了丰富的有关债之更新的判例,正表明这项制度的生命力。因此,有必要将其保留在民法典内,并予以简化。第1329条第1款是对于债之更新的定义,此为旧法所无。该定义包含债之更新的主要特征,即旧债的消灭与新债的产生。同条第2款列举了三种更新的传统方式:在相同当事人间的债之更替(法:substitution)、债务人之更改、债权人之更改。

新法于第1330条指明债之更新的条件:合意。而证明更新之意图的证据实行自由原则。第1332条重申了以债务人之更改为形式的债之更新无须以原债务人之同意为成立要件,这使债之更新制度与债务转让制度区别开来。与此相反,以债权人更改形式出现的债之更新要求以债务人的同意为成立要件。第1334条处理连带债务人和保证人的债务被更新所产生的法律效果,且对连带保证人的保证债务因更新而消灭作了新的规定:此处的更新并不消灭主债务人的债务,而其他连带保证人的保证债务仅于被更新之保证债务的范围内归于消灭。

第四节 债之指示

第1336条

称指示者,谓一人即指示人要求另一人即被指示人对第三人即受益人承担债务,而受益人接受该被指示人为其债务人之交易。

被指示人不得向受益人提出来自于被指示人与指示人间关系或指示人与受益人间关系的任何抗辩,除非合同另有约定。

第1337条

若指示人是被指示人的债务人,并且受益人在文书中明确表示其免除指示人之债务,则指示产生更改的效果。

然而,如指示人明确承诺担保被指示人未来之支付能力或者被指示人于指示发生之际已处于债务清理程序之中,则指示人仍负担债务。

第1338条

若指示人为受益人之债务人而受益人并未免除指示人之债务,则指示产生第二债务人加入之效果。

并存之债务人中之一人为清偿,则另一人亦于相同范围内免其责任。

第 1339 条

如指示人为被指示人的债权人,则其债权随被指示人向受益人履行债务而于相应范围内消灭。

至此,指示人仅得就超出被指示人对受益人承诺部分的债权请求清偿或受领清偿。其亦得以向受益人履行自己所负债务之方式以恢复自己对被指示人之债权。

然而,如受益人已免除指示人,则被指示人自身在其向受益人承诺之金额范围内被免除其对受益人之责任。

第 1340 条

由债务人指定他人代其之位来清偿债务的单纯指示既非债的更改,也非债的指示。由债权人指定他人为其受领清偿的单纯指示亦同。

评注:新法将旧法"债之更新"部分中关于"债之指示"的条文单独予以规定。"指示"(法:délégation)并非总是产生债之的更新的效果,指示可以说是一个模棱两可的法律概念。新法以 4 个条文,试图厘清债之指示制度。

第 1336 条将"指示"定义为一种"三方法律交易"(opération triangulaire)。指示之成立,并不要求在指示人与被指示人之间存在债务关系,也不以指示人与受益人之间存在债务关系为必要。指示的主要特征之一是,被指示人不得就其与指示人之间或指示人与受益人之间的关系对受益人提出抗辩。

新法将指示划分为完全的指示与不完全的指示两类:第 1337 条规定完全的指示,指以债务人更替的形式实现债之更新,受益人须以明确的方式解除指示人的债务;而第 1338 条规定的不完全指示,则指作为债权人的受益人获得第二债务人即被指示人,而第一债务人即指示人的债务并不被解除。

第 1339 条解决的问题是,在指示人是被指示人的债权人的情形下,被指示人基于指示而对受益人负的债务的履行与否对于指示人、被指示人间的债务关系有何影响。被指示人对指示人所负之债务只能随被指示人履行其对受益人所负之新债务而归于消灭;而在该债务消灭之前,指示人对被指示人享有的债权既不得被处分,也不得被扣押。同条第 4 款亦规定,在指示人是被指示人的债权人时,一旦受益人解除了指示人对其所负的债务,被指示人对指示人所负的债务就在被指示人对受益人之负债的范围内被解除。该规定所指的指示,应系具有更新效力的指示,也就是说,被指示人对指示人所负之债务在指示成立之时消灭,而产生被指示人对受益人所负之新债务。

第三章 债权人可以提起的诉讼

第 1341 条

债权人可以要求债务的履行,他可以在法律规定的条件下强制债务人履约。

第 1341 －1 条

如果债务人怠于行使自己具有财产性质的权利或者提起具有财产内容的诉讼,对其债权人的权利造成损害的,后者可以以债务人的名义行使权利或提起诉讼,但该权利或诉讼与债务人人身相关的除外。

第 1341 －2 条

如果债务人的诈欺行为(fraude)构成对债权人权利的侵害,后者可以自己的名义要求该行为不可对抗(inopposable)。在涉及有偿行为的场合,债权人还需要证明第三人知情。

第 1341 －3 条

在法律有明文规定的场合,债权人可以直接要求其债务人的债务人对其进行清偿。

评注:本部分是关于债权人可以提起诉讼的规定。第 1341 条规定了债权人请求债务履行的权利,此处的“在法律规定的条件下”所指涉的是民事执行程序的相关规定。

第 1341 －1 条是关于代位权的规定。在权利的行使要件上,法条要求债务人怠于行使权利,并且对债权人的权利造成损害。法条并不要求债务人无力偿还债务。并且对于债权人的债权,该条款并未作任何限定。事实上即使债权人的债权未届清偿期,债务人的消极行为也可能对其债权造成损害。在行使效果上,尽管遭到了部分学者的质疑,债法的改革依旧保留了代位权传统的“入库规则”,即债权人通过代位权行使所获清偿要归入债务人的财产,而不享有相对其他债权人的优先受偿权。

第 1341 －2 条规定了撤销权制度。对于何为诈欺行为,法条没有做出明确规定。在有偿行为的场合,债权人行使撤销权时需要证明第三人的恶意,即其对于诈欺行为知情。我们可以推定在无偿行为的场合,撤销权的行使不以第三人的恶意为限。撤销权行使的后果具有不可对抗性,但法条对其未做进一步的说明。更遗憾的是,在债法改革关于惩罚措施的规定中我们找不到涉及不可对抗的条款。

第 1341 －3 条是有关直接诉讼的总体性规定。所谓直接诉讼,是指在某些场合下,债权人可以向债务人之外的第三人要求清偿。其典型的例子就是责任险中受害人对于侵权人的保险人所享有的直接诉讼权。但是是否有必要在债法的总则部分对直接诉讼作出规定,不少学者对此持保留意见。

第四章 债的消灭

第一节 清偿

第一次节 一般规定

第 1342 条

清偿是对应负给付的自愿履行。

于债务到期时,清偿应当尽早为之。

清偿使债务人对债权人摆脱(libérer 也可译成"不再负担""解除"等)债务以及使债务消灭,但法律或合同就债权人权利的代位另行规定的除外。

第 1342－1 条

除非债权人的拒绝是合理的,清偿可由非债务人完成。

第 1342－2 条

清偿应当向债权人作出,或者向债权人指定的接收清偿之人作出。

向无资格接收之人所为之清偿,经债权人承认或者债权人已从中获益的,有效。

向无缔约能力的债权人所为之清偿非有效之清偿,除非其已从中获益。

第 1342－3 条

善意地向表见债权人所为之清偿有效。

第 1342－4 条

债权人可以拒绝(受领)部分清偿,即使给付是可分的(债权人也可以拒绝之)。

债权人可以受领本应(交付)之物以外的其他之物。

第 1342－5 条

交付特定物之债的债务人,按照其状态向债权人交付该物的,方可摆脱债务,除非在其损坏(détérioration)的情况下,得以证明损坏并非由其行为或者其应负责之人的行为所致。

第 1342－6 条

除非法律、法官或者合同另有要求,清偿应当在债务人住所地作出。

第 1342－7 条

清偿费用由债务人负担。

第 1342－8 条

清偿可以通过所有的方式予以证明。

第 1342－9 条

债权人自愿向债务人交还私人署名的凭证原件(titre original sous signature

privée)或者具有执行力的凭证副本(copie exécutoire),相当于(债务人)摆脱债务的简单推定。

向任一连带共同债务人所为的此类返还,对所有(共同债务)人发生同样的效力。

第1342－10条

负有多个债务的债务人,可于清偿之时指定其拟清偿的债务。

债务人未指定的,依照如下规则抵充:首先抵充已经到期的债务;多个债务均到期的,清偿抵充对债务人最为有利益的债务。在利益相同的情况下,清偿抵充最先的债务;各事项均相同的,按照比例清偿。

第二次节　金钱之债的特殊规则

第1343条

金钱之债的债务人通过支付名义上的数额摆脱债务。

金钱之数额可依据指数规则的变化而变化。

价值之债的债务人通过支付清算时所确定的金额摆脱债务。

第1343－1条

金钱之债附利息的,债务人(须)清偿本金与利息以摆脱债务。部分清偿的首先抵充利息。

利息依据法律规定或者合同约定予以确认。约定利率应当通过书面形式确定。未明确者,推定为年息。

第1343－2条

应付到期利息超过至少一年者,在有约定或者司法裁判的情况下,可以产生利息。

第1343－3条

在法国清偿金钱之债的,采用欧元。但是,如果债务来源于涉外合同或者在法国境内具有执行力的外国判决,清偿可以另一种外汇为之。

第1343－4条

金钱之债以债权人住所地为清偿地,法律、判决或者合同另行指明的除外。

第1343－5条

法官可以依据债务人的状况或者债权人的请求,以两年为限,判令延期或者分期清偿应付款项。

法官可以通过说明理由的特别判决,降低计算被推迟清偿期限之金额应付利息的利率,但降低后的利率不得低于法定利率;法官也得通过说明理由的特别判决,命令清偿首先抵充本金。

法官可以要求,债务人在完成债务清偿的担保或者有助于债务清偿的行为之后,方可适用上述措施。

法官的判决中止债权人可能提起的执行程序。在法官确定的期限内,不再按照迟延清偿加收应付利息或者违约金。

任何相反之约定,视为未曾写就。

本条不适用于扶养债务。

第三次节 催告

第一目 催告债务人

第 1344 条

催告通知(sommation),含有内容充分的督促文书,或者在合同有约定的情况下单纯的债务到期,均可构成对债务人的清偿催告。

第 1344 - 1 条

有关清偿金钱之债的催告将导致按照法定利率计算金钱利息,(为此)债权人不须证明其所受之损失。

第 1344 - 2 条

有关交付物的催告将导致风险转移由债务人承担。

第二目 催告债权人

第 1345 条

债务到期,债权人无正当(légitime)理由拒绝接收应受领之清偿或者通过其行为予以阻止的,债务人有权催告债权人受领或者允许其履行债务。

对债权人的催告导致停止对债务人应付利息的计算,并导致物的风险转移由债权人承担,但债务人有严重过错或欺诈过错的除外。

该催告不中断时效。

第 1345 - 1 条

阻却事实在催告两个月以后仍未结束的,金钱之债的债务人可以提存(consigner)至信托局(Caisse des dépôts et consignations);如果债务涉及物的交付,债务人可以将标的物提存(séquestrer)至职业保管人(gardien professionnel)处。

如果给付标的物不能提存或者提存过分昂贵,法官可以授权协议买卖或者拍卖。减除买卖费用后,价款在信托局予以提存。

提存自其通知债权人之时起,使得债务人摆脱债务。

第 1345 - 2 条

如果债务以其他标的为内容,阻却事实在催告两个月以后仍未结束的,债务人摆脱债务。

第 1345 - 3 条

催告、提存的费用由债权人承担。

第四次节 代位清偿

第1346条

于法律有规定之情形,基于某一正当利益(un intérêt légitime)而进行清偿之人,自其清偿使得最终应当承担债务之人向其债权人的债务全部或部分消灭之时起,取得代位权。

第1346-1条

意定代位产生于债权人的主动行为,即接受第三人清偿的债权人,使得该第三人代位行使他对债务人的权利。

此种代位应当是明示的。

应当在清偿的同时就代位达成合意,除非在先前的文书中,被代位者已经明确表示其合同相对人于清偿时可以代位行使其权利。代位与清偿的同时发生可以通过各种方式予以证明。

第1346-2条

债务人借款用于清偿其债务的,也可以发生代位:贷款人以债权人权利为限,代位行使该债权人的权利。在此情形下,代位应当是明示的,并且债权人提供的清偿受领收据应当指明资金的来源。

代位同样可以不经债权人的参与而合意发生,但是以债务到期或者期限利益属于债务人为条件。并且借贷文书(l'act d'emprunt)以及清偿受领收据(la quittance)均需经过公证,借款文书应当载明用于清偿之目的的借款金额,清偿受领收据应当载明清偿的完成来自于新债权人为此目的而提供的款项。

第1346-3条

如果债权人仅得到部分清偿,代位不得侵害债权人;在此情况下,债权人就其剩余部分可行使其权利,且对剩余部分的权利优先于使其接收部分清偿的(代位清偿)人。

第1346-4条

在已清偿的范围之内,代位使得债权及其从属(权利)转移至代位清偿人,但完全依附于债权人本人的权利除外。

代位人(le subrogé)仅就自催告时起的法定利息享有权利,除非其与债务人就新的利息另有约定。上述利息属于债权所附担保的担保范围,但在第三人提供担保的情况下,以所约定的最初负担范围为限。

第1346-5条

债务人自知道时起可以主张代位之事实;但是只有在债务人被通知或者在债务人已经确认(prendre acte)的情况下,代位可以对抗债务人。

自清偿时起,代位可以对抗第三人。

债务人可以向代位债权人(le créancie subrogé)主张基于债务本身的抗辩,例如无效、履行抗辩或者关联债务的抵销。他同样可以向其主张基于他与被代位人(le subrogant)之间的关系所生之抗辩,只要这些抗辩是在代位可对抗他之前产生的,例如(宽限)期限的给予、债务的免除或者非关联债务的抵销。

评注:《法国民法典》原来有关清偿制度的规定非常简短。这次债法修订在"清偿"一节中设立了四个单元,分别就一般规则、金钱债务清偿规则、催告制度以及代位清偿规则确立了较为完善的清偿制度。

在第一次节"一般规定"中,立法者首先规定了原《法国民法典》中所没有的"清偿"定义以及清偿的效力(第 1342 条);然后规定了谁应该清偿以及向谁清偿才是有效的清偿(第 1342 -1 条至第 1342 -3 条),并特别认可了司法判例已经采纳的外观(表见)理论(第 1342 -3 条);立法者还强调债权人有权选择拒绝部分清偿或者选择接受以其他形式代替清偿(第 1342 -4 条)。这些规定与实务的做法保持了一致。根据司法部的说明,为了使有关规定更容易理解,立法者接下来用多个条文明确了实现清偿的规则,如清偿地(第 1342 -6 条)、清偿费用(第 1342 -7 条)、清偿的证明(第 1342 -8、1342 -9 条)、清偿抵充规则(第 1342 -10 条);而就特定物之债的清偿规则(第 1342 -5 条),立法者采用了"所有人负担风险"(债务人按照交付或者返还时特定物的状态进行给付或者返还)以及民事责任规则(债务人对未履行保管义务承担责任)。

立法者还专设第二次节"金钱债务的特殊规定",明确了此种债务履行的"名义主义"以及判例确立的两种例外(第 1343 条)、清偿地(第 1343 -4 条),并采纳了判例有关在法国境内清偿金钱债务的币种的规定(第 1343 -3 条)。立法者还规定了附利息之债的清偿规则(第 1343 -1 条);延续了修订前《法国民法典》有关利息"本金化"的规则(第 1343 -2 条,原第 1154 条)。此外,第 1343 -5 条将修订前《法国民法典》中关于司法裁判延期或分期履行金钱债务的规定(原第 1244 -1 条及以下条款)进行了整合。

催告是法国债务履行中的重要制度,以前《法国民法典》中的有关规定非常零散,本次改革专设第三次节"催告"重整了有关的规则。就"催告债务人"(第 1344 条到第 1344 -2 条),立法者规定了催告的形式及法律效果:催告以后,金钱之债开始计算利息(应注意该规则与第 1231 -6 条的衔接),应交付物的债务产生风险转移(应注意该规则与第 1196 条以及第 1351 -1 条的衔接)。就"催告债务人",立法者新设了以前法典中没有的规则,以调整债权人拒绝接受清偿的情形:由债务人向债权人发出催告,将产生停止计算利息并将标的物风险转移给债权人承担的效力(第 1345 条);新条文(第 1345 -1 条至第 1345 -3 条)还简化了现有的提存条件。

第四次节为"代位清偿"。在今天的法国学界,"代位清偿"常被看作属于

“债权转让”的范畴。但是,根据立法说明,本次债法改革“刻意地”坚持了《法国民法典》原有体例、将其规定在“清偿”一节中,目的是强调它与“清偿”之间不可分割的联系,第三人代为清偿能够使债务人相对于债权人的义务得到部分或全部的解脱,这并非债的“自动转移”而是“清偿”的一种类型。此外,就是否坚持规定“代位清偿”曾有很大的争议。

本次改革扩张了法定代位清偿制度的适用范围;不局限于原来的第1251条所列举的情况;同时,强调代位清偿之人必须对清偿有“正当利益”这一限制条件,以避免与债务毫无关系的恶意第三人(如有竞争关系的第三人)通过代位清偿而受益(第1346条)。意定代位清偿的规定也得以延续(第1346-1条)。新债法还规定了,如果债务人借款履行债务,贷款人取得代位权的条件(第1346-2条);任何情况下,代位清偿都不得损害债权人的利益(第1346-3条,原第1252条);从属权利的转让以及代位清偿人可主张的利息(第1346-4条);代位清偿对债务人以及第三人的对抗效力,以及债务人可以对抗代位债权人的抗辩(第1346-5条),在此方面,法国司法部强调,“出于维护法律的一致性和可理解性的考虑,在此问题上采取了与债权让与相同的规定”。

第二节 抵销

第一次节 一般规定

第1347条

抵销是指两人之间互付债务的同时消灭。

抵销依当事人请求,在条件成就之日,在对等额内消灭债务。

第1347-1条

除下一次节法律规定外,抵销仅在可替换的、确定的、有价额的和到期的两个债务之间发生。

在相关币种之间可以进行兑换的前提下,以该不同货币表示的金钱之债,或者以一定数量的同一种类物为标的的债务,都是可以替换的。

第1347-2条

不可扣押之债和保管物、使用借贷物、所有权被不法侵夺之物的返还之债,仅在债权人同意的情况下才可抵销。

第1347-3条

宽限期不阻碍抵销的发生。

第1347-4条

如果有数个可抵销之债,清偿的指定的规则(les règle d’imputation des paiement)是可以被移植适用的。

第 1347 –5 条

毫无保留地确认知悉债权让与行为之债务人，不能以其曾本可以针对让与人提起的抵销对抗受让人。

第 1347 –6 条

保证人可以债权人与主债务人之间发生的抵销对抗债权人。

连带债务人可以主张其中一个连带债务人和债权人之间发生的抵销，以从总债务中减去该可分割之部分。

第 1347 –7 条

抵销不能损害第三人已取得的权利。

评注：第 1347 条第 1 款给出抵销的定义，第 2 款涉及抵销的程序，实际上是法定抵销的程序。

一般情况下，当条件具备时，依当事人一方的意思表示即可发生抵销的效力。第 1347 –2 条列举了该原则的例外情况，即作为被动债权的不可扣押之债，保管物、使用借贷物、所有权被不正当剥夺之物的返还之债，仅依主动债权债权人的意思表示尚不能发生抵销的效力，还必须有被动债权人的同意。立法者这样规定的目的主要在于保护特定债权。与原第 1293 条相比，新法的适用范围有所扩大。

第 1347 –4 条规定："如果有数个可抵销之债，清偿的指定的规则（les règle d'imputation des paiement）是可以被移植适用的。"清偿的指定的规则可参见原 1256 条，即如债权人的受领证书未记明其所受领的给付系充作何宗债务的清偿者，该项给付应先清偿当时已届清偿期的数宗债务中债务人因清偿而获得最大利益的债务；其次清偿已届清偿期的债务，虽该债务较之未届清偿期的债务对债务人负担为轻时亦同。如数宗债务性质相同时，应先清偿其中最先届清偿期的债务；如各种情况均相同时，各债务按比例偿还其一部分。

第 1347 –5 条涉及债权让与时债务人的抵销权。改革之前的《法国民法典》区分两种情况："债务人无保留地同意债权人以债权让与第三人者，其同意前对让与人所得主张的抵销不得对受让人再行主张。债务人曾收到债权让与的通知但未表示同意者，于通知后债务人对让与人所发生的债权不得主张与其债务抵销（原第 1295 条）。" 相较而言，新债法取消了债务人对债权转让的"同意"要素，而仅将其对债权转让的明知，作为消灭其抵消权的唯一条件。这样的安排，显示了立法者向债权受让人利益的倾斜。

相关内容对应我国《合同法》第 83 条，即"债务人接到债权转让通知时，债务人对让与人享有债权，并且债务人的债权先于转让的债权到期或者同时到期的，债务人可以向受让人主张抵销。"相比较而言，法国法的规定更加注重保护债权受让人，而我国法律更加保护债务人。

第1347－6条规定了第三人债权。依法理,第三人的债权即便取得该第三人的同意,也不能以之为抵销,否则有失公平。但是,如果绝对,有时也会导致不适当的结果,本条列举的两种情况即是。

第二次节　特殊规定

第1348条

抵销可被司法判决,即便其中一个债务,虽然是可确定的,但还没有价额或者未到期。除非判决另有规定,抵销自判决之日起发生效力。

第1348－1条

法官不能仅因为一个债务没有价额或者未到期而拒绝关联债务的抵销。

在这种情况下,抵销被视为在先到期债务到期之日发生。

在同样的情况下,第三人对其中一个债权获得权利的事实,不影响债务人以抵销对抗之。

第1348－2条

缔约人可以自由约定以抵销的方式消灭所有相互的债务,现在的或将来的;该抵销自达成协议之日起发生效力,或者如果涉及将来之债,则自债务存在之日起发生效力。

评注:第1348条和第1348－1条规定了裁判上的抵销,为新债法的新增内容。第1348－2条为合意抵销条款。与法定抵销不同,合意抵销需要双方当事人的合意。

第三节　混同

第1349条

混同因同一人兼任同一债务的债权人和债务人资格而引起。混同消灭债权及其从权利,第三人取得的相关权利和承担的相关义务除外。

第1349－1条

当数个债权人或数个债务人之间有连带性,而混同仅涉及其中一人时,只于其一人应负担部分的范围内,解除其他连带人。

当混同涉及有担保人的债务时,保证人也被解除债务负担,即便该保证人是连带保证人。当混同涉及多个保证人中的一个保证人的债务时,主债务人并不能因此解除负担。其他连带保证人仅就该保证的部分解除债务负担。

评注:本节变化不大,增加了数个连带债权人中一人与债务人混同的内容。

对比第1349条,我国也有相关规定,根据我国《合同法》第106条的规定,合同涉及第三人利益的,合同的权利义务不终止。

第四节　债务免除

第 1350 条

债务免除是债权人免除债务人债务负担的合同。

第 1350 -1 条

债权人免除连带债务人中一人的债务的,仅仅是在该债务范围内解除其他连带债务人的债务负担。

连带债权人中的一人免除债务人债务的,仅仅是在该债权人享有的债权范围内解除债务人的负担。

第 1350 -2 条

向主债务人授予的债务免除也解除保证人的负担,即便是连带保证人。

对连带保证人之一人给予的免除,不解除主债务人的负担,但就该免除部分使其他连带保证人解除负担。

保证人为解除其债务而提出的给付,经债权人受领时,其给付应充当债务的清偿(droit être imputé sur la dette),并于清偿限度内解除主债务人的债务。其他保证人仅对扣除该被免除的保证人应负担部分之后的债务负责,或对扣除被免除的保证人提供的给付之后的部分负责,如果其给付的价值超过其应负担的份额。

评注:新债法保留了法国法传统观念,认为债务免除是双方法律行为,是契约行为,这一点与我国不同,在我国,债务免除被认为是单方法律行为。

第 1350 -1 条第 1 款对应原 1285 条,涉及两点变化。其一,原 1285 条规定债权人免除连带债务人中一人债务的,其他连带债务人的债务亦消灭,除非债权人明确表示保留其对于其他连带债务人的权利。比较而言,新规定更加合理。其二,本条第 2 款为新增内容,涉及连带债权人中一人免除债务人债务的情况,适应了债权债务关系复杂化的现实。

第五节　履行不能

第 1351 条

在不可抗力使合同履行不再可能的场合,债务人在履行不能的范围内免除债务,双方当事人约定由债务人承担不可抗力风险,或者债权人已经催告债务人履行债务的除外。

第 1351 -1 条

如果合同因为标的物灭失而导致履行不能,如果债务人能够证明即使按约履行债务标的物依旧会灭失的,债务人不承担违约责任。

但是债务人需要将与标的物相关的所有权利以及诉讼转让给债权人。

评注:目前的《法国民法典》仅仅规定了标的物灭失场合的履行不能。第1351条将其扩展到所有不可抗力的场合。债务人的免责范围由不能履行的范围所决定:如果只是部分履行不能,则债务只发生部分免除的效果;相反如果是全部履行不能,则发生全部免除的效果。对该规则法律设定了两种例外情况:一方自愿承担不可抗力的后果,或者债权人已对迟延履行的债务人进行催告。

第1351-1条是对交付标的为特定物的情况的规定。对于本条的理解需要结合新法的其他条文来进行。根据第1344-2的规定,债权人的催告使负有交付义务的债务人承担标的物灭失的风险。而在其余场合,根据第1196条的规定,标的物的灭失风险自所有权转移而转移。因此,如果债务人因为第1351-1条免责,而债权人已经对其进行交付催告,那么债务人承担标的物灭失的风险,债权人不再履行支付价款的义务。相反,如果债权人并未为催告,则标的物灭失的风险仍应当由债权人来承担,他因此仍负有支付价款的义务。这一规则对于债权人而言显然不公。在这里法国法依旧采用了一种抽象的所有权以及风险转移的理论,而忽视了社会经济的现实。最后一款规定债务人应当将与标的物有关的权利以及诉讼资格转让给债权人。但是和上面论述的情况一致,这种转让只有在债权人承受标的物灭失风险时才具有其合理性。

第五章 返还

第1352条

就金钱以外的物,应按实物(en nature)返还;在实物返还不能的情况下,按返还之日的价值返还。

第1352-1条

负有义务返还物的人,就已经导致物之价值减少的毁损承担责任,善意且对毁损无过错的除外。

第1352-2条

受领物时是善意的,且已经将其出售的,只应当返还出售的价款;恶意受领者应当按照返还之日的价值返还,除非返还之日的价值低于出售的价款。

第1352-3条

返还包括物所带来的孳息以及收益的价值。

收益的价值由法官以宣判之日为准进行评估。

除非另有相反的规定,孳息如不能依照实物予以返还,应依据债务清偿之日物之状态,按照偿还之日评估的价值予以返还。

第1352-4条

对于未解除监护的未成年人或者受保护的成年人负责的返还,以其从被取消的行为中获得的收益为限。

第 1352－5 条

确定返还数额时,应当考虑返还义务人为保管和改良物所支出的必要费用,但应以返还之日评估的增值为限。

第 1352－6 条

金钱的返还包括法定利息以及受领人接手期间所支付的税款。

第 1352－7 条

恶意受领者应当返还自清偿以来的利息、其所收到的孳息或者收益的价值。善意受领者仅负责返还自请求之日起的上述各项。

第 1352－8 条

服务给付按照价值予以返还。以提供服务之日为准对其价值进行评估。

第 1352－9 条

对债务清偿的担保当然地延伸到返还之债上,但不影响保证人享有的期限利益。

评注:在《法国民法典》中设立统一"返还"规则的想法,最初是解决合同因无效或解除等导致溯及既往灭失以后的返还问题。修订前的《法国民法典》中没有任何关于合同溯及既往消灭后的返还的一般性规定,只是存在一些个别规定,而非债清偿制度中的返还规则则成为主要的依据。这次债法修订,立法者设立专门规制"返还"的章节,以统一这些规定并将其应用于全部类型的利益返还之上,包括合同无效、解除、失效以及非债清偿的利益返还等。

在新章节中,立法者首先规定了实物返还为原则,在实物返还不能的情况下应以返还之日的等额货币替代(第 1352 条)。之后,规定了在返还标的物价值减损、变卖等情况下,如何计算返还价值(第 1352－1 条、第 1352－2 条),这些评估方式不同于第 1352 条所规定的评估原则。再之后,立法者分别根据返还标的的不同明确返还的范围(第 1352－3 条至第 1352－6 条、第 1352－8 条)。此外,第 1352－7 条规定了一般情况下利息、孳息以及收益价值的起算时间,因返还义务人受领时是善意还是恶意而有所不同。最后,立法者强调,对主债务的担保涵盖返还部分,但是不妨碍保证人援引期限利益(第 1352－9 条)。

第四 bis 编 债之证据

第一章 一般规定

第 1353 条

凡请求履行债务者,应证明该债务的存在。

反之,凡主张债务已消灭者,应证明已清偿或使债务消灭的事实。

第1354条

法律就特定人的特定行为或事实所做的推定免除该特定人的证明责任。

如果法律规定一切形式的相反证据都可以推翻该推定,则该推定为简单推定;如果法律限定了推翻该推定的理由或者标的,则该推定为混合性推定;如果法律规定该推定不可被推翻,则该推定为绝对推定(présomption irréfragable)。

第1355条

既判力仅针对判决对象而产生。它要求诉讼请求相同;诉讼请求基于同一原因;诉讼请求限于相同的当事人之间,且当事人以相同的身份进行诉讼。

第1356条

当事人对权利享有自由处分权时,就该权利之证明的约定是效的。

但是,该约定不能与法定绝对推定(les présomptions irréfragables établies par la loi)相背,也不能改变自认和宣誓的证明力。该约定更不能是有利于一方的绝对推定。

第1357条

有关证据的司法管理机关和对证据的质疑由民事诉讼法典规定。

第二章 证据的可接受性

第1358条

证据的类型是自由的,法律有特殊规定的情况例外。

第1359条

涉及的金钱或价值高于法令规定的上限的法律行为,由私署证书或者公证书证明。

法律行为本身采用书面形式的,即便其涉及的数额或价值低于法律规定的上限,也需要另一私署证书或者公证书证明或者推翻。

债务额超过本条第1款规定的上限的,即便是债权人降低债务额度,也不能规避书证的适用。

同理,如果债务额度高于法律规定的上限,即便当事人只是就其中低于该上限的部分提出请求,也不能规避书证的适用。

第1360条

由于物质上或精神上的原因不能获得书证的情况下,前一条款的原则性规定可以被打破,例如习惯上不需要书证或者书证因不可抗力灭失的情况。

第1361条

裁判自认、决讼宣誓或者有其他证据证实的书证端绪(commencement de preuve par écrit)可以代替书证。

第1362条

对文书提出质疑之人或者其代表之人所出具的任何书面文书,倾向于证实援引自该文书之事实者，称为书证端绪。

一方当事人亲自出庭时所作的声明、拒绝回答法庭问题或者未到庭的事实，可以被法官视为书证端绪。

私署证书或者公证书在公立登记簿上的记载（mention）视为书证端绪。

第三章 不同的证据种类

第一节 书证

第一次节 一般规定

第1363条

任何人都不能为自己出具书证。

第1364条

法律行为可以由公证书或者私证书证明。

第1365条

书证由字母、文字、数字或者其他有清晰含义的符号或者代号构成，其载体再所不问。

第1366条

在可以按照常规程序辨认其出处并保证其制作和保存条件得以确保其完整性的前提下，电子书证具有与传统书证相同的证明力。

第1367条

法律证书上的必要的签字可以辨别其出具者。它表达了当事人对证书包含的债务的同意。公务助理人员（officier public）在证书上的签字使证书具有公证效力。

电子签名必须用可信的方式保证签名与其证书之间的关联性。当电子签名制作、签名者身份的确认和文书的完整性是在国家咨议院（conseil d'Etat）规定的条件下进行时，推定其具有可靠性，除非有相反的证据出现。

第1368条

除非有相反的法律规定或约定外，由法官通过各种方法解决不同书证之间的矛盾并选择其中最具证明力的书证。

第二次节 公证书

第1369条

公证书为有权制作此种证书的公务助理人员，按照规定的庄重格式做成的文书。

如果按照国家咨议院法令要求的条件制作和保存，也可以通过电子载体制作公证书。

由公证员制作的证书,免除法律要求的一切手写的签字。

第 1370 条

公务员制作的证书,如因该公务员欠缺资格或能力,或因证书形式不合规定,而不能认定为公证书时,当事人双方如已签名于该证书者,仍有私证书的效力。

第 1371 条

公证书的证明力于公务助理人员申明公证书系其伪造或者其查明为他人伪造之时停止。

当出现公务助理人员申明证书伪造的情况时,法官可以暂停该证书的履行。

第三次节　私证书

第 1372 条

某一私证书对某人不利,而该人已承认其为真实,或法律视为该人已承认其为真实者,该私证书对其签署人及其继承人、权利继受人(leurs héritiers et ayants cause)有证明效力。

第 1373 条

对当事人一方不利的私证书,该当事人可以否认该证书由其书写或者签署。该当事人的继承人或者权利继受人均可以否认相关证书上为当事人的字迹或签名,或者宣称他们并不能辨认该字迹或签名。在上述情况出现时,要进行字迹辨认。

第 1374 条

由当事人律师分别副署或者当事人共同律师副署的私证书,于当事人和当事人之继承人或者权利继受人,其效力相当于当事人本人签署的文书。

民事诉讼法典规定的伪造证书核验程序(procédure de faux)对其适用。

该文书免除法律要求的一切手写签字。

第 1375 条

私证书涉及双务合同时,仅在按照具有不同利益的当事人的人数制作相应份数的原本并且每一当事人各执一份时,始有证明效力,除非当事人约定将唯一的私证书原本交由第三方保管。

每一原本都必须记载同式制作原本的份数。

原本份数不足或者合同中没有指明原本数量者,已经履行合同的一方,即便是部分履行,也不能据此质疑其证书。

当电子合同是按照本法第 1366 条和第 1367 条的规定制作和保存,并且可以确保每一方当事人都享有一份建立在持久的介质上的合同样本或者可以获得这样的文本时,就认为合同原本数额的要求得到满足。

第1376条

私证书仅包含当事人一方向另一方支付一定数额的金钱之债或者交付某一可替代之物之债,该文书只有经债务人本人签署,并用字母和数字两种方式表达涉及数额或者数量时才有证明效力。在字母和数字之间存在差异时,字母表达的数额具有证明效力。

第1377条

私证书应以登记之日、一方签名人死亡之日或其内容记载于公证书之日为可以对抗第三人之确定日期。

第四次节　其他书证

第1378条

专业人士保有或者建立的登记簿和文档,得作为对其本人不利的证据,并且具有与私证书同样的证明效力;但希望该登记为有利于自己的证明者,不得分割登记的记载而将不利于自己权利的记载除外。

第1378－1条

家庭自立的登记簿和字据(papiers domestiques)不得作为制作人享有某一权利的证明。

在以下情况下此种登记簿或字据可以作不利于其制作人的证明:

1. 凡是登记簿与字据中载明其已受领清偿的情况;

2. 登记簿与字据中明文记载,制作人对某人负有债务,而此项债务并无证书,此项记载是替代该证书时。

第1378－2条

债权人在其保有的私证书原本上标注已清偿或者解除债务人负担的其他原因的,可作为解除债务人债务的简单推定。

在债务人持有的证书或者发票副本上出现的同样标注,有同样的法律效果。

第五次节　证书的抄本

第1379条

可以信赖的证书抄本享有与原本同样的证明效力。抄本的可信赖性由法官决定。然而,公证书的履行抄本或者公证抄本(la copie exécutoire ou authentique d'une écrit authentique)被认为是可信赖的。

按照原本的形式和内容复制的抄本,在按照国家咨议院法令所规定的条件保障其完整性的前提下,被认为是可信的,除非有相反的证据出现。

原本存在时,得随时要求提出原本。

第六次节　追认书

第1380条

虽有追认书,仍应提供原本,但原本的内容在追认书中已经特别写明者,不在此限。

追认书中记载内容为原本所无或与原本所载不一致者无效。

第二节　证言

第1381条

第三人按照民事诉讼法典规定的条件所作宣誓的证明价值由法官认定。

第三节　非法律上的推定

第1382条

非法律上的推定由法官认定,但法官只得为严肃、正确和前后一致的推定,并且只于法律接受所有形式证据的情形始得为之。

第四节　自认

第1383条

自认是指当事人一方承认于其造成不利的法律后果的某一事实的真实性。

自认得于裁判上或裁判外为之。

第1383-1条

裁判外纯口头式的自认只有在法律接受所有形式的证据时才被采纳。

其证明效力由法官评判。

第1383-2条

裁判上的自认为当事人或经当事人特别委托的代理人于法院所为自认的表示。

对于为自认之人,裁判上的自认有证明效力。

对于为自认之人,裁判上的自认不得分割。

裁判上的自认非经证明系因事实错误而为之者,不得撤回。

第五节　宣誓

第1384条

宣誓可以出于决讼的目的,由当事人一方向另一方要求,以期支持案件的判决。也可以由法官依职权向一方当事人要求。

第一次节 决讼宣誓

第 1385 条

不问何种争讼，在任何情况下，均得为决讼宣誓的要求。

第 1385－1 条

只以有关对方本人的事实为限，始得向对方为宣誓的要求。

第 1385－2 条

受要求宣誓之人拒绝宣誓，或者不同意要求其宣誓之对方当事人进行宣誓，或者受反宣誓要求的对方当事人拒绝宣誓，请求应予驳回。

第 1385－3 条

一方要求或反要求他方宣誓者，于他方表示准备宣誓后，不得反悔。

一方因受他方应为宣誓的要求或反要求而即为宣誓者，他方不得提出证明谓其宣誓为虚假。

第 1385－4 条

宣誓仅对要求宣誓之人及其继承人和权利继受人为有利益或不利益的证明。

但债务人因连带债权人中一人的要求而宣誓者，只消灭该债权人对其所享有债权的部分。

主债务人因债权人的要求而为宣誓者，保证人的债务亦消灭。

连带债务人中一人因债权人的要求而为宣誓者，其他连带债务人亦同受利益。

保证人因债权人的要求而为宣誓者，主债务人亦同受益。

前两项情形下，如所要求的宣誓系关于债务，而非关于连带责任或保证的事实者，连带债务人或保证人的宣誓始对于其他连带债务人或主债务人发生利益。

第二次节 法院依职权处理的宣誓

第 1386 条

法官可以依职权要求一方当事人为宣誓。

受命宣誓的一方不得反要求他方宣誓。

该宣誓的证明效力由法官评判。

第 1386－1 条

对于诉讼请求或者抗辩，法官只有在请求或抗辩尚不能认为已完全证明者或者并非全无证明者时才能依职权要求宣誓。

评注：关于债之证据，并非本次改革的重点，实质内容变化不大，这里只提供译文。

《法国民事责任改革法草案建议案》

李世刚译*

2016 年 2 月《债法改革法令》颁布，法国债法改革第一阶段结束。不过，法国新债法中有关“侵权责任法”的规范仅在体例上发生了一些变化（例如，有关规则被集中安置在“非合同责任”单元，条文编号全部更改），而条文的内容却未做任何修订。其中一个主要原因是，侵权责任法所涉及的内容事涉有关保险机构、受害人保护与救济等多方面的根本利益，影响甚巨，立法机关认为应当审慎对待之，不宜采用授权立法的方式。

同时，新债法中的“合同责任”（违约损害救济）规范（第三卷第三编第一副编第二章第五节第五副节第 1231 条到第 1231 －7 条）仅在形式上做了部分调整，基本延续了修订之前《法国民法典》第三卷第三章第四节的条文（原第 1146 条到第 1153 －1 条）的规定。

对于上处处理侵权责任与合同责任的立法方案，法国司法部在《债法改革法令》的起草说明中给出了立法动机以及后续规划：“对于合同责任的改革不能脱离非合同责任而单独进行……从根本上看两种责任机制有着相同的本质特征，这种本质上的相同体现在产生责任的事实、损害赔偿以及两种责任之间的因果关系上”。换言之，2016 年第一阶段债法改革的决策者（或者更确切地说是法国司法部）已经对后来的民事责任法改革进行了规划，其拟重构法国民事责任制度的体系。

2016 年 4 月 29 日法国司法部公布了《民事责任改革法草案建议案》[1]，向社会广泛征询意见。这标志着，随着第一阶段债法改革工作的结束，法国已转

---

* 李世刚，复旦大学法学院副教授，法国巴黎第二大学法学博士。课题资助：教育部人文社会科学研究青年基金资助项目“法国侵权责任法改革：传统特色与欧洲私法一体化的冲突与协调”（11YJC820060）。

〔1〕 即《民事责任改革法草案》（Avant－projet de loi réforme de la Responsabilité civile），载 http://www. textes. justice. gouv. fr/art_pix/avpjl－responsabilite－civile. pdf.

向了影响各方利益甚巨的立法单元:民事责任法。

《民事责任改革法草案建议案》采纳了《卡特拉草案》的体例,将合同责任与非合同责任进行整合、集中规定。[2] 其中,有关责任构成要件的规范颇为简约,而有关救济规则的体系化与具体规则投入较多。从整体上观察,与责任构成规则比较而言,起草者似更重视被侵害利益的救济规则的构建,尤其是对某些特殊群体(如人身损害的受害人、产品缺陷致害的消费者、陆上交通事故的受害人)的利益保护。以下为草案的全文:

《民事责任改革法草案建议案》(法国司法部 2016 年 4 月 29 日)

1. 删除《民法典》第 1231 条到第 1245 - 17 条。

2. 第 1231 条修订为"有效订立的合同之债的债权人,在(债务人)债务不履行的情况下,可以依据本编第二副编的规定,向债务人主张损失的补救。"

3. 民法典第 1603 条新增第 2 款规定:"出售人的债务可以由(所售)财产的后续继受人(les acquéreurs successifs)主张,即使该财产已经添附到另外一个财产之中,也不论继受所依据的合同性质如何,但应当受到出售人债务与继受人权利的双重限制。"

《法国民法典》第三卷第三编第二副编修订如下:

第二副编　民事责任

第一章　编首规定

第 1232 条

除了对可能遭受到的损失进行补救以外,法官还可以要求采取其他的合理措施以预防(prévenir)或者排除(faire cesser)对请求人的不法侵扰(trouble illicite)。[对单纯违反法律或者谨慎与勤勉一般义务(le devoir général de prudence ou de diligence)所要求的行为规则的行为,也可以采取此类措施。][3]

第 1233 条

合同债务不履行的,债务人和债权人均不得为了逃避适用有关合同责任的专有规定而选择非合同责任。

但是,对身体损害的补救(应)以非合同责任规则为基础,即使该损害系合同不履行所导致的,亦然。

---

[2] 有关《卡特拉草案》"民事责任"单元的立法体例,可参见李世刚:《法国合同责任与侵权责任立法动向及意义——以〈卡特拉草案〉为出发点》,载《北京理工大学学报》(社会科学版)2012 年第 5 期,第 109 ~ 116 页。

[3] 方括号及其中的内容均为草案原文,系备选条文。

第1234条

如果合同债务不履行系第三人遭受损害的直接原因,该第三人仅可以非合同责任为基础获得补救,且其应当证明(存在某个)第二章第二节所规定的致害(事实)行为(faits générateurs)。

第二章 责任条件

第一节 合同责任与非合同责任的共同规定

第一副节 可补救的损失

第1235条

可补救的是某项损害(dommage)所造成的任何确定的损失(préjudice),由对财产的或者非财产的、个人或者集体的合法利益的减损(la le'sion)构成。

第1236条

如果未来损失是现存事物状态直接且确定的延续,则它是可补救的。

第1237条

请求人为预防损害的紧迫发生或者避免其加重以及减少其结果而支出的合理费用,构成一项可补救的损失。

第1238条

可能发生的有利情况确定且现实地消失,方可构成可补救的机会失去。

失去机会的损失区别于该机会实现本可带来的好处。

第二副节 因果关系

第1239条

责任以归咎于被告的事实行为(fait)与损害之间具有因果关系得以证明为条件。

因果关系可以通过各种方式予以证明。

第1240条

在某个由行动一致或动机相似且身份确定之人组成的群体中,某一不确定的成员导致了一项(身体)损害的发生,每个成员均应对全部损害负责,能够证明自己不可能成为致害人的除外。

第二节 非合同责任的专有规定

第一副节 非合同责任的致害行为

第一目 过错

第1241条

行为人应补救其任何过错所造成的损害。

第1242条

对法律所要求的行为规则的违反，或者对谨慎或勤勉的一般义务的违反，构成过错。

第二目　物的行为(Le fait des choses)

第1243条

任何人对其看管之物的行为造成的损害当然地负有责任。

物在运动中与损害之处发生接触，即可推定(存在)物的行为。

其他情况下，受害人应当通过证实(存在)物的瑕疵(la vice)，或者物的位置(position)、状态(état)、位移(comportement)具有不正常性，从而证明物的行为。

看管人是指在致害事实(发生)时对物进行使用、控制和引导(l'usage, le contrôle et la direction)的人。推定所有权人为看管人。

本目之规定适用于动物。

第三目　对相邻关系的不正常侵扰

第1244条

地产的所有人、承租人或者有权占有或经营地产的受益人，业主(le maître d'ouvrage)或者行使其权利之人，造成相邻关系侵扰的，应当就超越相邻关系之间正常程度的不便利的损害，承担责任。

致害活动已经行政授权的，在不与行政机关针对公众健康与安全之利益所发布的指示发生冲突的情况下，法官仍可判以损害赔偿金或者命令采取合理的措施以排除侵扰。

第二副节　他人造成损害的归责

第1245条

在第1246条到第1249条所规定的情况及条件下，可导致对他人造成的损害承担责任。

此责任要求证明(存在)一个使直接行为人应对损害承担责任的行为。

第1246条

对未成年人行为当然承担责任的是：

——行使亲权的父母；

——对未成年人人身负责的监护人；

——基于司法或行政裁决，负责持续安排和控制未成年人生活方式的自然人或者法人。在此情况下，该未成年人的父母不承担责任。

第1247条

基于司法或行政裁决负有持续安排和控制某成年人生活方式的自然人或

者法人,对处于其监督之下的成年人所造成的损害,当然地承担责任。

第1248条

其他人,若作为职业从业者通过合同承担监督他人任务的,对受其监督的自然人的行为负责,除非能证明其(监督者)没有过错。

第1249条

委派人(commettant)对其被委派人(préposé)造成的损害当然地承担责任。有权力给被委派人下达与完成职务相关的命令或者指令的人为委派人。

在委派(préposition)地点发生转移的情况下,该责任由因转移而受益之人承担。

如能证明被委派人所为不属于其被雇用之职务、具有与其职责无关的目的且未经其授权,委派人或因转移而受益之人则不承担责任。如能证明受害人本不能合理地认为被委派人系为委派人行事的,(委派人或因转移而受益之人)也不承担责任。

被委派人只在故意过错的情况下,或者在行事之目的与其职责不相符且没有授权的情况下,对受害人承担责任。

第三节　合同责任的专有规定

第1250条

任何合同债务的不履行对债权人造成损害的,债务人应当承担责任。

第1251条

除非债务人具有故意过错或者严重过错,债务人仅就合同订立时可合理预见到的债务不履行之结果负责补救。

第1252条

对迟延(履行)所致损失的补救(提出主张的),以对债务人的预先催告为前提。对于其他损失的补救(提出主张的),只有当催告构成(债务)不履行的必要要件时,才以催告为前提。

第三章　责任免除或排除事由

第一节　责任免除事由

第1253条

意外事件(le cas fortuit)、第三人的行为或者受害人的行为如满足不可抗力的特性,则该行为具有彻底的免责性。

在非合同领域,不可抗力是指被告或者被告应当负责之人无法通过适当的手段避免其发生或者阻止其后果发生的事件。

在合同领域,不可抗力依据第 1218 条界定。

第 1254 条

受害人对其合同债务的不履行、受害人的过错或者受害人应当负责之人的过错,如(也)促成了损害的发生,则导致部分免责。在身体损害的情况下,只有严重过错才可以导致部分免责。

第 1255 条

缺乏辨识能力之人,其过错不能成为免责事由。

第 1256 条

可以对抗直接受害人的过错或者合同不履行,同样也可以对抗间接损失的受害人。

第二节 责任排除事由

第 1257 条

如果致害行为是基于法律或者法规的规定,或者是由合法机构强制要求的,或者是出于正当防卫之需要而被迫实施的,又或者是为了保护更高的利益(而实施的),则不须对过错承担责任。

在受害人已经同意的情况下,对受害人可以处分的权利或者利益进行侵害的致害行为,也不会导致责任的发生。

第四章 责任的效力

第一节 原则

第 1258 条

除有相反之规定或约定,补救应旨在尽可能使受害人重新置于致害行为未曾发生的情况下其所处的状态。既不使其有所损失,也不使其有所获利。

第 1259 条

补救可以采取实际补救的方式或者赔偿损害赔偿金的方式,这两种方式可以并用以实现对损害的完整补救。

第一副节 实际补救

第 1260 条

实际补救(的使用)应当特别适合于损害的消除、减少或者补偿。

第 1261 条

实际补救不得强加给受害人。

如果实际补救是不可能的,或者将构成对基本自由的侵害,或者将导致责任人承担与受害人利益相比过分不合理的代价,则不得判决实际补救。

在相同的条件下,法官可授权受害人自行采取实际补救的措施,费用由责任人承担;该责任人可被命令先行支付必要的金额。

第二副节　损害赔偿金

第1262条

对损害赔偿金的估算应以作出裁判之日为准,并应当考虑到自损害发生之日起能对损失的价值和持续性产生影响的所有情况,还应当考虑到可合理预见到的后续发展。

若在裁判之后损害有所加重,受害人可就由此产生的损失主张补充赔偿。

法官应当就每种被主张的损失分别进行评估。

第1263条

在合同领域,受害人本可通过安全且合理的措施以避免其损害加重(而未采取措施的),尤其是在其有分担的财力(facultés contributives)时,法官可减少损害赔偿金(的数额)。

第1264条

除于特定场合,法官指定损害赔偿金用于某种特定补救之方式,原告可按其意愿自由支配获得的金额。

第三副节　多数责任人的特殊情况

第1265条

同一损害有多个责任人的,他们对受害人承担连带补救(责任)。如果他们全部都有过错,他们之间依据各自过错的严重程度按比例分担责任。如果没有人有过错,他们平均分担。如果他们中只有部分人有过错,仅有过错的人承担最终的补救责任。

第四副节　民事罚金

第1266条

致害人故意犯有严重过错的,尤其可因该过错获利或有所节省,法官有权责令其支付民事罚金,对此,判决应就裁判之理由给予特别说明。

该罚金应与致害人所犯过错的严重程度、分担的财力(facultés contributives)、从中获得的收益成比例。

罚金不得超过200万欧元。但是,它可以达到获利或节省金额的10倍。

责任人是法人的,罚金可以达到,自犯有过错的会计年度之前一个会计年度起、在不含税款的全球销售数额最高的某一会计年度内,所实现的、不含税款的全球销售额的 10%。

该罚金用于资助与所受损害在性质上具有关联性的赔偿基金;如无此类基金,则归于国库。

第二节　某些损害类型的特殊补救规则

第一副节　关于身体损害所引起的损失的特殊补救规定

第 1267 条

本副节的规定适用于司法或行政裁判,也适用于受害人与责任人之间达成的和解协议(transaction)。

第 1268 条

对损失的评估不应当考虑受害人所具有、但在致害行为发生之时没有产生损失结果的易致病性因素(prédisposition)。

第 1269 条

身体损害所引起的财产损失与非财产损失,依据损失事项非限制性分类表(une nomenclature non limitative des postes de préjudice)逐项(poste par poste)确定。该分类表通过最高行政法院的指令(décret)予以确定。

第 1270 条

除非有特别规定,就功能缺损(le déficit fonctionnel),依据统一的医疗等级表(un baréme médical)进行评估。该等级表具有参考意义,其制定与修订方式通过法规(voie réglementaire)的形式予以确定。

第 1271 条

[最高行政法院指令确定的非财产损失事项,可以依据赔偿参照表(un référentiel indicatif d'indemnisation)进行评估。该参照表的制定与修订方式由该指令予以确定。该参照表定期依据判例所判予的赔付金额的平均数值的发展进行更新。]

(为此,设立)一个满足最高行政法院指令所确定条件、由政府监控的数据库,收集上诉法院就道路交通事故受害人身体损害赔偿案件作出的终局判决。

第 1272 条

对职业收入的丧失、近亲属收入的丧失或者第三方辅助(assistance d'une tierce personne)(费用)的赔偿,原则上采用定期金的方式,按照法规所确立的指数进行计算,并应与最低工资标准的发展相联系。

经当事人协商一致或者经对裁判理由予以特殊说明,定期金可改用本金的方式,按照法规所确立的(转换)表格(进行转换)。

如果依据协议或者司法裁判定期金系就未来损失进行赔偿的,定期金权利人(crédirentier),在本人状况显示有必要的情况下,有权要求改用本金方式全部或部分事先支付欠款;换算方式依据上一款所规定的表格进行转换。

第1273条

第三方清偿人(les tiers payeurs)基于赔偿目的向受害人支付金额的,仅在法律规定的情况下,可以向责任人代位追偿(recours subrogatoire)。

第1274条 仅下列向身体损害受害人清偿的给付,可以产生对责任人或责任人的保险人进行追索的权利:

1. 运作强制社会保险制度的组织、机构或者服务部门拨付的给付;

2. 关于国家以及其他公共机构的民事补救诉讼的1959年1月7日第59-76号法令第1条第2项所列举的给付;

3. 清偿医疗费用以及再教育费用而支付金额;

4. 在因致害事件所导致的持续不能劳动的期间内,雇主持续支付的工资和工资性福利;

5.《保险法典》规制下的保险公司、《社会保障法典》或《乡村与海洋渔业法典》规制下的公积金(prévoyance)机构或者《互助保险法典》规制下的互助团体所支付的病人日赔偿金以及残疾人给付金;

6.《社会与家庭诉讼法典》第L.245-1条所规定的给付。

第1275条

雇主可以直接要求造成损害的责任人或者其保险人,偿付在受害人离职期间资方所负担的、向受害人支付或维持的待遇。这些规定同样适用于国家,(于此情形)不适用前述1959年1月7日第59-76号法令第2条的规定。

第1276条

导致追索的给付,依照第三方清偿人所承担的损失的控诉要点,逐项抵充由责任人应承担的赔偿,非财产损失除外。

如果责任人资不抵债有碍于对受害人的完整赔偿,就责任人对其所欠部分,受害人优先于第三方清偿人受偿。

受害人的过错,只能就第三方清偿人的给付所不能补救的损失部分,产生减少其主张赔偿(金额的效力)。第三方清偿人对责任人所负债务的余额享有权利。

第1277条

除第1274条和第1275条所提及的给付外,任何依据法定、约定或者章程之义务为受害人所为之清偿,均不产生对补救责任人或其保险人提起诉讼的权利。

但是,如果在合同中有约定,已向受害人垫付事故赔偿金的保险人,可向负补救义务之人的保险人代位追偿,但应在向第1274条所规定的第三人进行清偿以后残存的余额内行使，且应在法律给予第三方清偿人主张其债权的期限内行使。

所有与第1273条到第1276条规范相反的规定视为没有写就，但该规定对受害人更为有利的除外。

第二副节 关于财产损害所致损失的特殊补救规定

第1278条

有体财产（bien corporel）受到侵害的，赔偿金额为恢复原状费用与财产替换费用二者间数额较少者，且不考虑其折旧程度。

如果该财产不能被恢复原状也不能被替换的，赔偿金额为该财产若处于遭受损害之前的状况在判决之日其应当具有的价值。

若依据受害人的请求，受损害的财产未归于责任人，则赔偿金额应扣除其剩余的价值。

第1279条

于必要之情形，赔偿同样应当包含受损财产收益权的丧失、经营损失或者任何其他损失。

第三副节 关于环境损害所致损失的特殊补救规定

第四副节 关于金钱迟延清偿所致损失的特殊补救规定

第1280条

对金钱的迟延清偿所生损失的赔偿为支付法定利率的利息。

此项损害赔偿金是必需的，债权人不须证明任何损失（的存在）。其仅自催告之日起发生，除非法律规定其当然发生。

就迟延债务人对债权人造成的额外损失，债权人可获得不同于债权延期利息的损害赔偿金。

第三节 约定损失补救的合同

第一副节 排除或限制补救的合同

第1281条

排除或者限制补救的合同，无论针对的是合同责任还是非合同责任，原则上有效。

但是，任何人不得排除或者限制他人对身体损害应当承担的责任。

第1282条

在非合同领域，任何人不得排除或者限制对因其过错而造成的损害的补救

(责任)。

对于无过错责任,(排除或者限制补救的)合同具有效力以主张者证明受害人曾明确地接受该合同为条件。

第 1283 条

在合同领域,债务人有欺诈过错、重大过错或者违背所承担的实质债务的,限制或者排除补救(责任)条款不发生效力。

如果(排除或者限制补救责任)条款所对抗的一方当事人在合同订立之前并不知道该条款,该条款也不发生效力。

第二副节 违约金条款

第 1284 条

如果合同规定不履行合同的一方当事人将以补救之名义支付一定的违约金(pénalité),该当事人不得被判定给予另一方当事人过重的处罚或者不足的违约金。

约定的违约金明显过高或者不足的,法官可依职权降低或增加约定的违约金。

在部分履行的情况下,法官可依职权按照部分履行已给债权人带来的利益之比例,减少约定的违约金,且不影响前款规定的适用。

任何与前两款相反的约定视为未曾写就。

除了终局性的(définitive)不履行,仅在债务人被催告的情况下才能主张违约金。

第五章 主要的特别责任制度

第一节 陆上机动车辆行为

第 1285 条

陆上机动车辆的驾驶员或者看管人,就其车辆、挂车或者半挂车所牵涉(impliquer)的交通事故造成的损害,当然地承担责任。

本节规定属于公共秩序,且仅适用于交通事故涉事车辆的驾驶员或者看管人。在受害人依据合同搭乘的情况下,也适用本节的规定。

第 1286 条

不得以意外事件或者第三人的行为对抗受害人,即使它们具有不可抗力的特性。

受害人故意追求其所受之损害的,不享有以本节规定为基础的补救权利。

第 1287 条

在身体损害的情况下,受害人的过错不影响其(主张)补救的权利,除非其过错是不可原谅的且是事故发生的排他原因(la cause exclusive)。

前款规定的受害人,年龄低于十六岁或超过七十岁者,或者,无论其年龄如何在事故发生时有证明材料表明其属于永久无能力或伤残度达 80% 以上者,在任何情况下,其身体损害应得以赔偿。

第 1288 条

在财产损害的情况下,如果受害人的过错促成了损害的发生,可因此限制或者排除对其所受损失的赔偿。

对赔偿的排除应当参考过错的严重性单独予以论证(motiver)。

然而,基于医嘱而使用的用品与设备,(应)依据有关人身伤害补救的规定,予以赔偿。

如果陆上机动车辆的驾驶员不是该车辆的所有权人,该驾驶员的过错可被用来对抗所有权人就身体损害以外的其他损害(所提的)赔偿主张。所有权人有权向驾驶员追偿。

第二节　缺陷产品行为

第 1289 条

生产者对因其产品缺陷(défaut)所造成的损害承担责任,无论其是否通过合同与受害人发生联系。

第 1290 条

本节规定适用于对人身损害所造成的损失的补救。

本节规定也适用于对缺陷产品以外的其他财产的侵害所造成的、超过法规(décret)所定数额的损失的补救,并且该财产通常属于个人使用或个人消费的、由受害人为了其个人使用或个人消费而使用的财产。

第 1291 条

(本节所规定的)产品系任何动产,即使动产已添附在不动产中,也属于产品,出产于土地、畜牧、狩猎和捕捞的产品属于产品。电力被视为产品。

第 1292 条

本节所称的产品有缺陷是指其不能提供人们可以合理期待的安全性。

在评价可以合理期待的安全性时,应当考虑所有情形,尤其是产品的表现、可以合理期待的用途及其进入流通的时间。

仅因在其之后有更完善的产品进入流通,该产品不得被认为是具有缺陷的。

第 1293 条

本节所规范的生产者系具有经营者身份的最终产品的制造者、原料的生产者、部分构件的制造者。

任何人以经营者的身份,从事下列行为的,也属于适用本节所规定的生产者:

1°对产品添加其姓名、品牌或者其他具有特色标志的,且以生产者自称的;

2°为了出卖、租赁而无论是否有出卖允诺,或者为了任何形式的销售,将某一产品进口到欧洲联盟的。

依据第1646-1条以及第1792条到第1792-6条之规定可被追究责任的人,不被视为生产者。

第1294条

在生产者无法被确定的情况下,销售者、出租者但不含融资租赁方或者与之相类似的租赁方或者任何其他专业供货者,按照与生产者相同的条件,对产品的安全缺陷承担责任,除非其自受害人告知请求之日起三个月内指出其自身的供货者或生产者。

供货者向生产者追偿,应遵守与缺陷直接受害人所提请求相同的规则。但供货者应当自司法传唤之日起一年内行使此项权利。

第1295条

损害系由于添附在其他产品中的某产品的缺陷造成的,该构成部件的生产者以及实现添附之人承担连带责任。

第1296条

请求者应当证明损害、缺陷以及缺陷与损害之间的因果关系。

第1297条

即使产品系按照现行规定或者工艺规范制造的或者得到行政授权的,亦可要求生产者对缺陷承担责任。

第1298条

生产者当然承担责任,除非能证明:

1° 未将产品投入流通;

2° 根据情形,生产者将产品投入流通时造成损害的缺陷并不存在或者该缺陷系后来出现;

3° 产品不是用于出卖或者任何其他形式的销售之目的;

4° 产品进入流通时的科学技术无法发现缺陷的存在;

5° 或者缺陷系产品符合法律或法规的强制性规定所必需的。

构成部件的生产者如能证明缺陷归责于采用该构成部件之产品的设计或者归责于产品制造者所给出的指示,不承担责任。

第1299条

如果损害系由于某种人体成分或者由于利用人体制造的产品所造成的,或者损害系由于《公共卫生法典》第五部分第一卷第一编第一章所规定的任何人用卫生产品所造成的，生产者不能主张第 1298 条第 4 项规定的免责原因。

第 1299－1 条

禁止订立旨在排除或限制缺陷产品责任的条款，此类条款被视为没有订立。

第 1299－2 条

除非生产者有过错，本节所规定的生产者责任，自实际造成损害的产品进入流通时起满十年的消灭，除非在此期间内受害人已经提起了诉讼。

第 1299－3 条

依据本节规定提起的补救诉权的诉讼时效为三年，自请求者对损害、瑕疵以及生产者身份知道或者本应知道之日起计算。

第 1299－4 条

本节规定不影响受害人依据合同责任提出请求的权利。

本节规定也不禁止依据本章有关非合同责任的规定或者其他特殊责任制度提出请求的权利，只要这些规定或制度的基础不同于本节所规定的责任的基础。

生产者仍对其过错的后果以及其应当负责任之人的过错的后果承担责任。

法国侵权责任法改革建议稿《泰雷草案》

金伏海[*] 译

侵权行为章

第1条

不法致他人损害均构成民事侵权。

致他人损害之事实均使因其过错导致损害发生之人负损害赔偿的债务。

若无过错,损害赔偿的债务仅在法律所规定的情形与条件下产生。

第2条

除对可能已遭受的损害予以赔偿之外,法官有权采取合理的措施以预防或者阻止原告所受到的不法侵扰。

第3条

除非法律另有规定,对于人身或者精神之完整性的侵害依据本章之规定获得赔偿,即使其系因合同不履行而产生。

第4条

合同不履行而导致的损害赔偿(dommages et intérêts),须依据第116条及其以下条款规定之条件和范围。[1]

第一节 民事侵权通则

第一目 过错

第5条

过错是故意或者不谨慎地实施不法行为。一行为当其违反法律或者普遍

---

* 金伏海,北京大学民商法专业法学硕士,法国巴黎一大暨巴黎二大法学硕士,法国巴黎二大私法专业博士生。

〔1〕 这里指《泰雷草案合同法建议稿》第116条及其以下条款。参见李世刚:《法国合同法改革:三部草案的比较研究》,法律出版社2014年版,第333页。

性之谨慎与勤勉义务所设定的行为规则时构成违法。

第6条

给他人造成损害之不法行为人,虽其欠缺识别能力,仍应负损害赔偿的债务。

第7条

法人的过错来自其机关的过错行为或者其组织或运营的缺陷。

一家公司对于其控制或其施加显著影响的公司造成的损害,仅当其由于参与该公司的机关、给予管理指示、介入或不作为等显著地促成该损害的发生时,方负赔偿责任。当一个公司为其利益或为损害他人而成立或利用另一个公司时,也应对其成立或利用的公司造成的损害负责。

第二目　损害

第8条

对受法律承认和保护之人格利益(intérêt de la personne)的任何侵害,均构成损害。

对于集体性利益之侵害,比如对环境的侵害,在符合法律规定的情形和条件下可获得赔偿。

第9条

结局尚不确定之进程的中断,只在存在现实且可靠的机会可产生有利之结果时,方构成损害。

第三目　因果关系

第10条

依据事物的一般发展进程会导致损害发生,而无其则损害将不会发生的任何行为,均构成损害的原因。

导致损害发生之人仅就损害之无中间环节的和直接的(立即的)后果负责。

因果关系可通过任何证据手段证明之。

第11条

除非另有规定,导致同一损害的数个行为人均就全部损害负赔偿责任。如行为人均有过错,其应就各自的过错的严重程度按比例分担赔偿额。如果无人有过错,则他们之间平均分担赔偿责任。如果数个行为人中仅若干人有过错,则仅由该若干人承担最终的损害赔偿义务。

第12条

当损害由一致行动之数人群体中一无法确定的成员所造成,每一成员均应就全部损害负赔偿责任,除非能够证明其无法造成该损害。

第四目　他人所致损害之归责

第 13 条

民事主体仅在符合法律规定之情形与条件下对他人造成的损害负责。

在上述一切情形,此责任仅在该他人的行为构成本章所规定的民事侵权之际成立。

第 14 条

对未成年人之行为当然(de plein droit)负其责任者,为:

——父母,当其行使亲权时;

——监护人,当其承担照顾儿童之义务时;

——依据司法或行政决定以及依据协议承担以惯常方式组织与监控未成年人之生活的自然人或者法人。

上述责任是可以相互替换的。

第 15 条

依据司法或行政决定,或者依据合同以惯常之方式组织和控制受监护之成年人的生活方式的自然人或法人,当然对该成年人之行为负责任。

第 16 条

以职业的名义监护他人之人,对于受监护者的行为负当然责任,除非能够证明他们在监护中没有过错。

第 17 条

雇主对于领取薪水的雇员在职务范围内之行为负当然责任。在雇佣关系移转的情形,此项责任课予该移转之受益者。

雇主或者雇佣关系移转的受益者于证明雇员系未经其许可且为其职务之外的目的而作为之际免除责任。如果受害人能够证明其可以合理地相信受雇人系为符合职务需要的目的而行为,那么前述免责不成立。

受雇人仅对其故意所造成的损害或者未经许可且为其职务之外的目的而行为所致的损害承担责任。

第 18 条

在雇佣关系并未依据劳动合同关系而成立的情形,雇佣人(commettant)对于作为受雇人的自然人在执行职务过程中实施的行为负责。雇佣人如证明其无过错则可以免责。

非领取薪水之受雇人对其过错行为均应负责。

第二节　主要的特殊侵权行为

第 19 条

过错责任在任何情形下均可主张之。

除非法律另有规定，不能就肇致损害发生的同一事实，累积适用本节所规定的各种特别侵权的规则。

第一目 物之原因事实

第20条

管领人就其所管领之有体物对他人之身心完整性造成的伤害当然地负赔偿责任。

物之肇事事实应当由原告证明之；该事实或是物之瑕疵，或是其位置、状态、外观上的不正常情况。

在损害事实发生之际，使用或掌控物或者应当使用或掌控物之人系管领人。物之所有人推定为管领人。

第二目 动物责任

第21条

动物的所有人或者使用该动物之人，在其利用动物期间，对于该动物造成的损害负责，无论是动物处于自己的管领之下，还是动物走失或脱离管束。

第三目 建筑物责任

第22条

如果建筑物的倒塌是由于维修的缺陷或者建筑本身的瑕疵导致的，建筑物之所有权人就建筑物倒塌造成的损害负赔偿责任。

第四目 分类设施责任

第23条

除非法律另有规定，《环境法典》分类设施的经营者，当损害系明确地由决定该分类的风险活动所导致时，对其活动给人之身体或精神的完整性（第20条是身心完整性）或者财产所造成的侵害负当然责任。

经营者仅在其能够证明受害人有不可宥恕的过错（faute inexusable）或者具有不可抗力之特征的第三人故意行为之际方能免除责任。

第五目 近邻妨害责任

第24条

作为近邻妨害之来源的地产的所有权人、占有人、占据人或者开发经营者，对于超出给近邻造成的正常不便的限度外的损害负责。

如在该地产上作为妨害来源之经济活动的实施符合现行有效的法律、其于原告在该地产上安置之前即已存在并且一直以来系于同样条件下继续实施，则前款规定的责任不成立。

在作为损害来源的设施系依照行政部门之许可而营运的情形下，法官不得禁止该损害活动继续开展。但法官可以给予受害人损害赔偿金，或者强制要求整改以减少妨害。

第六目 陆上机动车交通事故

第25条

陆上机动车的管领人或驾驶人对其机动车、该车的挂车或半挂车牵连其中的交通事故所造成的损害当然负责。

第26条

对交通事故的受害人不得提出不可抗力之抗辩。但当受害者故意寻求该损害时,其无权依照本款规定请求损害赔偿。

在人的身心完整性遭受侵害或遵照医嘱而使用的工具或器械受到损害时,受害人的过错对其要求损害赔偿的权利并无影响,除非受害人之不可宥恕的过错是导致该损害发生的唯一原因。在评价"不可宥恕的过错"时,法官得考虑到受害人的年龄和身心状态。在其他情况下,当受害人的过错或其应负责之人的过错促成损害的发生时,加害人可部分免责。

第27条

在陆上机动车的驾驶人并非该车的所有人的情形下,就人之身心完整性所受侵害之外的损害,该驾驶人的过错可作为抗辩向所有人提出。所有人享有针对驾驶者的追偿权。

第28条

本段规定之责任不得由合同约定排除或减轻;其也适用于当受害人系依据合同而乘坐机动车的情形。

第七目 缺陷产品之原因事实

第29条

生产者对其产品的缺陷所造成的损害负责,而不问其与受害人之间是否存在合同关系。

第30条

在本章的意义下,称产品者,谓任何动产,即使其被嵌入不动产之内,包括土地、饲养以及渔猎之产品。电力被视作一种产品。

第31条

在本段之意义下,生产者是指以职业之名义而行为的,成品的制造者、原材料的生产者以及产品部件的制造者。

以下以职业之名义而行为的人被视作生产者:

1. 在产品上施加自己的姓名或名称、商标或者另一种区别性标记的;

2. 在欧盟范围内进口某种产品用于销售、具有或不具有销售允诺之租赁或者任何其他分销方式的。

依据第1792条至第1792-6条以及第1646-1条承担民事责任的人不被视作生产者。

第32条

若不能认定生产者，则销售者、融资租赁中的出租人或承租人之外的出租人、任何其他从事营业活动的供应商应对产品安全缺陷负与生产者一致的责任，除非其在获得受害人之请求通知之日起三个月内指明其供应商或者生产者。

供应商对于生产者的追偿应当与产品缺陷直接受害人的请求适用相同的的条件。然而，供应商应在其被司法传唤之日起一年内追偿。

第33条

在被嵌入另一种产品的产品中由于前者的缺陷造成损害的情形，部件的生产者和实施嵌入行为的生产者负连带责任。

第34条

请求者应当证明损害存在、缺陷以及在损害与缺陷之间存在因果关系。

第35条

在本章的意义之下，损害包含对人之身体或者精神完整性的侵害，以及对缺陷产品本身之外的财产的损害，其前提是这些财产正常情况下被用于私人使用或者消费并且被受害人主要地用于私人使用或者消费。

对于财产侵害的赔偿须扣除政府法令规定的免赔额。

第36条

在本章之意义下，称产品缺陷者，谓不能提供使用者合理期待之安全产品。

在考量使用者的合理期待之产品安全时，应当考量所有相关缺陷，尤其是包括产品的介绍、可以合理期待的惯例和产品被投入流通的时间。

一项产品不能仅仅由于另一项更为完善的产品后来被投入流通而被视作缺陷产品。

第37条

尽管一项产品的制造遵循了现存的技术规程与规范或其已获得行政许可，但是该产品的生产者仍然应当对产品缺陷负责。

第38条

若证明以下事实，则生产者不承担责任：

1. 其未将产品投入流通；

2. 考虑到具体情况，可认为造成损害的产品缺陷在产品被生产者投入流通之时或者在此后产生的；

3. 产品并未用于销售或者任何其他分销形式；

4. 在生产者将产品投入流通时，科学与技术的现状尚不足以发现缺陷的存在；

5. 产品缺陷源于产品应与立法或管制类强制性规则的协调。

若部件的生产者能够证明,产品缺陷应归责于该部件嵌入之产品的设计,或者是该产品之生产者所给予的指示,则其亦不承担责任。

第 39 条

若损害是由人体之部分或者源自人体之产品所造成的,生产者不得主张第 38 条第 1 款第 4 项所规定的免责事由。

第 40 条

本节规定的责任不得通过合同减少或免除。

第 41 条

本节所规定的损害赔偿诉讼自原告知道或应当知道损害、缺陷与生产者的身份之后的三年后罹于诉讼时效。

本节赋予受害人之权利在造成损害的 产品被投入流通之日起满十年消灭,除非受害人在此期间内提起诉讼。

第 42 条

本节规定不影响受害人基于合同产生的权利。这些规定不禁止受害人援引本章其他条文之规定或者其他民事责任特别制度,其前提是该规定或制度具有不同于本节规定之民事责任的基础。

第八目　医疗活动之原因事实

第 43 条

医生以及《公共卫生法典》所规定的健康服务营业者或机构对由其过错给患者造成的损害负赔偿责任,无论前者与后者之间是否存在合同关系。在没有过错的情形,前者仅在《公共卫生法典》所规定的条件和情形范围内负其责任。

第三节　排除或免除责任的原因

第 44 条

除非法律另有规定,责任的排除或免除只能在符合下列条款规定的情形和条件下始得发生。

第 45 条

依照《法国刑法典》之规定,损害行为当其系立法性或行政性规定所强令、合法之权威机关所强加或出于合理的防卫目的(正当防卫)或(紧急避险)维护更高利益的需要而强制实施时,不构成民事责任。然而,当可正当化损害行为(紧急避险所造成损害行为所保护的)利益不同于受害人之利益时,受害人有权获得对其所受之损害的公平赔偿。

如果受害人对其得自由处分之权利或利益所受的损害予以同意,对该权利或利益的损害行为不构成民事责任。

第46条

意外事件,第三人或者受害人之行为,如其符合不可抗力之特征时,可免除责任。

不可抗力是指被告或其应负责之人不能通过采取适当的措施以避免该事件之发生或其后果。

第47条

受害人或其应负责之人的过错,当其促成损害发生之际,部分地免除加害人的责任。

促成自己所受损害之人,当其无识别能力之际,所得享有之损害赔偿之债权并不因此而被减少。

第48条

过错侵权责任不得以合同限制或排除之。

除非另有规定,无过错责任可以合同限制或排除之。这种限制或者排除对由于侵害人身或者精神之完整性而肇致的损害并无影响。

第四节 赔偿

第一目 通则

第49条

损害的受害人通常得请求其全部损害之赔偿,依据下述之规则或分类。

赔偿之目的在于使请求人置于如同其未遭受损害之情形一样;原则上受害人于赔偿之后不会承担损失或者获取收益。

第50条

法官确定适当的损害赔偿方式。

第51条

回复原状(la réparation en nature)应当专用于取消、减少或者填平损害;法官可以在赔偿所必需的限度内,增加损害赔偿金。在回复原状会对侵害被告的基本权利或者给其造成于案件具体情形下过度高昂之负担时,法官不得采取回复原状之措施。

在同等条件之下,原告经法官之许可得亲自采取回复原状之措施,而由被告负担其费用;后者可被判决预先支付必须之费用。

被告可以主动回复原状而非支付损害赔偿金。

第52条

法官在作出判决之日计算损害赔偿金之数额,同时考虑自损害发生之日起影响损害之内容和范围的情形,同时亦考虑在判决作出之日损害之可合理预见的演变。在损害于判决作出之日后加重的情形,受害人得就由此所带来的损害请求赔偿。

法官就当事人援引之损害的各种项目应分别计算之。

第 53 条

除非于侵害当事人之身心完整性的情形,法官得因原告并未采取确定及合理之措施以限制损害而减少损害赔偿金。

第 54 条

当损害系行为人故意为之且其过错具备营利特性,法官将有权选择通过带专门理由之判决来课予被告将其因侵权所获之利润赔偿于原告,而不是判决被告赔偿原告所受的损害。该项利润超过原告以损害赔偿金名义所获之数额的部分,不得作为责任保险覆盖之风险。

第 55 条

除非特殊情形足以使法官指定损害赔偿金用于某种特殊的赔偿措施外,原告可自由支配其所得之赔偿金额。

第二目 侵害人身或精神完整性所致损害之赔偿的特殊规则

第 56 条

除非法律另有规定,对人之身心完整性造成的侵害应依据唯一的医学计算表来衡量,而该计算表之制定与修改程序由行政法规规定之。

第 57 条

因侵害他人之身心完整性而造成的财产与非财产上的损害应依据以行政法规方式规定的损害项目表逐项确定之。

如果受害人之先天条件所导致的损害后果在其身心完整性遭受侵害之前并未显现,那么该先天条件对损害之评定并无影响。

第 58 条

法官依据由行政法规规定的赔偿金参照表评定非财产上损害。此参照表应每年度根据劳动事故定期金重估指数被重新确定。

法官仅得于法令规定之限度内,通过具特别理由之判决以排除该种评定模式。

第 59 条

侵害他人身心完整性所致之财产上损害,应分别计算已支出之费用和未来之费用、减少之收入和所失之收益而受赔偿。

对未来职业性收入的赔偿,应系依据以行政法规方式确定之指数所计算得出的定期金,经由当事人间之合意或者一项具特别理由的判决,该定期金得依据由行政法规所确定的计算表而转换为本金。

对因第三人辅助而生之赔偿金,应以指数化定期金的形式确定,该指数由行政法规规定之。该定期金可根据辅助的必要性而修改。法官确定该项修订的周期性和实施方式。

第 60 条

在定期金系以司法判决或合同的方式被用于未来损害的赔偿的情形中，定期金债权人得于其个人状况确需之时，请求将未届清偿期之定期金依照前条所规定的转换表，部分或全部转换为本金。

如定期金被用于第三人辅助费用的赔偿，则排除前款规定的适用。

第 61 条

第三人以赔偿的目的支付给受害人的款项，仅在法律规定的情况下才导致前者得提起针对责任人的代位求偿之诉。除此之外，任何依据法律规定、合同约定或章程规定的义务而支付给受害人的款项，并不导致清偿的第三人有权针对责任人寻求救济。

第 62 条

导致代为求偿之给付应依据行政性法规所规定的条件，就第三求偿人已支付的损害名目，逐项抵充仅应由责任人给付的赔偿额。

在责任人无支付能力影响向受害人的完全赔偿时，就责任人尚未对受害人赔偿之剩余部分，受害人优先于第三清偿人获得偿付。

在对受害人的赔偿额因其过错或其他原因而被减轻时，第三清偿人应付的款项优先抵充该赔偿额之扣减部分。

第 63 条

身心完整性遭受侵害之受害人抚养或共同抚养的人，可请求因该损害而导致该抚养丧失的损害赔偿。

受害人的配偶、父母和子女，以及在损害发生时与受害人居住在一起的其他近亲属，可请求他们的情感性损害赔偿。

在直接受害人死亡的情形，上述权利可与上述权利人作为直接受害人之继受人而自其所取得的权利相累积。可以对直接受害人或其权利继受人提出抗辩的免责事由，亦可对抗反射性损害的赔偿请求人。

第 64 条

除前款规定的情形之外，反射性损害的赔偿被排除。但是，在损害极其严重的情况下，可以通过具特别充分之理由的判决课予情感性的损害赔偿。

第三目　物所受损害之赔偿的特殊规则

第 65 条

在侵害有体财产的情形，赔偿金为回复原状之费用与更换财产之费用二者中较低者，而该财产之折旧不考虑在内。

当财产不能被回复原状或者更换时，赔偿金为该财产于判决作出之日若处于损害发生前之状态所应有之价值。

如果应受害人之请求,受损害之财产并未归属于责任人,则其剩余的价值应自赔偿金中扣除。

第66条

赔偿金还应当用于补偿受损害财产之享有(jouissance)的被剥夺,开发经营的丧失以及受害人由于该项损害而承受之合理范围内的开支。

第67条

由于一项财产之丧失而导致的情感损害仅于损害系故意为之且给受害人造成严重困扰之际方产生损害赔偿之责任。

第四目　侵害精神完整性所致损害之赔偿的特殊规则

第68条

任何人均可就侵害其精神完整性,特别是其尊严、荣誉、名誉或者隐私所致之损害请求赔偿。当法人为已达严重程度之过错的受害人时,亦得于必要之际享有此项赔偿请求权。

第69条

除非另有规定,赔偿之形式与金额可仅具象征意义。

当损害系由故意所致时,法官得判决侵权行为人承担惩罚性赔偿,而该项判决须特别陈述其理由。

写在《泰雷草案》侵权行为章前面的思考

[法]菲利普·雷米*著　刘骏　金伏海**　译

一、位置

依据我们小组在前面考虑合同草案时确立的计划，侵权责任将出现在民法典新的第三卷(livre)“债”之中。在该卷中，在第一编(titre)规范“合同”之后，第二编处理“非由合同产生的债务”：侵权行为是该第二编的第一章(chapitre)，其后是第二章“债的其他来源”(无因管理，不当得利)。我们这里提醒第三编(titre)“债法通则”，依据已经决定的计划，应该或多或少规范关于侵权责任的一些问题[共同债务人之间的救济和连带性、金钱赔偿的制度、价值之债(dettes de la valeur)、债权转让的方法，特别是代位清偿，等等]。最后侵权责任之诉的时效最近已经被2008年6月17日的法律所规范(《法国民法典》第2224条和第2226条)，没有必要在此谈及。

二、内容：排除合同责任，涵盖特别法上的制度

该章节只规范侵权责任，因为合同责任在我们小组的计划中已经被规范了，以“与合同相关”的名义，在与合同不履行之损害赔偿相关的部分之后，跟随着不履行的其他救济方法，以及与这些救济相关的制度(强制实际履行、合同中止、减价、解除)。我们注意到该构思在方法上符合1804年的《法国民法典》(第

---

* 作者：菲利普·雷米(Philippe Rémy)，法国普瓦提埃大学荣退教授，法兰西学院院士。原文‘réflexions préliminaires sur le chapitre *Des délits*’载于François Terré主编的《Pour une réforme du droit de la responsabilité civile》一书第15页至第59页，达罗兹(DALLOZ)出版社2011年版。

** 译者：刘骏，男，法语布鲁塞尔自由大学(ULB)私法专业博士研究生，本翻译受留学基金委资助，项目资助号201306020051；金伏海，男，巴黎二大私法专业博士研究生。本书主编李昊先生和译者对于法国达罗兹出版社和François Terré先生免费授予《北航法律评论》发表中文译本的权利，表示衷心的感谢。

三卷第三编第三章第四节"不履行导致的损害赔偿"中的第1146~1155条),同样被司法部的草案审慎地保留。该草案在第八章第五节(section)保留了与损害赔偿有关的条文以规范合同不履行(草案第172条之后)。这种思路区别了泰雷草案和卡塔拉草案,后者在第三个次编(sous - titre)下规范"民事责任",因此也同时包括了合同责任。

除在"与合同相关"题目下讨论的实质性理由外,我们小组的思路还有助于减轻本身非常复杂的内容的描述,[1]这种描述要求增加大量的条文。[2] 显然,局限于侵权法并不排除讨论第二编(titre)第一章所规定的"侵权责任与合同责任之间的关系"(特别是关于责任竞合或选择的问题)。[3]

而且,我以为,正如卡特拉—维内(Catala-Viney)草案(以下简称卡特拉—维内草案、卡特拉草案)提出来的,在法典中包括一些特殊侵权行为制度是适当的:因为法典的使命不仅仅是阐述"一般法",同时也包括一些经常使用的"特别"规则。这里我们可以在法典中纳入"缺陷产品责任"(现在位于第三卷第四bis编第1386-1到第1386-18条);我们还建议在该章纳入,1985年7月5日关于交通事故受害者的赔偿制度(如同卡特拉—维内草案做的那样)。其他特殊制度的纳入,还有待讨论。[4]

三、标题

与现今第四编第二章的标题不同,建议的标题不涉及"侵权行为和准侵权行为",而仅仅是"侵权行为"。因为侵权与准侵权的区别,在波蒂埃续写的传统下,指的是故意和过失的区别,这种区别在第1382条和第1383条的行文中还可见。[5] 但是这种区别在《法国民法典》的体系下不再有意义,因为责任制度

---

〔1〕 如同卡特拉—维内草案表明的那样,侵权责任和合同责任混合于"民事责任"下,必然呈现出复杂的架构:第一章,前言规定。第二章,责任的条件:第一部分,适用合同责任和非合同责任的共同规定;第二部分,适用于非合同责任的规定;第三部分,适用于合同责任的规定。奇怪的是,这种"三层"架构没有出现在第三章"责任的效果",然而这个架构是必要的,因为在第三章内容中合同责任和侵权责任有不同点(损害赔偿的评估、回复原状和损害赔偿的选择、多数债务人的影响等)。

〔2〕 1804年法典的"侵权和准侵权"章(第1383~1386条)仅仅包括4个条文;1998年5月19日的法律导入了第四bis编"缺陷产品责任",包括十八个条文。

〔3〕 下边我们将看到这个问题的规范很大程度上取决于我们关于责任一般条款的选择(过错和物之事实)

〔4〕 我们没有忽视,一些"特殊制度"是赔偿制度而非责任(责任本身也是多义词)制度;但责任和赔偿或者在债的方面或者在债务的分担方面紧密连接,整体构成了"赔偿法",在现代的法典编纂中应该使其显现出来。

〔5〕 普拉尼奥(Planiol)指出,这很可能是对"准侵权"一词在罗马法中用法的误读。

不再取决于故意或非故意的过错,[6]自此"准侵权"这一术语几乎处于废弃状态。我们可以考虑使其复活,将无过错承担的侵权责任的情况称为"准侵权";但是我们不知道这种语义的变化是否仍是清楚可理解的。因此,这里"侵权行为"概括而言指的是,填补不正当地给他人造成的损害构成债的发生原因,无论其来源于损害制造者的过错或无过错。

对于该章的命名,我们宁愿采取"侵权行为"而非"侵权责任";因为,这里规范的是作为债的发生原因的侵权行为(以及泰雷合同法草案第1条所预示的),正如同我们在第一编规范"与合同相关",在第二章规范债的其他发生原因:无因管理和不当得利。我们更是避免使用"非合同责任",虽然其经常在学说和法律上被运用,但无涉债的发生原因。因此,我的意见是我们小组坚持使用传统术语"侵权行为",对现今第三卷第四编的标题而言是个"简化"。

四、政策

在侵权责任方面,民事政策的选择是非常复杂的。侵权责任是民法典编纂的核心部分,因为,一方面,其与法律体系的其他部分密切相关,这些其他部分由其来保护和制裁(人格权,财产权或债权,家庭关系、商事关系和劳动关系方面的权利);另一方面,侵权法的制定蕴含着重大的经济、社会和哲学挑战,我们只能敬畏地对待。这里我们可做的比较法研究是困难的。欧洲侵权法法律体系的多元性比合同法方面更显著,另外侵权行为"欧洲化"学理方面的工作开展得比较晚,与合同法方面的比较研究相比,对法国学术界来说更显陌生。因此,在此领域内比较法的运用应该特别谨慎;即使如此,至少可将其作为一种特殊性的"揭露":经比较而显示法国侵权责任法体系这方面的特征(以及可能的缺点或优点)。

我们草案的雄心是否能达到很大程度上取决于,为提交一个附有评论的文本而分配给我们的时间。这里,我尝试着介绍下提供给法国立法者的一些重大选择。

五、"巩固"?

在自19世纪末以来,经由判例以一小撮条文为基础建构起来的法律领域中,"巩固"(consolidation)并不是没有用处的;大体上,我们可以说这是卡特

[6] 然而,这种区分并非完全丧失实际意义。从应然法角度,故意可重新发挥作用,如果我们赋予侵权责任法在一些情况下(惩罚性损害赔偿、侵权获益赔偿)私法"惩罚"的功能或不当得利返还的功能。

拉—维内草案采取的路径。[7]在这种路径下,我们并不触及实证法的大方针;工作主要在于阐释自1804年以来的判例对第1382条下几个条款的主要解释,并增加几个特殊制度。显然,这种路径并不禁止立法者改变或中断某一个有争议性的解决方案,或者带来一些微弱的调整。一方面,这种“巩固”作业可有助于确定(至少暂时地)一些解决方案,并因此在判例不稳定性特别有害的领域内增强了判决的可预测性。从法律体系的竞争或对话的视角来看,这种思路也可便利他人了解法国责任法体系——今日,为了解该体系,不仅需要了解大量的判例,而且还需要明了其确切的解释(我们知道最高法院的判决引起了外国法学家多么大的困惑,这些法学家不习惯这种司法风格)。另一方面,“巩固”也可能固化一些法国责任法体系的某些使其区别于其他欧洲国家责任法体系的特征,并使其与欧盟法的衔接变得非常棘手(如同一些欧盟指令与法国法融合所表现出来的)。

六、“再法典化”

一个真正的“再法典化”(recodification)会给予立法者更大的自由。但是其操作是更困难的。假设其是(几乎)成功的,其主要的缺陷在于大规模地打乱经由适用《法国民法典》第1382条及以下而形成的既得习惯,并因此引起激烈的抵制(来自各方:理论界、实务界、保险企业、众多的且相互对抗的院外活动集团),并开启了一段新法律文本的适应过程,这就意味着不确定性,无论我们多么注意条文的撰写。

如果,我们决心要从事这样棘手的工作,就是要尝试抓住自1804年以来侵权责任法的巨大变动所引起的全部问题:自19世纪末以来的新的风险的出现,通过不同方式实现的损害填补社会化,可赔偿损害的增加,特殊侵权制度的剧增,预防原则的出现(和不确定性),大规模损害、系列损害和分散性损害的增加,在一个焦虑社会中损害赔偿请求的增加,而这个社会正是由脆弱的、受不能被掌控的技术所威胁的个体所组成。应该确信,使改革的前景更为复杂的还有侵权责任法纯法技术性的分析是不足够的,还应该考虑到其经济效果,评估其成本,比较过错责任与无过错责任、不同损害填补模式的经济影响,关注不同责任类型的“可保险性”,评估某些损害赔偿的计算表化、定额赔偿化、设置赔偿上限额所带来的影响。

在法典条文平静的表面之下,沸腾着一些立法者需要勇气去整体把握的问题,并以清晰易懂的方式去规范它们。就目前而言,法国侵权责任法给人这样

---

〔7〕 该草案在一些点上也发展了实证法,这些内容我们小组应该讨论;在我看来,最重要的创新在于对人身损害和身体损害的特殊对待。

一种印象，其被动地承受着这些变动，而非主动组织它们。我们不可仅将“倾向于受害者”作为组织的原则，该原则依次主导了同情式的判例、易动感情的立法者。一次“再法典化”至少可以强制我们反思我们的责任法，尝试着建立一个功能显现清楚的责任法体系。为了这样的“再法典化”，重要的是选择适合的工具。

七、工具：一般条款，特殊侵权行为制度，保护利益

比较法导致了区别出三种侵权行为法的处理技术模式，这大大简化了工作：制定建立在一个简单依据（例如，过错，管领之物造成的损害）之上的侵权责任一般条款；相反，建立一些特殊侵权行为制度；按等级列举侵权行为法所保护的利益。这三种法技术模式的使用可大致描述德国侵权法，法国侵权法和英国侵权法的特征。[8]

八、法国法的一般条款模式

1804 年《法国民法典》自自然法传统中接受了过错责任一般条款（《法国民法典》第 1382 条和第 1383 条）。判例对于《法国民法典》第 1384 条第 1 款的处理产生了另外两条一般条款：在 19、20 世纪之交，判例创造了因对管领之物造成损害而负责的无过错责任一般条款；从 19 世纪末期以来，对所照管之人的行为负无过错责任的一般条款也出现了。

九、过错责任一般条款

《法国民法典》的特征在于由第 1382 条和第 1383 条所组合成的一般条款。[9] 该一般条款的解释模式使得我们可以对其现有的特征作出如下的放大式表述：任何行为人，因其任何过错，以直接或间接方式给任何受害人造成任何损害，都应当对该损害负全部赔偿责任。这种模式实际上既不区分过错的类型，也不区分损害的性质，同样也不区分行为人的身份；它既不对侵权责任所保

---

〔8〕 这个简练的说明没有考虑（很遗憾）在法国式一般条款和德国式保护利益的筛选体系之间的过渡体系——由于历史不同所造成的不同组合，在这方面意大利法和荷兰法提供了两个有趣的例子：大致而言，我们可以说他们用日耳曼式的概念处理法国式体系。

〔9〕 在 19 世纪，法国的一般条款模式伴随着《法国民法典》的出口而输出于 1838 年《荷兰民法典》、1865 年《意大利民法典》、1867 年《葡萄牙民法典》、1889 年《西班牙民法典》。但是，潘德克顿法学及其后德国民法典的影响促使追随法国一般条款模式的国家作出与我国法学非常不同的解释，过错责任一般条款嬗变为受保护利益之列举或者说等级化的解释体系；20 世纪的法典化重新编纂总体上讲是远离法国模式的。德国学说对法国体系的影响曾是非常不引人瞩目的；Touiller 的解释使人想到，本可以如同特定利益保护的体系那样解释第 1382 条和第 1383 条。

护的利益划定界限,也不要求行为人应当对受害人负有某种“注意义务”,也不要求肇致损害的行为人违反保护受害人的规范。因此,法国模式非常宽泛地受理间接受害人或者说“受反射”受害人的赔偿请求。过错责任一般条款使每一个人都成为其人类兄弟的看护人[总之,与该隐(《圣经》中亚当的儿子——译者注)对立的人]:将高尚的道德要求表现为法律规则。

一般条款的直接源头出现在多玛(Domat)的著作中并不奇怪,正如人们常说的那样,多玛本人则是从格劳秀斯(Grotius)那里获得这一规则的,格氏又是从西班牙晚期经院哲学(scolastique)中采摘之。而且,从共同法(jus commune)的注释法学派到评论法学派,对《优士丁尼(Justinienne)民法大全》进行系统化和发展的长期工作,为过错责任一般条款的诞生做了准备,通过对两个中坚:不法、过错(故意和过失)行为对财产损害的赔偿之诉(Actio legis Aquiliae)和不法、故意侵害人身之诉(Actio iniuriarum),进行现代一般化处理而获得过错责任一般条款。过错责任一般条款于是成为所有具有民法法系传统国家所共同经历过的极其漫长时间里的智识演变的产品。但是法国模式的独有特征在于,这种一般化的努力在1804年写就第1382条和第1383条之后,扩展到了19世纪和20世纪,判例与学理通过多种途径致力于这场一般条款扩大化的运动:违法性消解在过错概念中,对过错作抽象(in abstracto)评价而失之不精,刨平道德非难性,拒绝因果关系认定上的“侵权的相对性”(relativité aquilienne, 即规范目的说——译者注),因果关系弹性化,可赔偿的损害种类增多而后扩散,[10]这一切都促成了过错责任一般条款的扩展,而这些还不是全部。

一般条款的技术原本可以限制在过错责任原则上。在这个一般条款之外,民法典实际上是把对物所致损害产生的责任和对他人行为所致损害产生的责任当作一个相同的关于各种特定的侵权或准侵权行为的有限的类别来处理,第1384条第1款是对此所作的宣示性的规定:父母对未成年子女的责任(第1384条),主人、雇主对仆人、雇员的责任(第1384条),教师、匠人对学生、学徒的责任(第1384条),动物致害的责任(第1385条),建筑物致害的责任(第1386条)。在上述条文的19世纪的注释中,各种侵权行为的归责基础要么是简单推定的过错(父母、匠人、小学教师、动物所有人的责任),要么是不可推翻的过错(主人和雇主责任,建立在不可推翻的推定:选任过错)。于是民法典结合了源于现代自然法学派的过错责任一般条款与罗马法传统的各种具体侵权类型。该体系直到19世纪末期仍是稳定的,但应该指出那时的损害赔偿之诉仍是极

---

〔10〕 承认精神损害(1843年)、机会丧失的赔偿(1932年)、宽泛承认反射损害的赔偿(1863年、1970年)。

少量的,[11]这不会使过错责任一般条款、第1384条以下所规范的特殊侵权行为有重负之感。自19世纪80年代以来,损害赔偿之诉的大量增加动摇了该体系。

十、对物责任一般条款的发明

我们知道判例从19世纪末期起所引发的巨变。在第1384条第1款的基础上,判例从Teffaine案到Jand'heur案创造了第二个一般条款:管领之下的物造成损害的责任。此后的进一步细化(管领之定义、管领之移转、结构上之管领与行为上之管领间的区分、所谓物之事实的定义、受害人之过错的角色、受害人过错、幼龄管领人的情形,等等)使之成为法国民法学者所普遍钟情的判例法的丰碑[一个显著的例外是卡尔波尼埃(Carbonnier),大家都知道他对这种判例建构的近乎冷酷的批评]。

这个无须证明过错之民事责任(也就是无过错责任,或称当然责任,抑或称客观责任)一般条款的创设,首先是为了方便对工业机械造成身体损害的赔偿(直到1898年4月9日的法律),随后是方便对机动车造成身体损害的赔偿(直到1985年7月5日的法律),该一般条款在调整这类损害事故的过迟颁布的特别立法出现之后仍然存在。我们原本可以给这种判例创造另一种命运:这项规则可以是只适合危险物,或有瑕疵之物,或是其仅涵盖人身损害事故的直接受害者。可是,法官却成了其构建判例体系所依凭之条文的囚徒,法官对于法条之适用对象未做任何类型化处理,与第一个一般条款类似。此第二个一般条款适用于任何物给任何受害人带来的任何损害,于是过错责任的适用被抑制在没有任何物介入损害发生过程的情形。在人身损害[12]和财产损害领域这种抑制几乎是完全性的;更为例外的是,第二个一般责任的无过错责任也可以适用于纯粹的非财产上损害场合,即不侵害财产或者受害人的人身。[13] 在比较法,似

---

〔11〕 J. L. Gaeeaniga 统计了从1806年到1848年发表在《Sirey法律与判决集》上的判决不足三百件。载《责任法之嬗变》,萨瓦迪耶研讨日,普瓦捷大学法学院,1993年。

〔12〕 这是一个在外国比较法学者中间流传的玩笑:必须想象一起在两个裸体人之间发生的碰撞事故,这样第1382条才能在人身损害赔偿领域找到用武之地。

〔13〕 法国判例已经依据第1384条第1款的规定,接纳就易逝之物(电视图像、门铃、计算机文档)所肇致的非财产上损害的赔偿,只要能够为这些物找到哪怕是稍纵即逝的管领人。今日,我们要讨论的是信息这种物肇致的损害是否也应该受《法国民法典》第1384条第1款的调整:难道不会有债权、专利权、软件肇致损害的民事责任吗?正如卡尔波尼埃所言,物(chose)这个词是法文中含义最为模糊的单词之一。

乎只有意大利拥有如同我国法上对物责任一般条款似的法律规定。[14]

与此相悖的是,对物之无过错责任一般条款的存在并没有阻止特别法制度的扩散。在过错责任和对物责任均不适合赔偿受害人之需要的情形时,特别法制度就派上了用场。这些特别法制度旨在为受害人提供排除适用一般法的赔偿。但是,正如菲利浦·布隆(Philippe Brun)教授所言,所有这些制度与一般法之间的关系并不相同:从对加害人之损害赔偿请求权的简单安排,到在归责上排斥民事责任的自动损害赔偿体系,所有的制度组合都不无可能。我们从中可以窥见比较自然的专门化现象,[15]或是痛惜民事责任的“支离破碎”。无论如何,这一现象揭示出我们起草团队无法回避的问题:对物责任一般条款之维系。一方面,对物责任在那些过错原本可以拥有一席之地的损害场合将过错责任推开;另一方面,又在其天然的领地(对人身的侵害事故)受到来自越来越多的特别法制度的挤压。那么,对物责任一般条款已经过时了吗?唐克(Tunc)在60年代提出的这个疑问,在学理讨论中偶尔重新呈现。这个问题当然不能通过判例来解决[16],而是要由立法者来作决断。

这一抉择远非轻而易举之事。一般条款的维系获得了大量学者的支持(或多或少激烈地);其他一些同样众多的学者建议取消对物责任,并代之以“事故法”,将人身损害(无论其产生原因为何)脱离民事责任,确立一种定额赔偿额度(réparation forfaitaire)的法定(de plein droit)赔偿;还有某些学者的观点在笔者看来是倾向于危险活动责任之原则,同时却并不认为这会使对物责任之一般条款无效。这正是卡特拉—维内草案所持的立场(卡特拉草案第1354条以下及第1362条):动机乃是,既然必须制定一项适应“大规模工业灾害”的条文,那么第1384条第1款仍可适用于传统上的个人损害。[17] 卡特拉草案第1362条并非试图减少或重组适用于某种危险活动的特殊制度:这项适用于危险活动肇致的损害赔偿之“一般”责任并不影响处于补充地位的特别法制度的适用,而是在

---

[14] 《意大利民法典》第2051条。需要注意的是,比利时判例对于《比利时民法典》第1384条第1款的解释比法国判例狭窄得多(无论是在管领之物肇致损害,还是他人行为造成损害而负责的情形)。

[15] 这种“专门化”本身是一个复杂的现象:依据职业或者活动类型的专门化(如医疗责任),依据风险类型的专门化(有时考虑的是损害的频发度,例如运输;有时则是损害的严重程度,例如核子风险),依据社会与经济功能的专门化(比如在大规模生产与分销系统中的产品责任)。这意味着,即使在一个崇尚一般条款的法体系中,对特别侵权行为的规定也是必不可少的。法国民法学对于“原则”的嗜好妨碍了他们在理念上承认这种自然而然的现象。

[16] 从法源论的角度看,这是一个有趣的悖论:当一则判例固定下来以至于成为习惯法,判例的自我变更就会极其艰难,甚至比变更立法困难得多。

[17] 卡特拉草案第1362条似乎可以适用在环境损害的场合,因为该条文援引一般法上的环境损害赔偿规则(art. L. 162-4 C. envir., livre I, t. VI)。

这些特别法制度留下的缝隙里发挥作用。此种立法选择影响及于我国民事责任法制之建构，其结果是在现存之一般条款清单之上，又添加一补充性的责任原因事实。它的特征在于将免责事由限缩在受害人过错这一情形。于是，从“严格”的对物责任，又迈出了一步，达到“超级严格”的一般法上的危险活动责任。

十一、他人行为责任之一般条款

自从20世纪90年代初起，一场类似的运动通过判例的方式、依据类似的路径在他人行为责任领域兴起：第1384条第1款转化为照看他人者对被照看人之行为应负的责任（Blieck案，1991年），在第4款和第5款规定的特殊情况之外。[18]历史在这里重演。正如一部足够早熟的机动车事故赔偿法原本能够避免对物责任之一般原则的塑造（卡尔波尼埃如是说），一部良好的教育机构与精神病治疗机构责任法很可能会给这些判例上的大胆创造刹住车。但是，立法者又一次的怠惰促使法官亲自立法，正像他们对物责任所做的一样：通过在并不具备规范意义的第1384条第1款表述中发现一个新的法律规则，该含义空洞的法条有助于建立起一个一般条款。[19]也正如对物责任一样（更快地），这种责任演变成一当然或法定（de plein droit）责任（1997年3月26日刑事庭判决，Bull. crim. n°124）。于是，第1384条第1款的针尖儿支撑起两个法定责任一般条款。

今日法国侵权责任法体系的主体于是乎不再是一个过错责任的一般条款，而是三个一般条款，其中两个都属于当然责任。[20] 卡特拉—维内草案巩固了这种特征。我们甚至可以说它通过导入“超级严格”的第四个民事责任一般条款应对危险活动肇致的损害，从而巩固了这种特征。借助于判例以及法学界的赞成，法国体系已经走到了其独有的天赋所引至的道路尽头。这场运动使它远离了所有其他的欧洲国家法律体系，这些国家的法技术对于侵权责任的处理方法与之大相径庭。

---

〔18〕 这些特殊责任的法官法发展也是显著的：Bertand判决（1997年）将父母责任转化为法定责任；Costedoat判决对雇员赋予豁免。

〔19〕 在对人责任中，第1384条第1款纯粹是一种同义反复，也就是说，这是空洞无物的，正像卡尔波尼埃所说的，“吾人对于吾人负责之人肇致的损害负责”。

〔20〕 这不是对于法国例外的批评，而是对现状的描述。

十二、各种侵权行为的汇合:英国法

英国侵权法提供了仅仅采用各种侵权行为(torts)的立法例;[21] 拉登(B. Rudden)统计了至少72种,威尔(T. Weir)将其全部形容为"一袋子螺母和螺帽"(a bag of nuts and bolts)。各种侵权行为的字母列表从"诱拐儿童"(aduction of a child)到"不当民事诉讼"(wrongful civil proceedings)。其中最古老的可能是"非法侵入"(trepass),其采纳了不同的形式,这些形式本身也分成很多部分,例如"侵犯个人""侵入土地""侵犯货物"。这种体系的来源显然是程序法:一些比较古老的侵权行为对应着以前的"令状"(writs),随后是类案之诉(actions on the case);一些是依据特殊的案件而产生的,例如赖兰兹诉弗莱彻案产生的规则(the rule in Rylands v. Fletcher)。每个类型的侵权行为要求特定要件的汇合,这要求一套法律上的操作,在这套操作中法国私法学者将看到一种界定——侵权行为有各种类型,如同我们的各种典型合同一样。每种类型皆有它们自己的制度(故意、非故意过错、推定过错、严格责任),并针对一种特定利益的侵害类型进行规范;因此,我们不仅应该核实在每种情况下受损害的利益是否被保护,还应明确何种形式造成的损害该被保护。最后,每种侵权类型伴随着其自有的救济方式,而给予补偿性质的损害赔偿金是通常的救济方式。

更概括的侵权行为是从个案非法侵入之诉(trespass on the case)发展出来的过失侵权(tort of negligence)。最开始,其局限适用于非故意损害的特定情形,但该侵权行为在著名的判决多诺霍诉斯蒂文森案(Donoghue v. Stevenson, [1932] AC 562 HL)被扩大适用至所有以下情况:被告的不合理行为给原告造成了可预见(foreseeable)的损害,违反了应注意原告利益的义务(duty of care)。过失(negligence)首先适用于劳动事故,随后适用于因产品缺陷造成的损害,其此后通过一个个案件而被扩展为一种涵盖在众多不确定事实情形下所发生的不同种类的损害的原因。在这种意义上,我们可以将"过失"(negligence)界定为一种非典型的侵权行为。然而,将其视为等同于过错责任一般条款是非常错误的。两者的主要的区别在于,是否有必要检验被告对原告负有注意义务(通过不同类型的测试)。这些测试本身——看起来如同是众多要跨越的障碍——根据情形而变化,特别是(诉讼中)被提起损害的性质;因此在纯粹经济损失、精神损害(mental harm)和因不作为(omission)导致的损害的情况下,肯定(被告)注意义务的存在非常困难。因此,注意义务的存在也是为了避免打开"诉讼的闸门",以及避免置身于概括性的概念所带来的遥远后果。该隐(Caïn)的问题:

〔21〕 如同发生在罗马法中的那样,古老的诉讼形式继续规范着英国的法律分类,然而原始的程序限制在1852~1873年的改革之后消失了。

“我是我兄弟的保护人吗?”这个问题是英国法官明显乐意提出的问题。因此,即使是各种侵权行为(torts)中最开放的类型,在精神上和实践上,也离我们的过错责任一般原则很遥远。

而且,我们观察到无过错责任的情况是非常少见的(严格责任)。赖兰兹诉弗莱彻案是这种情况中最著名的案例。其本来可以发展至,即使不是如同法国式的对物之责任的一般条款,至少也是高度危险之物的责任原则,但是都不是,甚至看起来正在被存在于一些普通法地区[22]中的“一般过失”(ordinary negligence)原则所吸收。至于汽车造成损害的赔偿责任,完全是建立在过失的归责基础之上。依据一位学者的观点,今日真正的严格责任情况(除了下边提到的替代责任)局限于经由 1987 年消费者保护法令所实施的对缺陷产品责任共同体指令的转化,或者是一些特殊的制定法规定,例如 1990 年的环境保护法令。

“过失侵权行为”(tort of negligence),也规范大陆法系中被看作为他人行为负责的情形;特别是,处于需要被监护的状况之下的人所造成的所有损害——儿童、学生、特殊教育机构中的人、精神障碍者,等等。在这些情况中,既没有严格责任,也没有放松被告对受害人注意义务的要求。而父母,他们不负有教育子女的一般义务(general duty to educate the child),以至于他们不会因其在子女教育方面的恶劣行为而对他人造成损害,并且他们的注意义务会随着子女年龄的增长而降低,在子女是青少年的情况下,父母仅在“公然的过失”情况下承担责任。准确而言,为他人的行为而负责或替代责任,仅仅涉及雇主因雇员之行为而负责。这种责任是严格的,也就是说,即使在选择或监管雇员过程中没有过错,也是不能免责,但该责任的成立要求损害是在雇佣范围之内造成的,且该项他人行为责任并不排除雇员的个人责任。

我们将看到,为了完成英国侵权行为法的描述,这些各式各样的有名侵权行为结构被理解为,是为直接受害人的特定利益的典型损害而构造的,明显阻碍对反射(间接)受害者的赔偿。关于“过失”(negligence)这一非典型的侵权行为类型,被告对受害者负有注意义务的要求也阻碍轻易地承认对反射损害的赔偿。仅在法律特别规定之下,这些反射损害才被承认;而这些特别规定仅仅适用于特定的受害者(配偶、父母、子女、伴侣),而且赔偿的是一些有限的损害项目:抚养费的丧失、丧亲(loss of maintenance, bereavement)。

十三、德国法:保护利益的筛选和等级化

德国不法行为法的特征是,侵权责任法筛选受保护利益的体系。德国民法

---

〔22〕 比如澳大利亚。

典的起草者显然没有忽视过错责任一般条款的存在,后者不仅仅被法国民法典规定,而且还被受自然法启发的其他法典采纳:《奥地利普通民法典》[23](ABGB)、《普鲁士一般邦法》[24](PrALR),《德国民法典》第一草案(1888年)也规定了一般条款[25]。但是,随后其被抛弃,由于其技术上的不确定性和担忧各种受害人依据该条款而提出大量的、各种类型的损害赔偿之诉,如同法国判例所呈现的:一般条款某种程度上起了“反衬”的作用。德国坚定地坚持“过错原则”,但是《德国民法典》的起草者对“过错原则”在侵权法上不受限制的扩张施加了枷锁。为此目的,《德国民法典》确定了“构成要件”(Tatbestände),也就是允许特征化过错责任的典型原因事实存在。三种基本构成要件(Grundtatbestände)被规定于第823条第1款、第823条第2款、第826条。

第823条第1款规定,“故意或过失地不法侵害他人的生命、身体、健康、自由、所有权或其他权利的人,有义务向该他人赔偿由此产生的损害”。第823条第2款,“违反以保护他人为目的的法律的人,担负同样的义务。依法律的内容,无过错也可能违反法律的,仅在有过错的情形下才发生赔偿义务。”最后,第826条规定,“以违反善良风俗的方式故意加害于他人的人,有义务向该他人赔偿损害”。在这三种基本情况下,主要适用的是第823条第1款,仅在不满足第823条第1款的情形下,我们才检验事实确定是否进入第823条第2款或第826条的规范范围。

依据主流学说,第823条第1款规定:一方面,“法益”(Rechtsgüter),即生命、身体、健康和自由;另一方面,“权利”,即所有权和其他同一性质的权利(sonstige rechte),也就是绝对权。该列举是有限的,尽管被列举的利益经常被扩大解释,[26]特别是:(1)依据该条文,并不是来源于对列举的法益或权利的

---

[23] 1811年的《奥地利普通民法典》(其起草工作在玛丽娅·特蕾莎执政时已经开始,在18世纪中期)第1295条规定:“因加害人的过错而遭受损害的任何人,都有权要求其赔偿损害;损害的引起可能因违反合同义务,或者并不涉及合同。”第1325条到第1332条规定了特殊侵权行为。

[24] Preussisches Allemeines Landrecht (1794年), § 1,8,10 16. 尽管“《学说汇纂》的现代运用”(L'Usus Modernus Pandectarum)对不法、过错对财产损害的赔偿之诉(Actio Aquiliae)和不法、故意侵害人身之诉(l'actio jnjuriarum)进行了一般化处理,其仍属于过错一般条款范围之内。

[25] 与日耳曼法(Gemeines Recht)和潘德克顿法学派不同,在这一点上,共同法(jus commune)和《德国民法典》之间的延续性是明显的。

[26] 例如,合法的占有(berechtiger Besitz)、留置权、狩猎和捕鱼权,属于绝对权;对所有权的损害不仅仅是一项财产被损毁或破坏,还包括其用途或价值被减损。知识产权、肖像权、一般人格权也进入被保护的权利类型。

“纯粹财产性损害”[27](blosser Vermögensschaden),是不被赔偿的;[28](2)债权(Forderung)仅仅是相对的,并不属于该条文中的“其他权利”。[29]

判例填补了这些缺漏(故意留下的),通过给予第823条第1款的“其他权利”一个宽泛的解释。例如,“企业正常运转的权利”或“营业权”(Recht am eingerichten und ausgeübten Gewerbebetrieb),若违反营业权,可要求的赔偿被看作纯财产性的损害,但是前提是损害是直接针对企业。另外,判例依据基本法通过一个“创造性”的解释承认的“一般人格权”(过失侵害荣誉、隐私,未经他人同意商业化使用肖像)也应该被第823条第1款的“其他权利”所覆盖。但是这些判例只是法官局部的造法,第823条第1款的表述要求法官这种过于细腻的方法;而且,对于每个“其他权利”,判例和学说合作来定义“案件类型”(Fallgruppen),具体化被这样发现的“框架权”(Rahmenrechte)所适用的案件事实。因此,其与我们的过错责任一般条款在理论上可能被无限适用相比,相去甚远。

第823条第2款规范违反保护他人法律造成的损害,而且,还需要损害是保护规范所意图避免的(Schutznormtheorie)。因此,如果违反规范意图保护一般利益,则该“要件事实”将不会成立。这里,再一次,清晰地区别德国法与法国法:前者规范的违反仅仅是过错的一个方面,后者不要求造成的损害是违反的规范本身所意图避免的。当一个案件同时进入第823条第1款和第823条第2款的适用范围,后一条文的好处是便利过错的举证(特别是过失)和非法性的证明;当损害不属于第823条所保护的利益时,第823条第2款的用处是覆盖一些纯经济性质的损害,且该损害是违反受损利益的保护规范的。

第826条包括故意和违反善良风俗造成的损害。之所以起草该条文,是为了惩处不受第823条第1款和第2款规范的事实,但却触犯共同的道德规范,即每个诚实的人所拥有的共同价值理念。一项重要的判例法作业允许,一方面,软化故意损害的要求(承认间接故意,dolus eventualis),另一方面,认为违反现存经济和法律秩序的行为也是违反“善良风俗”。因此,该条文也适用于故意提供不实信息,咨询或鉴定意见,煽动合同当事人终止合同的第三人,滥用其信用

---

〔27〕 对应着“纯粹经济损失”(pure economic loss),法国法不承认此概念,因为法国法原则上一旦确定损害是直接的和确定的,则损害的性质变得无关紧要。

〔28〕 这个限制的后果可在下列情况中得到明确:在不实称述造成损害的情况下,在公共过程挖断电缆的情况下,在律师过失执行遗嘱时。另外的一个后果是,反射财产损害原则上不被赔偿,因为对间接受害者而言,这是一项纯经济性质的损害。

〔29〕 我们提醒:依据德国法(潘德克顿的传统)只有有体物是“物”(chose,Sachen)《德国民法典》第90条;债权不是财产(bien)。同样,集合财产(universalité),例如遗产,不是财产(bien)。因此,不可能在第823条第1款中包括这些。

的债权人,处于支付不能状态的债务人迟延申请破产,等等。因此该条文在专门法出台之前用于处罚滥用支配地位或不正当竞争的行为。

三个构成要件的总和是否实质上等同于我们的过错责任一般条款呢?考虑到判例给这些条文带来的软化和扩大适用,我们可以尝试着考虑它们是否是等同的。但事实上,基于以下两个原因可知二者并非如此。第一,保护利益的筛选(通过第823条第1款的列举和第823条第2款的"规范保护"规则)赋予了整个体系一种严格性,因此当面对损害赔偿要求时,它比我们的一般条款有更强的过滤能力。第二,过错、非法性和因果关系等关键概念,相比法国法,被严格地或者更精确地理解和适用,以至于,在一个构成要件看起来看可以支持一个侵权损害赔偿诉讼时,相比法国法官面对类似情况时,德国法官很可能不支持它。

当我们考虑到责任的特殊情况时,这种印象会得到进一步地加强:未成年人和精神障碍者的责任(第827条到第829条),因他人行为而负责(第831条和第832条),动物责任(第833条和第834条),建筑物责任(第836条)。在这些特殊责任类型中,仅有宠物(Luxustiere)行为的责任属于无过错,牲畜(Nutztiere)行为的责任仅仅是建立在简单的过错推定之上。特别是,雇主责任也是建立在推定未尽"选择"或"注意"义务之过错(第831条)上;同样,父母和其他负有照管之责的人的责任也是建立在推定其未适当履行照管之责的基础上(第832条)。

风险责任仅受特别法规范,但特别法是众多的,并建立在一个久远的传统之上:交通事故法,产品责任法,原子能、基因技术、环境、水资源管理责任法。虽然德国法发明了风险责任,但看起来德国法并没有被与我们的对物之责任一样的客观责任一般条款所吸引。[30]

一个认真的体系性比较应该包括损害赔偿规则的比较。我们仅仅满足于在此提及,依据《德国民法典》第253条第1款,非财产或非物质性损害仅在法律有规定时才产生金钱赔偿。也就是在损害身体、健康、自由或性关系之自由(第253条第2款),判例基于《德国基本法》第1条和第2条又增加了"一般人

---

〔30〕 这并不是说德国法官缺乏创造力,而是《德国民法典》的严格技术性束缚了法官。因此,从1902年开始,帝国法院发现了交通安全义务(Verkehrssicherungspflichten),今日称为"Verkehrspflichten",一般翻译为"交往安全义务"。这些"交往安全义务"要求那些对他人的危险源具有事实掌控力的人有积极作为的义务,而第823条很难适用于不作为的义务,其实践采用的是过错推定。与我们的合同安全义务相比较,应该被更谨慎地操作。当然,由于德国法承认竞合,这些"安全义务"可在合同当事人之间得到适用,但其属于侵权法;同时,这些"安全义务"也在合同关系之外得到适用;另外,其承认相反证据推翻过错,因此不可以被看作我们的合同安全义务的等价物。

格权”之违反。因此，精神损害是不被赔偿的，除非其构成了“医疗意义上的”健康损害，后者可依据第823条第1款而得到赔偿。这种规则的结果是，反射性（或间接）精神损害是不被赔偿的。2001年的债法改革保留了该规则。通过损害赔偿规则的适用，我们可以看到德国侵权法上利益保护的等级化。因此，我们可再一次度量特定利益保护的体系和在真正的侵权责任一般条款之上建立的体系之间的距离。

尽管这些欧洲侵权责任法主要法律体系的概览[31]简练，但它有助于我们评估法国法责任法体系的优势和缺点。

十四、法国法一般条款模式的优点

我们可以发现法国模式的两个优势：一者显见于外，一者内敛其中。这使其表述简洁，富于弹性。

（一）表述简洁

只需要5个条文（《德国民法典》则有三十来条）便可表述清楚，这些条文形式优雅，便于记忆，可谓“神圣的法条”（numéros sacrés，卡尔波尼埃语），或谓“该死的法条”（sacrés numéros，菲利浦·马洛里语）。我们还可以说，法国民法条文的表述方式使其接近民众（即使与第一执政官时代所想象的不同，父辈们并未在夜里睡觉前念《法国民法典》给他们的儿子听）。然而，这种简明不过是幻想而已，只需要翻阅一本法典书就可明了此点。我们那些厚厚的红皮或蓝皮法典书充满了判例，这些判例在过去的两个世纪里“代理”着立法者的角色。这样一来，假如我们确实要保留法条的“简洁”，不仅必须放弃“再法典化”的努力，还要放弃“巩固”的努力：清楚表述这些法条构建起来的解决方案，将会极大地增加法条的数目，也可能使我们不能再获致1804年《法国民法典》的优雅风格。

（二）富于弹性

在任何过错给任何受害人造成任何损害中，行为人均负赔偿责任的原则必然有其无穷尽的适用。因此，法国模式不会面临由一系列特别侵权行为构成的模式或者筛选受保护利益的模式所面临的困难。也就是说，法国模式涵盖“纯粹经济损失”[32]、债权的侵害、精神损害、反射性损害和机会丧失；任何损害都是可以填补的。公共工程承揽人由于施工不谨慎而割断了给一家企业机器供电用的电缆，导致该企业生产中断。在这种情况下，法国法并不需要创造一种

---

〔31〕“主要”并不是说是最重要的，而是因为最具有典型性，从其他相似的法律体系中也可以学到很多东西，例如意大利法或者晚近的荷兰法。

〔32〕以至于法国法上不存在“纯粹经济损失”的概念，参见M. Bussani et V. V. Palmer, *Pure Economic Loss in Europe*, Cambridge University Press, 2003.

“企业正常经营之权利”(营业权)来课予承揽人损害赔偿责任,因为“纯粹经济损害”与他种损害无异;也不需要创设一种特别的先合同责任来制裁合同磋商阶段的过错或者过错地中断磋商的过失,因为缔约上过失不过是侵权过失的一种,正像中断磋商所致的损害只是侵权损害的一种一样。在法国法上,构造一种课予作为合同不履行之共谋者的第三人以侵权损害赔偿责任的特别法制(inducing breach of contract,引诱违约)也非必须:法国法官同样不需要像德国同行那样,创造交通安全义务(Verkehrssicherungspflichten)来处理不作为之过失肇致人身损害的赔偿问题;法国法官无任何困难承认错误信息的损害赔偿责任;其与处理过失侵权行为(tort of negligence)的英国同行不同,没有义务去检验被告对原告是否存在某一注意义务(duty of care),对他们而言,过错和损害之间存在因果关系足以。

这种弹性化的设计给予一般条款以无止境的适用可能性。此点使一般条款永葆活力,因为一般条款“能够保护受害人免受任何损害,包括技术发展所带来的从未有过的损害类型。除去几种特殊情况,一般条款的适用范围是无限制的。”从婚礼的中断到人格权的侵害,从不正当竞争或者寄生虫主义到公司中的多数派滥用或者夫妻间的权利滥用,从虚假广告到互联网上的误导信息之传播,均不可能成为漏网之鱼。一般条款这张网能够抓住特定规则没有捕捉到或者是尚未捕捉到的东西。一般条款的可延展性甚至使其成为处于新兴权利的“显影剂”,人格权正为适例。《法国民法典》第1382条和第1383条,没有任何“法律真空”,而在英国法上的各种具体侵权行为之间或在《德国民法典》第823条和第826条的各种构成要件之间却存在空隙。在笔者看来,对于法国法来说,放弃这无所不能的条款确实太难了;但是,民事政策上的理由似乎足以说服立法者以各种方法来“规训”这一般条款。也就是说,除去这些无可争议的优势,法国模式也有缺陷,比较法恰可揭示之。

十五、法国法一般条款模式的缺陷

法国式的一般条款有三大缺陷:一是无视受保护利益的等级化;二是对损害赔偿请求无抵抗力;三是倾向于侵入纯粹属于合同利益的领域。

(一)非区别化

第一个缺陷清楚地被维内女士指出“既然损害的概念是单一的和不作区分的”,那么完全赔偿原则统一地覆盖所有类型的损害。因此,在这种观念之下,法国模式不允许“确立”建立在赔偿的社会需要之上的等级以及因此使分别适用于身体损害、财产损害和纯精神损害的责任机制多样化”。

在今日之技术化世界里,对人之身体完整性的侵害日益增多和严重,使我们不可轻易地将其与个人的过错相联系。于是,对物责任的判例的创造最初体现的正是对人身损害予以特殊处理的需要。然而，第 1384 条第 1 款的普遍属性阻碍了对物责任合适地发挥这一特别作用，因为该条款所调整的对象是无论何种"物"所造成的任何种类的损害（无论是人身，还是非人身损害）。将对物责任的适用范围限制在危险物或有瑕疵的物或运动中的物，以及两类管领的理论，这些判例尝试显示出对人身予以保护的目的长期存在于法律思维中。将注意力集中在责任的"原因事实"上掩盖了这个关键性问题，法学界过长时间地在"过错"和"物之事实"上争论，而对所致损害的性质失去兴趣。无过错责任一般条款的创造，极大地削弱了过错责任一般条款，而对受侵害之利益的性质也无任何考量，因此也缺乏任何清晰的民事政策观念（perspective）。

这种对于损害性质的漠不关心，还带来了其他后果。尤其是，对精神损害赔偿的认定极为宽松，导致对反射（间接）损害的限制处于不确定状态。

维内女士因此建议"从损害概念出发来定义民事责任的适用范围"。勒·度尔罗（Le Tourneau）先生长期以来则主张建立一种"人身损害赔偿法"。新近的时效法改革对人身损害赔偿之诉作特别处理（十年时效，《民法典》第 2226 条）。1985 年 7 月 5 日的法律中出现了对财产的损害和对人身的损害的区分。我们还记得，斯塔克（Starck）曾经建议将责任机制根据损害性质进行划分，纯粹经济损失与精神损害赔偿适用过错责任，而对于人身和财产的损害（"典型的侵权损害"）赔偿则适用"担保责任"。博尔盖蒂（Borghetti）先生最近主张对可赔偿损害类型区别对待。在笔者看来，我们起草小组应当研究在确定责任机制时将损害性质考虑进去的可能性。关于此问题，卡塔拉—维内草案的一些建议应该被特别研究。

在笔者看来，在赔偿规则方面引入某些适当的条款，将会改变一般条款对受保护利益的区别化不关注所带来的令人恼火的后果，而不会消除一般条款带来的那些好处。

（二）易操纵性

我们体制的第二个缺陷，不同于列举具体侵权行为的体例或者受保护利益的筛选体例，在于其结构上对损害赔偿请求不具有任何抵御能力，损害赔偿请求只能由法官的谨慎（或其好心）来决断。用罗伊克·卡蒂埃（Loïc Cadiet）的话来说，"损害赔偿之意识形态"不会在法技术上遇到任何障碍。侵权法成为一个世纪以来法官造法的优先领域，因此法国法在无过错责任、反射性损害和精神损害问题上也都处于其他欧洲国家平均水准之上，这就不足为奇了。与之相悖的是，正是这种激进的立场能够解释我国在正确转化欧洲共同体民事责任指令上所遭遇的困难，例如 1998 年《产品责任法》的不幸遭遇。

（三）侵略性

我国一般条款体例的第三项缺陷，在于其超出侵权法的范围，进而僭越合同法的领地。如果说无论何种过错致他人以何种损害均使造成损害之人负赔偿责任,合同不履行就会落入一般条款的管辖之下:“合同过错”仅仅是“民事过错”的一种特殊形式,而“纯粹的违约损害”也不复存在,因为任何损害,包括“纯粹经济损失”,都是可依据《法国民法典》第 1382 条及以下条文得到赔偿的。因此,任何的“合同不履行”都很容易被看作合同当事人之间的“民事侵权”的一种:接受违约与侵权的竞合,就是容许选择较为有利的侵权救济以逃避合同救济,从而违背另一方当事人的合理期待。我们的合同法改革草案已经更详细地论述了这种混同的后果,这里不再提及了。将损害赔偿金请求权放置其本来的位置,也就是说其与合同不履行场合下的其他救济并存,将会有助于合同责任维持其特性。而这也需要非累积原则(non - cumul)的支持,下文即论述及此。

非累积原则〔33〕并不是来自任何法条,而是源自约一个世纪以来判例所形成的习惯。这里我们可以看到法国民事责任法体系的一个典型特征。重要的是,认识到这一原则的用处在它被创造出来之后发生了变化。1922 年 *Princeps* 案判决表明,非累积原则最初是被用作过错责任一般条款的“送弹棍”:这在于明确地避免合同不履行的规则受到过错侵权的侵蚀。〔34〕 此原则被看作第 1382 条和第 1383 条之具有一般条款性质的必然结果。然而,确立于 20 世纪 30 年的对物责任赋予了非累积原则第二项功能:阻止无法控制的无过错责任制度侵蚀合同关系(一方当事人在履行合同的过程中常常使用某物)。合同安全义务的发现与结果义务和手段义务分类的创造相结合,使得法官或多或少能够掌控在何种情形下免除人身损害事故之受害人对合同另一方当事人的过错负举证责任。在这第二项功能意义上,非累积原则不再是一种维护合同制度的手段,而是比对物责任一般条款更加精细的人身损害赔偿的政策工具。它还伴随某些特别责任的“合同化”:医疗责任(1936 年 Mercier 判决),缺陷产品责任(1954 年 Cie Gaz 与 Électricité de France 案判决)。并不总是容易把握迂回曲折的判例法之指导思路,无论如何,合同法上安全义务的债权人常常没有如第三人那样获得更好的处遇,因为他被剥夺了依据《法国民法典》第 1384 条第 1 款主张权利的资格。于是,在某些边界性的场合,是否定性为合同变得反复无常。人身损

---

〔33〕 我们此处使用它的习惯名称,学理一般认为称之为“非选择”(non - option)更确切,我们也可以叫作“非竞合”(non concours)。

〔34〕 Cass. civ. 11 janvier, 1922, S. 1924, I, 105, note Demogue. 本案的关键问题是,被告应当作为合同当事人承担过错责任,还是应该被视作民事侵权行为人。而今日我们并不确定这样的疑问还存在。

害赔偿制度之上由此迷雾笼罩。[35] 就如同一位比较法学者所言，原因正在于，法国法是唯一将一种涵盖面非常宽泛的对物当然责任与应用极广的合同性安全义务相结合的体例。[36]

为了弥补这种结合所带来的不公平与怪异状况，卡特拉—维内草案建议赋予作为合同一方的人身损害受害人以选择合同责任或侵权责任的权利（草案第1341条第2款）。在我们看来，这只是一种权宜之计，因为卡特拉草案采纳了判例法所创设的安全性合同义务的概念（草案第1150条）。也许只需要由侵权责任来排他性地管辖人身损害赔偿，包括在合同履行中发生的人身损害。这就意味着合同性安全义务的消失，我们的合同法改革草案在这一点上谨慎地保持了沉默。此种立场或许会让我们更为便利地解决责任累积的问题。

比较法让我们更好地把握责任累积与侵权责任一般条款结构之间的关系。在缺乏侵权行为一般条款的体系中，合同责任与侵权责任重叠的情形必然会比在一般条款的立法体系下稀少。认识这一点还不够，比较法上更加深入的考察表明：在缺乏一般条款的体系中，之所以在合同当事人之间关系中排除侵权责任，是因为合同不履行的通常情形不能为侵权责任所涵盖，而这又是因为合同不履行通常只构成"纯粹经济损失"，而不会侵害合同当事人的人身或者损害财产本身（blosser Vermögensschaden，pure economic loss）。可是，正如我们前面所言，无论是英国侵权法或是德国不法行为法，一般都不赔偿"纯粹经济损失"。[37] 法国法通过责任非累积原则之事后机制所希图实现的，正是德国法通过筛选侵权责任所保护之利益的事前机制所达到的。德国学理还强调，侵权责任不能被用于"制裁对建立在合同基础上的期待之破坏"[38]：当侵权之诉会侵害合同法规范所追求之目的时，请求权竞合（konkurrenz）原则不允许排除适用合同责任免除条款或者是规避消灭时效的届满。[39] 这样，竞合原则在德国法上

---

〔35〕 我们本可以相信，至少在产品责任领域，1985年的指令将会清楚导致该责任的"去合同化"，但是1998年5月19日的法律尝试着保持先前的体系，通过依据指令的第13条给予受害人在共同法和成员国法之间选择的权利；因为，《法国民法典》第1386－18条规定"本编规定不影响受害人依据合同或侵权责任所能主张的权利"；Maria Gonzales Sanches 判决坚定地关闭了合同安全义务救济的途径，但是其留下了隐藏的瑕疵担保的救济，以赔偿买受人所受的身体损害。

〔36〕 解释很简单：判例在一个世纪以来，尽其所能保护受害人，求助于合同制度和侵权责任制度下的可以利用的技术，但却忽视了制度整体的明白清晰与协调一致。

〔37〕 第823条第1款不适用，而同条第2款也不适用，因为约束合同当事人履行合同义务的规则不被看作是保护性法律。

〔38〕 J. Esser/ H. L. Weyers，转引自 F. Ferrand，Droit Privé，Allemand，Dalloz，1997，n° 362，note 5。

〔39〕 这就是为什么在承认责任累积的原则下，限制或免除侵权责任的合同条款是有效的。这些条款能够阻止侵权行为法侵扰合同制度。

以一般原则被接受,而不会产生如同法国法上那样的令人恼火的局面。竞合尤其发生在病人遭受人身损害的场合,当医生的过失给病人造成人身伤害之际,医疗合同的存在并不排除《德国民法典》第823条第2款的适用。但是这类竞合实际上少见,因为在德国法上,交往安全义务是在侵权责任法下发展的,而不像在法国法上那样,是在合同法的框架内发展合同性的安全义务。

为了在法国法上达致与德国法等同的效果,且我们要维持过错责任一般条款的话,就需要:第一,承认责任非累积原则,目的在于阻止侵权责任被用于"制裁对建立在合同基础上的期待之破坏";第二,将人身损害赔偿完全交由侵权责任制度管辖。[40]

十六、共同参考框架草案

共同参考框架草案(DCFR)和欧洲侵权法原则(PETL)是学理性质的文本,其共同的目的在于为欧洲法律体系的融合提供"模范"。我将这二者视为彻底的学理性质的文本,而不管其地位、合法性和将来的效力可能如何。在此,我并不关心这一使侵权责任"欧洲化"的计划在政治上是不是存在争议,或者实践中是否可行,或者对于文化多样性尤其是"法兰西例外"是否是个灾难。我主要是在这两个草案中寻找可为法国侵权责任改革服务的经验。

DCFR已经被我们小组的合同法改革提案所使用,其被纳入第六编(book)"合同外责任"规范侵权责任,共51条。其整体的结构是这样的:第一章,基本规定;第二章,与法律相关的损害;第三章,归责性;第四章,因果关系;第五章,抗辩;第六章,救济。我将依据条文的顺序,论及在我看来对法国民法修订草案之孕育最有用的条款。

第一章,包括基本规定,特别是基本原则,但并非法国式的一般责任条款。相反,基本原则(第1:101条)宣称要求赔偿的权利以与法律相关的损害(legally relevant damage)为前提;随后其表明,与法律相关的损害的赔偿可来源于过错或者过失,或者无过错,但仅在第三章[第1:101条(2)]所定的情况下才产生无过错责任。然而,正如我们所观察到的,"与法律相关的损害"这一概念是可包含各保护利益的开放列表。

第1:102条清楚地规定,第六章的目的不仅仅是确保赔偿,还是预防与法律相关的损害(参见第六章第三部分"预防")。我们的小组应该思考,将预防功能置于基本性条文中是否合适,或者仅仅需要将该功能在其他适用于侵权的"救济"之后规范(见第六章)。

---

[40] 这一规定对于医疗责任和缺陷产品责任均无任何影响。这些特别的责任体制都具备侵权责任性质,即使发生在合同当事人之间。

第1:103条,"适用范围",特别规定第1:101条和第1:102条当其适用会违背其他私法规则的目的时不得适用,且不可影响其他法律基础赋予的救济。对法国民法学家来说,这条规则与"非累积原则"(non – cumul)的功能性等同。虽然DCFR没有提及一般条款,但是我认为该规则因赋予保护利益体系的开放性而成为必要,该开放性来源于第二章对"与法律相关的损害"的定义。

整个第二章定义"与法律相关的损害"以及决定在哪些情况下存在"与法律相关的损害"。第一部分第2:101条规定("与法律相关的损害"的含义),一项损害,经济或者非经济的或者对人身造成的损害,在三种情况下构成与法律相关的损害:a)如果该损害被该章的一条文规定;b)源自对法律授予权利的侵害;c)源自侵害值得法律保护的利益。我们承认这三种情况受德国式构成要件的启发,但从以下两个角度来看,这里的三种情况与《德国民法典》相比,已经大大得到了软化和扩大。

一方面,在b)和c)的文本中规定的情况下,与"法律相关利益"的确定仅仅要求损害赔偿或预防的权利被"公平和合理"地承认[第2:101条(2)],依据宽泛的标准:归责性基础,损害的性质和近因性(proximité),受害人的合理期待以及民事政策的考量。因此,应由法官经过衡平性考虑后来决定是否有"与法律相关的损害",后者或因侵犯权利,或者因侵害值得保护的利益。这里离《德国民法典》第823条的射程相距甚远,我们可以在这一文本采纳的标准中,看出其借鉴了"过失侵权"(negligence)中的注意义务。

另一方面,损害的类型也是宽泛的:经济上的损失(economic loss)包括纯粹经济损失[第2:101条(4)(a)],从该条文可得知,精神损害(看起来即使是纯粹的)也包括在非经济损害中[第2:101条(4)(b)]。

这种"与法律相关的损害"复合式的(也是复杂的)定义,表明了在保护利益筛选化的体系中适当的软化也有其局限。因为,事实上这种软化的确定完全被交给了法官来裁量,而法官仅受法定标准的引导。

然而,在我们看来,对法国法学家的心理习惯而言,DCFR采纳的方法是奇怪的,以至于不会被借鉴;保存"万能的"基于过错的一般条款,是可取的。但是明确要求对他人造成损害的非法性,指示法官须控制受损利益的合法性。

第二章的第二部分,明确了与法律相关利益的特殊情况,在这些情况下,不需要进行上文描述的司法裁量[第2:101条(1)(a)]。我们可以在这里看到所有法律体系都一致承认的可要求损害赔偿的权利(人身伤害及其财产性或非财产性的后果,第2:201条;侵害尊严、自由和隐私,第2:203条;侵害财产或占有,第2:206条)。但是,我们也在其中发现,要么德国法,要么英国法,要么这二者,曾遇到过或面临的承认可赔偿损害有困难的情形,包括:反射性损害(第2:202条),对他人提供不实信息(第2:204条)或者违反信赖造成的损失(第2:

205 条),对合理相信一项不实信息或意见的人造成的损害(第 2:207 条),对职业或商业运行非法侵害造成的损害(第 2:208 条),欺诈性虚假陈述(fraudulent misrepresentation)造成的损害(第 2:210 条),引诱第三人不履行债务(第 2:211 条)。

这种"过于细致"在保护利益筛选化的体系中是不可避免的;乍一看,其在法国式一般条款的体系中是无用的。但细读条文,我们可发现,其并非没用的。例如,明确非经济损害的内涵[参见第 2:101 条(4)(b)和第 2:201 条(b)],确定反射性损害(第 2:202 条)和在何种条件下因信赖一项意见或信息造成的损害是可赔偿的(第 2:207 条)。我们的小组应该思考:是否存在一些类型的损害并不要求特殊的填补规则。这正是经由这种思考,在一般条款的侵权责任体系中,可浮现出利益保护的筛选和等级化。

第三章规范"归责性",也就是在过错责任的情况下(第一部分,故意和过失)和无过错责任情况下(无故意和过失的归责性)确定责任。

在过错责任中,首先,最吸引法国民法学者注意的是"道德"(morale)归责性的处理。原则上低于 7 岁幼儿[第 3:103 条(2)],没有非难或归责性;对低于 18 岁的人则是减弱的非难性[第 3:103 条(1)]:过失的衡量标准是同等年龄未成年人的正常行为;考虑到当事人经济能力的公平责任可作为矫正(correctif)[第 3:103 条(3)(b)]。造成损害的行为人的心智不成熟的情况并未在此被规范,而是在"抗辩"之中(第五章第三部分)。

其次,相比法国法相关规则,因未成年人或其他受照管之人而造成的损害的归责性制度更加狭窄。父母仅对低于 14 岁未成年人的行为负责,且要求被抽象评价的未成年人的过错(参照正常成年人的行为)[第 3:104 条(1)]。负有照管之责的机构,仅在行为人的行为造成的损害属于:人身或者与人身相关的反射损害[第 3:104 条(2)(a)],或者财产损害;还需要被照管之人造成的损害是其可能造成的损害类型[第 3:104 条(2)(c)];最后,还需要受照管之人的过错(故意或受抽象评价的过失)[第 3:104 条(2)(b)]。

这两种为他人行为负责的责任建立在一个简单的推定之上,即照管疏忽[第 3:104 条(3)]。因此这里与法定责任相去甚远,法定责任几乎蔓延至法国法上所有为他人行为负责的责任。

无过错责任:对于雇员造成的损害(第 3:201 条),或者建筑物损毁造成的损害(第 3:202 条),或者动物损害(第 3:203 条),或缺陷产品责任(第 3:204 条),机动车责任(第 3:205 条),危险物质或排放物致害的责任(第 3:206 条)。以上每个责任都有其自有的制度(关于被覆盖的损害、免责事由、实施控制的类型)。这些特殊责任制度的内容或者能在我们的《民法典》中找到(动物行为责任、建筑物责任、缺陷产品责任),或者出现在特别法律中(机动车造成的交通事故)。

从改革的视角看,在以上无过错责任的情况中,最引人注目的是危险物质或排放物造成损害的归责性,其指的是对各种(固体或液体、气体的)化学物质,所有微生物,还有各种排放(电力、热力、光、辐射、噪声、震动),以及所有对环境的无形影响(第 3:206 条)负有控制之责的人应对其负责之物造成的损害负责;控制人可以通过证明其完全遵守了控制规范来免责[第 3:206 条(5)(b)]。因此,该风险责任特殊制度与卡特拉—维内草案第 1362 条区别很大:第一,前者的适用范围是具体确定的;第二,前者允许通过证明缺乏过错进而免责;第三,前者并不是为了增加一个对照管之物当然责任的一般条款,[41] 只是为了满足风险责任所正常肩负的功能。在我们讨论对物责任一般条款时,这些规定应该被更详细地讨论。

在第四章"因果关系"中,没有什么对法国民法学者来说是奇怪的:无论是因果关系的一般模糊定义[第 4:101 条(1)],还是关于受害人的特殊体质问题[第 4:102 条(2)],还是大规模造成的损害(4:103)。

从比较法视角来看,第五章"抗辩"更有意义。我们发现,以下规定在我们这里表现为正当行为并不奇怪:受害人同意和自担风险[第 5:101 条(1)(2)];法律的允许(第 5:201 条);正当防卫和紧急避险(第 5:202 条)。但我们也发现其他内容:受害人与有过失,它在法国学说中一般表现为与因果关系有关;法国法从"过错"的视角(更准确地说是从"归责性"的视角)规范加害人的"心智不足"(第三节,"无力控制"、"心智不足",第 5:301 条);不可抗力(第三节"无力控制"、"不可控事件"和免责条款制度)(第四节,"责任的排除和限制");以及在可赔偿的反射损害情形下这些抗辩的适用(第五节,第 5:501 条,"第三人援引针对受案人的抗辩")。在以上情况中,特别是心智不足、不可抗力和免责条款,与法国法解决方案有很大不同,这些不同应该被我们所考虑;但也应该检讨,借鉴 DCFR 是否合适。

事实上,从概念的视角,这些异质问题的趋同可从实践的视角、功能的角度和准程序的角度得到解释:这章"抗辩"包括了所有被告对侵权之诉的抗辩。我们注意到,卡特拉—维内草案同时规范"免责原因",并没有走得那么远:外部原因、不可抗力和受害人过错(卡特拉—维内草案第 1349 条到第 1351 - 1 条)仅在个人行为责任中规范正当行为(通过参见《法国刑法典》第 122 - 4 条到第 122 - 7 条和草案第 1352 条第 3 款),以及在第三章"责任效果"第三部分"与赔偿相关的协议"中规范免责原因。因此,我们小组也应该就这些内容的排列和

---

〔41〕 因此,我们可认为,当损害是被"极端危险"之物所引起时,这是对物严格责任一般条款的存在致使法国法承认"超严格"的责任。

分类做出选择。

第六章,“救济”也是新颖的(从法国法角度)。首先,其同时规范预防(第三部分)和填补(第一部分和第二部分)。预防是广义侵权责任法的新兴功能之一,将其放置《民法典》中有意义,这也强化了在上边我们讨论第1条时的观察。但是,具体表现该倾向是不容易的,适合对针对即将到来的损害进行预防的规范措施(第6:301条)和花费以及为阻止损害发生而遭到损害的补偿(第6:302条),如同DCFR一样;而非去宣布一个我们所不能估计后果的原则。

其次,关于其他救济措施,DCFR的分析表明,有必要明确损害赔偿和其他措施之间的选择规则,其他措施包括恢复原状和停止侵害;还有必要思考在一些情况下,用侵权行为人得到的利益返还,赔偿受害人承受的损害。我们将注意到,DCFR没有提及惩罚性损害赔偿;但其包括了损害赔偿的“司法调整”,当公平和合理要求这样做时,当完全的责任与侵权行为人的归责性、损害的范围或防止损害所要求的必要措施不成比例时。[42]

十七、欧洲侵权法原则

《欧洲侵权法原则》(PETL)包括36个条文(一些条文非常长),分为六编:基本规范(第一编);责任的基本条件(第二编);责任基础(第三编);抗辩(第四编);数人侵权(第五编);救济(第六编)。

第一编“基本规范”宣称“给他人造成的损害由法律上被归责者负损害赔偿责任”。[第1:101条(1)]随后规定“损害特别可归责至下列所有人:a)行为人的过错行为造成了损害;b)行为人的高度危险活动是损害发生的原因;c)雇员在其职务范围内造成的损害。”这种“三部曲”是法国民法学者相当熟悉的。第三编“责任的基础”的组成如下:过错责任(第四章),无过错责任(第五章),为他人行为负责(第六章),第1:101条第1款的措辞需要进行解释:对加害人之损害“法律归责性”的要求表明,损害赔偿的义务并不仅仅产生于损害事实,而是法律决定将这种赔偿受害人的负担转移至责任人。另外,该条的评论指出责任的功能是“赔偿”(compensate),这排除了惩罚性赔偿。没有任何规定提及预防功能,但是第10:101条规定损害赔偿不仅仅是为了将受害人恢复至如果损害没有发生时所处的状态,还是为了预防损害。

第二编“责任的条件”,是法国民法学者所熟悉的样子,因为其规范了损害(第二章)和因果关系(第三章)。但是随后民法学者也会惊讶。

可赔偿损害的概括定义,几乎是法国民法学者半个世纪之前本可给予的定

[42] 一德国学说将这个“减责条款”(Reductionsklausel)视作DCFR起草者的失误,其过分地开放了侵权责任。

义:损害是指对一项受法律保护的合法利益的侵害(物质或非物质的)。在 30 年代,术语"法律保护的合法利益"曾由最高法院刑事庭构造,以限制反射损害的赔偿,特别是对与去世受害人同居的人的赔偿。随着 Dangereux 案件的出现,该术语的消失使人怀疑(我认为这是错误的)该要求的持久性,但是很多判决中都显露着该要求。在可赔偿损害的定义中重拾该术语,更宽泛地表明了保护利益的等级化和筛选。[43] 这就是在该规定之后,第 2:102 条所作的。我们的小组应该思忖引入该可赔偿损害的定义是否合适,表明精神损害责任所受的限制,例如对反射损害的限制。这也是区分损害(préjudice)和致害(dommage)的机会。这种区分是一种"规训"我们侵权责任法的方式。

依据第 2:202 条(1)提出的原则,受保护利益的等级化要求保护的"等级化"。因此,PETL 以一种降序的方式宣示身体或精神的完整性、人格尊严和自由、所有权、纯经济利益(pure economic interests)和合同关系。这个列表并不是有限的。而且,允许确定对每一利益保护范围的标准,不仅仅有所涉及利益的性质,还有损害的故意特征,还有考量行为人的行动、行使权利的自由和一般利益[第 2:102 条(6)]。第 2:103 条规定没有必要赔偿与非法活动或非法来源相关的损失,这明确地导出了可赔偿致害(dommage)的一般定义。第 2:104 条规定,因为了预防致害的威胁而花费的费用被认为是可赔偿损害(préjudice)的,只要是合理产生的。

这种保护利益的呈现很可能比 DCFR 的更简单,但是,尽管处于同一形式,看起来也很难将其引入法国法中。非法致害的一般定义,辅之以一些典型损害的赔偿的特殊规则,在我看来,可能是更能被接受的,而且是更易操作的。

第三章关于因果关系的规定立即显露出其冗长性,六个法条规范了必要条件、竞争性原因、替代原因、潜在原因、部分不确定因果关系、受害人范围内的不确定原因。这是 PETL 清晰区别于 DCFR 的地方,也区别于卡特拉—维内草案的地方,后者简单地放弃了定义因果关系(草案第 1347 条)且满足于规范数人中不确定成员造成的损害问题。在这两个极端中,应该可以找出一个这种方案:如果,在 PETL 第 3:102 条提及的一些情况中,我们能找出相比法国法更清晰、更精确或更合适的方案,为什么不去受一些启发呢?

第三编"责任的基础",包括三章,分别规范过错责任(第四章)、无过错责

---

〔43〕 评论分析了该"可赔偿损害"的概括定义与非法性要求(wrongfulness)之间的关系,或者是侵权行为人的行为,或者是其损害后果。这种讨论令人想起德国学者所熟悉的区分行为不法说和结果不法说(verhaltensunrechtslehre, erfolgungsunrechtslehre),但是该讨论并没明显触动法国民法学者,因为过错或多或少地吸收了非法性(因而是行为的非法性,而非结果的非法性)。我们的小组应该检讨是否有必要将非法性作为一个单独的条件(这是有一般条款的法律体系所作的,如瑞士法、意大利法)。这里可能有机会的,不仅有"规训"过错责任一般条款,还有整个法律体系。

任(第五章,严格责任)、为他人行为负责(第六章)。然而,这种类别并不覆盖我们的“三部曲”,但是损害事实(个人行为、物之事实、他人行为)至少对法国民法学者而言是可理解的。此外,其避免了求助于难以说明的概念“归责性”(accountability),这一概念被 DCFR 所使用,用于规范过错责任和无过错责任的情况。我们将看到 PETL 第 4:201 条和第 4 :202 条在过错责任中包括了两种过错推定的情况。

如同我们在法国法可做的那样,过错被这样定义:故意或过失违反理性人[第 4:201 条(1)]被要求的行为标准。然而,允许矫正这种被抽象评定的因素并不完全是法国那样的,例如在这些因素中我们可以发现:活动的危险性,损害的可预见性,因一种相近关系而产生的信赖,本可以被采纳措施的成本和可能性。很可能,法国法官在其确定是否有过错时考虑这些因素,但是,如果他们仅仅满足于指出“违反谨慎或勤勉的一般义务,构成过错”,立法者并不鼓励他们这样做。这里,我们的小组应该做出选择:是尝试着一点更精确的过错定义,还是放任过错判定中所固有的不确定性?

一项过错的抽象评定,如同我们在法国法上所了解的那样,可导致放弃道德非难性的要求;但是其一定不禁止,依据行为人的年龄或精神或身体状态,进行行为标准的微调,这正是第 4:102 条(2)所规定的。这里,可能有思考规范精神障碍者的责任,或者在其导致对自身的致害贡献中考虑其过错。

在看起来谜一样的标题之下(“保护他人免受损害”),第 4:103 条规范一些成员国法律上争论的问题,在这些法律中,明确地承认:在对他人造成损害的因果进程中,我们不可以承认救助或防止损害的一般义务的存在。[44] 法律责任并非道德责任。在该义务源于法律或其他规范之外的情况下,一些法律体系将该义务建立在被告和原告之间存在的特殊关系上,德国法和瑞士法即是这样:行为人未告知他人其所掌握的且可对后者造成损害的事实,可因违反合理信赖(vertrauebshaftung)而被追责,以及交往安全义务(verkehrspflichten)的发展以致应考虑到他人的利益而行为。第 4:103 条将这些分散的规定一般化,规定“下列情况下,存在积极的作为以保护他人免受损害的义务:法律的规定,或者行为人导致或控制一危险状况,或者当事人之间存在着特殊关系,或者危害的严重性和避免损害的便捷性均指向这一义务时。”显然,我们的侵权责任法不需要这些规则。

因为,在法国,这个问题是广义“不作为过错”(faute d'abstention)的规范范围,原则上其被我们广义理解的过错所覆盖,这被广义理解的过错包括“单纯的

---

[44] 可能在一些情况下存在介入义务,或者依据法律,或者根据职业道德,后者比如医生的情况。

疏忽”和“非恶意”。在1951年的Branly案件(该案件确认了“不作为过错”的存在。——译者注)之后,我们即是这样认为的。更进一步观察实证法,我们会看到“不作为过错”的一些特征,但是法律是否有必要详细规定这些细节?

第四章第二部分规范“过错证明责任的倒置”。应该明白,在严格责任仅适用一些情形的法律体系下,过错推定的承认起到了中间机制的作用——这是一条可取的道路,在那时法国法正在准备着发明对物之责任。然而,PETL单独规定一项严格责任,是高度危险活动造成的损害(第5:501条);在活动呈现出的巨大危险情况下,责任的加重表现为,证明责任的倒置下降了一个层次[第4:201条(1)];还需要损害“是在为营业目的或职业目的而使用辅助者或技术设备的持续活动”(第4:202条)过程中出现的。该规定有助于我们考虑,是否删除物之责任一般条款。

第五章在“严格责任”的标题之下,仅仅规范高度危险的活动;依据评论,比较法的工作不允许走得更远;如同DCFR一样,PETL也没有规定受管领之物的一般责任。

欧洲合同法原则曾在瑞士法改革、《美国侵权法重述》(第二版)第519条以下和《美国侵权法重述(草案)》(第三版)中,寻求自己的模式,目的仅仅是,依据一个概括的术语,覆盖没有被特殊法规范的风险责任情况[第5:101条(4)]。从这个角度看,PETL和DCFR是趋同的。但是,我们也看了它们的方法差异:DCFR规范危险物(危险物质或排放),PETL规范特别危险的活动。活动在下列情况是危险的:a)即使已尽实施该活动所有必要的谨慎,仍会创造可预见的和高度的风险;b)该活动并非惯常的做法[第5:101条(2)]。被告可通过举证不可抗力或第三人的行为来免责(第7:102条)。

我们再一次看到,与PETL的严格责任相比,卡特拉—维内草案中的异常危险活动的责任,看起来是“超级严格”,因为其仅仅允许通过证明受害人过错而免责(在第1349条以下所作的区别下)。异常危险活动被这样定义:“活动可创造严重损害的风险,并立即影响众多人。”因此这个表述特别契合大规模损害,特别是环境损害。

第六章“为他人行为责任”包括两个规定:一个是与未成年人和精神障碍者行为有关的规定,另一个是对辅助者行为的责任的规定(第6:102条)。第一个清楚地建立在监管的过错推定基础之上,因此,其没有我们的为他人行为负责一般条款的严格性和扩张性(在比较法上,被视为法国特色)。第二个与雇员行为责任有同样大的适用范围,既然其适用于所有的“辅助者”(auxiliaires),包括好意的辅助者。虽然条文没有明确规定,但依据“欧洲侵权法小组”(torts group)的评论,对辅助者行为的责任是严格的。即使如此辅助者的个人责任未被排除:这是第9:101(1)c)条规定的一种连带情况。从这一角度看,法国法的特色是显著的。

第四编“抗辩”,法文版本中被翻译为“责任的限制或免除事由”。如同DCFR,其呈现了所有被告拥有的针对责任之诉抗辩方式:正当行为(第7:101条)、无过错责任的免责事由(第7:102条)和过失(第8:101条)。在我看来这并没有包含特殊的教益。与DCFR不同,在此处PETL并没有规范精神障碍(trouble mental),其不被看作抗辩方式,而被看作在评估过错时的减弱原因,这在我看来是更合适的。关于免责事由,DCFR框架草案在“抗辩”(第5:401条)中规范,PETL则没有提及,无论是第四编“抗辩”,还是第六编“损害赔偿”,或者其他地方。这引起了困惑:不规定是意味着绝对禁止,还是无限制地承认?

第五编“数个侵权行为人”,一方面,规范受害人与同一致害的数个侵权人之间的关系(第9:101条,这是损害赔偿义务问题);另一方面,规范连带债务人之间的关系(第9:102条,这是分担的问题)。我们将其与卡塔拉—维内草案的第1378条相比,注意到连带债务人之间的分担机制在债法的一般制度中被概括地规范。

第六编“救济”(法文版本中“损害的修复”)只包括第十章“损害赔偿”。从致害的性质出发(或更确切而言,损害)重构法国法的相关制度,该章看起来很有意思。

第一部分“损害赔偿”,包括四个法条。

第10:101条定义“损害赔偿”,几乎跟卡特拉—维内草案第1370条一样(一笔金钱,目的是尽可能地将受害人重置于如果侵害事实没有发生所处的位置),但其增加了预防性损害赔偿(近似DCFR框架草案第6:301条,此外该条还规定了损害赔偿的给予标准)。依据“欧洲侵权法小组”的评论,这样的定义排除了损害性赔偿(对比卡塔拉—维内草案第1371条)。

第10:102条允许一次性支付和分期支付,没有标明总额支付的优先性(对比DCFR框架草案第6:203条),仅结合受害人的利益考虑这种选择的合适性(比较草案第1376条)。

第10:103条涉及“损益相抵”(compensatio lucri cum damno)规则,在计算损害赔偿时考虑到因损害事实受害人所得到的收益。这种规则在法国法中是暗含的,依据原则“损害赔偿应该填补所受的损害,并因此对受害人来说既非损害损失也非获益”,这是判例的表达(比较卡特拉—维内草案第1370条第2段)。该方案的明确再现仅在得到缓和之后才是合适的(“除非损益相抵与受益的目的不一致”,第10 :103条)。

第10:104条允许恢复原状,在受害人的请求下,在可能的情况下且对被告来说不是过于昂贵(对比,卡特拉—维内草案第1368条和第1369条,将选择权留给法官以及仅考虑足够填补损害的适合措施)。

第二部分规范财产损害(precuniary damage,在 PETL 法文翻译版本中是物质损害),包括来自对人身造成的损害。因此,第三部分"非财产损害"调整纯非财产损害,而与其财产后果无关。因此,在我看来,通过对立财产损害和非财产损害来表达 PETL 所作的区分是正确的。[45]

如果我们愿意区分致害(dommage,对人身、财产、一种状态造成侵害的事实)和损害(préjudice, 这种侵害的后果),这种区分会变得清楚,但是其未被卡塔拉—维内草案第 1379 条所采纳,后者在规范"对身体完整性损害赔偿的特殊规则"时包括"经济"损害(第 1379 条到第 1379 - 8 条)、"对财产损害赔偿的特殊规则"(第 1380 条到第 1380 - 2 条)。在我看来,PETL 的区分——财产损害和非财产损害,用确切地符合从保护利益的性质的责任法出发重构目的。从这种观点看,PETL 提供了有用的范例,用于从损害的类别出发的修复规则的系统化。因此,我们可以更清楚地识别保护利益,并同时保留一般责任条款。

PETL 第 10:201 条定义可填补的财产损害——"损害事件对受害人造成的财产减少"。这样的损害一般应尽可能地具体确定,但是其可能是"抽象的",如果合适的情况下,例如通过参考市场价格(第 10:201 条)确定。第 10:203 条规范对物造成损害的特殊情况,与卡特拉—维内草案第 1380 条相比较(细节地,启示性的差别)。

PETL 的新颖性,在于在"财产损害"这一章,对侵害人身的财产损害修补进行了规范(第 10:202 条)。这一问题本身是被合理地区分对待,通过区分人身损害的受害人去世与否。如果其去世,问题是赔偿反射(间接)受害人的财产损害;如果其未去世,要修补的损害是直接受害人的损害。

第 10:202 条(1)规范因对直接受害人身体造成损害的财产赔偿,包括无论是何种对身体完整性的侵害,或者对精神健康的侵害且可识别为疾病。这种损害包括"收入的减少,挣钱能力的恶化(即使其不伴随着任何收入损失),以及医疗费用等合理开支。"通过借鉴该规定,我们可避免我国法律体系中身体损害后果的评估中经常暴露的不合适混淆。

第 10:202 条规范间接受害人的财产赔偿,在直接受害人去世时:"在死亡的情况下,家庭成员等受害者生前抚养的或如果死亡未发生将被抚养的人,可获得与其抚养丧失程度相等的赔偿。"反射财产损害的可赔偿性,相比我们的带

---

〔45〕 缺少法定定义,法国所使用的一些修饰词(经济的、非经济的,人身、财产,财产性质的、非财产性质的)的含义因人而异。与这些修饰词的多样性相比,更有问题的是分类的不确定性,然而,这些不确定性来源于这些修饰词一会适用于致害(dommage),一会适用于损害(préjudice)。身体致害明显可构成非财产性损害,但是也经常引起财产损害,因此产生了法官、立法者和学说对术语使用的不确定性。标准法语中,这两个不同的名词是同义词(dommage, préjudice),但是法律语言将其专门化、精确化,这也是合适的。通过区别这两个不同的概念,重要的确切的被理解。

有一些不确定性的体系,被精确地规范。在此,我们看到一项赔偿的条文,该赔偿允许调整间接受害人的赔偿要求:因此,等级化的保护利益得到确认,而在责任的一般条款体系下先验地排除该确认。

第三部分规范非财产损害的赔偿。身体损害的财产性后果已经在上一部分得到调整,因此该部分只调整"纯粹"的非财产损害。这里,再一次区分直接受害人和间接受害人。

关于直接受害人,这种类型的损害包括"特别是,依据第10:301条(1),人身伤害或人格尊严、自由或其他人格权利的侵害",条文增加了"非财产损害应与受害人所受的痛苦、身体或精神健康的恶化相符合[第10:301条(3)]"。我们将注意到,这种情况下并不要求精神健康的恶化构成"可识别的疾病",与第10:202条(1)不同。从PETL的评论可看出,死亡本身并不产生对直接受害人的非财产性赔偿,于是要求就该损害赔偿的权利属于其"亲属"(relatives)。这意味着(很可能)直接受害人的死亡只以赔偿其亲属所受反射(或间接)损害的名义产生非财产性损害赔偿。这样的方案给法国民法学者带来一些困惑:我们的体系承认所有损害赔偿债权可因死亡而移转,包括精神损害,死亡受害人的非财产损害赔偿可以继承的名义,被其继承人所要求。[46] 这并不排除,这些继承人作为间接受害人,要求属于他们自己的非财产损害赔偿。损害赔偿债权的死因转移的争论,在学理上还没熄灭,我们小组需要讨论这一问题吗?

关于间接受害人,首先我们看到非财产损害不仅仅是源自直接受害人的死亡,还有源自"严重非致命伤害",这看起来符合我们的实证法。关于因此而产生的可赔偿损害,其符合非财产损害的一般定义;其特别被认定为感情损害(或者哀伤)。文本明确"对客观上类似的损害,给予间接受害人的赔偿数额应与我们给予直接受害人的金额类似"[第10:301条(3)]。对评论的阅读不能够使我明白该规则(应该被一些外国法的特性所解释)。无论如何在我看来,在法国法上是无用的。相反,明确只有直接受害人的亲属可要求非精神损害的赔偿是合适的[第10:303条(3)]。[47] 我们将注意到在非财产损害情况下,有权要求赔偿的间接受害人的确定与在财产损害的情况下不一样[第10:202条(2)]。这可能是显然的事情,但并非没有说明的必要。

概言之,在我看来,PETL第10-201条到第10-301条,为构建可理解的赔偿规则提供了清晰的指导。财产损害和非财产损害的区分是令人满意的,同样还有反射损害的特别对待。这种建构是厘清我们身体损害法的机会(不可错过的),依据被"帮助受害人国家委员会"小组朗贝-费芜(Lambert-Faivre)夫

[46] 确切而言,1976年刑事庭在这一点上转向。

[47] 依据评论,无论是商业关系,还是单纯的友谊关系,都不足以构成亲密的关系。

人主持的报告、Dintilhac 委员会(2005 年)法国保险公司联盟(FFAS)和互助保险公司企业联盟(GEMA)发布的白皮书勾勒出的方针。一些问题,如同一些类型损害的计算表、上限,应被考虑。我认为,无论如何,应该要求法官在其判决中明确每个损害赔偿的具体名目(卡特拉—维内草案第 1379 条第 3 款)。因此,其不应该再混合所有的损害来一同做出判决,无论什么情况。[48]

首先,明确支付第三人的求偿依据(assiette)是这些区分的一个用处;其次,这些区分还有助于我们掌握责任体系;最后,向所有人清晰地表明侵权行为法保护的利益。这是足够的,我们的小组不仅不局限于关注古老的问题——产生侵权责任的事实,还关注具体赔偿规则的撰写。

第四部分是损害赔偿扣减的条款(第 10:401 条):"在例外的情况下 ,如果根据当事人的经济状况,完全赔偿将对被告造成难以承受的负担,损害赔偿可以扣减。决定是否扣减损害赔偿,要特别根据责任基础、受损利益的保护范围和损害的大小。"

这种损害赔偿的"司法调整"在这样的体系中是无用的:在自由裁量(appréciation souveraine)的原则之下,损害赔偿的数额几乎完全交给实体法法官来判断。在法官须明确损害的具体名目的体系之下,这样的司法调整规则的适宜性应该被我们的小组研究。

相反,PETL 没有提及判处侵权获益赔偿(restitutionary damages)的可能性[对比 DCFR 第 6:101 条(4),在侵权行为人因侵权获取的利益超过受害人所受的损害;[49] 在法国法上,侵权获益赔偿也隐藏在法官的自由裁量权之下,例如在不正当竞争情况下]。是否应该去规范?[50]

这个问题不应该与惩罚性损害赔偿相混淆。以及我们已经说过,不规定惩罚性损害赔偿是有意的。PETL 坚定地追随该原则:侵权行为法的功能是赔偿,而非惩罚。相反,卡特拉—维内草案规定了惩罚性损害赔偿,但在同一表述中混淆惩罚性损害赔偿和侵权获益赔偿。因此也应该讨论这一点。

PETL 也没有提及损害赔偿的减损,当受害人没有采取"合适的、可靠的、符合比例的措施减少损害的范围和避免损害加重"(卡塔拉—维内草案第 1373 条)。依据 PETL 的评论,该规则与在受害人有过错时的责任减轻相混淆,混淆了致害与损害。如果我们愿意的话,将其放在与损害赔偿相关的规则中,而非放在与受害人过错有关的条文中,这会更加清楚地将其与其他区别。

---

〔48〕 我们小组应该考虑该规则的程序法后果,特别是最高法院的控制。

〔49〕 我们将观察到,这一问题在承认侵权损害赔偿之诉和不当得利返还之诉选择的体系之下,没有多少实际意义,法国法不承认这一选择,特别是由于不当得利之诉的补充性原则。

〔50〕 我们合同法改革的草案第 122 条允许在合同法领域给予该类型的损害赔偿,在欺诈履行时;这是为了阻止效率违约(efficient breach)。这个规则是为了强化合同的拘束力,因此我们不可以类推该理由来正当化侵权获益赔偿的返还。

论　文

日本非营利法人之一般法人制度

张子弦*

【摘　要】我国《民法通则》将法人分为企业、机关、事业单位和社会团体法人。关于社会团体法人的成立、改组、解散等一系列问题，实践中主要依靠《公益事业捐赠法》《民办非企业单位登记管理暂行条例》《社会团体登记管理条例》等法律法规来调整。然而，这些规定存在相互间界限模糊、语焉不详等问题，遇到实际情况往往捉襟见肘。无独有偶，日本关于非营利法人的立法也经历了颇为曲折的过程。2006 年日本颁布的《一般社团法人及一般财团法人相关法》确定了一般法人制度，较为全面地整理和概括了非营利性社团法人和财团法人的主要类型，也同时解决了许多实务中的难题，但是本身也有其不足之处，其立法经验和教训值得参考。

【关键词】民法总则草案　一般社团法人　一般财团法人　立法过程　制度概况

引言

随着商品经济的不断发展，商业主体的类型也日趋复杂和多样。面对充满机遇和挑战的商业环境，单一的商自然人难免势单力薄，商人们往往选择结成团体以期分享收益、分担风险。基于社会组织在团体协作上独特的魅力，不单是营利性社会团体，公益性组织和其他非营利性组织也逐渐丰富和发展起来。然而在法制视角下，这些社会组织的权利和义务应由谁来行使和承担成为争议的焦点。因此，扩大法人制度的适用范围，完善非营利性法人的立法，不仅可以更好地明确集团行为所产生的权利义务归属，[1]同时也便于诉讼程序的进行，

---

* 张子弦，北海道大学法学研究科，博士课程研究生。

〔1〕［日］川岛武宜：『民法总则』，有斐阁 1965 年版，第 60、87 页。

有助于简化司法程序,提高效率。

在我国,近年来登记成立基金会的组织的数量正在稳定增长,仅 2014 年成立的社会团体法人就有 294,691 个。[2] 然而,我国《民法通则》中对“社会团体法人”的范围,没有详细规定,法人类型的划分仍略带旧经济体制的特色,单行法和行政规章的规定也不够系统,效力等级也相对较低。无独有偶,长期以来日本法上对法人类型划分及其相关问题的争议也从未停歇。值得瞩目的是,2006 年,日本颁布了《一般社团法人及一般财团法人相关法》(以下简称《一般法人法》,主要以“一般社团法人”为例),所谓“一般法人”是与受单行法约束的特殊非营利性法人相对的概念,本质上是“一般的非营利性社团法人”的简称。该法是规制日本非营利性法人的成立、组织、经营活动等问题的一般性规定,填补了立法空白,解决了一般意义上的非营利法人与其他特殊非营利法人之间界限不清的问题。因此,本文想试介绍《一般法人法》的立法背景和修订过程,以期为解决我国民法中法人的分类的难题以及相关实务问题提供有价值的参考。

一、日本非营利法人制度的变迁和发展

明治二十九年(1896 年)(《民法》旧 34 条)民法制定时,将法人分为公益法人和营利法人。营利法人主要是公司法人,其中又分为根据民法设立的“民事公司法人”和根据商法设立的“商事公司法人”。[3] 依照民法设立的民事公司法人和公益法人均属于民法规制的对象。不以营利为目的,以“祭祀、宗教、慈善、学术、技艺”等公益事业为目的创立的,通过行政机关许可登记成立的法人

---

[2] 中华人民共和国统计局 2014 年数据,载 http://data.stats.gov.cn/easyquery.htm? cn = C01&zb = A010302&sj = 2014,2016 年 12 月 31 日访问。

[3] 日本民法在立法初期曾广泛借鉴法国民法典的规定,法国民法典至今仍存在关于“民事公司”(la société civile)的概念和具体规定(《法国民法典》第 3 卷第 9 编第 2 章),只是,随着两国立法改革的不断发展,现行法国民法典中的同一名称,已与历史上日本的“民事公司”之范围有所不同。旧法背景下日本的“民事公司”指的是,区别于主要从事商法所规定的“商行为”的商事公司,以农业、林业、渔业以及矿业等为对象展开经营活动的公司。但是,实践中创立民事公司时,《商法》中涉及法人设立和解散的规定也同样适用,而现行法中已废除了“民事公司”和“商事公司”的分类方式。

是“公益法人”《民法》旧34条。[4] 并且公益法人从事公益活动时，必须受行政机关的监督。在这一阶段，相对于单行法而言，《民法》旧34条相当于调整非营利法人活动的一般规定，同时也是设立公益法人的基础。

然而，实际上，在公益法人和营利法人之外，还存在许多其他既非公益性也非营利性的社会组织，学理上称之为“中间法人”。这些社会组织因不符合法人成立条件，无法获得法人人格，能否承认其诉讼当事人权利能力一直备受争议。例如，日本《劳动工会法》规定的“工会”就是全体成员基于共同利益自发形成的社会组织（以下简称共益组织）。旧法背景下未能登记成立法人的工会无法人人格，民事诉讼实务中视其为“无权利能力社团”。[5]

为更好地管理民间非营利组织，以及促进民间团体的投资，日本从20世纪90年代起，开始着眼于丰富和发展不同种类非营利法人的单行法。首先，日本法务省1998年出台的《NPO法人法》[6] 可谓是迈出了非营利法人和公益法人制度改革的第一步。所谓NPO法人，是“特定非营利活动法人”（Nonprofit Organization，NPO）的简称。顾名思义，NPO法人是依法律特别规定的经营范围内设立的非营利法人，并且只能以社团法人的形式存在，不能以财团法人的形式设立。其地位相当于以《民法》旧34条为基础的“公益法人制度”下的特别

---

〔4〕 2008年日本民法修订前，明治二十九年民法第34条规定：“祭祀、宗教、慈善、学術、技芸其他公益ニ関スル社团又ハ財团ニシテ営利ヲ目的トセサルモノハ主務官庁ノ許可ヲ得テ之ヲ法人ト為スコトヲ得” 即，“从事有关祭司、宗教、慈善、学术、技艺及其他公益活动的社团或财团，不以营利为目，经主管官署许可，可以成为法人”。也就是说旧法下的公益法人，必须依特许主义设立。（以下不特别说明，条文备注中的民法均摘日本《民法典》，正文中提到的日本《民法典》第34条关于公益法人设立的规定，从明治二十九年民法施行起至2008年民法新的修订为止有效，以下简称《民法》旧34条。）

〔5〕 与德国《民事诉讼法》相似，日本民事诉讼实务将该类社会组织视为“无权利能力社团”，虽不具备法人人格但考虑到保护诉讼程序的便捷性，允许其参加诉讼并赋予其部分限制性民事权利能力。在我国，理论界也有学者称其为“非法人团体”（包括非法人社团和非法人财团）。用语的考证不是本文重点，此处称为“无权利能力社团”，参见王利明：《民法总则研究》（第2版），中国人民大学出版社2012年版，第212～215页。

〔6〕 平成十年（1998年）3月25日第7号法律公布了《特定非营利活动促进法》（“特定非营利活动法人”，简称NPO法人，因此本法又称《NPO法人法》），并于1998年12月起开始实施。平成十三年（2001年）10月为赋予NPO法人税务优惠政策，创设了“NPO法人认证制度”，须向有管辖权的地方行政机关申请“认证（認証）”，才能设立NPO法人。平成二十三年（2011年）的修订，引进了由税务机关主导的“临时认证制度”。因此认证成立的NPO法人被称为“认证NPO法人”（《NPO法人法》第44条第1款），按照新制度成立的被称为“临时认证NPO法人”（《NPO法人法》第58条第1款）。修订后的新法于2012年4月1日起生效。此后，2016年6月1日法律第70号宣布《特定非营利活动促进法的一部分修订规则》生效，并于2016年6月7日公布，2017年4月1日起开始实施。2016年的修订又重新针对NPO法人的税务问题作出了细微的调整。

法。其次,2001年日本又颁布了《中间法人法》,[7]中间法人是以社员共同的利益为目的,依准则主义设立的,可以不接受行政机关的监督自由开展活动的非营利法人。依社员对法人债务所负清偿责任是否超过出资限度为准,又可以分为"有限责任中间法人"和"无限责任中间法人"。与NPO法人相比,中间法人可以选择的经营活动范围更广,自由度更大。

然而,一方面,单行法的缺陷在于,每部单行法规定的法人范围十分特定,不能概括所有法人类型,仍有许多社会组织游离于法律之外。另一方面,因公益法人制度不完备产生的问题日益彰显,带有营利色彩不满足公益法人要件的社会组织,常通过虚假手段申请成立公益法人,获得行政机关许可后,利用公益法人的税务优惠政策,从中牟利。

为进一步解决实务中的一系列问题,2004年以后,日本又推动了新一轮立法改革。2004年民法的修订,废除了"民事公司"的概念,从此作为营利法人主要组成的"公司",脱离了《民法》的约束,成为专属于《商法》及《公司法》[8]规制对象的法人主体。为配合公益法人制度改革(2000年至2008年),2006年6月2日法务省出台了《一般社团法人及一般财团法人相关法》[9](以下简称《一般法人法》,主要以"一般社团法人"为例),《关于认定公益社团法人及公益财团法人法律》(以下简称《公益法人认定法》),[10]以及《调整配备一般法人法,及公益法人认定法的关系及各自实施等相关问题的法律》[11](以下简称《整备法》),这三部法律并称为"公益法人改革三法"。因此,自2008年12月1日起,关于公益法人及一般类型非营利法人的问题,由"公益法人改革三法"来调整。

---

[7] 日本《中间法人法》是关于中间法人的组织及其运营的一部单行法,该法于平成十三年(2001年)6月15日公布,2002年4月1日起正式实施。所谓"中间法人"是指既不具备公益性也不具备营利性的法人组织,如医疗法人、工会法人,以及各种互助会等。随着2008年《一般法人法》的颁布和实施,该法自动失效。

[8] 2005年日本颁布了《公司法》,继承了《商法》中关于公司的主要内容,并对部分内容作出了修订,同时删除了商法第33条至第500条的规定。

[9] 平成十八年(2006年)6月2日法律第48号公布了《一般法人法》,并于2008年12月1日开始实施。

[10] 平成十八年(2006年)6月2日法律第49号公布了《公益法人认定法》,与上述《一般法人法》同时开始实施。

[11] 平成十八年(2006年)6月2日法律第50号公布了《整备法》,其生效时间与《一般法人法》相同。

紧接着，2006 年的改革删除了《民法》中关于公益法人的规定，[12] 废除了《中间法人法》，实务中依照《中间法人法》或者《民法》旧 34 条登记成立的“中间法人”或“特例民法法人”[13]，自“公益法人制度改革三法”正式施行起 5 年内，必须完成向一般法人或向公益法人的转型。

关于现行日本法中对法人组织的分类及其关系，本文通过图 1 简单概括。

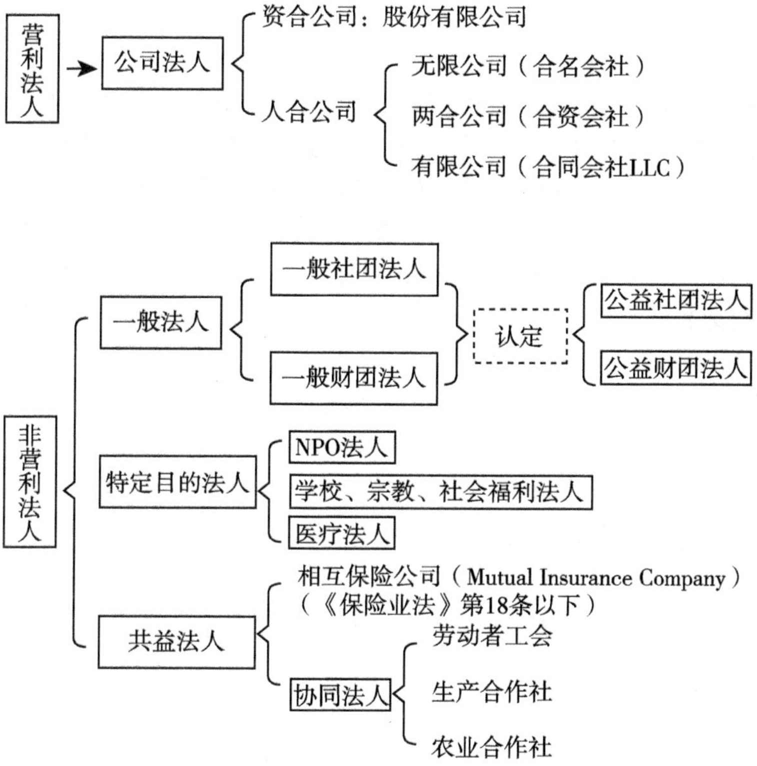

图 1　日本法人组织的分类及关系

简言之，自 2008 年起，除特别单行法规定的法人（例如，《国立大学法人法》《宗教法人法》《NPO 法人法》）外，所有非营利法人都应该先依准则主义登记为

〔12〕 旧《民法》第 33 条规定：“法人非依本法及其他法律规定，不得设立。”2006 年改革之后，删除了第 34 条关于公益法人的规定，而是在第 33 条中新增加一款，并规定，“涉及学术、艺术、慈善、祭祀、宗教等其他以公益为目的的法人，或以营利为目的其他法人的设立、组织、运营及管理的，也必须依照本法或其他法律处理。”因此，可以说，新修订的第 33 条第 2 款，更详细地解释了“法人法定主义”的适用范围。

〔13〕 “特例民法法人”是“公益法人改革三法”实施 5 年内，对必须转型的公益性质法人的称谓。由于依照旧《民法》第 34 条规定设立的法人是民法法人，其中具有公益性的民法法人，区别于一般意义上的民法法人，被称为“特例民法法人”。

一般法人,其中具有公益性质的一般法人,通过向行政机关申请“认定”,〔14〕可获得公益法人的资格。这就意味着,在日本,公益法人的设立方式由传统的特许主义,转变为两阶段模式:(1)依准则主义设立一般法人,取得法人人格;(2)提出公益法人资格认定申请后交行政机关审批获得公益资格。

二、日本一般法人制度概述

(一)设立程序

日本法中的“一般法人”是指,不以追求剩余价值的分配为首要目的,无论是否具有公益性,依准则主义登记成立并获得法人资格的社团或财团。一般法人分为一般社团法人和一般财团法人。顾名思义,前者是以社员为要素结成的法人组织,而后者则以财产为基础形成的法人组织。二者同属于一般法人的范畴。法律赋予“一般法人”法律上的人格,使其在诉讼程序中可以依法独立享有权利,承担义务。

1. 一般社团法人

首先,和公司法人一样,一般社团法人的成立需要合法的名称、组织机构和场所,但是一般社团法人的设立并不需要特定财产和经费。重要的是,其名称里必须明确包含“一般社团法人”的字样,〔15〕且不可与“一般财团法人”“公益法人”等混用。授权或许可他人使用自己名称时,被授权主体的行为造成第三人损害的,授权人的免责主张不能对抗不知情的(对法人名称产生确信)第三人的利益,且授权人应对该交易行为产生的债务或损害赔偿承担连带责任。

---

〔14〕 值得注意的是,在“公益法人改革三法”中,立法者放弃了旧《民法》第34条采用的“许可”一词,而选择了“认定”的表述。日本行政法通说认为,“行政行为”可以分为法律行为和准法律行为。法律行为是指行政机关根据自主的意思表示做出的批准/授权等行为,具有裁量的余地;而准法律行为是指行政机关必须按照法律规定作出相应的授权等行为,不具有自主裁量余地。其中,法律行为又分为命令行为和形成行为,“许可”属于典型的命令行为。准法律行为中包括确认型、公证型、通知型和受理型行政行为,而“认定”属于确认型行政行为。因此,这里所说的行政机关对申请“公益性认定”的一般法人作出认定后,赋予其公益法人资格的程序,不同于旧法背景下的“许可设立主义”,在设立公益法人的过程中,行政机关的决定性作用逐渐受到抑制,只要申请主体具备了法律规定的要件,就可以登记成立公益法人。参见张哲:《社会团体法人制度:从“官”到“公”——日本公益法人制度改革对我国社会团体管理制度之意义》,载《苏州大学学报》(法学版)2016年第1期。

〔15〕 例如:日本东京“中国研究所”。随着公益社团法人制度的改革,以及《一般法人法》的制定,该研究所于平成二十二年(2010年)11月25日正式更名为“一般社团法人中国研究所”。相比较而言,中国的社团法人的名称没有严格限制,例如“江苏省乒乓球协会”属于社团法人,在中国,像这样从名称上无法直观地判断其社团法人或财团法人性质的机构数不胜数,实践中,这一缺点给这些主体的商业活动带来许多不便。

其次,一般社团法人由至少两名社员[16]依准则主义登记设立,设立时的社员通过合意订立章程。章程中需规定法人的目的、名称、主要办事地点、设立时的社员姓名及住所(社员不是自然人的,标明社员的名称)、社员资格的取得和丧失、公示公告方法及需核算的营业年度(Business Year)(《一般法人法》第11条,以下无特殊说明的,均为该法条文)。但是,若章程赋予一般社团法人社员参与分配剩余资产之权限的,该条款无效。与财团法人相比,一般社团法人的人合性较强,章程需由设立时的全体社员共同商议决定并由全员签名或盖章,且需交由公证人公证方可生效(第13条)。此外,章程中应规定至少一名设立时理事(临时理事),[17]章程中没有规定的,经持表决权的设立时的社员[18]过半数同意,通过选举确定设立时理事人选,选举其他经营者(如监事或会计监察人)的,也以同样方式投票确定。经设立时的社员所持表决权过半数投票通过,可解任设立时的理事或其他高级管理人,但解任监事的需获得表决权三分之二以上同意。

简言之,一般社团法人的设立程序:(1)由设立时的社员(相当于发起人)制定社团章程,并交由公证人公证;(2)选任设立时的理事、监事等高级管理人员;(3)由设立时选任的理事或监事负责调查社团法人的设立程序;(4)由法人代表向其主要办事机关所在地的主管机关申请办理登记。

2. 一般财团法人

与一般社团法人不同的是,一般财团法人以一定资金为基础。所以成立一般财团法人的首要条件是有财产"捐助行为"。一般财团法人可以通过普通捐助行为设立,也可以通过遗赠捐助行为设立。遗赠捐助设立的,在财团法人依法登记成立之前都由遗嘱执行人代为执行法人成立等一切相关事务。设立人需订立合乎法律规定的章程。财团法人与社团法人不同,设立人不必达到两人或两人以上,单人也可设立财团法人,但设立人是两人或两人以上的,需全体设立人均同意章程内容。与一般社团法人相比,财团法人的章程中除应记载的法定事项以外,还必须指定评议员、监事或会计监察人。最重要的是,章程中必须明确记载设立人捐助的财产价值,且捐助的财产的合计价值不能少于300万日元(第153条第5、6款)。

财团法人设立的基本程序分为两类,遗嘱设立和非遗嘱设立。第一,非遗

---

〔16〕 虽然设立时需要至少两名社员,但是一般社团法人成立之后,社员仅有一名的也可以继续存续下去。只有社员数为零时,一般社团法人才必须解散。

〔17〕 设置理事会的社团法人,理事会成员必须至少三名。

〔18〕 原则上,设立时的社员每一个人有一票表决权,但是,章程另有规定的除外(第17条第2款)。

嘱设立按照以下程序进行:(1)由设立时的社员共同订立章程,并经公证人公证;(2)设立人及时履行价值超过300万日元的资金捐助义务;(3)根据章程选任临时理事、评议员和监事(设立会计监察人的,需选任临时会计监察人);(4)临时理事或监事负责对设立程序进行调查;(5)法定期间内,由章程中规定的法人代表向其主要办事机构所在地的主管机关(法务局)申请办理登记。其中,(1)和(2)的程序由捐助财产的设立人实施。第二,遗嘱设立程序,除需适用民法关于遗赠的规定外,章程中规定的都必须是遗嘱中已明确记载的内容:(1)设立人通过遗嘱明确表示欲设立一般财团法人的意思;(2)由遗嘱的执行人负责执行遗嘱、公证章程以及履行不少于300万日元的捐助;(3)此后选举临时理事、监事、评议员,以及调查设立程序、交主管机关登记等程序都与非遗嘱设立程序并无二致。

3. 不同类型一般法人间的差异

(1)社团法人与财团法人

综上所述,一般社团法人与一般财团法人的主要区别源于其构成,前者是人的集合体,后者是财产的集合体,相应地,二者的差异也就在于人和财产是否是必要构成要件。《一般法人法》中的规定,基本体现了传统"社团法人""财团法人"分类的学说。以下,本文通过表1对比二者间的差异。

表1 一般社团法人与一般财团法人的区别

	一般社团法人	一般财团法人
社员	2人以上(包括2人)	*无
法定组成机构及成员	社员、社员总会、理事	评议员、评议员会议、理事、理事会、监事
任意组成机构及成员	理事会、监事、会计监察人	会计监察人
财产	无,基金制度(参见后文)	300万日元以上,无基金制度
法人目的变更	任意	只要章程中无特别规定就不可变更

注:*无=无强制强求

(2)一般社团法人与公益法人

按现《一般法人法》的规定,公益法人是以从事公益事业为主要目的、依《公益法人认定法》被赋予公益性的一般法人。典型的公益法人如"公益财团法人音乐鉴赏振兴财团"。对公益性的认定需经民间有识之士[19]作为专家组成的三人以上的委员会审查。首先,在国家层级,在内阁设置公益性认定委员会,其成员分别获得上议院和下议院认可后,由内阁总理大臣任命。其次,在地方层级,都、道、府、县的政府机构中也同样设置该认定委员会,其性质属于都、道、府、县的合议制行政机关,委员会成员由都、道、府、县的知事任命。[20]《公益法人认定法》第5条规定了关于公益性认定的多项要求,其中最重要的是,以公益为目的的经营费用占法人总体经费的比率须50%以上。并且,存在以下情形的,排除申请人的公益性:(1)由暴力团体支配;(2)滞纳处分结束后3年未满的;(3)公益性认定被撤销后5年未满的(同法第6条)。具体而言,公益法人按组织形式不同可分为公益社团法人和公益财团法人,实践中,一般社团法人往往与公益社团法人产生混淆。以下,本文通过表2对比二者差异。

表2　普通一般社团法人和公益社团法人的区别

	一般社团法人	公益社团法人
设立程序	登记成立	登记成为一般法人后,需交行政厅(内阁府或都道府县的行政厅)认定(《公益法人认定法》第4~13条)
理事人数	2人以上	3人以上
理事会	任意机关	必须设置的机关
监事人数	1人以上(仅在设置监事而非会计监察人的情形下)	1人以上
行政监督	无	接受都、道、府、县级行政机关的监督
认定程序	无	需公益性认定
设立期间	2~4周	2~4周+认定期间
课税	所得税,与设立目的不相关的收益性经营区分课税	原则上不课税,对公益目的外的收益课税
报告	无	按年度向行政机关提出报告
法人人格的消灭	基本运营停滞时、无社员时	公益性认证被撤销时

---

〔19〕　内阁或地方政府所选任"公益性认定委员会"委员时,必须从,具有高尚的品德,能对认定事项做出公正判断的,并且具有法律、经济或具有公益法人相关知识背景的民间有识之士中选任(《公益法人认定法》第35条)。

〔20〕　关于其组织机构形式参见《关于公益法人认定法第50条第1项中规定的合议制机关的组织形式运营标准的政令》[平成十八年(2006年)9月21日政令第303号]。

(二)内部管理结构

在不设理事会的一般法人内部,社员总会拥有决定社团法人一切重要事务的权限,理事则负责具体的业务执行。

设置理事会的一般法人,其社员总会或者评议会对《一般法人法》规定的事项和章程规定的事项拥有决议权,并负责监督理事会行使职权和履行义务。具体而言,社员总会决定理事/监事的选任、解任和报酬,以及法人章程的变更、经营权的转让、法人解散等重要事项。理事会的业务执行权分为决定权和执行权,理事会做出业务执行决定后,理事会选任代表理事(或业务执行理事)负责执行具体的业务。代表理事或业务执行理事负有在理事会上报告履行职务状况的义务,且需接受其他理事及监事的监督。评议员、理事、监事怠于履行其职责,例如虚假结算或怠于履行对其他高层管理人员的监管,由此对法人利益造成损害的,由该行为人向一般法人承担损害赔偿责任。[21] 相反,他们履行职务时,以故意或重大过失给第三人造成损失的,应承担对第三人的损害赔偿责任。[22]

较为特殊的是,《一般法人法》规定了高层管理人员的资格限制。具有以下情形的不能成为法人的高层管理人员:(1)法人;(2)需要被监护或照顾的成年人(相当于"禁治产人"或"无民事行为能力人");(3)违反《一般法人法》《公司法》和倒产法[23]的规定构成犯罪的,被处罚后,自执行期届满之日,或被免刑之日起不超过两年的;(4)违反除上述(3)中的法律法规,被处以徒刑以上刑罚的,从判决生效至执行期届满或被免刑都不能担任一般法人的管理人员(被处缓刑的除外)。

此外,为健全一般法人的内部管理机制,《公益法人认定法》第5条进一步限制了负责业务执行的理事和负责监督的监事的人员构成。具体而言:(1)理事的配偶或三代以内亲属担任理事的,具有配偶或三代以内亲属关系的理事总人数不得超过全体理事的三分之一,监事亦同;(2)在该一般法人之外的其他同一团体内兼任理事或雇主的,或者基于其他原因相互之间存在密切关系的理事

〔21〕 日本民法规定了委托合同受托人的善管注意义务,即"受托人负有以善良管理人的注意,尽力按委托人的意思处理委托事项的义务。"(第644条)法人的理事、监事等高层管理人员是与公司签订委托合同的受托人,因此,对章程规定的经营管理公司业务等内容,负有作为善良管理人的注意义务。这一点与日本《公司法》第423条的规定一致。

〔22〕 即便一般法人设立时,章程中规定了"责任限定合同"也不能对抗第三人。关于责任限定合同,参见后文脚注〔27〕。

〔23〕 日本"倒产法"指的是,涉及公司/自然人的债务处理程序的法律总称,其中包括《破产法》(相当于我国的破产清算程序)、《民事再生法》(相当于我国的破产重整程序)、《公司更生法》,及《外国倒产处理程序的承认和援助相关法》等。参见[日]山本和彦:《日本倒产处理法入门》,金春等译,法律出版社2016年版。

的总人数不得超过全体理事的三分之一,监事亦同。为了更清晰地描述一般法人的内部组织结构,本文通过下文图 2,以设置理事会和监事会的一般法人为例,对比说明其管理机关之间的相互关系。

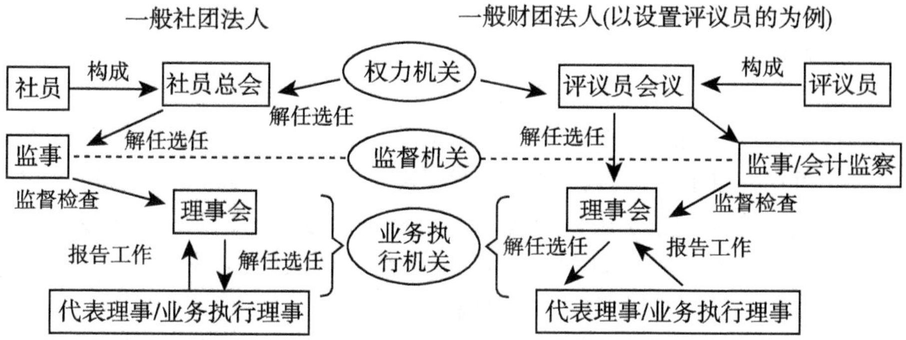

图 2　内部管理结构

(三)特殊制度

1. 一般社团法人的"基金制度"

所谓"基金制度"指的是,一般社团法人成立前,设立时的社员或者其他主体为其提供资金或财产的,依照合同的规定,一般社团法人需承担向资金提供主体返还基金义务的制度。为维系一般社团法人的正常运营有必要筹措资金,因此,基金的性质可以看作一种外部负债。在一般社团法人中,提供基金的主体可以是社员也可以是非社员。基金的返还需通过定期召开的社员总会商议决定,临时社员总会无权决定基金的返还(《一般法人法》第 141 条第 1 ~ 2 款)。

基金制度的设计,既能维持一般社团法人的非营利性质,也可以为其社会活动提供便于周转的资金。《一般法人法》中,不强制社团法人采用基金制度,作为基金筹集到的款项,在其使用目的上,法律并没有做出特殊的强制性规定。

2. 一般财团法人的"基本财产制度"

在一般财团法人的全部财产中,依章程属于为实现财团法人设立目的所必需的财产,从订立章程之日起,理事负有维护这部分财产价值的义务。这部分财产被称为"基本财产"。章程中对"基本财产"的记载,由各一般财团法人根据自身情况自主规定。例如,设立时由设立人捐助的财产和一般财团法人的继续经营必须保留的净资产,并不当然属于"基本财产"。

(四)一般法人的清算程序和破产程序

日本法上,一般法人具有破产能力可以适用破产程序。从法言法语角度来看,日本法中的"破产"和"清算"是两种不同的程序。破产程序是债务人陷入支付不能(不具备持续正常的偿还债务的能力)或债务超过(所负债务明显超过所拥有的财产)状态时,依当事人申请或法官依职权开始的帮助债务人集中处理债务问题的司法程序。而清算程序("特别清算"除外)是没有法院参与的债务处理程序,法人解散时,如果没有开始破产程序或合并程序,可以按章程规定对剩余资产进行清算。

1. 清算程序

一般法人的清算程序开始原因有三:(1)法人解散;(2)认定一般社团法人的设立行为无效的判决已生效;(3)认定撤销一般法人设立程序的判决生效的。一般法人通常在以下情形被解散:(1)章程规定的存续期间届满,或解散事由发生;(2)社员总会通过特别决议解散的;(3)社员人数不足(例如,社员人数为零时);(4)合并程序或破产程序开始的。一般法人解散的,必须立即公示并向债权人催告,提请债权人两个月内申报债权。

一般法人解散后,理事的职权和地位自然消灭,清算人取代理事或理事会成为清算事务的执行机关。清算人由章程规定,章程中没有规定的,由社员总会任命,无法决定的由理事担任。设置清算总会的一般法人,由清算总会选举产生清算人,代表清算程序中的一般法人处理一切债权债务关系。清算人的主要职务除了债务清偿、债权征收,还包括完结未完成的业务、交付剩余财产。与理事不同,社员总会作为意思决定机关在清算程序中暂时保留,同时监事或会计监察人仍作为监督机关,负责监督清算人或清算人会议的业务执行。清算程序结束后,清算人必须立刻出具决算报告书,并交由清算人会议和社员总会确认。

普通一般法人的清算程序终结后,存在剩余财产的,按以下顺序决定其归属:(1)章程有规定的依章程规定;(2)章程无规定的由社员总会决定;(3)都无法决定的纳入国库。但是,公益法人清算终结后,其剩余财产既不归社员或理事所有,也不能向债权人清偿,而是必须转交其他公益法人。因为,《公益法人认定法》规定,一般法人要申请公益性认定的,其章程中必须明确记载一般法人清算后剩余财产的归属主体,可以是与其有类似公益性的法人,例如,学校法人、社会福利法人、更生保护法人、地方独立行政法人、国立大学法人等(《公益法人认定法》第5条第18款),这一点也和公益法人的公益性相吻合。

2. 破产程序

总体来说,一般法人的破产程序与公司法人的破产程序[24]大同小异,但是立法者还是在一些细微之处做了调整。例如,一般法人在设立时依基金制度从社员处或其他第三人处获得资金的,在破产程序中,基金的返还请求权属于破产债权,但其受偿的优先顺位劣后于日本《破产法》第99条第1款规定的劣后破产债权,

---

〔24〕 参见[日]山本和彦:《日本倒产处理法入门》,金春等译,法律出版社2016年版,第四章。

以及同条第2款规定的约定劣后债权。法院作出破产宣告后，清算人的一切权力转移至破产管财人，清算人的职务终止。但是清算人已经向债权人清偿的，或已将应归属于第三人的财产交付给第三人的，破产管财人可以将其取回。一般法人的理事、监事、高层管理人员，以及清算人等，怠于按照第215条的规定提起破产申请的，将被处以不超过100万日元的罚款（《日本破产法》第342条第2款第17项）。

三、与其他法人组织比较（以一般社团法人为例）

（一）一般社团法人与股份有限公司的区别

在日本法中，与股份有限公司相比，一般法人最显著的特点在于，不以分配剩余价值为主要目的。具体而言，《一般法人法》第11条第2款规定，"章程中规定向社员分配剩余资产，或赋予社员利益分配权的条款是无效的"。但是，为一般社团法人的正常运营，需要聘请理事、监事等高层管理人员来辅助社团的管理和经营，向这些人员支付报酬的，不被认为是属于营利性剩余价值的分配。特别是，公益性一般法人的理事、监事及评议员的报酬不能过高，原则上不得超过，政府内阁根据当年私营企业高层管理人员的报酬及该公益法人的经营管理状况制定的一般基准（参见《公益法人认定法》第5条第13款）。

此外，实务中，与股份有限公司相比，一般社团法人注册登记时，其程序上的费用及最低出资等也存在显著不同，在此本文用表3罗列二者关系如下。

表3 一般社团法人和股份有限公司的区别

	一般社团法人	股份有限公司
设立人	社员2人以上	发起人1人以上
设立时的出资	基金制度	最低资本金1万日元
章程的认证手续费	5万日元	5万日元
章程抄本费用	2000~3000日元	2000~2500日元
订立章程时的印花税	0	4万日元（电子章程的无）
登记许可税	6万日元	≥15万日元
剩余价值的分配	不可	可

（二）一般社团法人与特定非营利活动法人

一般社团法人与特定非营利活动法人（以下简称NPO法人）同属于非营利性法人，同样不以分配剩余价值为目的，但是特定非营利活动法人只能是以特定非营利性活动为主,活动范围受法律限制,活动过程中也必须接受行政机关的监督。而一般社团法人不能以分配剩余价值为其主要的目的,但为维持其自身的运转,也可以从事部分营利性活动。

表4 一般社团法人与NPO法人的区别

	一般社团法人	NPO法人
设立程序	登记成立	交行政机关认证后登记
设立人	社员2人以上	社员10人以上
管理层	理事1人以上	理事3人以上,监事1人以上
章程认证手续费用	5万日元	0
章程抄本费用	2000~3000日元	0
章程认证机关	公证人,行政机关	有管辖权的主管机关
登记许可税	6万日元	0
设立期间	可以在2周以内完成	可能耗费近半年时间
活动内容限定	无	只能是非营利性活动

与公益法人相比,NPO法人可从事的非营利活动十分有限,必须是NPO法人法中所规定的以下几种特殊领域内的活动:(1)保健,医疗以及社会福利活动;(2)社会教育促进活动;(3)城市街道建设活动;(4)旅游观光业振兴的活动;(5)农田山林渔业村庄或是山地经济振兴活动;(6)促进学术,文化,艺术及体育事业发展的活动;(7)有助于保护环境的活动;(8)灾害救援活动;(9)地域安全活动;(10)为促进保护人权及和平的活动;(11)加强国际合作的活动;(12)推进男女社会地位平等的活动;(13)促进儿童全面发展和教育的活动;(14)科技振兴活动;(15)有助于保持和增加经济发展活力的措施;(16)增强劳动者职业技能,增加就业机会的活动;(17)保护消费者的活动;(18)对以上各类活动提供联络咨询及辅助的活动;(19)按照都、道、府、县的地方行政法规及条例,可类推具有以上活动性质的,也可以准予适用该法。

NPO法人,需要经过行政机关的"认证"才能设立,并且其非营利活动必须接受行政机关的监督。相反,《一般法人法》背景下公益法人的设立已抛弃了特许设立主义,因此行政机关对公益法人的监管力度较为宽松(参见前文脚注〔13〕)。虽然NPO法人饱受限制,但由于上述特定非营利活动对整个社会经济的平稳健康发展具有不可忽视的价值,法律为促进NPO法人的发展,同时赋予其许多税收上的优惠政策。从另一个角度看,也可以说NPO法人是公益法人的特殊形态(参见表4)。

（三）新法修订的着眼点

为适应新型经济的发展，伴随着日本《公司法》的改革，2014 年，围绕一些具体问题，日本《一般法人法》又迎来了新一轮的修订［平成二十六年（2014 年）6 月 27 日法律第 91 号，以下简称 2014 年修订法］。2014 年修订法于平成二十七年（2015 年）5 月开始施行，具体从以下几个方面对《一般法人法》及其相关法进行了完善。

第一，第 32 条第 3 款及第 121 条第 2 款所规定的社员名簿阅览权的除外事由中，修订法案废除了“存在竞争关系的社员”这一规定。

第二，依《民法》旧第 73 条的规定，对于设置监事的一般法人，社员总会或评议员会议决议“会计监察人”[25]的选任或解任事项时，理事或理事会享有决定权，监事针对该议案只有同意权和提案权。修订法案则明确规定，监事获得过半数同意时对该议案的内容也享有决定权。

第三，关于最低责任限额[26]及责任限定合同[27]的制度。《民法》旧第 113 条、第 115 条规定，根据当事人的业务执行程度，以及是否担任代表理事或外部理事，决定不同理事的责任限额。2014 修订时规定：代表理事，代表理事以外的业务执行理事或雇主，普通理事和监事（或会计监察人），这三者之间分别按 6∶4∶2 的比例来确定最低责任限额。关于责任限定合同，民法原本规定仅适用于外部理事、监事、会计监察人等高层管理人员。修订法规定，不负责法人的主要业务执行的管理层（理事、监事、会计监察人）也可以缔结责任限定合同。

第四，《一般法人法》第 266 条第 1 款规定，社员总会等决议机关决议作出后三个月以内，对决议内容不服的，可以提起撤销之诉。原本规定该撤销请求权的主体是理事等，2014 年修订法明确指出，该撤销之诉的权利主体范围是全部高层管理人员。

第五，关于一般法人的登记程序。2014 年修订法废除了第 301 条第 2 款第 13、14 项，以及第 302 条第 2 款第 11、12 项。具体而言，旧法中原本规定，章

---

〔25〕 日本公司法中的“会计监察人”制度是 1974 年日本《商法》修订时首次规定于《公司法》第一章中的制度。与普通监事不同，会计监察人必须具有国家会计师资格，专门负责对公司的会计结算等财务上的事务进行监督。

〔26〕 “最低责任限额”是指，公司的董监高及其他管理人员，即便在履行职务时没有恶意和重大过失，仍需要承担的责任限度。具体根据董监高的地位和权限不同，其应当承担的责任限额也各有不同。

〔27〕 “责任限定合同”是指，为了保护企业经营管理方面的人才，法人的外部董事、外部监事、会计监察人、会计顾问（Accounting Advisors）等非执行董事，可以依照章程的规定和公司签订限制责任范围的合同，只要该主体在履行职责时是出于善意且无重大过失，即便公司利益受损，追究董事责任或连带责任时，该董事只需在合同规定的限度内承担责任，该合同即责任限定合同（《公司法》第 427 条）。《一般法人法》也采用了这一制度（第 115 条）。

程中记载了关于如何与非执行董事(日本法称之为"外部理事")签订责任限定合同内容的,登记时也必须如实登记。2014年修订法则不强制要求对相关内容进行登记。

四、中国法的历史沿革及学说

(一)立法的沿革

在我国民法的历史上,"社团法人"或"财团法人"的名称并非新鲜事物,1911年清政府制定的《大清民律草案》中不仅规定了法人制度,还将法人分为社团法人和财团法人。社团法人又被细分为有经济目的和无经济目的的主体(第67~69条)。[28] 1931年颁布施行的《中华民国民法》保留了《大清民律草案》中关于社团法人和财团法人的分类。

1949年中华人民共和国成立后,废除了《中华民国民法》,在计划经济体制下陆续制定了许多民事单行法和行政法规。这一时期,总体来说,政府对社会团体的管理较为宽松,法律规定具有较大解释空间。1986年《中华人民共和国民法通则》(以下简称《民法通则》)第三章专门规定了法人制度,并将"法人"分为,企业法人(第二节)和机关、事业单位、社会团体法人(第三节)。可见,1986年《民法通则》并未采用《大清民律草案》的分类方法,而是将法人分为企业法人和非企业法人。

非企业法人中,除了带有公法性质的机关法人外,事业单位是以国有资产为基础设立的、主要提供社会服务的组织。社会团体是为特定目的、由一定数量的社会成员组成的社会组织,根据团体目的不同可以分为政治团体、人民群众团体、公益团体、文学艺术团体和学术研究团体等。1989年10月国务院颁布了《社会团体登记管理条例》,该条例第2条规定,"本条例所称社会团体,是指中国公民自愿组成,为实现会员共同意愿,按照其章程开展活动的非营利性社会组织。"[29]同时,《民法通则》第50条规定,"有独立经费的机关从成立之日起,具有法人资格。具备法人条件的事业单位、社会团体,依法不需要办理法人登记的,从成立之日起,具有法人资格;依法需要办理法人登记的,经核准登记,取得法人资格"。例如,"基金会"是典型的社会团体法人。[30] 从学理上看,我

[28] 俞江:《〈大清民律(草案)〉考析》,载《南京大学法律评论》(1998年春季卷),第146~161页。

[29] 1998年9月25日国务院第八次常务会议通过了《社会团体登记管理条例》的修订。但此次修订对第2条的规定并未作修改。

[30] 1988年国务院出台的《基金会管理办法》第2条规定,"本办法所称的基金会,是指对国内外社会团体和其他组织以及个人自愿捐赠资金进行管理的民间非营利性组织,是社会团体法人"。此办法于2004年6月1日废止,被《基金会管理条例》所取代。

国的"基金会"以独立的财产为基础集合而成,属于非营利性财团法人。2004年3月8日新的《基金会管理条例》颁布后,旧《基金会管理办法》自动失效。新的《基金会管理条例》第2条规定,"本条例所称基金会,是指利用自然人、法人或者其他组织捐赠的财产,以从事公益事业为目的,按照本条例的规定成立的非营利性法人。"

此外,1998年10月25日国务院令第251号发布了《民办非企业单位登记管理暂行条例》,该条例第2条规定,"本条例所称民办非企业单位,是指企业事业单位、社会团体和其他社会力量以及公民个人利用非国有资产举办的,从事非营利性社会服务活动的社会组织。"因此,"民办非企业单位"强调不由政府或者政府部门举办,这一点上与"机关法人"和"事业单位法人"相区别,但是"民办非企业单位"可由事业单位或社会团体举办,是我国独特的社会组织类型。

2001年11月中国加入了世界贸易组织(WTO)后,随着国内经济的蓬勃发展和国际间合作的加强,市场化改革的深入,非营利社会组织越来越多。2016年2月6日国务院通过了部分修改《社团登记管理条例》的决议,[31]彰显出政府对该领域立法改革的坚定决心。进而,2016年3月16日第十二届全国人大审议通过了《中华人民共和国慈善法》(2016年9月起实施,以下简称《慈善法》)。《慈善法》规定,可以开展慈善活动的主体,应当是自然人、法人和其他组织(第2条)。这里的"其他组织"具体包括哪些社会组织、是否需要限定范围存在疑问。

(二)理论学说和现状

在我国,学理上,传统观点也认为应该遵循传统大陆法系民法的分类,以法人成立的基础为标准可以把私法人分为社团法人和财团法人。社团法人以人合为基础成立的私法人,财团法人是以一定的目的财产为基础成立的资合私法人。依法人的设立目的不同,又可将私法人区分为公益法人和私益法人(营利法人)。营利性社团法人受《公司法》《证券交易法》等特别法调整,非营利社团法人中以公共利益为目的成立的具备公益性的属于公益社团法人,例如,中国慈善总会。

近年来,随着民法典编纂工作的展开,关于民事主体的分类问题又重新成为民法研究的热点。有观点认为,我国历来采用企业法人和非企业法人的分类,"社团法人"的名称容易与民法中既有的"社会团体法人"的概念相混淆。[32]

---

〔31〕 参见2016年1月13日国务院第119次常务会议通过2016年2月6日公布的《国务院关于修改部分行政法规的决定》第18条。

〔32〕 尹田:《中国民法典立法中法人制度的设想》,载中国私法网:http://www.privatelaw.com.cn/Web_P/N_Show/?News_CPI=9&PID=3009,最后访问日期:2017年1月17日。

社团法人和财团法人的分类存在局限性，无法概括实践中一些既非营利性又非公益性的中间法人。特别是20世纪后期“一人公司”的组织形式出现后，传统观点关于“社团法人”“财团法人”的区分失去意义，因此我国立法不宜采用。[33]也有观点认为，《公司法》的理论突破社团法人的社团性承认一人公司，是出于经济和市场原因的考虑而对传统社团法人理论做出的适当变通，本身并不是对社团性的根本否定；[34]考虑到与民商合一的立法理念及“意思自治”“过错归责”等基本原则相融合，社团法人和财团法人的分类也具有一定的科学性。[35]

2016年6月27日，第十二届全国人大常委会第二十一次会议首次审议了《民法总则(草案)》，草案废除了原有的企业法人、事业单位法人、机关法人与社会团体法人的分类方法，但由于传统民法中社团法人和财团法人的分类难以包含机关法人等特殊组织，选择按法人目的划分为营利法人和非营利法人。第十二届全国人大常委会第二十四次会议公布的《民法总则(草案)》(二审稿)提出，在草案一的分类以外应增设一项捐赠法人(草案第74、75条)。2016年12月20日第十二届全国人大常委会第二十五次会议提交了《中华人民共和国民法总则(草案)》(三审稿)。三审稿提出，法人不能绝对划成分营利和非营利两类，在营利法人和非营利法人之外应增设一类“特别法人”。[36] 例如，机关法人、基层群众性自治组织、农村集体经济组织以及合作经济组织，在设立、目的、职能和责任承担等问题上，与普通的非营利法人间存在较大差别。特别是对于医疗和教育这样兼有公益性与营利性的组织而言，简单地用“营利”和“非营利”来区分，会导致在这些组织内运营的私人财产权受到侵害，也不利于激发民间资本投资的活力。因此，2017年3月8日在第十二届全国人民代表大会第五次会议后公布的对《民法总则(草案)》的说明中提到，关于法人的分类问题应适应社会组织改革发展要求，按照法人设立目的和功能等方面的不同，将法人分为营利法人、非营利法人和特别法人3类(草案第三章第二节、第三节、第四节)。第四节(第95～100条)将机关法人、农村集体经济组织法人、合作经济组织法人、基层群众性自治组织法人等处于营利性与非营利性中间的法人规定为“特别法人”。这样的分类不仅填补了立法空白，为更好地促进这类特别法人在经济社会中的发展具有十分重要的现实意义。

---

〔33〕 梁慧星:《民法总则立法的若干理论问题》，载《暨南学报》2016年第1期，第24～25页。

〔34〕 栾群:《私法中社团法人和财团法人的分类及社团管理》，载《社团管理研究》2009年第5期。

〔35〕 李永军:《以“社团法人与财团法人”的基本分类构建法人制度》，载《华东政法大学学报》2016年第5期。

〔36〕 2016年《中华人民共和国民法总则(草案)》(三审稿)第三章第四节，提出了关于增加“特别法人”作为新的法人类型的建议。

五、结语

综观上述日本《一般法人法》的立法意义主要在于，实现了概括性规定非营利性社团法人的目标，基本解决了多个单行法之间相互交错、界限不清的问题，填补了立法空白。

最重要的是，丰富了民事诉讼程序的当事人种类。根据日本《民事诉讼法》第28条的规定，除法律规定的特殊情况外，民法上具有民事权利能力的自然人和法人（日本《民法》第3条和第34条）享有民事诉讼当事人资格。日本实行"法人法定主义"，不满足法定要件未完成登记程序的组织无法获得法人资格，原则上无法作为诉讼当事人参加诉讼程序。2008年《一般法人法》公布之前，一些社会组织无法获得法人人格和诉讼当事人的权利，判例基于多方利益考虑将此类社会组织归类为"无权利能力社团"，例外地承认其具有诉讼权利能力，虽保护了当事人的诉讼权利，却往往遇到具体问题时多生龃龉。[37] 这与我国的情形十分相似，我国《民事诉讼法》未采用"非法人团体"的概念，但《民事诉讼法》第3条规定，"人民法院受理公民之间、法人之间、其他组织之间以及他们相互之间因财产关系和人身关系提起的民事诉讼，适用本法的规定。"[38] 可以说在我国，法人以外的"其他组织"也具有例外的诉讼权利能力。但是，此处所指"其他组织"与德日法律中所提到的"无权利能力社团"的概念是否一致还有待进一步探讨。

此外，与上述日本《一般法人法》相比，我国现行《社会团体登记管理条例》中仅在第20条和第21条（2016年修订版）中简单规定了社会团体的清算事宜。依中国《企业破产法》第2条的规定，只有企业法人可以适用法定破产程序（清算程序和重整程序）。不具备企业法人性质的社会团体，也有可能陷入资不抵债的境地，不适用破产程序来统一处理债权债务关系会诱发更多社会问题。从这一点来看，我国在努力完善社会团体法人立法时，还应关注立法的系统化和协调性。

看到法制创新的同时，也不应该忽视其自身固有的缺陷。首先，大部分商法学者认为，2006年颁布《一般法人法》除人员构成等少数部分有其独特之处外，其主要条文实质上与《公司法》的规定十分相似，可以说是一个迷你版的《公

---

〔37〕 相关判决：①最高裁判所昭和44年6月26日第一小法庭判决，载于判例タイムズ237号156页；②最高裁判所昭和42年10月19日第一小法庭判决，载于民事判例集21卷8号2078页［参见《民事诉讼判例百选》（第五版），案例8］。

〔38〕 最高人民法院1992年7月发布的《关于适用〈中华人民共和国民事诉讼法〉若干问题的意见》中进一步阐明，所谓"其他组织"包括经民政部门核准登记领取社会团体登记证的社会团体。

司法》。这样看来,如果在民法典中增加一章有关“一般法人”的原则性规定,并在《公司法》中规定关于“一般法人”的特则,可以发挥同样的作用,似乎并没有必要大费周章订立单行法。其次,立法草案征求意见时,有观点认为,从“公益法人”到“一般法人”的改革跨度太大,先不说“一般”二字无法体现非营利性或公益性的特征,就从一般法人的设立方式来看,将公益法人置于一般法人类型之内,似有不妥。一方面《一般法人法》的概括性的确填补了法律空白,扩大了法人制度的适用范围,然而另一方面,登记成立一般法人的条件很宽松,所有的一般法人通过认定程序均可设立,这样的规定不仅与旧法的“特许设立”原则相去甚远,而且使公益法人丧失其特殊性,难以遏制滥用公益法人牟利的现象。[39]面对这样的评价,再回顾我国修订《民法总则(草案)》中遇到的问题,可以说在法人的分类中,确有必要增加一个相当于本文“一般法人”(如“特别法人”)的部分,但是在其他相关特别法中(如《公司法》《破产法》),也应当充实与之相配套的规定。

总体看来,日本《一般法人法》的立法,经历了从复杂的单行法到简约的总则性规定的发展过程,在处理实务问题时有着和中国法较为相似的背景,该法中的许多规定和立法技术上的经验和教训,对我国《民法总则》的修订和司法实务问题的解决,具有十分重要的参考价值。

---

〔39〕 公益财团法人/公益法人协会:《公益法人协会针对“一般法人法改正意见”的看法和建议》,载 www. kohokyo. or. jp,第1~3页,最后访问日期:2017年1月。

古代参赛资格与观赛资格法撷英
——希腊罗马体育史阅读札记

赵毅*

【摘　要】在古希腊和古罗马，除了存在发达的体育竞赛，也存在丰富的参赛资格和观赛资格法，以管理赛会，并实现特定的体育价值。身份会极大地影响参赛资格和观赛资格的认定，但在古希腊，一些影响奥运会参赛资格的因素也有较为浓厚的体育性，目的在于规整竞技比赛的秩序并提高比赛的精彩程度。如果选手的参赛资格出现异议，古代奥运会也设立了救济制度。古罗马的参赛资格和观赛资格法相较于古希腊，具有较强的国家管控性，行政法色彩浓郁。在现代，观赛资格法逐渐消失，转化形式是禁止有特定负面记录的观众入场观看比赛。参赛资格法回归到体育本身的需要，但性别上的限制仍然在某种意义上顽强地留存着。

【关键词】古代体育法　参赛资格　观赛资格　古希腊　古罗马　女性

一、研究缘起

在2016年里约奥运会举办之前，由于俄罗斯代表团身陷兴奋剂丑闻，就俄罗斯运动员是否具有奥运会参赛资格，曾经激发了各种势力在相当长一段时间内的博弈。最终，国际奥委会执委会决定，俄罗斯运动员可以在满足特定条件下参加里约奥运会。然而，在2016年里约残奥会上，俄罗斯代表团就没有了如此的好运气。在国际残奥会全面禁止了俄罗斯运动员的参赛资格后，国际体育仲裁法庭也驳回了俄罗斯的上诉请求，由此俄罗斯成为残奥会历史上第一个全

* 赵毅，苏州大学王健法学院副教授，法学博士。本文为2016年江苏省教育厅高校哲学社会科学研究项目“罗马法中的体育原始文献整理研究”（项目编号：2016SJB890013）的阶段性成果。本文也获得了中国法学会后期资助项目“罗马体育法要论”的资助。

体运动员被禁止参加比赛的国家。在伦敦奥运会,我国羽毛球运动员也曾经因为被判消极比赛而被取消决赛资格,从而痛失争夺金牌的机会。可以发现,参赛资格与运动员甚至公民、国家的体育参与权息息相关,是现代体育法需要处理的核心问题之一。

早在2002年,我国学界对参赛资格法的研究就已经展开。[1]体育学界有学者研究了北京奥运会参赛资格分配办法的理论和参赛名额获取策略。[2]从规范法学视角出发进行的研究有变性人的参赛资格问题,[3]也有对一些特定赛事的参赛资格问题评析,[4]还有学者介绍了美国法的经验。[5]最为全面研究参赛资格法的学者是乔一涓,她2011年和2014年先后在湘潭大学和武汉大学完成了以此为题的硕士、博士学位论文,[6]并发表了有关两性人参赛资格和运动员参赛资格权利内涵的专题论文。[7]根据乔一涓的研究,法律对参赛资格的规制古已有之,且最早可以追溯到古希腊和古罗马时代。然而,古代体育法到底对此持何种立场?什么人的参赛资格会受到限制?法律对此提供了何种保护?现代人又能从中获取什么样的启示?既有研究还是一片空白。

与参赛资格法相对应,是否还存在一种所谓的观赛资格法?在现代社会,与参赛资格相比,观赛资格似乎是一种相当陌生的事物,少有人提到它。它还存在于我们身边吗?对希腊罗马体育史的检视也许有助于我们加深对这一问题的认识。这就是本文的研究缘起。

---

〔1〕 参见朱乾:《浅议奥运会参赛资格确定的非公平性》,载《体育研究与教育》2002年第2期。

〔2〕 参见张册:《北京奥运会参赛资格分配办法的理论解析与参赛名额获取策略研究》,北京体育大学2009年博士学位论文。

〔3〕 参见黄世席、魏静:《论变性人参加奥运会的权利》,载《体育与科学》2007年第3期;汤卫东,厉成晓:《尊重人权与公平竞争——关于变性人参加奥运会的思考》,载《体育文化导刊》2008年第3期;陈金鳌、王辉、张霈:《变性人参赛资格审视》,载《体育文化导刊》2013年第5期。

〔4〕 参见倪东业:《利弊互见:对全国民运会运动员参赛资格的思考》,载《武汉体育学院学报》2012年第12期;杨蓓蕾、姜熙:《索契冬奥会参赛资格仲裁案件述评》,载《军事体育学报》2016年第1期。

〔5〕 参见掌玉宏:《法律视野下运动员参赛资格的保护——从美国学校体育法律实践切入》,载《体育与科学》2014年第6期;刘铮:《美国〈业余体育法〉对体育参与的法律保护》,载《体育文化导刊》2011年第4期;张宁宁:《美国高校运动员参赛资格法律制度比较研究》,北京大学2006年硕士学位论文。

〔6〕 参见乔一涓:《奥运会运动员参赛资格的法律问题研究——以CAS特别仲裁机构判例为视角》,湘潭大学2011年硕士学位论文;乔一涓:《运动员参赛资格的法律保护研究》,武汉大学2014年博士学位论文。

〔7〕 参见乔一涓:《论两性人运动员参赛资格的法律救济》,载《北京体育大学学报》2014年第1期;乔一涓:《运动员参赛资格的权利内涵探析》,载《武汉体育学院学报》2012年第9期。

二、古希腊的参赛资格和观赛资格法

(一)古希腊的体育赛事

从古希腊展开对参赛资格与观赛资格法的研究,是因为古希腊就存在体育法制文明的萌芽。[8]而且,借由与古代奥运会相关史料的不断发掘,使后人进行此方面的专题研究成为可能。当然,无论在古代中国,还是早于古希腊的西方文明,参赛资格和观赛资格法也应该是客观存在的,因为只要体育比赛存在,对参赛者与观赛者个人身份限制的做法也就产生了。特别是,古代的体育比赛一般与带有强烈宗教仪式感的祭祀活动相关,对参加者身份进行严格限制是一种必然要求。

古代奥运会的比赛规则、管理机构、执法情况,构成了后人考察古代社会参赛资格与观赛资格法的源头之一。当然,古希腊的体育赛事极度繁荣,不仅有奥运会,还存在大量其他赛会,后者同样蕴含了丰富的参赛资格与观赛资格法信息。在泛希腊地区,最为有名的是四大赛会,即以宙斯为保护神的奥运会、以阿波罗为保护神的皮提亚运动会、以波塞冬为保护神的地峡运动会、以宙斯为保护神的尼米亚运动会。它们每隔两年或四年举办一次,组织上互相照顾,避免互相竞争。运动员如果在四个运动会上都获得冠军,则获得“全满贯冠军”(Periodoniken)荣誉称号。[9]

表1　公元前5世纪末叶四大泛希腊运动会时间

年(公元前)	春季	夏季
480	地峡运动会	奥运会
479	—	尼米亚运动会
478	地峡运动会	皮提亚运动会
477	—	尼米亚运动会
476	地峡运动会	奥运会
475	—	尼米亚运动会
474	地峡运动会	皮提亚运动会

然而,在这些赛事中,留下最多记录的还是奥运会。我们也需注意到,史学

〔8〕 参见赵毅:《古希腊罗马:体育法制文明的先驱》,载《天津体育学院学报》2014年第3期。

〔9〕 参见[德]沃尔夫冈·贝林格:《运动通史:从古希腊罗马到21世纪》,丁娜译,北京大学出版社2015年版,第34页。

家对奥运会比赛规则的起源研究一般是各取所需,按照偏好记述。有的记录认为,哲学家卓罗斯在公元前561年为奥运会草拟了第一份竞赛章程,而在此之前,人们一般按照口头约定的传统行事。[10]也有人认为,公元前6世纪中晚期在奥林匹亚发现的圣法提供了伊利斯城邦掌控奥林匹亚的证据。这其中大部分是有关伊利斯城邦的法律,但从一些铭文中也能辨析出某些赛会规则,如摔跤选手比赛时不能折对方手指;裁判员有权鞭挞犯规运动员,但不准打头部;还有涉及妇女、贿赂、圣使、战争等多方面的规定。按照这样的说法,体育自治法似乎脱胎于国内法,赛会规则和日程安排——包括比赛项目的调整——皆非体育自治范围,而是由伊利斯政府领导下的"修法者"制定,裁判仅起解释、执行这些规则的功能。[11]瓦诺耶克就说,人们对同一传说千差万别的版本茫茫然不知所措,但可以明确的是,古代奥运会的竞技体制来源于多重文化层次,其中既有古代仪式中的体育规则,也有古希腊本身的文化体制。[12] 无论如何,古代奥运会的筹备、赛前训练、比赛、祭礼和授奖仪式都是有章可循的。赛会开始的时候,运动员和裁判要向宙斯宣誓,保证遵守奥林匹克规则,即使在现代奥运会上,这种宣誓仪式仍然存在。

由于奥运会长期由伊利斯出资主办,赛事的管理者也是伊利斯派驻的官员。人数在几经变化后,确定为10人,被确定的人在赛前10个月搬入专用官邸,接受奥运规则培训。他们担任裁判、奥委会官员和仲裁人的角色。"奥林匹克委员会"则很可能由10位前裁判和其他前任官员组成,终身任职,除了负责赛会日常行政管理外,也接受申诉,裁定比赛中出现的争议。[13]根据公元2世纪希腊地理历史学家帕萨尼亚斯的记载,公元前390年的奥运会上有两位并肩冲刺的赛跑选手,三位裁判中的两位因为判定其中来自伊利斯的本邦选手获胜,而被奥委会罚款(Pausanias, 6.3.7)。

(二)古代奥运会的参赛资格和观赛资格

运动员的参赛资格规定是古代奥运会的核心规则之一。即使在现代奥运会中,《奥林匹克宪章》也必须对运动员参赛资格做出规定,以控制参赛人数。

古代奥运会的参赛运动员必须是自由的希腊人,且未犯有谋杀罪和渎神罪,参赛者必须在本国接受10个月训练,并至少应在赛前1个月抵达伊利斯城

〔10〕 参见崔怀猛:《古代中西方体育文化》,北京体育大学出版社2010年版,第55页。

〔11〕 参见王以欣:《神话与竞技:古希腊体育运动与奥林匹克赛会起源》,天津人民出版社2008年版,第57~58页。

〔12〕 参见[法]瓦诺耶克:《奥林匹克运动会的起源及古希腊罗马的体育运动》,徐家顺译,百花文艺出版社2006年版,第63~64页。

〔13〕 参见王以欣:《神话与竞技:古希腊体育运动与奥林匹克赛会起源》,天津人民出版社2008年版,第56~59页。

接受专门集训,才能被允许正式参赛。1 个月集训期的功能在于让裁判审查参赛者的资格。首先是核实身份,确定参赛者父母都是自由的希腊人,本人是其母邦的注册公民,且无犯罪记录。马其顿曾经被视为蛮族而没有参赛资格,但经过马其顿王室编造神话谱系,其希腊人身份获得了希腊世界承认,也就有了奥运会参赛资格。其次,参赛运动员还有年龄限制,不满 17 岁不得参赛。[14] 另外,运动员还需要证明他在比赛前 10 个月内每天都在训练,裁判会根据各体育组织提交的证明,以及对运动员个人运动能力的评估,对其作出是否具有参赛资格的决定。只有那些具有一定竞技水平的运动员才能获得参赛资格,而上一届的优胜者则能直接获得参赛资格。帕萨尼亚斯在《希腊志》中记载过一次公元 93 年第 218 届奥运会集训期发生的争议:一位拳击手因在另一赛会上领奖迟到了,他狡辩说在爱琴海上遭遇了逆风,但他的同伴兼对手揭露了他的谎言,导致前者被取消参赛资格,后者则不战而获得冠军。前者恼怒下挥拳击打他的同伴,为此被罚一笔重金,因为这被认为玷污了赛会的名声(Pausanias, Description of Greece, 5.21.12–14)。

除了参赛资格外,还有观赛资格的认定问题。只有未犯渎神罪的自由男子才能观看奥运会。[15] 在现代体育法上,只要观众能够付得起买票的钱,观赛肯定就没有问题了?也不尽然,比如,禁止足球流氓观看比赛的情况时有发生。

(三)女性的参赛资格与观赛资格

女性的参赛资格和观赛资格问题应单独列出来讨论。在现代法上,这也是体育领域反歧视法的重要关注内容。即使在今天,奥运会上男女项目的平等设置仍然是体育界追求性别平等的目标。[16] 在 1896 年举办的首届现代奥运会,参赛者清一色为男性。顾拜旦更是明确表示:我不赞成妇女参加竞赛,她们的作用应同古代奥运会一样,是为优胜者戴上花环。[17]

然而,女性在古代体育比赛中真的不能上场吗?事实恐怕不是如此。就参赛资格而言,通说认为女性不得参加奥运会的比赛,但新近的考古发掘证明这存在意外。在 1879 年奥林匹亚遗址中发现的碑文显示,公元前 396 年第 96 届奥运会的马车赛冠军被斯巴达国王阿格希洛斯的妹妹茜妮丝卡(Kyniska)公主获得。[18] 碑文写道:"斯巴达国王是我的父亲和兄弟,但赛车时我驾着骏马赢得了胜利。我茜妮丝卡在此立雕像纪念,全希腊的妇女都来此敬献花环。我要骄

〔14〕 参见王以欣:《神话与竞技:古希腊体育运动与奥林匹克赛会起源》,天津人民出版社 2008 年版,第 62 页。

〔15〕 同上。

〔16〕 参见周青山:《体育领域反歧视法律问题研究》,武汉大学出版社 2015 年版,第 67 页。

〔17〕 同上书,第 71 页。

〔18〕 参见崔怀猛:《古代中西方体育文化》,北京体育大学出版社 2010 年版,第 57~58 页。

傲地说,我是前无来者。”[19]茜妮丝卡因此被认为是第一位奥运女冠军。

就观赛资格而言,通说认为,成年女子不得观看奥运会,少女则除外。另外享有特权的德墨忒耳女神的女祭司,她可以在运动场边享有一个荣誉座位。[20]学者认为,这里的原因不是为了对男子裸体竞技的回避,根源在于对女性的歧视。[21] 但这并不能解释为何少女有权观赛,而且,已经有非常详细的资料显示,在奥林匹亚、斯巴达和阿提卡,地区性女子竞技活动非常繁荣。[22] 可能的解释是,纪念宙斯的奥运会是男人的节日,而宙斯排斥已婚女性。[23]还有学者认为,严禁已婚妇女观看的原因在于,妇女不会从竞技角度观看比赛,而是出于其他动机毫无节制地鼓掌。[24]

女性则有自己的节日,比如,她们可以在纪念赫拉女神的节日上赛跑。这就是赫拉亚运动会(Heraia),它亦每四年在奥林匹亚举办一次。之所以也在奥林匹亚举办,原因是奥林匹亚也有赫拉的神庙,这一神庙的建立时间甚至早于为宙斯建立神庙的时间。[25]赫拉亚运动会在奥运会前几天举行。这两个运动会让全希腊的家庭行动起来,女孩们和她们的母亲来参加赫拉亚运动会,男人们、男孩们和女孩们还可以参加奥运会,此时成年女性就待在神殿和比赛场地之外的营地。[26] 正是在这个意义上,一个流传已久的把观赛妇女处以死刑、推下悬崖的法律,并不见得真实。[27]

---

〔19〕 参见[德]沃尔夫冈·贝林格:《运动通史:从古希腊罗马到21世纪》,丁娜译,北京大学出版社2015年版,第64页。

〔20〕 参见王以欣:《神话与竞技:古希腊体育运动与奥林匹克赛会起源》,天津人民出版社2008年版,第62页。

〔21〕 参见孙葆丽:《古代奥运会与妇女》,载《体育文化导刊》2002年第4期。

〔22〕 参见[美]托马斯·F.斯坎伦:《爱欲与古希腊竞技》,肖洒译,华东师范大学出版社2016年版,第173页。

〔23〕 同上书,第70页。

〔24〕 参见[德]沃尔夫冈·贝林格:《运动通史:从古希腊罗马到21世纪》,丁娜译,北京大学出版社2015年版,第64页。

〔25〕 参见[美]托马斯·F.斯坎伦:《爱欲与古希腊竞技》,肖洒译,华东师范大学出版社2016年版,第70页。

〔26〕 同上书,第210~211页。

〔27〕 参见[俄]瓦·利·施泰因巴赫:《奥运会通史》(上册),纪联华、张永全译,山东画报出版社2008年版,第8页。

三、古罗马的参赛资格和观赛资格法

(一)古罗马的体育赛事

罗马人信奉多神教,为了纪念不同神明,罗马人会举行各种不同的神圣赛会,[28]它们是不同于希腊式赛会的本土的罗马节(Ludi romani)。虽然罗马人钦佩希腊文化,但对有的东西——比如裸体运动员——却无法接受。由于罗马人已经拥有了一整套自己的庆典,所以他们在面对陌生的希腊进口货时也想竭力保持自己的身份认同。罗马人逐渐形成了一张特殊的节日日历表,根据学者的统计,带有体育赛事的节日如下:[29]

表2 罗马节庆中的体育赛事一览表

名称	开始年代	举办日期	体育项目
赛马节	很古老	2.27 3.14	战车比赛,赛马 战车比赛,赛马
地母神节	公元前204年	4.4-10	赛马,娱乐节目
谷神节	公元前202年	4.13-19	娱乐节目
花神节	公元前238年	4.28-5.3	狩猎,娱乐节目
地下神祇节	公元前186年	6.25-26	赛马,斗牛
阿波罗节	公元前212年	7.6-13	战车比赛,赛马
大罗马节	公元前4世纪	9.4-19	战车比赛,赛马,摔跤,舞蹈,娱乐节目
罗马节	公元前161年	9.4-19	娱乐节目
十月赛马节	很古老	10.15	战车比赛
平民节	公元前215年	11.4-17	娱乐节目
收储节	很古老	12.15	战车比赛
赛维拉尼节	公元前2年	不详	马术赛

还值得注意的是,古罗马人不像希腊人那样崇尚贵族生活,体育运动与休闲娱乐二者缺一不可。[30]从古罗马开始,体育运动的主体在发生改变,被动的观

---

〔28〕 See Basil Kennett, *Romæ antiquæ notitia: or, The antiquities of Rome*, London, 1754, p. 296.

〔29〕 参见[德]沃尔夫冈·贝林格:《运动通史:从古希腊罗马到21世纪》,丁娜译,北京大学出版社2015年版,第46~49页。

〔30〕 参见[法]瓦诺耶克:《奥林匹克运动会的起源及古希腊罗马的体育运动》,徐家顺译,百花文艺出版社2006年版,第52页。

赏代替了主动参与,罗马人从自身的身体享受转变为要求视觉冲击,[31]角斗、斗兽、战车比赛等所谓的“马戏”活动变得日益受市民欢迎。在法律地位上,马戏与摔跤、混斗、拳击等竞技运动有别。[32]那么,马戏属于体育范畴吗?我们可以参考赫伊津哈的论断。在他看来,“希腊生活中的agon(竞技)或世界各地的竞技,都具有游戏的所有形式特点……作为一种文化功能,要区分开竞技和‘游戏——节庆——仪式’的结合体是不大可能的。”[33]所以,马戏比赛也应被视为古罗马体育赛事的一种。我们应该认为,“体育”这一大范畴下,既涵盖了马戏活动,也有竞技运动。

(二)古罗马的观赛资格法

与古希腊体育赛事法大都集中于奥运会组织规则不同,罗马体育赛事法大都来自国家的直接规定,与市民法紧密结合。史料中流传下来许多古罗马直接颁布的参赛和观赛规定,构成了我们考察古罗马参赛资格和观赛资格法的基础。

首先,可以看一份1890年在罗马的一个大理石碑铭中发现的奥古斯都时代有关百年节赛会(Ludi Saeculares)的相关文献。根据苏维托尼乌斯的介绍,百年节赛会是从公元前509年开始、通常每110年举行一次的祭祀下界神祇的竞技活动,在公元前249年被定为全国性节日。[34]但本来应当在公元前49年举行的第五次节日活动由于内战而未能举行,奥古斯都遂在公元前17年6月1~3日举行了内战后的第一次百年节赛会。[35]这是奥古斯都生平一件大事,号称是纪念罗马建国以来第五个世纪的结束。在崭新的时代,这一赛会也被用来服务于一个新的目标,“它创造了一个最好的机会隆重地把过去和现在、宗教和政治、教会和国家结合起来。”[36]在公元前17年2月,元老院决定举行这一赛会,并委托由15人组成的司祭团来主持。这15人司祭团又指定奥古斯都和阿格里帕为他们的代表。规定仪式细节的神谕集由十五人司祭团管理,奥古斯都对神瑜集又加以修订和扩大。[37]从出土的碑铭《关于百年节赛会的元老院决议》

---

[31] 参见刘欣然、李亮:《游戏的体育:胡伊青加文化游戏论的体育哲学线索》,载《体育科学》2010年第4期。

[32] 参见赵毅:《古希腊罗马:体育法制文明的先驱》,载《天津体育学院学报》2014年第3期。

[33] [荷]约翰·赫伊津哈:《游戏的人》,舒炜等译,中国美术学院出版社1996年版,第33页。

[34] 参见[古罗马]苏维托尼乌斯:《罗马十二帝王传》,张竹明等译,商务印书馆1995年版,第66页。

[35] 参见[英]特威兹穆尔:《奥古斯都》,王以铸译,商务印书馆2010年版,第205页。

[36] 同上书,第204页。

[37] 同上。

发现,未婚女性在奥古斯都时代获得了观赛权,理由是庆祝奥古斯都掌握至高无上的权力,且这一盛会在人的有生之年将再无第二次。[38]以之反推,在此之前的百年节赛会,未婚女性皆无观赛权,这显然比古希腊的奥运会严苛很多,因为就后者而言,未婚女性是享有观赛权的。

然而,女性的观赛资格仍然有限。根据苏维托尼乌斯的记载,女性不被允许观看体育竞技运动。当观众都喧闹着为了庆祝奥古斯都被任命为最高祭司而举办一场特殊的拳击比赛的时候,奥古斯都把比赛推迟到了第二天清晨,并且发布法令,大意是最高祭司不希望女性在10点以前去剧院。[39]但女性可以观看角斗等马戏活动,因为它们并非"竞技运动"范畴。正是因为如此,一些角斗士是许多女性心中的偶像,并不惜为他们抛弃家庭。根据奥古斯都的规定,妇女观看角斗表演时,只能坐在后排,也不能与男士坐在一起,唯一的例外是维司塔贞女,她有自己的专座。[40]苏维托尼乌斯的《尼禄传》显示,维司塔贞女似乎也可以观看体育竞技比赛。[41]有史料显示,安妮亚·蕾吉拉(Annia Regilla)是唯一被允许观看奥运会的女观众,她是奥勒留时代捐助了众多希腊体育设施的富豪希罗多斯的妻子,后来当选为奥林匹亚的德墨忒耳·卡米尼女神(Demeter Chamyne)的女祭司,观看奥运会就是该女祭司的特权,运动场上有为她专设的荣誉座席。[42]

(三)古罗马的参赛资格法

就参赛资格而言,奥古斯都规定,在百年节赛会期间,青年男女不能参加夜晚的任何活动,除非有一位成年的亲属陪伴。在牧神节,则禁止没有刮过胡须的男孩参加赛跑。[43]同样,女性的参赛资格也有所限制,根据苏维托尼乌斯的记载,在奥古斯都时代,女性被禁止参加摔跤等竞技运动以及角斗等马戏活动。曾经有一个著名演员带着一位乔庄改扮成男人的已婚妇女登上舞台,被奥古斯都叫人鞭打着穿过三个剧院,然后被流放。[44]然而,女性们显然不仅仅满足于当观众,而是试图自己在竞技场上一显身手。提比略皇帝的一道敕令显示,元老

---

〔38〕 See Allan Chester Johnson, Paul Robinson Coleman - Norton, Frank Card Bourne, Ancient Roman Statutes, New Jersey, 2003, p. 137.

〔39〕 参见[古罗马]苏维托尼乌斯:《罗马十二帝王传》,张竹明等译,商务印书馆1995年版,第72页。

〔40〕 同上。

〔41〕 同上书,第220页。

〔42〕 参见王以欣:《神话与竞技:古希腊体育运动与奥林匹克赛会起源》,天津人民出版社2008年版,第77页。

〔43〕 参见[古罗马]苏维托尼乌斯:《罗马十二帝王传》,张竹明等译,商务印书馆1995年版,第62页。

〔44〕 同上书,第73页。

院议员的女儿、孙女和重孙女以及每位妇女,凡是其丈夫或父亲或(外)祖父或兄弟,有权坐在骑士阶层席位上的,都不允许参加角斗士培训或作为角斗士出场,这隐含着除外的其他女性可以这么做了。[45]至少在尼禄时代,女角斗士已经不太稀奇,她们并不只是奴隶、外乡人或下里巴人,不乏大家闺秀。[46]在尼禄为其母亲阿格里皮娜举办的角斗活动上,不仅有女艺人登场,还有骑马的妇女,与野兽搏斗的妇女和女角斗士,其中一些人是自愿的,一些人则是被迫的。[47]在土耳其哈利卡纳索斯(Halikarnassos)出土的一幅公元2世纪的浮雕就描绘了女角斗士亚马孙和阿基立娅在角斗场决斗的场景。[48]大部分女角斗士的比赛都不正规。军人出身的塞维鲁皇帝厌恶之,认为这是对大丈夫、军人美德的侮辱,因此在公元200年下令,禁止女角斗士上场,[49]但不久后罗马港口奥斯蒂亚(Ostia)一处题词显示,又出现了进行搏击的妇女们。[50]

而且,同古希腊一样,也很难认为古罗马的女性没有竞技运动参与权。苏维托尼乌斯就记载,在图密善时代,存在男人女人都参加的火把角斗比赛,图密善皇帝还在露天大型运动场中设立了女孩子参加的赛跑项目。[51]根据一些碑铭记载,在帝国时期的希腊地区,女子竞技似乎很流行。一处碑铭记载了在大约公元23年一个名为神圣的朱莉娅·奥古斯塔的女子比赛的赞助者;另一处公元47年的碑铭纪念了特阿勒斯的赫尔迈西亚纳克斯的3个女儿在德尔斐、伊斯米娅和希腊尼米亚举行的"斯泰底"比赛中的胜利,以及她们在各种当地比赛中的获胜记录;第三处源于帝国时期的碑文记录了地方行政官们的女儿在那不勒斯Sebasta节日中参加比赛的情况。[52]斯坎伦认为,女子参加竞技活动的增

---

〔45〕 参见[德]沃尔夫冈·贝林格:《运动通史:从古希腊罗马到21世纪》,丁娜译,北京大学出版社2015年版,第65页。

〔46〕 参见[荷]菲克·梅杰:《角斗士:历史上最致命的游戏》,李小均译,广西师范大学出版社2009年版,第58页。

〔47〕 参见[德]沃尔夫冈·贝林格:《运动通史:从古希腊罗马到21世纪》,丁娜译,北京大学出版社2015年版,第65页。

〔48〕 参见[德]马尔库斯·荣克勒曼:《角斗士史话》,王勋华译,湖北教育出版社2014年版,第37页。

〔49〕 参见[荷]菲克·梅杰:《角斗士:历史上最致命的游戏》,李小均译,广西师范大学出版社2009年版,第62页。

〔50〕 参见[德]沃尔夫冈·贝林格:《运动通史:从古希腊罗马到21世纪》,丁娜译,北京大学出版社2015年版,第66页。

〔51〕 参见[古罗马]苏维托尼乌斯:《罗马十二帝王传》,张竹明等译,商务印书馆1995年版,第309~310页。

〔52〕 参见[美]托马斯·F.斯坎伦:《爱欲与古希腊竞技》,肖洒译,华东师范大学出版社2016年版,第98页。

加，体现了在希腊、罗马和帝国其他地方有些阶级更壮大且更加富有了，[53]但也可能这只是女性从古至今对体育活动参与资格追求的本能使然。

图 1　西西里发现的显示约公元前 350 年妇女玩球的壁画

在古罗马，奴隶与自由人的身份差别泾渭分明，这也反映在参赛资格法上。《学说汇纂》第 9 卷中的一个法言（D. 9，2，7，4）规定，只有生来自由人才有资格进行公开竞赛，[54]这说明奴隶不能参加竞技运动，而只能从事角斗、战车比赛等马戏活动。可见，与古希腊一样，罗马人的竞技活动对运动员参赛资格有严格要求，奴隶被排除在外。

反过来，自由人是否可以不受限制地参与角斗等马戏活动？我们知道，罗马历史上有众多自由人参加角斗比赛玩乐的情况。在妇女心中，粗暴野蛮的角斗士是勇敢精神的象征，艺术家们赞扬他们，在镶嵌玩具上、陶器面上和花瓶上描绘他们。[55]逐渐，元老、骑士，甚至皇帝（尼禄、提图斯、哈德良、威鲁斯、朱利安、康茂德）也抵挡不住角斗场的诱惑。法律一度对此持否定态度。从公元前 38 年起，元老院几次苦口婆心地劝说元老和骑士不要上角斗场，说他们不自重，有辱元老院的声威，但这些劝说的效果不佳。[56] 根据苏维托尼乌斯的记载，奥古斯都并不禁止贵胄角逐角斗场；但是，在元老院颁布法令结束这种做法后，奥

---

〔53〕 参见［美］托马斯·F. 斯坎伦：《爱欲与古希腊竞技》，肖洒译，华东师范大学出版社 2016 年版，第 98 页。

〔54〕 See Alan Watson ed. , *The Digest of Justinian*, Vol. 1, revised English - language translation, Philadelphia, 1998, p. 279.

〔55〕 参见杨桦：《体育史》，北京体育大学出版社 2014 年版，第 87 页。

〔56〕 参见［荷］菲克·梅杰：《角斗士：历史上最致命的游戏》，李小均译，广西师范大学出版社 2009 年版，第 34 页。

古斯都就不允许任何出身高贵的人表演了。[57] 提比略登上皇位后,也颁布过禁令,但仍然收效甚微,因为在公元15年于德累索斯(Drusus)和日耳曼尼西斯(Germanicus)举行的角斗士表演上,两个贵族就破了禁令。[58]

四、结论

基于以上古希腊和古罗马时代的论述显示,古代社会已经出现了参赛资格和观赛资格法,这是一个权利博弈的领域,可以看出,通过参赛资格和观赛资格的调整,实现体育比赛特有的价值观念与目的,是古已有之的做法。然而,古希腊和古罗马的调整方式又有所不同,前者是通过赛事自身的比赛规则实现的,具有较强的体育自治法色彩,后者则是通过市民法实现的,甚至可以看成是体育行政法的一部分,体现了鲜明的国家管控色彩。

整体上看,在古代社会,身份会极大影响到参赛资格和观赛资格的认定。是奴隶还是自由人,是男人还是女人,是未婚者还是已婚者,都是衡量这一资格的决定性要素。这在以身份作为法律调整范式的古代罗马尤甚。但在古希腊,一些影响奥运会参赛资格的因素也有较为浓厚的体育性,比如是否在赛前10个月每天参加了训练,是否在赛前1个月抵达,它们的规范目的显然是为了规整竞技比赛的秩序并提高比赛的精彩程度。而且,如果对参赛资格出现异议,古代奥运会也设立了救济制度。裁判和奥林匹克委员会提供的仲裁工作显然也包括了解决与参赛资格有关的争议。

在现代社会,观赛资格似乎已经成为一个历史名词,但是,基于对特定体育价值观之承载,它不可能消亡,其现代表现形式演化为禁止有特定负面记录的观众(如足球流氓)入场观看比赛。而参赛资格法则延续至今,虽然性别上的限制仍然在某种意义上顽强地留存着,但大部分已经回归到体育本身的需要。而且,无论观赛资格法还是参赛资格法,在现代社会,都已经成为体育自治领域的管理问题,与国家法关系不大。

尤为值得关注的是,女性的体育运动参与资格,几乎可以成为一个了解人类文明发展的线索。赫拉克里昂博物馆的壁画显示,早在3500年前的克里特斗牛场上,就活跃着不少飒爽英姿的"女牛仔"。[59] 在古希腊更为久远的年代,阿卡尼亚人在布劳隆和缪尼基昂举办的供奉阿尔忒弥斯的阿提卡很可能就设

---

〔57〕 参见[古罗马]苏维托尼乌斯:《罗马十二帝王传》,张竹明等译,商务印书馆1995年版,第70~71页。

〔58〕 参见[荷]菲克·梅杰:《角斗士:历史上最致命的游戏》,李小均译,广西师范大学出版社2009年版,第34页。

〔59〕 参见王以欣:《神话与竞技:古希腊体育运动与奥林匹克赛会起源》,天津人民出版社2008年版,第7页。

有女子赛跑比赛,并要求年轻女子若要取得结婚资格就必须参加这项比赛以及其他的祭祀活动。有一项女子赛跑,是为了供奉酒神狄俄尼索斯及一名佚名斯巴达英雄而举办的,其参赛选手也仅限于未婚女性,或许具有成人礼性质。[60]然而,从古至今,女性在参与运动上的抗争一直在继续。在拜占庭时代流行的赛车比赛,不允许女性观看,有个别非常喜欢这项活动的贵族女青年,不惜冒险爬到附近教堂的顶楼上观看激烈的比赛。[61]在今天,以奥运会为代表的体育竞技虽然为男女平等参赛做出持续努力,但男女"人格尊严平等"和"参赛机会均衡"仍未完全实现。[62]

---

〔60〕参见[美]托马斯·F. 斯坎伦:《爱欲与古希腊竞技》,肖洒译,华东师范大学出版社 2016 年版,第 56 页。

〔61〕参见杨桦:《体育史》,北京体育大学出版社 2014 年版,第 90 页。

〔62〕参见乔一涓:《运动员参赛资格的法律保护研究》,武汉大学 2014 年博士学位论文。

“立德树人”视野下的大二见习课程*

龙卫球** 初殿清***

【摘 要】高校法学教育之中的德育将培养法治人格作为目标,包括“法治之德”与“公民之德”两个互有关联的方面。“社会主义法治理念”是卓越法律人才培养的核心要素,也是“立德树人”教育理念在高校法学教育中的重要内涵。职业伦理是法学教育中“法治之德”的基本层面,“实践育人”是实现“立德树人”导向的主要途径。北航法学院选择大二见习课程为切入点,探索“立德树人”与卓越法律人才培养目标如何有机融合,主要特点包括:锥体模式下带队教师功能再定位,见习平台“注重基层、多点分布、领域多元”,实务专家、高校教师共同研讨培养方案等。经过多年探索,在实务办案精神与职业道德教育、人物精神学习与思想道德教育、风土人情考察与人文道德教育、团队精神与集体荣誉感培养等方面取得了良好的教育经验和德育效果。

【关键词】立德树人 卓越法律人才培养 大二见习课程 实践教学

综观我国近年来教育改革政策及相关文件,“立德树人”是其核心理念与关键词。党的十七大提出“育人为本、德育为先”的教育理念;《国家中长期教育改革和发展规划纲要(2010－2020年)》明确将“立德树人”定位为教育发展的战略主题;十八大进一步深化,将“立德树人”确立为教育根本任务,并为教育改革指明方向;2015年初发布的《关于进一步加强和改进新形势下高校宣传思想工作的意见》指出要把培育和弘扬社会主义核心价值观作为凝魂聚气、强基固本的基础工程,加强道德教育和实践。

在法学教育领域,德育与专业教育之间的关系也是业界瞩目的研讨主题。近年来法学教育界将培养目标定位于全面实施素质教育、培养卓越法律人才,

---

* 本文系北京市教育科学“十二五”规划2015年度重点课题(优先关注)《“立德树人”导向的内涵及实现策略研究》(课题编号:ADA15160)阶段性成果。

** 龙卫球,北京航空航天大学法学院教授。

*** 初殿清,北京航空航天大学法学院副教授。

教育部、中央政法委《关于实施卓越法律人才教育培养计划的若干意见》在其总体目标中指出要"培养造就一批信念执着、品德优良、知识丰富、本领过硬的高素质法律人才",在其主要任务中要求"把社会主义法治理念教育融入法律人才培养全过程……加强学生职业意识、职业伦理教育,增强学生服务社会主义法治国家建设的责任感和使命感"。中共中央《关于全面推进依法治国若干重大问题的决定》在"创新法治人才培养机制"一节,再次强调了"立德树人、德育为先"的教育导向。

根据中央相关政策文件内容,"立德树人"主旨着眼于把社会主义核心价值体系融入国民教育,引导学生树立正确的世界观、人生观、价值观、荣辱观。卓越法律人才培养的重要指引与内容是社会主义法治理念,后者是社会主义核心价值观在法治领域的具体体现,而把社会主义核心价值体系融入国民教育又是"立德树人"的核心内涵,因此,"立德树人"教育理念与卓越法律人才培养方针之间存在紧密联系。然而,关于法学教育语境下"德育"的具体内涵,以及如何在法学教育中体现和落实道德教育等基础性、关键性问题并未得到明晰的回应与解答。我国法学教育界对相关问题的争论与探讨仍然集中于宏观层面,尚未深入到教学方法改革、培养方案设计、教学方案设计等具化层面如何实现与操作。

一、"立德树人"在法学教育中的基本内涵

通观我国高等教育一般语境下的相关理论研讨,德育通常被定位于以"爱国主义、集体主义、社会主义"为核心,以"社会责任感、创新精神、实践能力"为评价,围绕"富强、民主、文明、和谐,自由、平等、公正、法治,爱国、敬业、诚信、友善"的社会主义核心价值观展开。大体涉及以下层面:(1)爱国主义教育、民族精神培养;(2)思想政治素质教育,把握正确的政治方向;(3)理想信念教育,崇尚科学、追求真理、勇于创新;(4)社会责任感,服务国家人民;(5)社会公德及个人品质教育,诚信友善,促进良好社会风气;(6)实践能力培养,知行合一;(7)职业道德教育,爱岗敬业。在西方国家,与我国德育相对应的是公民教育之中的品格教育,其具体培养内容是公民品性,包含私人品格和公共品格两方面。私人品格中的品性体现为个体美德,如责任意识、自律、正直、诚信、健康人格等。公共品格中的品性体现为公共精神,如尊重法治、批判性思维、倾听他人意见、商谈合作等。具体培养的道德能力包括:道德认知能力(道德理解、推理、判断、选择的能力)和道德实践能力。德育方法上将知识教学、能力培养、榜样示范、行为训练相结合。良好的公民品性对于民主政体的成功不可或缺。具化到法学教育特定语境下,关于德育与法学教育的关系以及"立德树人"在法学教育中的内涵理解集中体现于以下几方面:

(一)在法学教育中进行道德教育的可能性

之所以考察法学教育与道德教育之间关系的文献,是因为若要研究德育在法律教育之中的实施策略,一个预伏的假设是法学教育中能够且应当进行道德教育,但实际上,这一问题却长久以来在法学教育界存在较大争议。梳理相关论著观点,大体可以归纳为如下几类:观点一认为,法学教育中能够而且必须进行道德教育,德育在法学教育中具有首要性;〔1〕观点二认为,法学教育中需要适当的道德教育,但不能指望太高;〔2〕观点三认为,无法在法学教育中进行道德教育。〔3〕 此外,许多学者尽管没有研讨法学教育中的德育问题,但其法学教育观中隐含了与德育相关的内容。例如,在研讨专业教育能否是博雅教育时,提出法学院不是技工院,而是在为将来负责任地主持各种事情的人做好准备;又如,

---

〔1〕 例如,认为高等法学教育作为现代大学教育制度的一个重要组成部分,不可能脱离现代大学自身发展的一些基本规律。朱立恒:《法治进程中的高等法学教育改革》,法律出版社2009年版,第75页。一个人的人格或道德不好,那么他的学问或技术越高越会损害社会,学法律的人若是没有人格或道德,那么他的法学越精越会玩弄法律,作奸犯科。法学教育所培养的法学专业人才不能仅仅满足于依靠法律来谋生,还必须具备尊崇人性的人文精神和维护公平正义的道德良心。周叶中:《论法学专业人才人文精神的培养》,载黄进主编:《中国法学教育研究》(第3辑),中国政法大学出版社2015年版,第6、11页。美国法学教育界亦曾有相关报告研究法律职业的基本价值以及法学院是否应当关注道德教育,认为法律职业者在日常执业中增进正义、公平与道德是四项基本价值之一,据此法学教育应当承担起对法律原则及其适用进行规范性评价的任务,以期促进善与正义,而道德语境处于核心地位。*See* Margaret Z. Johns & Rex R. Perschbacher, *The United States Legal System: An Introduction*, Durham: Carolina Academic Press, 2002, pp. 18－20.

〔2〕 此种观点首先否认法律规则是道德无涉的,肯定基于社会共识之上的道德规范的重要性;但同时认为任何一种作为个人信仰或价值体系的道德需要人们在实践中的自觉接受,急功近利的道德建设本身就是与道德"建设"相悖的。此外,应当格外关注培养由于社会分工而必然形成不同职业的道德。参见苏力:《制度是如何形成的》(增订版),北京大学出版社2007年版,第63～65、67页。

〔3〕 具体又因理由不同而分为三类。一种观点认为法学专业的思维方式使得难以在进行法学专业训练的同时进行德育,如职业教育被理解为要求学生关闭与法律职业无关的知觉、直觉、情感和其他官能。参见[美]博西格诺等:《法律之门》(第8版),邓子滨译,华夏出版社2007年版,第488页。另一种观点认为鉴于我国学制年限的有限性,法科学生在有限时间内,更应关注专业学习,当前许多问题并不在于法律从业者的道德,而在于其专业基础糟糕,例如认为法学教育承载的职能太多,传授法律职业能力是我们可以做的,也是我们中国法学教育没有做好的,更是我们目前应该追求的。参见蒋志如:《法律职业与法学教育之张力问题研究》,法律出版社2012年版,第324页。还有一种观点认为道德教育本身是个伪命题,道德修养只能在生活中养成,而无法通过短期的他人说教实现,例如认为法学院一般不教授学生道德,因为它无法教授。参见蒋志如:《法律职业与法学教育之张力问题研究》,法律出版社2012年版,第326页。此类观点在其他国家的法学教育道路探索过程中也曾经出现过,例如20世纪50年代美国的法学院认为,学生的基本道德观更有可能在家庭、中学中形成而不是由苏格拉底教学法陶冶而成。参见[美]罗伯特·斯蒂文斯:《法学院:19世纪50年代到20世纪80年代的美国法学教育》,阎亚林等译,中国政法大学出版社2003年版,第325页。

认为法律执业的现实使学生必须思考如何在法律道德的实践语境下落实各种道德原则;再如,认为甚至在提高专业能力的较为严格的法律教育专业阶段,也必须始终提醒学生注意,法律乃是整个社会生活中的一部分,它绝不存在于真空之中,等等。

(二)法律人才培养中"德育"之"德"的具体内涵

无论是否赞同在法学教育中开展道德教育,各类观点均不否认道德操守对法律职业者而言的重要性。这一点同道德与法律之间的密切关联相一致。正如霍姆斯所言,"法律乃是我们道德生活的见证和外部积淀"。[4] 相关论者之所以对法学教育中能否进行德育持不同观点,除了由于对法学教育性质定位不同之外,是因为在相当程度上各位评论中"德育"之"德"并未有内涵上的清晰界定,进而导致可能在不同话语层面上研讨"德育"问题,实则可能并未形成真正意义上的观点交锋。因而对法律人才培养中"德育"之"德"的具体内涵加以分析和定位,是一件具有首要意义的工作。

综观有关文献论著,在涉及法律人才培养中的"德育"问题时,对"德"的理解大体出现在以下领域:(1)与职业规范密切相关的职业伦理;(2)思想政治素质;(3)正义感;(4)社会责任感,公益心、服务社会的意识;(5)使命感,服务国家乃至人类发展的意识;(6)个体美德。

对于(1),由于其与职业规范密切相关,所有观点都不否定其在法学教育中的必要位置。认为在法学教育中无法进行德育的观点,通常是在后五项[尤其是(2)、(6)]理解的层面上使用"德育"一词。(3)、(4)项是多数法学院认为应当通过法学教育引导学生发展的方向,在其培养目标及课程设计中有所体现。而(2)、(6),则可能是产生相对较多争议的领域,即法学教育究竟是否能够在人品、自律、人格独立等基本道德层面以及是否应该在思想政治素质教育层面发挥教育作用。

笔者认为,"立德树人"在法学教育这一具体领域之中的基本内涵大体包括以下三个方面。第一,高校法学教育之中的德育将培养法治人格作为目标,以培养学生的"法治之德"为主,同时也关注"公民之德"培养这一德育基本层面的问题,后者是由大学教育自身属性所决定的,而且"公民之德"与"法治之德"之间存在千丝万缕的联系,无法全然割裂。第二,高校法学教育中开展德育的指导精神:"社会主义法治理念"是卓越法律人才培养的核心要素,是社会主义核心价值观在法学教育领域的延伸,因而也是"立德树人"教育理念在高校法学教育中的重要内涵。法治信仰、人民主权、党的领导是指导相关教育工作的关键词。第三,高校法学教育中培养"法治之德"的具体内容:职业伦理是法学教

---

[4] [美]E. 博登海默:《法理学——法律哲学与法律方法》,邓正来译,中国政法大学出版社2004年版,第394页。

育中“法治之德”的基本层面，在此基础上，还应包括学生的正义感、社会责任感、公益素质、时代使命感等。

（三）法律人才培养中“立德树人”的实现途径

关于在法学教育领域实现德育的具体途径，多数观点认为，课堂直接讲授道德内涵的效果并不理想，而且容易适得其反，使学生产生厌倦和逆反心理。但这并不意味着法律人才培养中的德育完全没有可能通过课堂教学实现，实际上道德认知能力培养可以在课堂教学中较好实现。

相对而言，国内外大多数法学教育研究者对通过实践教学开展德育具有较高的认可度，尤其是专业实习、会见当事人、法律咨询、代理案件等学生能够亲临其境、真实感受的实践学习环境。上述环境被认为有助于增强学生对所学专业知识应服务于何处的目标感，思考如何在法律道德的实践语境下落实各种道德原则，而学生们在当事人经历中看到法律及司法制度的作用或不足，也成为其论文选题的灵感来源。但也有少数观点认为实务与实践并非开展德育的良好环境，认为学生与法治的实践以及实务者应当保持适当距离，这样才能保障学生对相关问题进行独立思考的空间。

笔者认为，高校法学教育中“立德树人”的指导理念可以通过培养方案改革、课程体系设置、教学方案设计、教学方法革新、师德建设、学风建设等诸多环节得到具体体现与落实。理论教学与实践教学都是法学教育中进行德育的可行途径，但两者开展德育的具体方式及侧重点不同，需要关注的方面亦有所差别。理论教学侧重道德认知能力培养，实践教学侧重道德实践能力培养。“实践育人”是实现“立德树人”导向的主要途径，应当探索有效建设的方法。比如，卓越法律人才培养教育的校外合作实务单位中应当有相当比例的基层单位、公益单位，又如培养卓越法律人才的教师队伍亦须具有强烈的社会责任意识和公益意识，教师深度参与公益事业、实习带队、实务挂职等。

二、大二见习课程定位与主要特点

为了探索将立德树人与卓越法律人才培养目标如何有机融合，北航法学院选择本科生实习课程为切入点，考察“实践育人”实现“立德树人”导向的途径与效果。

（一）大二见习课程定位

大二见习课程制度是北航法学院结合“立德树人”理念导向与法学教育专业特点所探索的制度创新。此项改革将多数高校法学院系置于大三暑假的实习改造为大二暑期见习和大四择业实习两个阶段，在实践教学体系中，分别作为独立课程。处于该体系第一环节的大二暑期见习，其课程名称是“专业见习”，之所以将该课程设置于大二暑期，是定位于使之承担三项重要功能：

一是，社会主义法治理念教育产生显著效果的关键阶段。媒体、网络上的部分信息使学生对我国的法治现状和法律职业产生了某些片面认识。大二向大三过渡的这个阶段,是迫切需要通过理念教育加以正面引导的阶段,也是理念教育易于产生显著效果的阶段。通过回访,我们发现,许多学生表示大二见习改变了自己以往对法律职业的一些理解和看法,使自己能够以更为理性的态度全面分析和思考法学问题和社会问题。这种理念教育的渗透方式比课堂讲授来得更为真实和印象深刻。

二是,学习方法反思与方向引导。由于安排在大二暑假,亦即整个本科学习的中点之上,"专业见习"对余下两年的理论课程学习也产生了重要辐射,成为学生们学习方法和学习方向的一个重要反思点。入学之初,会有各种导论性课程告诉学生大学的学习方法与高中的学习方法有什么不同,然而大学不同专业的学习方法又各有千秋。法学理论研究需要能够回应实践,大二暑期见习肩负起了让学生体会法学研究的视角、方法及重点的重要作用,令学生能够在暑假返校后,及时有效地对剩下两年的学习方法进行调整。

三是,基础实践能力培养。作为北航法学院"五位一体"全链条实践教学体系的第一站,学生在专业见习中学习到的基本实务技能和分析处理问题的能力,令其能够顺利地在三年级的法律援助等实践中独立办理案件,并使模拟法庭、案例研习等三年级课堂实训开展的更加顺畅,师生互动更加深入。此外,专业见习中对实务业务流程及要领的切身体验,也使大四时再次前往实务部门实习的学生们能够快速进入工作角色。

(二)大二见习课程主要特点

1. 带队教师功能再定位

在大二见习课程制度中,带队教师承担着重要功能。传统的集中实习模式之下,相关主体之间的结构关系是平面的。尽管学院也会派出教师带队,但教师主要是代表学院对实习过程进行监督管理并与实习单位接洽沟通,而并不在实习中开展研究型教学,体现出较多的行政色彩,一方面体现在不必须是专业教师带队(辅导员等行政管理教师也可以);另一方面体现在一名带队教师可以带领人数较多的实习队伍(30~40 人亦可)。因为带队教师在角色上主要是学院的行政管理代表,所以两者在功能上实际是一个点。

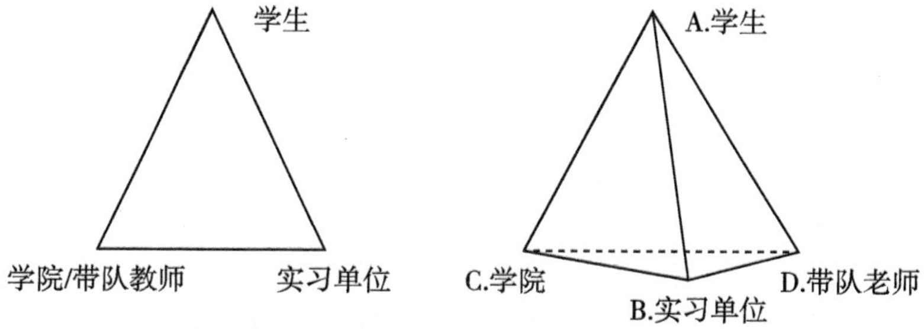

图1　传统实习模式vs锥形实习模式

法学院所探索的见习主体关系是一个立体锥形结构,与传统结构相比更加有序和稳定,如图1所示。它将带队教师的功能独立出来,一方面要代行学院监管职能,并与实习单位接洽沟通;另一方面要结合实务环境和真实案件,开展研究型实践教学,具体体现为,实习单位将带队教师安排在业务处室,与办案人员一起工作。实务人员与带队教师在工作过程中的观点切磋,使实习学生直接获益;而当学生在工作中遇到疑难问题时,也能够当即同时获得理论和实务的指导。因此,锥体结构之下带队教师的选任体现出如下特点:带队教师需要具有研究型教学理念和良好的沟通互动能力,以及为实习单位的专业疑难问题提供法律意见的能力,如此才能生成有效的三边互动。

在具体运行时,法学院的专业见习不是一个单一的锥体,而是体现为以学院为连接点的多个锥形的联合体。在该联合体中,学院的作用主要体现为:一方面,对带队教师的工作进行管理和评价,每期见习结束后,为带队教师们提供经验分享平台;另一方面,也为各实习单位之间的人才培养经验交流提供平台。

2."注重基层、多点分布、领域多元"的专业见习平台

经过多年建设,北航法学院的暑期见习校外基地在横向建设上已形成"注重基层、多点分布、领域多元"的特点。

一是注重基层。基层单位是社会主义法治理念教育的较好场域,基层见习有利于帮助学生在实践中了解国情与法治脉搏。大二见习所选择的合作单位均为基层或中级法院、检察院、公安局等"接地气"单位,处于司法和执法工作一线,业务量大,贴近民众生活。一方面,有助于学生了解我国法治社会中的基本问题,直面纷繁复杂的社会矛盾和人间百态,考验和锻炼其思考和处理各种具体事务的能力;另一方面,基层单位的案件难度相对较小,开放性相对较大,学生能够切实参与到办案工作之中,在具体个案的实际操作中体会法治之德。

二是多点分布。大二见习单位的地理位置自北向南涵括内蒙古、北京、河北、河南、山东、江苏、福建等地,近年来的实习单位基本保障在每年六处左右的水平。之所以将实习地多点分布,是基于三方面考虑。其一,有助于学生了解不同地域的人文环境与发展特点,提升人文道德素养。基层单位实习活动的有效开展,需以了解当地人文与经济状况为其起点,进而了解法律适用的具体环境。为了丰富学生的文化实践活动,各实习单位都尽可能多地为实习生提供了解当地文化特点的机会,开展的相关活动大体包括两类:一类是人物精神学习,旨在加强大学生思想道德建设;另一类是风土人情考察,旨在帮助学生了解当地的经济社会发展状况以及民间文化特点。其二,为了有效实现前述研究型实践教学的目的,必须使实习团队人数保持在较小规模(类似课堂教学的小班化),这样才可能在实习指导中达到较高师生比。多点分布成为这一教学效果的必要保障。其三,大二实习地点都选定在北京之外和北京郊区,并且通常根

据学生籍贯将之分派到非家乡地区。这有助于在培养学生司法实践能力的同时,锻炼学生互帮互助的团队意识,增强学生的环境适应能力和综合素质。多点分布的实习地域使家乡回避较易实现。

三是领域多元。每期暑期见习课程都联合法院、检察院、公安局等多个领域的实务单位共同开展,学生分别前往不同领域的法律实务单位进行学习。这有助于拓宽学生视野,可以在返校后的交流与专业学习中,将多个领域职业道德的考察内容加以比较。此外,领域多元特点的另一附带效果是学生可以在实习平台的可选菜单上自主选择自己希望见习的领域,从而尽可能地保障学生见习的积极性与自主性。

3. 实务专家、高校教师共同研讨培养方案

北航法学院的大二见习课程制度注重见习效果的回访、交流与总结,此间获得的反馈信息对未来深化专业实习课程建设和实践教学改革具有重要研究意义。以基地平台为依托,大二见习培养方案的制定体现了实务专家与高校教师的集体努力。一方面,在每期见习学生派出前,法学院会就培养方案的内容更新问题与共建单位进行交流,使实务视角能够在培养方案中得到更好体现,使学生能够在有限的见习时间中准确把握要领,有效提高综合素质、实务本领和就业能力。另一方面,北航法学院定期就培养方案相关问题召开研讨座谈会,邀请各单位实务专家参加,为多边交流提供平台。例如,"法学院校与司法机关合作机制研讨会",来自多所实务部门和高校专家学者参加了该会议;又如"法学实践基地建设暨专业实习培养方案研讨会",京内外十余所共建单位实务代表参加了本次会议,取得了丰硕的研讨成果和社会影响,法学院联合实习单位开展专业实习培养方案细化工作,按照法院、检察院、公安局三大类,分类制定培养方案。

三、大二见习课程实践的德育效果

(一)大二见习课程的具体实践

近年来,北航法学院每年暑期向六所左右京外、京郊实践基地派出见习学生,接收学生的实务共建单位包括福建省福鼎市人民法院、山东省高密市公安局、河南省开封市人民检察院、河南省开封市龙亭区人民检察院、河北省保定市中级人民法院、江苏省淮安市清河区人民法院、北京市密云县法院、北京市平谷区人民检察院等。为了保障见习效果,北航法学院与共建单位始终坚持每个单位不超过 15 名见习生的人员额度,并且为每个实习单位都指派一名法学专业教师作为带队教师随队前往。指导方法上,保持"一对一"指导(以部门分配为基础,各部门为每名学生安排一位业务骨干担任岗位导师,对见习学生进行"一对一"指导)和双师双导(理论教学与实践教学有机结合,专业教师与岗位导师

分别从理论和实践角度联合互动指导)的指导模式。迄今,北航法学院共派出本科生320人,带队教师26人次,实习单位安排岗位导师320人次。2014～2016年情况统计见表1:

表1　2014～2016年暑期实习情况一览表

年份	实习单位	学生人数
2014	福建省福鼎市人民法院	12
	河南省开封市人民检察院	13
	河南省开封市龙亭区人民检察院	4
	山东省高密市公安局	12
	河北省保定市中级人民法院	10
	北京市密云县人民法院	11
	北京市平谷区人民检察院	12
2015	福建省福鼎市人民法院	12
	山东省高密市公安局	12
	江苏省淮安市清河区人民法院	9
	北京市密云县人民法院	11
	北京市平谷区人民检察院	12
2016	福建省福鼎市人民法院	11
	河南省开封市人民检察院	9
	河南省开封市龙亭区人民检察院	4
	山东省高密市公安局	12
	江苏省淮安市清河区人民法院	9
	北京市密云县人民法院	11
	北京市平谷区人民检察院	12

见习的具体岗位均为各单位核心业务部门,包括民事审判庭、家事审判庭、刑事审判庭、立案庭、派出法庭、反贪污贿赂部门、反渎职侵权部门、公诉部门、大案要案中心、侦查监督部门、民事行政监督部门、刑警大队、经济犯罪侦查大队、治安管理大队、法制案审大队等,有助于学生在一个月的有限时间内高效地了解、把握司法机关的主要业务和学习核心实务技能。以上述实习岗位为依托,学生的见习内容涉及旁听审委会讨论、旁听庭审、执行判决、出庭公诉、讯问、接访、阅卷、制作文书、会见当事人、调查取证、现场勘验、秘密侦查、搜查、拘

传、行政拘留、没收赃物、处理意外事件或紧急突发事件等诸多实务领域。

带队教师定期组织学生讨论，由于白天见习，小组讨论通常在晚间和周末进行，各地团队组织集中讨论频率约为每周2~3次。小组会议的具体内容除专业指导外，还包括帮助学生解决在见习期间遇到的有关理论与实务之间差别、职业道德等方面的心理困惑。此外，部分实习单位还根据带队教师的专业特点，将其安排在相关处室与办案人员一起工作，岗位导师与带队教师在工作过程中的观点切磋，使该部门的见习学生直接从中获益，而当学生在工作中遇到疑难和困惑时，也能够及时得到来自双方的指导。

（二）大二见习课程实践的德育效果

学生的收获集中体现于专业实务能力培育和德育两个层面，本文就后者加以展开。大二见习课程的德育实践与效果主要体现在如下几方面：

第一，实务办案精神与职业道德教育相结合。各实习单位的岗位导师百忙之中热情而耐心地指导学生如何把握工作的切入点和要点、迅速融入部门工作的要领、当前办案值得思考和研究的问题等，并逐渐将见习学生作为其工作团队的成员，现场勘查、处理突发事件、看守所提讯、出庭支持公诉、巡查监狱等工作都会带学生一并前往，并让其参与力所能及的实务操作。在这一近距离交流过程中，学生对此前思考过的若干职业道德问题在实际办案中进行了真实体会和重新思考。在岗位导师的引领与关怀下，学生的见习深度与贡献度不断增强，就业自信逐渐建立。

第二，人物精神学习与思想道德教育相结合。例如，开封检察院带领学生开展了"学习焦裕禄同志奋斗精神""参观岳飞庙，弘扬爱国主义精神"等特色实践活动，平谷检察院组织学生前往平谷区第一个党支部成立遗址、将军关古长城、乐谷音乐发展基地、玻璃台等地了解平谷革命历史、现代化建设和新农村发展的脚步。

第三，风土人情考察与人文道德教育相结合。帮助学生了解当地的经济与社会发展状况以及民间文化特点，如高密公安局安排学生参观高密文化馆。

第四，团队精神与集体荣誉感培养。旨在培养学生的团队精神和合作意识，如密云法院安排新进人员与见习学生一起到拓展训练基地进行拓展训练，通过做游戏、分组竞赛等活动增进学生的团队意识和集体荣誉感。

第五，其他各类思想交流活动丰富开展。例如，平谷检察院组织学生在上岗之前观看检察官礼仪和检察院职责宣传片；开封检察院在岗前教育中要求学生在见习中培养法学的良知与伦理道德，坚守法学信仰和底线，对"立检为公、执法为民"的内涵有所体悟，以一身正气投身中国的法制建设；福鼎法院的见习中期巡视交流中，相关老师提出应当加强对知识、对职业和对心灵三个方面的思考，注重法学思想性与悟性的培养，以"学以养身"的态度提升境界，此外，福鼎法院还举办了“理想与现实的碰撞”沙龙、“道德与法律”讲堂、法院大楼文化石镌刻标语征集等活动，法官与见习学生共同参加，围绕主题进行了轻松但不失深度的探讨，使学生加深了对法律职业的认识。

综上，大二见习课程在德育领域产生了良好效果。通过对见习学生回访可以获知，对于绝大多数实习生而言，这是第一次与实务工作和办案人员真实接触，实务工作者一丝不苟的工作态度、始终饱满的工作热情、办案压力之下的辛苦不易、棘手问题面前的公正智慧，凡此种种，都对实习学生产生着潜移默化的重要影响，使其改变了以往对法律职业的一些理解和看法，对相关问题的思考更加深入全面，本次实习所获得的正能量令其终身受益。此外，由于平日业务繁忙，上述部分考察和交流活动往往利用晚间和周末进行，实务工作人员牺牲了自己宝贵的休息时间，在炎炎夏日专程带领学生前往。通过在当地进行社会实践和文化考察，以及与公安干警、检察官、法官在休息时间的交流谈心，大家了解到高校生活无法涉及的许多社会现象和人生点滴，实务部门工作人员的敬业精神和工作态度、地方文化的质朴热情悄然改变着学生们的人生观和价值观；而且大家普遍反映，通过见习，集体意识和团队精神也更为增进，实习小组成员在一个月的时间里朝夕相处、携手共进、互助互勉，此间日渐深厚的友情见证了他们心路成长的历程。返校后，学生积极投入到公益法律服务中心的公益援助活动之中，近年来获得社会好评，也引起主流媒体的密切关注和赞誉，法制日报、人民网、新华网、凤凰资讯、中国法院网等报社和网站门户多次报道了北航公益法律服务中心开展的活动。2016年10月，中心服务项目“扶危济困、彰显正义、弘扬法治、青春领航”入选北京市“六五”法治教育宣传创新成果一等奖。

书　评

评《占有的法律经济学》:一次多视角的对话

Yun-chien Chang (ed.), Law and Economics of Possession, Cambridge University Press, 2015, p. 364, ISBN-13: 978-1107083547.

胡伟强*

《占有的法律经济学》这本书是2013年8月6~7日在台湾地区"中央研究院"法律学研究所举办的第五次法律经济分析会议与会者所提交论文的基础上汇编而成的论文集。由于提交论文研究视角的多样性与研究方法的多元性,这本论文集可以视作对占有(制度)及相关问题所进行的一次广角式的探讨与对话,与此同时,本书主题明确、选题呼应、结构有序,因此又可称得上虽斑斓多彩却万变不离其宗。

占有是一项古老的法律制度,从19世纪中期学者就开始讨论占有的概念,但至今对占有的定义还缺乏共识。普通法系国家一般避免对占有概念本身予以界定,而大陆法系国家以及继受大陆法系的东亚国家却采取了不同的路径,对占有概念进行了界定,但在这些国家之间对占有应如何进行界定却又有不同规定和做法。例如,有对占有和持有(detention)予以区分的(法国和荷兰);有区分"占有人"与"占有的代理人"的做法(德国和中国台湾地区);有些视占有为一种民法上的权利(right)(日本与韩国),而另一些认为占有是一种事实关系(中国大陆);有些把占有界定为事实上的控制(德国和中国台湾地区),而另外一些进一步要求有特定的意图(specific intents)(法国与荷兰)。

尽管半个世纪以来法律经济学越来越成为一种研究社会规范和法律制度的主要研究方法,但对占有制度及相关问题进行经济分析的文献却相对较少,本书可以算是利用法律经济分析工具、从多个角度对占有制度及相关问题进行分析的一次有益的尝试。本书分为两部分:基础理论与特殊专题。在基础理论

---

* 本书由台湾地区"中央研究院"法律学研究所的张永健副研究员主编,由剑桥大学出版社于2015年出版发行。胡伟强,中国海洋大学法政学院讲师。

部分,有数篇论文从信息成本的角度探讨占有与所有权的区分;有从历史的视角讨论"占有即所有"这句法谚的;[1]有深入分析占有成分的;有从概念的效率视角重新对占有进行概念化;有从行为经济学和启发式方法来剖析占有及相关概念的;还有从信息价值的角度来讨论占有的所有权指示作用的(参见本书的第1~8章)。在特殊专题部分,有通过对具体案件的讨论来探讨占有和许可关系的;[2]有从比较法的角度探讨关于财产的法律选择;有通过对深圳的小产权房问题来讨论时效取得和最优法律制度选择的;有在占有阴影下讨论权属问题的(参见本书的第9~12章)。

关于基础理论部分的内容,因为篇幅所限本文将主要从信息经济学、演化博弈论与行为经济学三个不同的视角来讨论法律上对占有的认可(制度化)与保护的正当性理由。

一般而言,通过社会规范(social norms)确立的占有具有明显的信息成本优势,这是因为物理控制或事实控制(physical or actual control)更容易被他人和一般公众所辨识。而一个社会要确立所有权必须要建立一系列相配套的复杂的产权登记或交易制度,这无疑会显著增加当事人的信息搜寻成本。这种信息成本的不同可以解释为什么在现代社会占有(制度)仍然发挥着举足轻重的作用。也就是说,即使在一个已经完全确立所有权法律制度的社会里,对于那些日常生活中低价值交易来说,对占有的承认与保护已经足以保障这些交易得以进行,而对那些价值相对较高的交易确立所有权并予以保护对保证交易安全更有价值。与之相关的一个问题是:为什么一个社会要通过正式法律制度而不是依靠传统的社会规范来保护占有呢?占有具有信息成本优势这一特点也可以部分地解释这一现象,因为证明占有要比证明所有权一般要来得容易得多,这样通过保护占有实际上极大地扩展了法律保护财产权利的范围,一个正式的社会财产法律制度可以凭此获得更大的公众支持和合法性。[3]

对占有予以保护及其可能的源头还可以从演化博弈(evolutionary games)的角度加以阐释。在一个经典的"老鹰、鸽子与合作"的博弈中,[4]产权确立的原因通过一个老鹰/鸽子的博弈过程得以显现:产权人扮演着老鹰的角色,可以通过使用任何手段排除他人(非权利人,也就是鸽子)对其财产的侵犯,而非权利人一般会采取服从老鹰(尊重权利人)的策略,也只有这样资源才能保证得到

---

〔1〕 该法谚的英文表达是:Possession is nine points of the law or possession is nine - tenths of the law。

〔2〕 即所谓的"LightSquared debacle"案件。

〔3〕 See chap. 1, pp. 9 - 39.

〔4〕 对这个演化博弈的介绍参见 Sugden, Robert, *The Economics of Rights, Co - operation, and Welfare*, Oxford: Basil Blackwell, 1986。

最好的利用。因为如果双方都扮演老鹰的角色资源就会受到无效的破坏,而如果都扮演鸽子的角色资源也得不到充分地利用。那么一般如何对产权人与非权利人进行区分呢?一般而言占有人通过对物的实际占有或控制就处在一个更有利于保护相关物或财产免遭他人侵犯的位置,通过有无对物的占有的辨识就决定了相关当事人可能采取的策略,此时占有就发挥着聚焦点(focal point)的作用,从而协调着人们对物的策略选择。[5]

行为经济学发端于20世纪70年代,时至今日已成为一门非常有影响力的新兴交叉学科。[6] 产权的行为分析或行为产权分析(Behavioral property analysis)还处在运用行为经济学基本理论对相关产权制度进行分析的初期发展阶段,但毫无疑问,行为产权分析可以为占有及相关制度提供一个新的视角。在现代社会,占有(制度)与产权制度一般是共生的或共存的,行为经济学可以为这种共存提供一种有力的解释。一个行为经济学经典理论就是由卡纳曼所提出的人类大脑在处理不同事务之时一般由两套不同的系统分别进行处理,这就是所谓的系统1和系统2。[7] 系统1指的是通过启发式方法(heuristics)快速做出反应,而系统2指的是通过深思熟虑比较得失做出决定。简单地说,系统1是一种处理日常性事务的简便方法,而系统2是处理复杂事务运用的方法。把这套分析框架运用于财产法律关系中,与系统1相对应的是占有(制度),而产权制度则对应着系统2。对一个社会而言,一套较低维持成本的占有(制度)可以用来处理那些日常性的、相对比较简单的财产纠纷,而建立及维持成本较高的产权制度则用来处理那些较为复杂的财产纠纷,这就解释了现代社会占有与产权制度的共生关系。

关于特殊专题部分,本文主要简单介绍和评论两篇论文。

理查德·爱泼斯坦教授的论文讨论的是对无线电频谱的占有使用和许可问题。[8] 对频谱的占有使用可以采用两种不同的方式获得:一种是通过由下至上的(bottom - up)的方式(如先占)获得;另外一种是由上至下的(top - down)方式(如行政许可)获得。与传统上对土地、动产获得产权的方式不同,对无线电频谱的占有利用是通过行政许可的方式做出,并且附加了许多限制条件,诸如使用限制、再许可限制以及收回限制等,而且初始许可的决定是通过听证会

---

〔5〕 关于聚焦点的介绍参见 Schelling, Thomas C., *The Strategy of Conflict*, Harvard University Press, 1960。

〔6〕 关于行为经济学这门学科发展历程的一本有趣的个人回顾与介绍之作,可参阅理查德·泰勒:《"错误"的行为》,中信出版社2016年版。

〔7〕 See Kahneman, Daniel, *Thinking, Fast and Slow*, Farrar, Straus and Giroux, New York, 2011.

〔8〕 See chap. 9, pp. 237 - 265.

的方式做出。这些都对被许可人更有效率地使用和开发稀缺的频谱资源带来了困难,因为这些限制和做法实际上都在稀释被许可人的产权(attenuation of property rights),在 LightSquared 一案中这些问题都得到了充分的暴露。作者因此建议给予频谱的使用人更加完全的财产权利并获得相当的保护水平,一个简单的做法就是通过传统的侵权法对各种占有利益予以保护,并通过合同法对权利予以分割和转移。

第二篇论文与中国现阶段的土地产权制度安排相关,讨论的是对所谓的小产权房(small property houses)取得时效(adverse possession)的最优法律制度选择问题。乔仕彤博士通过对深圳小产权房进行实证调查研究,利用经典的卡拉布雷西—梅拉梅德关于产权规则与责任规则的区分(property rules v. liability rules),〔9〕结合伊恩·艾尔斯的选择理论(option theory),〔10〕提出了一个处理原产权人与时效取得人之间关系的六种规则的分析框架,其主要观点是:初始的选择权应该配置给在做出决定方面具有信息优势的一方,也就是小产权房的私人拥有者。这样做的主要好处就在于:通过把初始选择权赋予那些具有信息优势的一方,资源的有效使用可以得到更有效的保障。在深圳这个小产权房的例子中,关于取得实效最有效率的制度安排就是在政府拥有(大)产权的前提条件下,时效取得人(小产权房所有人)可以通过行使赔偿(责任规则的体现)的选择权来获得完全的产权,这就是购买选择权责任规则(call-option liability rule or Rule 2)的具体体现。〔11〕

因为产权制度的复杂性与多样性,各国关于占有的制度安排与法律保护的规定存在较大的差异性,利用法律经济学的分析工具对占有进行经济分析至少可以实现两个目的:一是,透过法律规定的差异性可以为占有(制度)提供一套共通的实证性理由;二是,可以为如何对不断出现的新型占有形态(如对无形财产的占有)进行界定和确权提供规范性的理由。更进一步来讲,本书的主要价值也许就在于提供了这样一个多视角的对话空间,而不在于在对话中达成了多少共识,因为选择复杂问题的研究方法往往就是问题的一部分。

---

〔9〕 See Calabresi G. and Melamed A. D., "Property Rules, Liability Rules, and Inalienability: One View of the Cathedral", 85 Harvard Law Review 1089 – 1128 (1972).

〔10〕 See Ayres, Ian, "Protecting Property with Puts", 32 Valparaiso University Law Review 793 – 831 (1998); "Optional Law", in University of Chicago Press Economics Books from University of Chicago Press, 2005.

〔11〕 See chap. 11, pp. 290 – 319.

《北航法律评论》约稿函

《北航法律评论》(Beihang Law Review)系北京航空航天大学法学院主办的法学理论连续出版物。它以"弘扬法治理念,阐释法学精义,透析社会现实,推动法学教育"为根本宗旨与理想。

本评论编辑部地址:北京市海淀区学院路37号　　邮　编:100191

北京航空航天大学法学院　《北航法律评论》编辑部

Email:bhlawrev@163.com

为达致上述理想及学术旨趣,《北航法律评论》欢迎海内外学者来稿。来稿请以电子邮件方式寄本评论编辑部。对本评论编辑原则及体例,特声明如下,以供参考:

1. 本评论拟每年出版1~2期,文章形式可体现为论文、译文、书评、随笔、立法与司法动态述评及学术会议综述等。

2. 本评论原则上对来稿不做字数之限制,不考虑作者之身份及学术背景,仅以学术水平与学术规范为标准。

3. 本评论所载文章中的观点均属于作者个人,并不必然反映编辑部或其他机构、个人的观点。

4. 本评论版权属于本评论编辑部所有;本评论所载文章,均已由其作者授予自发表之日起一年的专有使用权。

5. 为保证学术研究的严肃性与纯洁性,维护良好学风,凡为本评论供稿之作者在文中引用他人著述时,均须注明出处;如有剽窃、抄袭行为,将本着文责自负之原则,由侵权者本人承担全部责任。

6. 来稿需在同一语言下未事先以任何书面或网络等形式公开发表;稿件请附英文标题、中文摘要和关键词,并注明作者身份和联系方法;译稿需同时邮寄原文稿,并附作者或出版者的翻译授权许可。

7. 本评论欢迎对所刊文章的转载、摘登、翻译或结集出版,但任何转载、摘登、翻译或结集出版,均须事先得到本评论编辑部的书面许可;

8. 为扩大本评论及作者知识信息交流渠道,除非作者在来稿时声明保留,则视为同意本评论编辑部拥有向第三人授予已收录作品电子出版权、信息网络传播权和数字化汇编、复制权;以及向《中国社会科学文摘》、《高等学校文科学术文摘》和中国人民大学书报复印资料等文摘类出版物推荐转载已收录作品的权利。

9. 自本评论每辑截稿之日起,2 个月后如未采用或未通知,作者或译者可自行处理。

10. 任何来稿视为作者或译者已经阅读或知悉并同意本评论上述各项声明。

《北航法律评论》引征体例

一、一般体例

1. 引征应能体现所援用文献、资料等的信息特点，能与(1)其他文献、资料等相区别；(2)能说明该文献、资料等的相关来源，方便读者查找。

2. 引征注释以页下脚注形式连续编排。

3. 本体例要求注释与正文分开。在正文需加注释处右上角以阿拉伯数字标记。脚注编号通常位于相应标点之外。

4. 正文中出现100字以上的引文，不必加注引号，直接将引文部分左右边缩排两格，并使用楷体字予以区分。100字以下引文，加注引号，不予缩排。

5. 引征可不使用引导词或加引导词，支持性或背景性的引用根据可使用"参见""例如""例见""又见""参照""一般参见""一般参照"等；对立性引征的引导词为"相反""不同的见解，参见""但见"等。

6. 注释中重复引用文献、资料时，若为注释中次第紧连援用同一文献、资料等的情形，可使用"同上注"。若两个注释编号次第紧连，但引征的同一文献不在同一页码，则使用"同上注，第M页"。若重复援用同一文献、资料等的注释编号中间有其他注释的情形，应先加注作者名，在作者名后注明"同上注所引书/文，第M页"。若前注中有多项引征不同文献、资料等的情形，则应注明作者或者文献、资料标题后，加"同上注"或"同上注，第M页"(在引征同一文献、资料等的不同页码时)，以示区分。

7. 图书或成册作品援用的一般结构次序为：

作者：标题，出版者，出版时间，版次，页码。

8. 定期出版物援用的结构次序为：

作者：标题，出版物名称，卷期号，出版时间，页码。

9. 作者(包括编者、译者、机构作者等)为三人以上时，可仅列出第一人，使用"等"予以省略。

10. 作者众所周知的作品，可不加作者名。

11. 编辑、整理而非创作之作品,应在编者、整理者姓名后,作品标题前注明编辑/编著/主编/整理等。

12. 引征多作者独立作品汇集的汇集作品文献、资料时(如研讨会等成果结集出版),在该独立作品后注明"载"某汇集作品。

13. 引征二手文献、资料,需注明该原始文献资料的作者、标题,在其后注明"转引自"该援用的文献、资料等。

14. 引用影印本或其他印本,用括弧注明原作出版时间及影印时间。

15. 引征信札、访谈、演讲、电影、电视、广播、录音等文献、资料等,在其后注明资料形成时间、地点或出品时间、出品机构等能显示其独立存在的特征。

16. 外文作品的引征,从该文种的学术引征惯例,不必译成中文;外国人名、地名等专有名称建议保持原文。

二、引用例证

1. 著作

张晋藩:《中国法律的传统与近代转型》,法律出版社2005年版,第32页。

* Dennis Patterson, *Law and Truth*, New York: Oxford University Press, 1996, p. 76.

2. 译作

* [法]孟德斯鸠:《论法的精神》(下册),张雁深译,商务印书馆1963年版,第32页。

3. 编辑(主编)作品

* 朱景文主编:《对西方法律传统的挑战——美国批判法律研究运动》,中国检察出版社1996年版,第32页。

* 郭道晖等主编:《中国当代法学争鸣实录》,湖南人民出版社1998年版,第32页。

4. 杂志/报纸文章

* 徐爱国:《霍姆斯〈法律的道路〉诠释》,载《中外法学》1997年第4期,第115页。

* 马蔚:《集体企业改制的法治缺失》,载《工人日报》2004年6月12日第5版。

* Oliver W. Holmes, The Path of the Law, 10 *Harvard Law Review* 457, 460(1897).

5. 作者众所周知

*《马克思恩格斯选集》(第1卷),人民出版社1995年版,第32页。

6. 著作中的文章

＊［美］宋格文:《天人之间:汉代的契约与国家》,李明德译,载高道蕴等主编:《美国学者论中国法律传统》,中国政法大学出版社 1994 年版,第 32 页。

7. 网上文献资料引征(引征网上文献资料应将该页面另存为独立文档,发送本编辑部的电子邮箱或者打印出寄送本刊编辑部,以备查阅)

＊ 梁戈:《评美国高教独立性存在与发展的历史条件》, < http://www. edu. cn/20020318/3022829. shtml >(2002 年 5 月 17 日访问)。

＊ Randi Bussin, Multilingual Web Site Strategy & Implementation: Microsoft < http://www. headcount. com/globalsource/articles. htm > (visited Apr. 19, 1999)。

图书在版编目(CIP)数据

北航法律评论. 2016年. 第1辑：总第7辑 / 李昊，明辉主编. --北京：法律出版社，2017
ISBN 978-7-5197-1323-2

Ⅰ.①北… Ⅱ.①李…②明… Ⅲ.①法律-文集 Ⅳ.①D9-53

中国版本图书馆CIP数据核字(2017)第216100号

北航法律评论 2016年第1辑(总第7辑)
BEIHANG FALÜ PINGLUN 2016 NIAN DI-1 JI (ZONG DI-7 JI)

李昊 明辉 主编

责任编辑 班运华 黄倩倩
装帧设计 汪奇峰

出版 法律出版社
总发行 中国法律图书有限公司
经销 新华书店
印刷 北京京华虎彩印刷有限公司
责任校对 郭艳萍
责任印制 陶 松

编辑统筹 学术·对外出版分社
开本 720毫米×960毫米 1/16
印张 23.5
字数 428千
版本 2017年10月第1版
印次 2017年10月第1次印刷

法律出版社/北京市丰台区莲花池西里7号(100073)
网址/www.lawpress.com.cn
投稿邮箱/info@lawpress.com.cn
举报维权邮箱/jbwq@lawpress.com.cn
销售热线/010-63939792
咨询电话/010-63939796

中国法律图书有限公司/北京市丰台区莲花池西里7号(100073)
全国各地中法图分、子公司销售电话：
统一销售客服/400-660-6393
第一法律书店/010-63939781/9782 西安分公司/029-85330678 重庆分公司/023-67453036
上海分公司/021-62071639/1636 深圳分公司/0755-83072995

书号：ISBN 978-7-5197-1323-2 **定价**：72.00元